DISCOURS

DU

GÉNÉRAL FOY.

—

TOME II.

SOUS PRESSE.

MÉMOIRES

DE JULIEN GABRIEL OUVRARD,

SUR

QUELQUES CIRCONSTANCES DE SA VIE,

ET SUR SES DIVERSES OPÉRATIONS FINANCIÈRES.

PARIS, IMPRIMERIE DE GAULTIER-LAGUIONIE.

DISCOURS

DU

GÉNÉRAL FOY,

PRÉCÉDÉS

D'UNE NOTICE BIOGRAPHIQUE

Par M. P. F. TISSOT;

D'UN ÉLOGE PAR M. ÉTIENNE,

ET D'UN ESSAI SUR L'ÉLOQUENCE POLITIQUE EN FRANCE, PAR M. JAY.

Avec Portrait et Fac-Simile.

—————

TOME SECOND.

————◆◦◦◦◆————

PARIS,

P. A. MOUTARDIER, LIBRAIRE-ÉDITEUR,

RUE GÎT-LE-COEUR, N° 4.

1826.

ESSAI

SUR

L'ÉLOQUENCE POLITIQUE EN FRANCE,

DEPUIS 1789,

PAR M. A. JAY.

La première tribune politique de la révolution fut un champ de bataille ; l'éloquence, qui se modifie suivant les besoins et les lumières des sociétés, s'arma de toutes ses foudres, pour renverser la monarchie absolue fondée par Richelieu, décorée plutôt qu'affermie par Louis XIV, privée de respect sous la régence, abandonnée ensuite pendant un demi-siècle aux caprices de l'arbitraire, aux coups de la fortune et aux mécontentements du peuple. Toutes les classes s'étaient réunies pour la destruction ; elles se divisèrent lorsqu'il fallut refaire l'ordre social ; chacune d'elles parut sur la scène, avec ses passions, ses intérêts, ses vieux ou ses nouveaux préjugés. L'éloquence fut alors appliquée aux plus hautes questions d'ordre public ; les discussions, calmes et réfléchies dans l'origine, s'animèrent par degrés ; mais enfin, toutes les résistances intérieures étant vaincues, la monarchie constitutionnelle s'é-

leva sur des bases, déjà chancelantes sous le poids
des factions, et au milieu des mouvements impé-
tueux d'une nation, devenue libre, sans avoir acquis les mœurs et les habitudes régulières de la liberté.

Chaque époque, digne de mémoire, enfante
l'homme qui lui convient. Cet homme apparaît à
tous les regards comme un géant; il frappe les imaginations, et se place sur les hauteurs de la société;
à sa voix, tout marche, tout se précipite dans la
liberté ou dans la servitude. Écoutons Mirabeau,
s'adressant en 1789, aux états de Provence:

« Dans tous les pays, dans tous les âges, les aris-
« tocrates ont implacablement poursuivi les amis
« du peuple; et si, par je ne sais quelle combinai-
« son de la fortune, il s'en est élevé quelqu'un dans
« leur sein, c'est celui-là surtout qu'ils ont frappé,
« avides qu'ils étaient d'inspirer la terreur par le
« choix de la victime. Ainsi périt le dernier des
« Gracques de la main des patriciens; mais, atteint
« du coup mortel, il lança de la poussière vers le
« ciel, et, de cette poussière, naquit Marius; Marius
« moins grand pour avoir exterminé les Cimbres
« que pour avoir abattu dans Rome l'aristocratie
« de la noblesse. »

A ces menaçantes paroles, la révolution reconnaît son orateur; elle l'adopte, lui prête ses forces,
et lui donne l'empire de la tribune. Mirabeau com-
prit l'étendue de sa mission, et y fut fidèle. La nature, aussi, l'avait moulé pour le tribunat; l'audace de son front, le sombre éclair de ses yeux,

la fierté de ses attitudes, ses formes athlétiques, le retentissement quelquefois heurté d'une voix impérieuse, tout annonçait en lui l'homme né pour les combats et les victoires de l'éloquence. Les hasards de la fortune avaient servi à perfectionner l'œuvre de la nature ; toujours en lutte avec les pouvoirs de la société, il n'avait trouvé nulle part la place qui lui convenait ; le despotisme même lui avait enseigné le prix de la liberté ; ses méditations du donjon de Vincennes respirent la haine de l'arbitraire. Ce fut donc avec une ame profondément blessée qu'il se jeta dans l'arène politique, où allaient se débattre les intérêts d'un peuple, ou plutôt les destinées du monde.

Mirabeau, devenu l'interprète de l'agitation sociale, rallie autour de lui les forces dispersées de l'opinion ; et, derrière ce rempart, il brave, il fait reculer les pouvoirs qui soutiennent encore la vieille monarchie. On se rappellera éternellement cette adresse, ou, si l'on veut, cet ordre intimé au monarque pour le renvoi des troupes que l'imprudence de ses conseillers avait réunies autour des volcans de la capitale. Dans les débats qui précédèrent la délibération, l'orateur déchira audacieusement un coin du voile qui cachait encore les catastrophes sanglantes de l'avenir ; sa bouche prophétique lança ces sinistres paroles au milieu d'une cour frappée de vertige :

« Ont-ils prévu, les conseillers de ces mesures, « ont-ils prévu les suites qu'elles entraînent pour la « sécurité même du trône ? Ont-ils étudié dans

« l'histoire de tous les peuples comment les révo-
« lutions ont commencé, comment elles se sont
« opérées? Ont-ils observé, par quel enchaînement
« funeste de circonstances, les esprits les plus sages
« sont jetés hors de toutes les limites de la modé-
« ration, et par quelle impulsion terrible un peu-
« ple enivré se précipite vers des excès dont la
« première idée l'eût fait frémir ? »

Quel autre que Mirabeau aurait pu envelopper
de formes respectueuses envers le trône, de ces
formes qui n'avaient pas encore cessé d'appartenir
aux habitudes sociales, les énergiques volontés de
la révolution ; c'était la foudre sous un nuage trans-
parent. Après un effrayant tableau des dangers
qui menacent l'état, l'orateur s'adresse ainsi au roi :

« Ne croyez pas ceux qui vous parlent légère-
« ment de la nation, et qui ne savent que vous la
« représenter, selon leurs vues, tantôt insolente,
« rebelle, séditieuse ; tantôt soumise, docile au
« joug, prompte à courber la tête pour le rece-
« voir. Ces deux tableaux sont également infi-
« dèles.

« Toujours prêts à vous obéir, sire, parce que
« vous commandez au nom des lois, notre fidélité
« est sans bornes comme sans atteinte.

« Prêts à résister à tous les commandements ar-
« bitraires de ceux qui abusent de votre nom,
« parce qu'ils sont ennemis des lois, notre fidélité
« même nous ordonne cette résistance, et nous
« nous honorerons toujours de mériter les repro-
« ches que notre fermeté nous attire.

« Sire, nous vous en conjurons, au nom de la
« patrie, au nom de votre bonheur et de votre
« gloire, renvoyez vos soldats aux postes d'où vos
« conseillers les ont tirés; renvoyez cette artillerie
« destinée à couvrir vos frontières, renvoyez sur-
« tout ces troupes étrangères, ces alliés de la na-
« tion que nous payons pour défendre, et non pour
« troubler nos foyers! »

L'ordre de la révolution fut exécuté; les troupes
s'éloignèrent, et l'assemblée reprit ses travaux.

De grands talents honorèrent cette assemblée;
l'histoire conservera ces savantes discussions où
furent approfondis les plus hauts sujets de gouvernement, d'administration et d'économie politique. Là brillèrent, chacun dans sa sphère d'activité et d'opinion, cet abbé Maury, dont la parole
académique, s'échauffant au foyer de l'opposition,
éclatait quelquefois avec éloquence; Barnave, habile à saisir les questions, et à les ramener aux
grands principes de l'éternelle raison; Cazalès,
sorti des rangs de l'ancienne armée, et qui dut à
la tribune la première révélation de son talent;
Lally-Tolendal, révolté contre l'injustice des hommes, et passant, par une transition facile, de la
haine de l'oppression à l'amour des libertés publiques; Adrien Duport, le plus profond publiciste de l'époque; les deux Lameth, modèles de
désintéressement, de courage et de vertus patrio-
tiques; et tant d'autres dont la mémoire, aujour-
d'hui calomniée, grandira dans l'avenir. Mais, au-
dessus de tous, dominait le génie de Mirabeau,

c'est lui qui brisait les obstacles et enlevait les délibérations; ses forces croissaient par la résistance;
et c'est dans les moments difficiles que s'échap-
paient de son ame ces vives inspirations qui deve-
naient des lois.

Mirabeau avait des connaissances étendues, fruit
d'une observation profonde et des longues veilles
de sa captivité. Il profitait aussi des lumières de
tout ce qui l'entourait; les idées reçues germaient
dans son entendement, y prenaient la forme et
la vie, et en sortaient avec une force irrésistible. Il aimait, comme tous les grands orateurs, à
procéder par l'interrogation; jamais un souvenir
historique, ou une frappante image, ne lui man-
qua au besoin. C'est ainsi que, pressé de faire adopter un plan de finances utile à la révolution, il s'écrie:

« Gardez-vous de demander du temps; le mal-
« heur n'en accorde jamais... Et, messieurs, à pro-
« pos d'une ridicule motion du Palais-Royal, d'une
« risible insurrection, qui n'eut jamais d'impor-
« tance que dans les imaginations faibles, ou les
« desseins pervers de quelques hommes de mau-
« vaise foi, vous avez entendu naguère ces mots
« forcenés : *Catilina est aux portes de Rome, et*
« *l'on delibère!*... Et certes il n'y avait autour de
« nous ni Catilina, ni périls, ni Rome... Mais au-
« jourd'hui la banqueroute, la hideuse banque-
« route est là; elle menace de consumer, vous, vos
« propriétés, votre honneur,... et vous délibérez! »

Combien d'autres traits je pourrais citer de cette
heureuse présence d'esprit, de cette imagination

éclatante, qualités si essentielles à un orateur populaire! Souvent calomnié, souvent attaqué, ses
défenses furent presque toujours victorieuses, parce
qu'il tenait le sceptre de l'opinion, et qu'il marchait
en avant d'un peuple qui hasardait le premier pas
dans une carrière inconnue. Tel fut l'avantage de
la position de Mirabeau; tel fut le motif de sa confiance en lui-même, de cette confiance qui donne
tant de force au talent. Il mourut à propos, car le
peuple commençait à le dépasser : l'époque, chan-
geant de caractère, demandait d'autres organes. Ce
n'était plus du génie qu'il lui fallait : la révolution
allait créer sa propre éloquence. Mirabeau mourut
assiégé de sombres pressentiments. Prêts de se fermer à la lumière, ses yeux s'ouvrirent un moment
sur l'abîme où l'ordre social allait tomber; il mourut, et la tribune législative demeura froide et inani-
mée jusqu'au moment où la révolution y monta
elle-même pour se défendre et pour incendier les
trônes des rois qui osaient la regarder en face, et
la menacer.

La tribune de l'assemblée législative a laissé,
jusque près de son terme, peu de souvenirs. Tout
était alors dans une fausse position; l'un des pouvoirs élémentaires des sociétés, quels que soient
leurs modes de gouvernement, l'aristocratie, avait
été bannie de la constitution; il ne restait plus en
présence que la royauté, dépouillée d'influence
et de prestige, et une démocratie inexpérimen-
tée, qui voulait essayer la domination. Une catastrophe était inévitable; le mouvement des ar-

mées étrangères vers la France, les clameurs menaçantes de l'émigration, le soulèvement de la Vendée
précipitèrent la crise. C'est alors qu'une nouvelle
éloquence, une éloquence toute révolutionnaire
agite la tribune, et appelle le peuple à la destruction. Le peuple obéit; une monarchie de quatorze
siècles est, en un jour, couchée dans la poussière;
Louis XVI, roi honnête homme, Louis XVI, digne
d'une autre époque et d'un sort meilleur, est livré
à l'implacable révolution, qui ne se croira hors d'atteinte, qu'en donnant au monde le terrible spectacle de la majesté royale traînée à l'échafaud.

L'orateur de l'époque fut Vergniaud, de la Gironde. Sa parole maîtrisait les imaginations; les
grandes formes de l'éloquence, le majestueux développement des périodes, l'abondance et l'éclat des
images, l'accumulation des preuves, l'art d'émouvoir, le placèrent au premier rang. Il présida à la
tempête qui engloutit le trône; il voulut alors, avec
son parti, s'arrêter; mais la force de projection,
qui avait lancé le peuple dans l'anarchie, ne pouvait être suspendue par des lois. La révolution,
toujours inquiète, avait besoin, pour croire à sa
propre existence, d'un despotisme sans limites;
elle saisit un sceptre sanglant, et tout courba la
tête devant elle.

Telle fut l'origine de ces luttes terribles entre
les représentants de la révolution et les hommes
qui voulaient fonder la république, et établir les
formes légales propres à ce genre de gouvernement. Vergniaud fut encore le premier parmi ces

républicains; mais une lutte vive et prolongée ré-
pugnait à l'indolence naturelle de son caractère;
il semble en méditant ses discours, qu'il pressen-
tait sa destinée; il y a souvent de la douleur, quelquefois des gémissements dans son éloquence; on
voit que de sombres présages obsèdent et attris-
tent son imagination. Lorsqu'au nom de la France,
au nom de ses amis, il veut repousser la solidarité
des attentats révolutionnaires; lorsqu'il s'efforce
d'arrêter le mouvement anarchique du peuple,
c'est ainsi qu'il parle aux habitants de Paris:

« Qui pourrait habiter une cité où règneraient la
« désolation et la mort? et vous, citoyens indus-
« trieux, dont le travail fait toute la richesse, et
« pour qui les moyens de travail seraient détruits;
« vous qui avez fait de si grands sacrifices à la ré-
« volution, et à qui l'on enlèverait les derniers
« moyens d'existence; vous, dont les vertus, le pa-
« triotisme ardent et la bonne foi, ont rendu la
« séduction si facile, que deviendriez-vous? quelles
« seraient vos ressources? quelles mains essuieraient
« vos larmes, et porteraient des secours à vos fa-
« milles désespérées?

« Iriez-vous trouver ces faux amis, ces perfides
« flatteurs qui vous auraient précipités dans l'abîme?
« Ah! fuyez-les plutôt! redoutez leur réponse! je
« vais vous l'apprendre. Vous leur demanderiez du
« pain; ils vous diraient: *Allez dans les carrières*
« *disputer à la terre quelques lambeaux sanglants*
« *des victimes que nous avons égorgées!* ou: *Voulez-*
« *vous du sang? prenez-en! voici du sang et des ca-*

« *davres ; nous n'avons pas d'autre nourriture à vous*
« *offrir !...* Vous frémissez, citoyens! O ma patrie,
« je demande acte à mon tour des efforts que je
« fais pour te sauver de cette crise déplorable. »

« Profitons, s'écriait-il dans une autre conjoncture,
« profitons des leçons de l'expérience! Nous pou-
« vons bouleverser les empires par des victoires;
« mais nous ne ferons de révolutions chez les peu-
« ples que par le spectacle de notre bonheur. Nous
« voulons renverser les trônes; prouvons que nous
« savons être heureux avec une république! Si nos
« principes se propagent avec tant de lenteur chez
« les nations étrangères, c'est que leur éclat est ob-
« scurci par des sophismes anarchiques, des mou-
« vements tumultueux et surtout par un crêpe en-
« sanglanté.

« Lorsque les peuples se prosternèrent pour la pre-
« mière fois devant le soleil pour l'appeler père de
« la nature, pensez-vous qu'il fût voilé par ces nuages
« destructeurs qui portent les tempêtes? Non, sans
« doute, brillant de gloire il s'avançait alors dans
« l'immensité de l'espace, et répandait sur l'univers
« la fécondité et la lumière.

« Hé bien! dissipons par notre fermeté ces nua-
« ges qui enveloppent notre horizon politique! fou-
« droyons l'anarchie, non moins ennemie de la li-
« berté que le despotisme! fondons la liberté sur
« les lois et une sage constitution! Bientôt vous ver-
« rez les trônes s'écrouler, les sceptres se briser; et
« les peuples, étendant leurs bras vers vous, procla-
« mer par des cris de joie la fraternité universelle! »

Ce genre d'éloquence, où tout est image et sentiment, représente bien l'état d'exaltation et de violence où la société était plongée. Mais Vergniaud et son parti voulaient des lois; le sanglant génie des révolutions leur répondait par l'organe mugissant de Danton, son orateur :

« Une nation en révolution est comme l'airain « qui bout et se régénère dans le creuset. La statue « de la liberté n'est pas fondue; le métal bouillonne, « et si vous n'en surveillez le fourneau vous en se-« rez tous brûlés.

« Montrez-vous révolutionnaire, montrez-vous « peuple, et alors la liberté n'est plus en péril. Les « nations qui veulent être grandes doivent, comme « les héros, être élevées à l'école du malheur.

« J'insiste sur ce qui est plus qu'une loi, sur ce « que la nécessité vous commande : Soyez peuple ! « Que tout homme qui porte encore dans son cœur « une étincelle de liberté ne s'éloigne pas du peu-« ple ! Nous ne sommes pas ses pères, nous sommes « ses enfants : exposons lui nos besoins et nos res-« sources; disons-lui qu'il sera inviolable s'il veut « être uni. »

A ces paroles du tribun révolutionnaire le peuple s'ébranle; l'ennemi s'enfuit avec consternation, comme le voyageur surpris, qui s'éloigne, en frémissant, du Vésuve irrité. La Gironde périt, consumée dans l'embrâsement général; la révolution est sauvée; mais que deviendra la liberté ?

La liberté ! les révolutions, comme les contre-révolutions, ne sauraient vivre en paix avec elle;

les unes veulent du despotisme pour se défendre, les autres pour envahir. La liberté est dans l'ordre légal, et l'ordre gêne les mouvements excentriques des peuples qui ont besoin d'une impétueuse énergie, de tous les jours, de toutes les heures, pour sauver leur indépendance. Aussi, quand le parti républicain fut vaincu, commença ce règne d'épouvante, qui fit cesser toutes les résistances intérieures, cette centralisation de pouvoirs, cette inexorable dictature dont ni la pitié, ni le repentir ne pouvaient approcher. L'éloquence en deuil s'exila de la tribune. De froides déclamations, des accents de haine, des sentences proscriptives, tel fut le langage de la dictature; elle poussa, jusqu'aux plus déplorables excès, l'oubli de l'humanité et de la morale; une muette terreur enchaînait les ames. Au-dedans qu'entendiez - vous? le retentissement des ateliers où se forgeaient les foudres nationales, de sourds murmures, quelques joies effrayantes, le bruit lugubre des têtes roulant sur l'échafaud; au - dehors, l'hymne glorieux des combats, le son de la trompette, le pas de charge, et des cris de victoire.

Danton voulut, avant le temps, retirer du fourneau la statue de la liberté; le métal bouillonnait encore; il en fut brûlé. Mais le territoire une fois affranchi, la dictature se tua elle-même; le peuple n'avait plus besoin que d'institutions et de lois; la France essaya sa troisième constitution. De nouveaux talents reparurent à la tribune; aucun d'eux ne saisit le sceptre du génie et ne se fit obéir. Cependant l'esprit de faction vivait toujours; bientôt les Français se déchirent avec fureur; les pouvoirs constitutionnels, minés par la licence, perdent chaque jour leur aplomb et leur force; l'étranger se réveille, nos armées reculent; le bruit des armes se rapproche de nos frontières menacées; il ne s'agit plus de liberté; il faut encore vaincre ou mourir pour l'indépendance.

Une nouvelle dictature est devenue nécessaire; mais qui osera l'accepter? qui osera au milieu du soulèvement des passions, du choc des partis, de l'affaiblissement moral de la société, se rendre responsable du sort de la France? La révolution a besoin d'un défenseur contre l'Europe conjurée; c'est dans les camps, c'est sous les drapeaux de la gloire qu'elle va le chercher; c'est au vainqueur d'Arcole, au héros des Pyramides qu'elle remet ses arsenaux, ses armées, ses trésors, son enthousiasme, ses intérêts, ses principes et son pouvoir absolu. Lui seul peut en supporter le poids; lui seul peut ramener et fixer la victoire sous les étendards de Jemmappes et de Fleurus; lui seul peut comprimer les factions anarchiques, enchaîner toutes les volontés à sa volonté suprême, appeler à lui tous les genres de supériorités et d'illustrations, s'élever encore au-dessus; et, de ce point sublime, dicter des lois aux maîtres du monde.

L'indépendance, qui est la vie des nations, l'indépendance du peuple français fut mise hors d'atteinte; mais un silence injurieux avait été imposé à la tribune, et l'éloquence s'était réfugiée sous

les drapeaux. C'est de là que partaient ces puis-
santes expressions, ce langage de l'héroïsme,
qui enlevait les masses comme un seul homme;
renversait les empires, et semblait prononcer les
irrévocables arrêts du destin. Au fanatisme de la
liberté, succéda le fanatisme de la gloire, qui fit des
prodiges; mais la liberté avait encore de nombreux
amis; lorsque Bonaparte descendit du consulat au
trône impérial, la liberté lui retira son appui; la
révolution, qui avait achevé sa tâche, quitta la
France, et commença ses voyages autour du monde;
Napoléon resta seul avec son génie et le despotisme.

Un tel état de choses ne pouvait se soutenir que
par un pacte éternel avec la victoire; toute l'énergie était dans l'armée; il aurait fallu que cette armée eût pu vaincre les éléments, les obstacles naturels, aussi aisément que les bataillons ennemis.
Le trône impérial était réellement sous la tente;
l'image seule de ce trône militaire décorait les
Tuileries; il devait donc subir les chances des combats, les vicissitudes de la fortune; s'élever avec
le succès, s'affaiblir par les revers et disparaître
enfin au milieu des tempêtes.

Pendant la durée de ce règne, si fécond en
grandes choses, et qui ne présentait après tout
qu'un despotisme viager, la France, tranquille au-
dedans et victorieuse au-dehors, avait pris de nouvelles habitudes; les fruits de la révolution avaient
mûri; ses intérêts étaient devenus nationaux; ce
qu'il y avait de juste et de raisonnable dans ses
principes faisait partie de la raison commune; l'in-

struction, plus généralement répandue, adoucissait les mœurs, rapprochait les diverses classes de citoyens et donnait un nouvel essor à l'industrie.

Le despotisme est dans la politique, tout le reste se trouve dans l'ordre légal. La nation marchant sans entraves vers un avenir prospère, n'est, ni troublée dans le présent, ni rejetée avec violence vers le passé. Elle voit s'élever de toutes parts des monuments glorieux ou utiles. Des canaux ouverts appellent le commerce et la richesse; de précieuses manufactures affranchissent nos besoins et notre luxe de tributs étrangers; les fleuves sont domptés, les rochers se brisent, les Alpes s'aplanissent, et des communications faciles sont établies entre les points de l'Europe les plus éloignés; un recueil de lois conformes aux éternelles maximes de la justice et aux besoins de la civilisation, paraît comme le plus beau travail de la raison et de la sagesse d'un âge éclairé; la religion est dans l'état ce qu'elle y doit être, la gardienne céleste de la morale, la conservatrice de la paix et de toutes les charités humaines. D'amers souvenirs, des luttes d'intérêts et d'opinions, ne portent le désordre ni dans la société ni dans les familles. La réconciliation entre les partis semble terminée; et l'éclat d'une gloire incomparable, le progrès des arts, le développement graduel de l'esprit humain, l'indépendance nationale assurée, compensent l'absence passagère de la liberté.

Tant de prospérités devaient finir. La révolution ne redoutait que les trônes, et n'avait fait la

guerre qu'aux rois; le superbe héritier, le fils dédaigneux de la révolution, oubliant la politique
maternelle, ébloui des splendeurs du diadême,
plein d'une aveugle confiance dans son étoile,
couvrit les dynasties royales d'une humiliante
tutelle, et voulut traiter les nations comme la
république avait traité les rois. Il ne put se concilier les monarques et il révolta le patriotisme
des peuples. Il apprit en Espagne que des batailles gagnées pouvaient renverser un trône qui
ne s'appuie que sur la force militaire; mais qu'elles ne soumettent point les nations, unies par le
sentiment de leur dignité blessée, et par l'horreur du joug étranger. Désarmé du glaive révolutionnaire, il se trouvait en présence d'une révolution que lui-même avait imprudemment suscitée.
Il dut à cette révolution le premier revers du drapeau de l'empire. « Il n'est donc pas invincible! »
Telle fut la pensée des rois et des peuples. Napoléon pouvait-il s'arrêter sans compromettre sa destinée? Des personnes de sens et d'expérience l'ont
pensé; je crois que c'est une erreur. On n'aban-
donne point, sans péril, un système de domination, dont le développement est avancé, et
dont le succès peut seul justifier l'audace. La
position de l'empereur lui défendait de souscrire
aux conditions d'un traité qu'il n'aurait pas dictées
lui-même. La gloire et l'empire étaient le seul
élément où il pût vivre. Ce n'est pas aux fils cou-
ronnés des révolutions qu'il appartient de transiger avec la fortune. Ils sont condamnés à d'éter-

nels travaux. Il n'y a de sécurité, de légitimité pour eux que dans la victoire.

Nous savons, et la postérité saura, quelle incroyable énergie Napoléon opposa à la grande ligue des rois et des peuples; par quels prodiges de constance, de courage et d'habileté, il répara d'effrayants désastres; et mit plus d'une fois en doute, si le génie d'un homme, abandonné à lui-même, ne l'emporterait pas sur les forces réunies d'un monde entier soulevé contre sa puissance. Jamais il ne fut plus grand, plus admirable que dans cette campagne de l'intérieur où, à la tête d'une poignée de braves, il soutint pendant trois mois le choc de l'Europe armée, victorieux partout où étincelait son épée, se multipliant avec les dangers, et fléchissant le dernier sous l'inexorable nécessité.

Comment s'est-il fait que la nation ne se soit pas levée tout entière en 1814, comme elle l'avait fait en 1792, et n'ait pas rejeté l'étranger hors de la frontière? Faut-il le répéter, la révolution n'était plus en France; il ne restait plus que le sentiment de la liberté; et Napoléon en avait perdu l'éloquence. La liberté ne pardonne point les outrages du pouvoir; elle s'en venge par l'abandon aux jours du péril; elle voit tomber avec indifférence, souvent même avec joie, ceux qui se font ses ennemis. Lorsqu'elle est un besoin de l'époque, l'avenir ne saurait l'effrayer : la nature humaine et le temps, voilà ses auxiliaires.

Si les rois, au lieu de menacer l'existence d'un

F. II.   b

homme, avaient manifesté la pensée de détruire
l'indépendance du pays, il en serait sans doute
arrivé autrement. La révolution, revenue sur ses
pas, aurait repris avec fureur son anarchique empire; le volcan se serait rouvert sur tous les points
du territoire, et nous serions peut-être encore dans
l'embrâsement. Les rois, mieux conseillés, annonçaient la paix, l'indépendance et le retour de la
liberté. Un sentiment secret, une espèce d'instinct
avertissait les Français que leur indépendance ne
pouvait être détruite; la France, le front encore
rayonnant de gloire, attendit les événements.

Remarquons en passant que le coup le plus funeste pour Napoléon partit de cette même tribune d'où il avait chassé la liberté, et qui, depuis
dix ans, était condamnée au silence. Le fameux
rapport de la commission du corps législatif[1] fut
pour l'empereur comme une révélation de sa destinée; elle lui annonça qu'il n'avait plus à compter que sur lui-même, il en parut surpris, ce qui
étonna tout le monde; il n'en fut point intimidé,
ce qui n'étonna personne.

Nous voici parvenus à la restauration. Ce fut
dans tous les temps un singulier spectacle qu'une
restauration. Celle qui s'est opérée au milieu de
nous a un caractère qui lui est propre; elle nous
arriva, sans avoir été prévue, et comme un acci-
dent dans l'ordre des choses. Ce fut un bonheur
pour elle et pour nous. Sans force d'opinion,

---

[1] La commission était composée de MM. Raynouard, Lainé,
Flaugergues et Maine de Biran.

sans trésors, sans armée, il lui fallait cependant un appui; elle fit entendre des paroles de paix, d'union, de liberté. La France répondit à ce noble langage, et la restauration commença.

La maison de Bourbon reparut sur le trône; elle y reparut avec l'intérêt qu'inspirent de longs malheurs, avec le respect dû au souvenir du meilleur des rois, avec une juste renommée de modération et de sagesse; elle y reparut comme médiatrice entre l'Europe et la France, entre les temps anciens et les temps nouveaux, comme l'arbitre suprême, et non comme l'esclave des partis, qui, après quatorze années de silence et d'inaction, allaient reprendre la vie et la parole.

La charte nous fut donnée; cette charte, élevant un rempart contre le despotisme et l'anarchie, assigne aux pouvoirs de la société les limites qu'ils ne peuvent franchir; constate l'état des lumières politiques de l'époque, établit nettement tous les droits légitimes, et place les libertés publiques et privées sous l'empire de la loi. Ce grand bienfait fut accepté avec reconnaissance; et comme l'a dit énergiquement l'illustre orateur qui va bientôt dominer la tribune législative, « la charte « fut considérée comme le lit de repos de la royauté « et de la liberté. » Heureuse la France, si un parti, long-temps vaincu, n'eût résisté à la royale pensée, et n'eût voulu profiter d'une circonstance imprévue pour se faire payer, aux dépens des franchises nationales, vingt-cinq ans de revers et d'impuissance!

Et il faut ici faire la part de la faiblesse humaine; on ne pouvait espérer que l'émigration rapprochée, comme par miracle, du pouvoir, conservât le silence et la modération que lui avait commandée la dictature de l'empire. Un tel effort de vertu est le partage de quelques ames fortement trempées, de ces hommes rares que le sentiment du devoir élève au-dessus du vulgaire; il s'en trouvait parmi les royalistes; nous avons vu ceux-là venir au secours des libertés publiques. Mais combien d'autres regardèrent la restauration royale comme la restauration de deux ordres privilégiés, comme la garantie du retour des anciens abus! Ils se présentèrent dès les premiers jours de l'époque nouvelle, comme les accusateurs passionnés du présent, et de tout ce qui s'était fait en France depuis un quart de siècle. Les cendres de l'anarchie furent remuées; les intérêts nationaux se sentirent audacieusement attaqués; ce malaise général, inévitable précurseur des grands mouvements politiques, troubla la société. La tribune rouverte aux débats publics aurait pu remédier à tout; quelques orateurs y parurent avec des intentions droites et un talent recommandable; mais, courbés pendant dix ans sous le despotisme, ils n'avaient pas encore cette attitude libre et imposante qui rend la vérité victorieuse. L'asservissement de la presse périodique y contribua; et ce fut un malheur; il y eut licence de la presse parce qu'il n'y avait pas liberté.

La contre-révolution, telle que la majorité des

royalistes paraissait la désirer, était impossible. On pouvait arriver au despotisme, à la tyrannie; mais à l'ancien régime, jamais. Les éléments en avaient été réduits en poussière; le retour à la vie de l'ancien gouvernement était aussi difficile que la résurrection d'un mort. Les hommes sensés avaient bien cette persuasion; aussi, redoutaient-ils plus le pouvoir arbitraire que l'ancien régime. Mais le langage de la contre-révolution s'est fait entendre; c'en est assez pour agiter les esprits et répandre de vives alarmes. La révolution menacée jette de nouveau un regard sur la France; et pour bien constater l'inutilité des efforts dirigés contre elle, elle saisit l'homme du destin, dans son exil, et le jette triomphant au milieu de nous. A cet aspect inattendu les illusions s'évanouissent; les clameurs s'apaisent; on se ressouvient de la charte, on invoque la liberté; il était trop tard; le torrent devait suivre son cours.

Aux premiers mots de Napoléon la liberté tressaillit d'espérance; à peine revêtu du pouvoir, il parle encore, la liberté reconnaît le langage de l'incorrigible despotisme, se voile de deuil et se tourne vers l'avenir. Privé de ce puissant auxiliaire, Napoléon se confie encore à la fortune; et ce dernier effort fut digne de lui; mais il y survécut. La tribune populaire, armée contre son génie, lui fit expier le 18 brumaire; l'homme qui d'un geste commandait aux rois, qui abattait et relevait à son gré les trônes, dont les triomphes avaient lassé la renommée, et que l'Europe ne pouvait contenir,

Sainte-Hélène, un rocher, perdu dans l'immense
Océan, le reçoit; il avait été quelquefois au-dessous de ses prospérités, il s'élève au-dessus de
son malheur. Nulle faiblesse n'a obscurci cette
gloire, n'a terni cette infortune. Sainte-Hélène!
c'est là que la mort est venue le saisir, là, que repose l'homme dont le souvenir remplira les siècles;
un peu de cendre proscrite, voilà ce qui reste de
tant de grandeurs.

Tandis que Napoléon se livre à la meurtrière
hospitalité de l'Angleterre, la contre-révolution
reparaît sous l'escorte de l'étranger; elle s'attache
encore une fois à la restauration, comme les plantes
parasites s'attachent au chêne des forêts, pour vivre
à ses dépens et pour l'étouffer; et ici, qu'il me soit
permis de démêler deux intérêts qui dominent
notre système politique, et qu'il faut bien distinguer si l'on veut juger le présent et prévoir l'avenir. L'intérêt de la restauration est celui de la liberté, de l'ordre légal, de la paix, de tous les
droits consacrés par la raison de l'homme; c'est
un intérêt national. L'intérêt de la contre-révolution est celui du privilége, du pouvoir arbitraire,
de la tyrannie; c'est l'intérêt du petit nombre.
D'abord elle n'a point marché à découvert; elle
s'est cachée sous la restauration dont elle a égaré
la marche et perverti les conseils; faible par
le talent, puissante par l'audace et l'intrigue, par
un accès facile auprès du trône, par l'adulation,
l'hypocrisie et le dédain de toute morale.

La liberté unie à la restauration s'est retranchée

dans la charte; c'est là son domaine et son refuge ;
elle a jeté son voile, et la contre-révolution a ôté
son masque. Ce n'est plus contre la révolution que
les attaques sont dirigées ; une leçon trop sévère
a été reçue, pour qu'on revienne à une tâche dont
l'impossibilité est démontrée; mais la révolution
avait enchaîné la liberté : on croit que la contre-
révolution peut en faire autant; on ne tient compte
ni des circonstances, ni des formes du gouvernement, ni de la situation morale de la société, ni
des sentiments qui vivent au fond de tous les cœurs.
Des pygmées ont voulu soulever le levier des révolutions; ils ont voulu ébranler les masses; les
masses sont restées immobiles; ils ont voulu du
fanatisme, ils n'ont conçu et enfanté que l'hypocrisie. Que de fois n'ont-ils pas tenté la patience
du peuple, soit par des chants de carrefour, soit
en faisant traîner dans les rues de Paris, en plein
jour, un homme d'honneur enchaîné à un malfai-
teur lépreux et plongé dans l'ivresse, soit par de
coupables connivences à des complots insensés, soit
enfin par le mensonge, la calomnie, la corruption
et la violation des franchises électorales! Eh bien!
tout a été inutile! La nation est calme ; elle est
calme, parce qu'elle sait que la liberté ne périra
pas; tout ce qu'il y a de talent et de génie en France
est venu se ranger sous ses drapeaux; elle ne périra pas, parce que le despotisme contre-révolutionnaire ne pourrait tuer la liberté sans tuer la
restauration; et celle-ci reculerait devant son tombeau.

La liberté n'a que la parole à opposer au pouvoir de la contre-révolution ; mais sa parole pénètre dans toutes les classes de la société ; elle affaiblit les efforts de ses ennemis, et détruit souvent, en un jour, ce qui a été l'œuvre laborieuse de plusieurs années. Un lieu d'asile suffit à la liberté ; chassée du jury, elle s'asseoit au banc des magistrats et reparaît sous la toge parlementaire ; exilée de la presse périodique, elle monte à la tribune ; il ne lui faut qu'une voix éloquente, qu'un orateur docile à ses inspirations, pour se maintenir, pour suspendre la marche de la contre-révolution, anéantir ses doctrines, la poursuivre dans les ténèbres, mettre sa conduite en contradiction avec son langage, la rendre honteuse d'elle-même, et déshonorer ses agents. La contre-révolution irritée s'agite, se tourmente, tourne sur elle-même et croit avancer. La liberté étend paisiblement son empire ; les mœurs qui lui sont propres s'affermissent ; elle les oppose aux lois que la justice et l'humanité repoussent, et ces lois meurent d'impuissance ; elle devient, par l'opinion et avec l'opinion, la reine de la société.

Dans les premières années de la seconde restauration, les partis opposés se rencontrèrent à la tribune. A la vue des baïonnettes étrangères, la contre-révolution prit courage et voulut parler. A l'obscurité de ses conceptions, à l'incohérence gothique de ses arguments, aux tournures embarrassées de son langage, on eût dit que le treizième siècle était sorti de la nuit des temps, et renaissait

avec toute sa barbarie dans la France civilisée. Les
orateurs de la restauration et ceux de la liberté
auraient dû s'unir; ils défendaient le même intérêt;
mais trop de passions avaient été remuées, trop
d'amours-propres compromis; ce fut pendant quelque temps la confusion des idées et des langues;
on ne s'entendait pas.

Il faut le proclamer hautement. Si l'on est enfin
parvenu à s'entendre; si la restauration et la liberté
parlent le même langage, nous le devons aux membres de l'une et de l'autre chambre, qui ont formé
l'opposition constitutionnelle; nous le devons surtout au grand orateur que la mort vient d'enlever
à la France en deuil, à l'illustre général Foy, honneur de la tribune nationale, et modèle accompli des vertus militaires et civiles. La liberté n'a
jamais manqué de talents; et je pourrais en citer
dont la mémoire vivra toujours; mais il lui fallait
du génie : le général Foy se présenta et fut accepté.
Son éloquence, trempée dans les feux de la république, dans la gloire du consulat, dans l'héroïsme
de l'empire, réunissait les qualités nécessaires pour
imposer à la malveillance, pour commander l'attention et le respect. Je ne crains pas d'être accusé
d'injustice et d'exagération, en disant qu'il a été
l'orateur de l'époque.

Il a été l'orateur de l'époque, parce qu'il en a
connu les besoins; parce qu'il a senti que, dans
notre état social, la royauté devait être l'alliée naturelle de la liberté; qu'elles devaient se soutenir
l'une et l'autre, et que la contre-révolution, ou,

ce qui est la même chose, le despotisme, ne serait définitivement vaincu que par cette alliance. Il s'est retranché dans la charte nationale et royale, comme un général habile dans une forteresse assiégée. Secondé par quelques braves, il en a défendu les approches avec une infatigable fermeté : quand la brèche a été faite par les dernières lois sur les élections et la septennalité, il a été debout sur la brèche, ralliant à sa voix éloquente tous les amis de la liberté.

On se rappelle l'impression profonde que produisirent ses premières paroles, dans les débats sur la réduction du traitement de la Légion-d'Honneur.

« Pendant un quart de siècle, dit-il, presque tous « nos citoyens ont été soldats : depuis la paix, nos « soldats sont redevenus citoyens. Souvenirs, sen-« timents, espérances, tout fut, tout est resté com-« mun entre la masse du peuple et notre vieille « armée. Aussi les paroles qui s'élèvent de cette « tribune, pour consoler de nobles misères, sont-« elles recueillies avec avidité jusque dans les « moindres hameaux : il y a de l'écho en France, « quand on prononce ici les noms d'honneur et de « patrie. »

Après une discussion entraînante et irrésistible ; après avoir dit que la réduction du traitement réduit à l'aumône un grand nombre de légionnaires, l'orateur s'écrie :

« Oui, messieurs, à l'aumône ! Qui de nous n'a « pas vu des hommes, naguère ennoblis par le com-

« mandement, que la faim condamne aujourd'hui
« aux travaux les plus grossiers ? Qui de nous n'en
« rencontre pas tous les jours qu'une noble pudeur
« force à cacher, sous leurs vêtements délabrés, le
« ruban que leur sang a rougi ? Qui de nous n'a
« pas déposé le denier de la veuve dans des mains
« mutilées par le fer de l'ennemi ?

« Hâtons-nous de demander au trône de faire
« taire des cris accusateurs ! Les honneurs accordés
« aux souvenirs du passé ne sont pas perdus pour
« la génération qui s'avance ; ils animeront d'un
« principe d'activité salutaire cette jeune armée,
« qu'un ministre habile.[1] a donnée en deux ans à
« la France, et dont il a quitté trop tôt la direction
« pour l'achèvement de son œuvre patriotique ;
« trop tôt peut-être pour notre avenir comme na-
« tion indépendante. La justice rendue aux braves
« sera, pour notre état social, une source d'amé-
« liorations. Il n'est pas bon que les notabilités na-
« turelles, légales, compatibles avec les droits de
« tous, se heurtent entre elles. Tâchons que la con-
« sidération universelle embrasse tout ce qui est
« honnête et généreux. Croyez-moi, tout le monde
« y gagnera. La gloire héritée vivra plus paisible et
« recueillera plus de respects, quand elle ne sera
« plus hostile envers la gloire acquise. La grande
« propriété retrouvera sa juste part d'influence
« dans l'état, lorsque tous les Français seront unis
« de cœur et d'habitude dans leur hommage aux

---

[1] Le maréchal Gouvion-Saint-Cyr.

« services rendus et aux droits acquis, dans leur
« fidélité au roi et à la charte, dans leurs vœux
« pour l'honneur et l'indépendace de la France. »

Ce genre d'éloquence, majestueuse dans sa simplicité, empreinte de cette franchise militaire qui
ne laisse point de nuage sur la pensée, était le
langage qui convenait à l'époque; il fut entendu
avec transport : la liberté salua son orateur.

Le parti constitutionnel avait, dès l'origine, été
composé d'éléments divers et peu cohérents. Il n'y
avait, il ne pouvait y avoir, ni unité dans ses vues,
ni unité dans son langage. Les leçons sévères qu'il
a reçues de la contre-révolution, attentive à ses
fautes, lui ont donné l'expérience qui lui manquait.
Il a compris sa destinée; il sait aujourd'hui que sa
force est dans la sagesse, et qu'il triomphera tôt
ou tard, parce qu'il est la nation tout entière. Le
calme de son attitude rend ses ennemis furieux;
mais leur fureur ne s'exerce que par d'obscures
vexations, par des calomnies méprisées, par des
actes de vengeances personnelles. Elle est impuissante contre la société dont la marche, paisible et
mesurée, ne peut plus s'arrêter dans la grande carrière de la civilisation.

Si l'éducation de notre liberté est si avancée,
nous le devons principalement au général Foy et
à ses honorables amis. Défenseurs de la charte, ils
restaient sur un terrain où devaient arriver successivement les hommes d'honneur de toutes les opinions, pour se former en phalange sacrée, et sauver
le trône en sauvant la liberté.

Avec quelle noblesse de sentiments, quelle sublimité de courage, notre orateur ne repoussa-t-il pas, au nom de la patrie, l'accusation d'un crime affreux dont la contre-révolution voulait charger la liberté, mère de toutes les vertus.

« Un petit-fils de Henri IV nous a été enlevé, « dit-il, qui lui ressemblait d'inclination et de cœur. « Comme son immortel aïeul, il a reçu le coup de « mort de la main d'un fanatique. Aussitôt, ont re- « tenti des cris de vengeance que la douleur n'a- « vait pas inspirés. Des factieux, répudiés par les « hommes de toutes les opinions qui ont le cœur « français, ont voulu rendre la nation complice « d'un crime solitaire. N'en a-t-on pas entendu « qui s'efforçaient à répandre le soupçon jusque « sur les vieux défenseurs de la patrie ? Ils ne sa- « vent donc pas les insensés que du cœur d'un sol- « dat peut jaillir la colère, mais jamais la traîtrise. « Ils ne savent pas que les braves s'entendent et se « devinent ; et que c'était particulièrement sur le « plus jeune des fils de notre roi que nous comptions « pour les jours du danger, comme lui-même avait « compté sur nous.

« Il appartient à la sagesse des chambres de dé- « fendre contre la rage des partis un trône que le « malheur a rendu plus auguste et plus cher à la « fidélité. Craignons, en faisant une loi odieuse, « sans être utile, de remplacer la douleur publi- « que par d'autres douleurs qui feraient oublier la « première. Le prince que nous pleurons pardon- « nait en mourant à son infame assassin. Oh ! comme

« son ame généreuse se fût indignée s'il eût pu
« prévoir les angoisses de l'innocent. Faisons, mes-
« sieurs, que le profit d'une mort sublime ne soit
« pas perdu pour la maison royale et pour la mo-
« rale publique. Que la postérité ne puisse pas
« nous reprocher qu'aux funérailles d'un Bourbon
« la liberté des citoyens fut immolée pour servir
« d'hécatombe. La raison d'état le défend, l'hon-
« neur français s'en irrite, la justice en frémit. »

Le général Foy s'apercevait de temps à autre
que la contre-révolution, en attaquant la liberté,
jetait quelquefois un regard menaçant sur l'œuvre
consommée de la révolution. Mais cette œuvre se
défend elle-même, parce qu'en d'autres termes, c'est
la société telle qu'elle existe. Aussi, l'orateur n'a-
t-il jamais traité sérieusement cette question. Il
s'est contenté d'exposer les faits avec simplicité,
laissant les conséquences au bon sens du public.
Que de vérité et de sagesse dans les paroles suivantes!

« On a dit que le perfectionnement de l'agricul-
« ture et le bonheur des paysans étaient l'œuvre
« de la révolution; on a dit une vérité; c'est la ré-
« volution qui les a rendus propriétaires, qui leur
« a donné des champs, des jardins, de bons vête-
« ments. C'est par elle qu'ils voyagent dans les di-
« ligences suspendues; c'est par elle qu'ils sont
« heureux, c'est par elle qu'ils ont contracté des
« habitudes d'aisance dont ils ne se déferont pas
« aisément. Et pourquoi, malgré les fautes de l'ad-
« ministration, la France jouit-elle de ce temps

« calme? C'est parce que la propriété est divisée;
« c'est parce qu'il y a beaucoup de propriétaires,
« et qu'ils sont intéressés au maintien de l'ordre;
« mais qu'il vienne un jour où, pour refaire la
« grande propriété, on menace la propriété nou-
« velle, que le privilége reparaisse, et vous verrez
« ce qui arrivera! »

Ce langage, si remarquable par sa modération
dans une question aussi palpitante d'intérêt; ce
langage si propre à calmer les passions; cette leçon salutaire donnée par la sagesse à l'imprudence
de parti; ce respect des convenances, cette mesure parfaite, tout annonce le citoyen qui possède
la qualité la plus essentielle que Cicéron exige de
l'orateur, la vertu.

Oui la vertu! les organes des contre-révolutions
et des congrégations la dédaignent; ils n'ont à
exciter que des passions mauvaises; mais elle est
le génie des orateurs de la liberté. C'est elle qui
les avertit de ce qu'ils ont à dire, et de ce qu'il faut
taire. C'est elle qui donne l'autorité à leur geste et
la puissance à leur parole; c'est elle qui leur fait
mépriser même la popularité, lorsqu'elle ne peut
s'acquérir qu'aux dépens de la justice et des vrais
intérêts de la patrie; c'est aussi par elle que la
gloire s'attache à l'immortalité.

Le général Foy avait reconnu toutes les positions sociales. Il avait vu que la contre-révolution
se servait de la restauration pour asseoir sa tyrannie, et que, toute force morale manquant à ses desseins, elle se plaçait dans les lois, se faisait ainsi

une législation à son usage, et envahissait en même temps tous les pouvoirs de l'état ; il voyait un redoutable auxiliaire accourir au secours de la contre-révolution, armé d'anathèmes et de fanatisme. Ce parti que distingue le nom de *congrégation*, après avoir suivi des routes ténébreuses, se montrait enfin au grand jour ; sa voix était menaçante, son front superbe, son œil enflammé ; il marquait déjà la liberté religieuse pour sa première victime.

Dans cette complication d'intérêts, la lutte entre les doctrines était établie ; chaque mesure législative devait être mise à découvert ; il ne s'agissait point de persuader une assemblée, mais d'avertir la société ; la vérité glissant sur des majorités glacées, rejaillissait hors de l'enceinte des discussions, et arrivait au peuple, avide de l'entendre, au peuple, qui la recevait comme la consolation du présent, comme l'espérance de l'avenir. La contre-révolution gênée par cette courageuse franchise, par cette éloquence populaire qui survivait à la *clôture* et aux *questions préalables*, reprochait à l'opposition de *parler par la fenêtre*, comme s'il était possible de parler autrement, lorsque l'évidence n'a plus de force sur les esprits, que tous les intérêts sont compromis, et qu'il ne reste d'autre ressource que d'armer l'opinion pour la défense de ces mêmes intérêts.

Nul orateur n'était plus propre que le général Foy à rendre ce grand service à son pays ; sa pensée patriotique, qu'animait une expression vive et pittoresque, remuait au fond des cœurs tous les

sentiments généreux. Quel était le fond de sa politique? Il va la résumer lui-même en quelques
phrases.

« Il ne peut y avoir de véritable gouvernement
« représentatif en France qu'avec la maison de Bour-
« bon. — Rien ne peut aller ni durer aujourd'hui
« en France sans le respect des droits de tous. —
« L'opinion du roi, comme personne privée, mérite
« le respect, et devant son nom tout doit s'incliner;
« mais l'opinion du roi, comme personne publique,
« c'est son opinion écrite dans les formes consti-
« tutionnelles et placée sous la responsabilité mi-
« nistérielle. — La contre-révolution, dans son re-
« tour rapide, se déguise quelquefois, mais ne
« s'arrête jamais. — La charte, l'opinion, la raison
« repoussent la censure. — Lorsque l'esclavage est
« la base du droit commun, *privilége* est synonyme
« de *franchise* et de liberté; mais lorsque la *liberté*
« et l'égalité sont les bases du droit commun, *pri-*
« *vilége* est synonyme d'*oppression.* »

Encore quelques foudroyantes vérités! « Lorsque
« des soldats on fait des esclaves, c'est qu'on veut
« en faire des oppresseurs. — Le pouvoir absolu est
« un fait; il n'a jamais été un droit. — L'arbitraire
« répugne au cœur d'un honnête homme. — La li-
« berté est la jeunesse des nations. — Nous voulons
« l'ordre social tel que l'a fait la révolution, tel que
« la charte l'a consacré. Nous voulons, avant tout,
« l'indépendance de la nation, parce que, sans elle,
« il ne peut exister ni sécurité, ni liberté. — Les
« ministres, incapables de résister aux factions, pé-

« rissent avec les factions ou par les factions. — Le
« gouvernement représentatif est un gouvernement
« de vérité. »

Jamais orateur ne prononça avec plus d'autorité
les noms d'*honneur* et de *patrie*. Faut-il s'étonner
si tant d'échos en France répétèrent et répètent
encore ces mots magiques que la contre-révolution
veut abolir? Le général Foy portait à la tribune
cette fermeté de caractère qui s'était fortifiée dans
les camps. Il y avait quelque chose dans son attitude et dans son regard qui imprimait le respect.
Toujours calme au milieu des plus violents débats,
il ne se laissait émouvoir ni par le nombre, ni
par les clameurs passionnées de ses adversaires.
Les interruptions soudaines donnaient encore plus
d'élan à son éloquence; et c'est avec une présence
d'esprit admirable qu'il repoussait des attaques
imprévues. On se rappelle cette voix contre-révolutionnaire qui, au moment même où il entrait
avec chaleur dans une importante discussion, l'in-
terrompit pour lui demander la définition du mot
aristocratie. « L'aristocratie, répondit-il sans s'é-
« mouvoir, l'aristocratie, au dix-neuvième siècle,
« c'est la ligue, la coalition de ceux qui veulent
« consommer sans produire, vivre sans travail-
« ler, occuper toutes les places sans être en état
« de les remplir, envahir tous les honneurs sans
« les avoir mérités; voilà l'aristocratie. » La voix
contre-révolutionnaire se tut, et la nation ap-
plaudit.

Toutes les hautes questions de justice et d'hu-

manité trouvaient dans le général Foy une éloquence sympathique et un chaleureux défenseur.
L'Espagne abandonnée aux angoisses de l'anarchie,
aux tortures du fanatisme ; la Grèce réveillée du
long sommeil de la servitude, et luttant corps à
corps avec le formidable empire de Mahomet ; la
révolution sillonnant les vastes contrées de l'Amérique méridionale, y déposant ses germes indes-
tructibles, et appelant ces peuples nouveaux à
l'indépendance ; tous ces grands spectacles enflam-
maient la parole de l'orateur citoyen, et lui inspi-
raient ces pensées brûlantes, ces mots impérissables
qui font battre les cœurs et se fixent dans tous les
souvenirs.

Il avait aussi cette éloquence réfléchie, infatigable, qui saisit l'ensemble d'une question, en
approfondit les détails, et en déduit toutes les conséquences. Ses études laborieuses, un travail constant d'observations et de comparaisons, avaient
enrichi son esprit de connaissances positives et variées ; telle était la netteté de sa pensée que rien
de vague et d'obscur n'y pouvait entrer, et que la
vérité en sortait comme une vive lumière. Le so-
phisme et la mauvaise foi disparaissaient devant
lui. Habile administrateur, il redressait tous les
écarts de l'administration. Sentinelle vigilante de
la fortune et du crédit publics, il les défendait avec
une persévérance à toute épreuve ; couvert de glo-
rieuses cicatrices, il oubliait que chaque émotion
de la tribune était un danger pour lui ; il vivait
pour la patrie, et il est mort pour elle.

Ne lui demandons point le secret de sa composition; il était tout entier dans son âme. Rien d'étudié, rien de calculé dans sa manière; tout est plein dans ses discours, et, ce qu'il y a de caractéristique, on n'y trouve aucune superfluité. Son abondance n'est jamais stérile : avare de mots, l'expression la plus simple met sa pensée en relief, et cette simplicité est encore un ornement. Si une grande vérité s'offre à sa pensée, il l'énonce avec une énergique précision, et c'est le pivot sur lequel tournent tous ses raisonnements.

« La force et le droit se disputent le monde, dit-
« il en s'adressant à l'émigration impatiente de son
« milliard; la force et le droit se disputent le monde :
« le droit qui institue et conserve la société, la force
« qui subjugue et pressure les nations.

« Qu'est-ce que le droit? c'est, pour les actes du
« gouvernement comme pour ceux des particuliers,
« la conformité aux lois positives et à ces prin-
« cipes d'éternelle raison qui sont la base des lois
« de tous les pays. Il n'y a devant ces lois que deux
« questions à résoudre. L'émigration était-elle vo-
« lontaire ou forcée? Qu'allaient demander les émi-
« grés aux étrangers? »

La question ainsi posée, l'orateur entre avec fermeté dans la discussion; ses raisonnements se pressent, ses preuves se développent dans un ordre parfait. L'intérêt du pays, l'intérêt du trône, celui même de l'émigration, se montrent tour à tour pour repousser une loi funeste. « Je n'y vois,
« s'écrie l'orateur en finissant, que désordre dans

« le présent et trouble dans l'avenir. Ce n'est pas
« moi qui m'associerai à cette œuvre de mal-
« heur. » L'assemblée, émue enfin par tant d'éloquence, frémit, et la loi passe.

On a voulu comparer le général Foy à d'autres
orateurs; celui qui en a le plus approché est ce
vertueux Camille Jordan, qui fut son ami, et qui
mérita de l'être. Le cœur de Camille Jordan palpi-
tait aussi d'indignation contre les ennemis de la
France; l'aspect menaçant de la contre-révolution avait exalté son énergie morale; mais les efforts de la tribune abrégèrent aussi sa vie, et son
dernier soupir fut pour la liberté.

Faut-il rappeler Mirabeau et Vergniaud? Ils ont
eu le génie propre à leur époque. Mirabeau, porté
par la révolution, avait l'avantage de l'attaque; sa
force se multipliait par toutes les forces d'une puissante majorité; il parlait en triomphateur devant
un pouvoir vaincu. Le général Foy, au contraire,
soutenait les attaques de la contre-révolution, victorieuse et acharnée sur sa proie; toujours en défense, son éloquence était protectrice et non agres-
sive; les élans de cette ame héroïque n'avaient rien
d'hostile. La stabilité du trône, la gloire et la prospérité de la patrie, voilà ce qu'il protégeait avec
les armes de la raison et les soudaines illuminations
du génie.

L'éloquence de Vergniaud était orageuse comme
le temps où il vivait; il lance des foudres, mais il
répand peu de lumière. Son admirable langage est
rempli d'émotions et d'images; il appelle à son

aide tout le pathétique des passions. Le général
Foy, s'adressant à la raison publique et aux intérêts de tous, échauffe et éclaire tout à la fois.
Il est incomparable, lorsqu'il défend la gloire
nationale insultée, et l'honorable misère de ses
compagnons d'armes; lorsqu'il conjure le ministère, si prodigue envers ses agents, d'épargner les
cent cinquante officiers-généraux de notre vieille
armée, atteints dans leur repos et leur existence
par ce qu'il nomme « le dernier coup de canon
échappé de Waterloo. » Le général Foy ne sou-
leva jamais que les plus nobles affections; s'il s'indigne de la calomnie, c'est l'indignation de la vertu;
placé au-dessus des passions vulgaires, il s'oublie
lui-même, il ne voit que la patrie, il ne respire
que pour la patrie.

J'entends demander quels services il a rendus,
comme législateur, à son pays. Quels services! Je vais
vous le dire. Il nous a formés aux habitudes et au
langage de la liberté; il a soutenu, il a fortifié ces
opinions constitutionnelles qui, au milieu des clameurs du fanatisme et des cris vindicatifs d'une
aristocratie contre-révolutionnaire, se répandent,
s'affermissent, et poussent leurs racines jusque dans
les fondations de l'édifice social. Du haut de la tribune nationale, il exprimait les vœux de la nation,
et la nation l'écoutait avec reconnaissance et ad-
miration. Sa voix, libre et retentissante, prévenait
le découragement, rassurait la faiblesse, intimidait
le despotisme administratif, ralentissait son activité,
et lui opposait deux forces dominantes, la sagesse

et le temps. Qui plus que lui a contribué à vaincre
ces préjugés qui séparaient des hommes généreux,
divisés d'opinions sur quelques points, mais enfin
réunis, pour soustraire les libertés publiques aux
atteintes d'une secte impie dont l'audace veut as-
socier la religion à la tyrannie? Vous demandez
quels ont été les services rendus par le général
Foy? Ne parlons ni des triomphes de son éloquence, ni de ses travaux guerriers : venez près
de cette fosse où va descendre l'enveloppe matérielle de sa grande ame; contemplez cette immense
population plongée dans le deuil, calme dans sa
douleur, et adoptant, au milieu des larmes, les
jeunes fils du héros-citoyen; entendez la France
entière répondre avec enthousiasme à cette noble
inspiration. Quel plus grand service que la révélation de l'opinion nationale, toujours la même,
toujours unanime, qui sort toute puissante d'un
tombeau, et qui nous montre l'orateur de la liberté devenant même par sa mort le bienfaiteur
de son pays!

DISCOURS

A LA CHAMBRE DES DÉPUTÉS.

SUR LE PROJET

D'ADRESSE AU ROI.

COMITÉ SECRET DU 26 NOVEMBRE 1821.

La commission nommée pour la rédaction de l'adresse au roi avait proposé un projet qui, pour la première fois, convenait aux deux partis qui divisaient la Chambre. Le paragraphe sur lequel roula la principale discussion était ainsi conçu : « Nous nous félicitons, Sire, de vos relations constamment amicales avec les puissances étrangères, dans la juste confiance qu'une paix si précieuse n'est point achetée par des sacrifices incompatibles avec l'honneur de la nation et la dignité de la couronne. »

C'est un droit et aussi un devoir pour nous, députés, arrivés tout-à-l'heure de nos départements, de porter au trône dans toute occasion l'expression des vœux et des besoins publics, et même de combattre les allégations des conseillers ordinaires de la couronne toutes les fois qu'elles nous paraissent en opposition avec la vérité et avec l'intérêt du pays. Notre droit est écrit dans la charte, notre de-

voir nous est dicté par notre conscience : investis
de la confiance de nos concitoyens, nous n'abdi-
querons pas les droits dont l'exercice ne nous est
confié que temporairement. Députés loyaux, nous
ne reculerons pas devant nos devoirs.

Le principe établi, s'il était arrivé que sa majesté ne nous eût pas entretenus des relations de
la France avec les puissances étrangères, et que
cependant ces relations nous parussent être conduites avec faiblesse, sans dignité et d'une manière
contraire aux intérêts du pays, nous serions, à mon
avis, dans l'obligation étroite d'avertir le roi des
fautes commises par ses ministres; car eux seuls,
messieurs, peuvent commettre des fautes; eux seuls
peuvent être mus par des passions subalternes, et
se trouver enveloppés dans des intrigues indignes
du gouvernement d'un grand peuple. Le roi ne
veut, ne peut vouloir que ce qui est bon, utile et
conforme à la dignité de la couronne.

C'est pour cela, messieurs, que le discours du
trône appelle votre attention particulière sur la
conduite de vos affaires au-dehors. Quatre paragraphes sont consacrés à cet important objet; serait-il convenable que ces paragraphes restassent
sans réponse? n'est-ce pas là l'occasion naturelle
de faire entendre la vérité? Où peut-elle se montrer avec plus d'avantage que dans une adresse où
respire partout le respect et l'amour?

Assurément la France veut la paix, mais la paix
que commande la force, et non pas celle qu'implore
la faiblesse. La France peut tout en Europe par

l'empire qu'elle exerce sur les souvenirs, et surtout par sa population valeureuse et par ses moyens réels de richesse et de puissance. La France ne peut effrayer personne, parce que la modération du roi offre des garanties contre le mauvais emploi de nos forces nationales ; mais devons-nous tant nous laisser oublier, tant nous effacer devant ceux qui savent ce que nous valons et ce que nous pouvons ? Je vous le demande, messieurs, et j'en appelle à toutes les nuances d'opinion, notre diplomatie, par rapport aux affaires de Naples, a-t-elle été digne du roi et de la France ? le chef des Bourbons n'avait-il pas le droit direct d'intervenir principalement et immédiatement dans les décisions prises par les puissances à l'égard d'un prince de sa maison ? La France peut-elle rester indifférente à la suprématie exercée par les souverains du Nord sur ce qui se passe au-delà des Alpes ?

Tout récemment encore nous avons lu dans les gazettes un traité en vertu duquel des troupes étrangères occuperont les états du roi de Sardaigne, d'un prince, notre plus proche voisin, d'un prince dont les provinces sont pour ainsi dire mêlées avec nos départements. Je vois, dans ce traité, le roi de Prusse, et la signature d'un M. Petit-Pierre, son plénipotentiaire ; et le roi de France, le roi de trente millions d'hommes, n'est pour rien dans ce qui se passe à notre porte ; son nom n'est pas même prononcé dans un traité dont il eût été si glorieux pour nous de prévenir les suites funestes.

Cependant, messieurs, pour que l'autorité royale

recueille au-dedans tous les respects qui lui sont dûs, il faut que la couronne soit radieuse au-dehors; il faut que la paix ne puisse jamais être achetée par des sacrifices contraires à l'honneur national. La commission nous propose de dire au roi que nous avons la juste confiance que son gouvernement se pénétrera de cette grande vérité. Il y a justice pour le fonds de l'idée; il y a convenance respectueuse dans la manière dont elle est exprimée. Je vote pour l'adoption du paragraphe.

Le paragraphe fut voté, et le projet d'adresse au roi adopté. Le président et deux secrétaires de la chambre se rendirent chez le roi et lui remirent l'adresse. Parmi les paroles que sa majesté leur adressa, on remarquait celles-ci : « J'aime à croire « que la plupart de ceux qui ont voté cette adresse n'en ont « pas pesé toutes les expressions. S'ils avaient eu le temps de « les apprécier, ils n'eussent pas souffert une supposition que, « comme roi, je ne dois pas caractériser, que, comme père, « je voudrais oublier. »

SUR LA LIBERTÉ DE LA PRESSE.

SÉANCE DU 25 JANVIER 1822.

Le ministère proposait un projet de loi relatif aux délits de la presse. Le premier article était ainsi conçu :

« Quiconque, par l'un des moyens énoncés en l'article 1er
« de la loi du 17 mai 1819, aura outragé ou tourné en dérision
« la religion de l'état, sera puni d'un emprisonnement de trois
« mois à cinq ans, et d'une amende de 300 f. à 6,000 f. ; les
« mêmes peines seront prononcées contre quiconque aurait ou-
« tragé ou tourné en dérision toute autre religion dont l'établis-
« sement est légalement reconnu en France. »

Messieurs, une croyance religieuse a droit, sans doute, à tous les hommages des hommes généreux ; elle mérite des respects d'autant plus grands, qu'elle est détachée des choses mondaines ; mais c'est pré-cisément ce détachement des choses mondaines qui la rend impropre, en bien des circonstances, à juger des avantages ou des désavantages d'une loi politique, surtout lorsque la loi politique se dis-cute dans un pays où l'égalité des cultes est un principe fondamental de la législation.

La question qui se rattache à l'article 1er du projet de loi est celle-ci : Une loi nouvelle pour la répres-sion des délits en matière religieuse, est-elle né-cessaire ? Pour résoudre cette question, voyons ce que disait la loi de 1819, et ce qui est survenu depuis; recherchons quelle est la pensée qui a dicté le projet de loi, et ce qu'on peut en attendre.

La loi du 17 mai 1819 porte: « Tout outrage à la morale publique et religieuse ou aux bonnes mœurs, par l'un des moyens énoncés en l'art. 1er, sera puni d'un emprisonnement d'un mois à un an, et d'une amende de 16 francs à 500 francs. » Le projet de loi actuel dit : « Quiconque aura outragé ou tourné en dérision la religion de l'état, sera puni d'un emprisonnement de trois mois à cinq ans, et d'une amende de 300 francs à 6,000 francs. »

La commission avait ajouté un amendement tendant à établir une différence entre les religions différentes, que la charte protége toutes également; et, quoique cet amendement soit retiré, il ne sera pas inutile d'en parler brièvement, afin d'éclairer la discussion, et de vous rendre plus propres à délibérer en connaissance de cause.

Cet amendement avait été naturellemnt indiqué par l'article même du projet de loi. Cet article, en effet, établit lui-même une distinction entre la religion de l'état et les autres religions établies, puisqu'il ajoute pour elles un paragraphe ainsi conçu : «Les mêmes peines seront prononcées contre quiconque aura outragé ou tourné en dérision toute autre religion dont l'établissement est légalement reconnu en France. » Cette forme est, il est vrai, indiquée par la charte; mais puisque la charte établit pour toutes même protection et égale liberté, on devait s'attendre à ce qu'elles seraient confondues dans la même disposition.

On a été plus loin dans la discussion ; un orateur de ce côté (la droite) s'est expliqué plus claire- ment ; il a appelé les choses par leur nom ; il vous a dit de distinguer la religion de l'erreur, d'avoir le courage de punir le blasphême, et de déclarer que la religion catholique est la seule véritable. Un pareil langage découle tout naturellement du projet de loi ; il est inspiré par le même esprit ; il est le résultat de la position même dans laquelle on nous a placés ; et si la loi du double vote con- tinue pendant un ou deux ans encore à nous amener ses produits inconstitutionnels.... (Interruption.)

Je vais, messieurs, expliquer ma pensée. Le dou- ble vote étant inconstitutionnel....

(Interruption.)

Il est, messieurs, hors de doute que la loi du 29 juin 1820, comme toute autre loi d'élection, peut amener dans la chambre des hommes très- constitutionnels, très-dévoués aux doctrines et aux principes de la liberté ; mais je dis que cette loi étant inconstitutionnelle....

(Nouvelle interruption.)

M. le président se lève et déclare que le général Foy s'est écarté de l'ordre, en disant que la loi du 29 juin 1820 est in- constitutionnelle.

Oui, messieurs, je dis et je soutiens qu'alors même que la loi du 29 juin n'amènerait dans la chambre que des hommes constitutionnels, tous ces hommes, pris collectivement, n'en seraient pas moins un produit inconstitutionnel, puisque leur élection serait le résultat d'une loi inconstitution-nelle.

Je n'ai voulu attaquer ni les individus, ni même une portion de la chambre. J'ai voulu dire, et je répète, qu'alors même qu'une loi quelconque, (puisqu'il faut généraliser) amènerait dans cette chambre des hommes tous constitutionnels, si cette loi violait la constitution, ses produits se-raient inconstitutionnels.

Quant au reproche qu'on me fait de parler d'une loi avec peu de respect, je réponds que nous sommes ici pour faire des lois et pour en défaire. Notre droit à cet égard est indéfini, pourvu que nous en usions d'une manière conforme à la charte. Il n'a pour limites que notre conscience et nos de-voirs.

Je rentre maintenant dans la discussion. C'est vous qui m'en avez écarté en m'interrompant. Je rentre, dis-je, dans la discussion, et j'établis que l'amendement de la commission a été suggéré par le texte même de l'article, et a dû l'être bien plus encore par la marche générale de l'administration. Tout, dans l'administration, tend à établir cette inégalité entre les cultes, et à mettre dans le fait ce que la commission a posé en droit.

Qu'est-ce qui prouve mieux cette tendance gé-nérale que l'ordonnance du 27 février 1821? N'a-t-elle pas exclu les protestants des colléges royaux en mettant ces colléges sous la surveillance exclu-sive des évêques et des grands-vicaires? On dira

peut-être qu'on peut mettre ou non ses enfants au
collége; mais on ne peut pas les empêcher d'être
soldats. Eh bien! soldats protestants ou non, on les
force d'aller à la messe. N'est-ce pas un attentat à
la liberté des cultes?

J'aborde ensuite la question de ce prosélytisme
intolérant qui met le trouble dans les familles. N'a-
vez-vous donc pas lu cette pétition fameuse? ne vous
y trompez pas; la pétition de M. Loveday soulève
une question grande, immense. Vous ne savez pas
qu'en Angleterre cet attentat a rajeuni de vieilles
haines, et réveillé l'esprit de persécution. Vous
ne savez pas que, dans le parlement d'Angleterre,
à la prochaine session, cette pétition sera un argument contre l'émancipation des catholiques; c'est
une opinion accréditée parmi tous les bons esprits
de l'Angleterre. Au reste, messieurs, bien que les
droits des communions protestantes appartiennent
à tous, même à ceux des autres communions, puisqu'ils font partie des droits généraux des Français,
n'oubliez pas que la religion catholique, par sa
prééminence, par l'étendue de son enseignement,
occupera toujours une place dans l'état au moins
aussi grande et plus grande que la charte ne lui
assigne. Ce n'est pas elle qui a le plus besoin de
protection. Ce qu'il faut surtout défendre et protéger, dans les religions comme dans les chambres, comme dans l'état, ce sont les minorités.

On a prétendu, dans le rapport de votre commission, qu'insulter la religion catholique, c'était insulter le roi. J'avais bien entendu dire qu'insulter le roi,

c'était insulter Dieu, parce que les rois étaient considérés comme des images de Dieu sur la terre. Mais
prétendre que l'insulte contre la religion est une
insulte contre le roi, et fonder cette opinion sur ce
que le roi est catholique, c'est une étrange absurdité. Oui, sans doute, le roi est catholique. Mais
quelle loi, quel acte empêcherait qu'un roi protestant régnât sur la France ? Henri IV n'était-il pas
protestant; et croyez-vous que les Français du dix-
neuvième siècle eussent retardé le bonheur de le
posséder jusqu'au moment où il aurait été à la
messe ?

Le projet de loi actuel diffère de la loi de 1819
en ce qu'il remplace les mots : « outrage à la mo-
« rale publique et religieuse, » par ceux-ci : « ou-
« tragé ou tourné en dérision la religion de l'état,
« ou toute autre religion légalement reconnue. »
Cependant l'article adopté en 1819 avait paru embrasser largement tous les cas qui se présenteraient.
A coup sûr, il n'était pas dans l'intention des rédacteurs de la loi, ni de ceux qui l'ont soutenue,
que les outrages aux doctrines ou aux rites échap-
passent à la sévérité des lois; car la morale entre
dans les cœurs par la croyance des dogmes et par
l'influence que les cérémonies produisent sur l'imagination. Et, en effet, depuis l'existence de cette
loi, s'est-il trouvé un seul cas où le jury, ayant à
qualifier un outrage à la religion, ait été arrêté par
les termes de la loi ? Non, messieurs; et dès-lors,
pourquoi la changer ?

Il y a peu de jours, un procès célèbre, le procès

aux chansons, a été jugé. On a condamné l'auteur pour outrage à la morale religieuse. Rappelez-vous le réquisitoire du procureur-général ; c'était surtout dans une chanson, intitulée *Les Capucins*, qu'il trouvait les motifs de l'accusation, et sur lequel le jugement est fondé. C'était assurément un point qui paraît éloigné, au premier coup d'œil, de la morale religieuse : cependant le jury a trouvé qu'il s'y rattachait. L'on doit respecter la décision du jury dans tous les cas ; le texte de la loi n'était donc pas insuffisant, et par conséquent il n'y a pas de raison pour le changer.

Le projet de loi diffère encore de la loi existante par une aggravation de peines ; mais une telle aggravation ne pourrait être motivée que par la multiplicité des délits. On a prétendu que des faits politiques et des faits judiciaires avaient averti de l'insuffisance de la loi de 1819. Pour les faits politiques, je ne conçois pas quelle pourrait être leur influence sur une loi pénale. Quant aux faits judiciaires, je puis dire qu'il n'y a peut-être pas huit faits semblables en France. J'ai fait des recherches à cet égard ; j'ai consulté les journaux, et je n'en ai trouvé que trois. Lorsque les délits ne sont pas plus nombreux, y a-t-il véritablement des raisons pour provoquer des peines plus graves, pour appeler un changement de législation ? Messieurs, il faut bien le dire, si, dans ces derniers temps, la presse a mérité quelques reproches dans la société, ce n'est ni dans l'ordre des délits envers la religion, ni dans l'ordre des délits envers le gouvernement, c'est dans l'ordre des délits envers les particuliers, et ceux-ci ne s'appliquent pas à la presse périodique. Tout le monde a lu les Mémoires scandaleux qui retracent avec une naïveté dégoûtante les vices, les mœurs des hautes classes de la société, immédiatement avant la révolution. Tout le monde a lu les Mémoires de madame d'Épinay, les Mémoires de Lauzun, dans lesquels tant de familles sont outragées. Cette lecture n'aura-t-elle pas dû suggérer l'idée de renfermer les secrets et les fautes privées des familles dans un sanctuaire plus inviolable? Eh bien! il n'en a pas été ainsi; on ne vous a rien proposé en matière de personnes.

Je vous le demande, avez-vous vu dans le siècle actuel des productions semblables à celles qui ont souillé la fin du dernier siècle? Est-ce en 1822 qu'a paru l'ouvrage du baron d'Holbach? Voyez-vous aujourd'hui des arsenaux ouverts à toutes les impiétés? Non, messieurs; la société est tranquille; ce sont vos lois qui l'agiteront.

J'ai dit que les faits judiciaires sont rares; et quand bien même ils ne le seraient pas, il faudrait encore examiner si les délits n'ont pas été provoqués par certaines circonstances, par des fautes de l'administration, par l'influence d'un faux zèle, qu'on appelle religion, et qui n'est autre chose que de l'esprit de parti. Ne faudrait-il pas en accuser en partie, je le répète, cette ordonnance de février 1821, qui est perturbatrice de l'ordre social? Elle assimile aux colléges royaux des établissements formés sous une influence ecclésiastique exclusive, et ayant pour objet d'alimenter les communautés religieuses que la loi ne reconnaît pas ; elle a donné à ces établissements les mêmes droits dont jouissent les colléges royaux.

Dans les départements, quels désordres frappent vos regards ! N'y voyez-vous pas des évêques et des grands-vicaires faire et défaire des préfets ? Bientôt ce seront les curés qui attaqueront les maires, et tout nous prouve la vérité de cette opinion généralement répandue, que le clergé fait en ce moment une espèce d'espionnage politique.

Tout le monde redoute, et avec raison, le rétablissement de cette société... Oui, messieurs, les jésuites se rétablissent tous les jours en France, non pas d'une manière apparente, mais sourdement ; et dans tout le clergé séculier ils envahissent tout, ils répandent partout leurs funestes principes, leurs ambitieuses prétentions.

Vous parlerai-je encore de ces missionnaires, qui s'intitulent les missionnaires de France, et qui ne sont autorisés cependant par aucune loi ; car la loi veut que le culte ne s'exerce dans chaque paroisse que sous la direction des curés. Partout où vous sortez de l'établissement ecclésiastique régulier, vous êtes dans un système faux, vous n'êtes plus dans la vérité de la loi.

Messieurs, je suis loin de vouloir atténuer le respect dû à la religion. On me trouvera toujours prêt à contribuer à l'amélioration du sort des ministres de tous les dogmes, à l'aisance des pasteurs

inférieurs et à la dignité de l'épiscopat. Mais il est
nécessaire que l'exercice du culte soit renfermé
dans les limites de la loi, et ces limites sont po-
sées par la loi de germinal an X. Si elle ne suffit
pas, qu'on en fasse une autre, mais jusqu'alors
qu'elle soit exécutée. Il faut qu'on sache où finit le
droit et où commence l'usurpation.

Je le dis, dans l'intérêt même de la religion,
parce qu'il est impossible que ces usurpations n'a-
mènent pas tôt ou tard une réaction funeste ; je
le dis, parce que je veux préserver mon pays, pour
le moment, du joug des sacristains et des bedeaux,
et, pour l'avenir, de l'athéisme et de l'impiété.

Je vote contre l'article 1er, comme inutile.

SÉANCE DU 26 JANVIER 1822.

L'article 2 était ainsi conçu : « Toute attaque par l'un des
« mêmes moyens contre la dignité royale, les droits ou l'autorité du
« roi, l'inviolabilité de sa personne, l'ordre de successibilité au
« trône ; les droits ou l'autorité des chambres, sera punie d'un
« emprisonnement de trois mois à cinq ans, et d'une amende
« de 300 f. à 6,000 fr. »

M. le général Foy proposait un amendement à cet article qui
consistait à restituer le mot *formelle* après les mots *dignité
royale* et *droits du roi*, et à ajouter le mot *constitutionnelle*
après *l'autorité*.

La nouvelle rédaction que j'ai l'honneur de vous
proposer n'est autre chose que l'article 20 de la
loi du 17 mai 1819, avec deux différences cependant. La première est la suppression de ces mots :
Sera réputée provocation au crime ; cette forme tenait
au système que la loi avait embrassé, et qui n'est

plus le même aujourd'hui. Il est par conséquent inutile de la conserver.

La deuxième différence est dans une plus grande pénalité. La loi du 17 mai portait le *minimum* de la peine à 5o francs et le *maximum* à 3oo francs, tandis que le *minimum* de la loi nouvelle est de 3oo francs, et le *maximum* de 6,ooo francs. Je consens à cette aggravation, parce que l'expérience a prouvé que les délits contre l'autorité du roi ont été multipliés, et que ce fait a pu autoriser le ministère à demander une aggravation de la loi pénale.

Mais je m'oppose à la suppression du mot *formelle*. Lors de la discussion de la loi de 1819, M. Mestadier demanda que cette épithète fût supprimée, il fut repoussé avec perte par M. le garde-des-sceaux d'alors. Un motif qui n'existait pas alors vient encore aujourd'hui s'opposer à la suppression du mot *formelle* ; c'est le danger où nous sommes de perdre l'institution salutaire et constitutionnelle du jury. A ce sujet, je ne puis m'empêcher de vous faire remarquer que, pour que cette discussion eût été entière et de bonne foi, il aurait été nécessaire, avant d'établir cette pénalité à porter contre les délits, de décider la question de savoir si ces délits seront jugés par le jury ou par d'autres tribunaux ; car vous sentez qu'il doit résulter une grande différence pour les accusés, d'être jugés suivant les formes constitutionnelles, ou d'après des formes d'exception.

J'arrive maintenant à l'objet principal ; je demande la suppression de ces mots : *La dignité royale et les droits du roi* et le rétablissement de l'épithète *constitutionnelle*. Ici, nous sommes tous d'accord. La question ne se présente pas comme dans l'article 1er, où les concessions faites à un culte pourraient effrayer les sectateurs des autres cultes amis de la liberté; mais il n'y a qu'un seul roi. Le respect et l'inviolabilité de la royauté sont les plus fermes soutiens de la liberté constitution- nelle; et quand il s'agira de défendre le trône con- servateur de ces libertés, il n'y aura jamais ici de nuance d'opinion.

Maintenant je dis que les mots, *Dignité royale*, sont complètement inutiles. En effet, entend-on parler de la dignité royale d'une manière abstraite? Cela n'a pu entrer dans l'intention du législateur, car la dignité royale est différente suivant les temps et les lieux. Il y a une grande différence entre le roi d'Angleterre et le roi de Maroc: on n'a donc pu vouloir parler de la dignité royale qu'autant qu'il est question de la personne du roi. Or un autre article a prévu les offenses qui pourraient être faites à la personne du roi.

D'ailleurs, il faut le dire, le parti contre lequel sont dirigés en général le projet de loi, l'exposé des motifs, et le rapport de la commission, n'a jamais eu à se reprocher aucune offense envers la personne du roi. Si des délits de cette nature ont été portés devant les tribunaux, ils ne sont pas venus de notre côté. Si des inquiétudes menson- gères ont été répandues dans le public, elles ne sont pas venues de notre côté. Si l'on a déposé dans les journaux étrangers des infamies de toute nature, ces infamies ne sont pas venues de notre côté. Je crois donc qu'en ce qui concerne la personne du roi, il y a protection suffisante dans l'article 8 de la loi de mai 1819; et qu'en ce qui concerne la dignité royale, la disposition contenue dans mon amendement suffit également.

Viennent les droits du roi; messieurs, le roi a deux espèces de droit, et ces droits, quand ils sont protecteurs de ceux du peuple, font qu'il y a bonheur, calme et paix pour la société. Ces droits sont, 1° le droit dérivant de sa naisssance; droit qui fait qu'il est roi et qu'un autre ne peut l'être en sa place, et qui est compris dans l'ordre de successibilité; 2° les droits résultant de son autorité. Quant à ces droits, ils sont compris dans l'article suivant. Ainsi ces mots, *droits du roi*, sont évidemment un pléonasme qui n'est propre qu'à égarer les juges; car, en matière criminelle, tout ce qui surabonde nuit.

Quant à l'inviolabilité de la personne du roi, il faut la conserver sans doute; c'est un dogme fonlamental que nous défendons d'autant plus voloniers, que nous demandons plus vivement la responsabilité des ministres, sans laquelle il n'y aurait pas d'inviolabilité royale; car cette inviolabilité n'est qu'une fiction, fiction ingénieuse qui n'a de garantie que dans la responsabilité ministérielle. Un roi, fût-il un demi-dieu, qui manipulerait les affaires, et dont les actes ne passeraient pas par la filière d'agents soumis à la responsabilité; ce roi serait nécessairement exposé à la haine ou au mépris, et ce serait un des plus grands malheurs de l'ordre social.

Je demande ensuite le rétablissement de l'épithète *constitutionnelle* ; on vous a beaucoup parlé, messieurs, de l'autorité du roi avant la charte, et de son autorité depuis la charte. L'autorité, avant la charte, c'est le passé; l'autorité, depuis la charte, c'est le présent. Savez-vous pourquoi l'on vous parle ainsi de l'autorité avant la charte? C'est qu'on veut sans cesse sacrifier le présent au passé; c'est qu'on veut sacrifier les capacités et les vertus du jour aux vices et aux nullités de l'ancien temps.

Qu'est-ce qu'une loi pénale doit attaquer? Qu'est-ce qu'elle doit défendre ? Elle doit attaquer les délits et les crimes commis contre l'autorité existante; elle doit défendre cette autorité. Il n'y a pas plus de raison pour défendre l'autorité passée du roi, qu'il n'y en aurait pour défendre contre les pages de l'histoire l'autorité de Philippe-Auguste, ou celle de Hugues Capet.

Et si l'on disait que, dans le roi régnant, il y a aujourd'hui l'autorité du roi constitutionnel et l'autorité du roi qui a donné la charte, je répondrais que votre loi n'est pas faite pour un jour. Le roi régnant vivra encore vingt ans, vingt-cinq ans ; mais cette double qualité n'existera plus dans son successeur, votre loi subsistera cependant. Messieurs, vous devez faire des lois pour l'avenir : à quoi bon créer des difficultés que la matière ne présente pas ?

Mais remarquez une grande et virtuelle différence. Si, dans l'ancienne loi, il y avait eu seulement l'autorité du roi, et que l'on voulût rétablir le mot *autorité constitutionnelle*, vous pourriez à tort, sans doute, mais enfin vous pourriez réclamer contre un changement qui ne semblerait pas suffisamment motivé. Mais il s'agit ici de supprimer une épithète existante, et l'on montre la main qui, malgré le monarque, veut retirer la constitution.

Cette opinion, messieurs, n'est pas à moi seul; j'invoque à cet égard M. le ministre des finances présent à cette séance : président du quatrième bureau, dont je faisais partie, il y a émis l'opinion que j'émets à présent; il l'a émise avec force, et il est à peu près certain qu'auparavant il l'avait émise au conseil du roi, et que c'est à la faiblesse, à la pusillanimité des ministres du roi que nous avons à nous en prendre, si cet art. 2 n'a pas souffert de modification.

On n'a pas fait jusqu'à présent une observation, qui pourtant est d'un intérêt majeur, en supprimant l'épithète *constitutionnelle* après les mots *l'autorité du roi*; on l'a aussi supprimée après *l'autorité des chambres*. Vous devez voir qu'elle pourrait être la conséquence d'une pareille suppression; ni le roi, ni les chambres, n'ont d'autre autorité que l'autorité constitutionnelle. Mais, de même que les partisans du pouvoir absolu, pouvoir qui est un outrage contre toute la sainte humanité, pouvoir qui n'a jamais existé en droit, qui est un crime social, et que cependant je ne confonds pas avec le droit de successibilité, qui est un droit conservateur, eh bien! de même que les partisans de ce pouvoir absolu réclameraient une autorité royale autre que l'autorité constitutionnelle, ne pourrait-il pas se trouver des hommes qui réclameraient une autorité des chambres autre que l'autorité constitutionnelle? Il faut, messieurs, par votre loi, pourvoir à l'avenir et empêcher de pareils empiétements; c'est l'autorité constitutionnelle des chambres que nous voulons, et non d'autre autorité; c'est l'autorité constitutionnelle du roi que nous voulons aussi, c'est à celle-là, et non à une autre, que nous avons juré d'obéir. Croyez-moi, messieurs, la charte est le lit de repos de la royauté, ainsi que de la révolution; dans la charte sont écrits les devoirs et les droits de tous. Si la charte était déchirée, il n'y aurait plus de devoir; mais les droits resteraient, parce qu'ils sont écrits ailleurs.

Cette addition fut rejetée, et l'article 2 adopté tel qu'il avait été présenté.

SÉANCE DU 28 JANVIER 1822.

L'article IV du même projet de loi était ainsi conçu :

« Quiconque, par l'un des mêmes moyens, aura excité à la « haine ou au mépris du gouvernement du roi, sera puni d'un « emprisonnement d'un mois à quatre ans, et d'une amende « de 150 f. à 5000 francs. »

La charte, dans le titre d'un de ses chapitres, a

consacré ces mots : *Formes du gouvernement du roi.*
Qu'est-ce donc que ce gouvernement? N'est-ce pas
le gouvernement représentatif constitué par la
charte. Dans la loi répressive des délits commis
contre le gouvernement, vous avez fait la part du
souverain, vous avez fait la part des ministres,
vous avez même fait la part des hauts fonctionnaires ; je le demande, à qui pourra donc s'adres-
ser le délit contre le gouvernement? Je prie M. le
rédacteur du projet de loi de vouloir bien m'indiquer le fait que l'on pourra qualifier délit contre
le gouvernement, tel que l'indique l'art. 4 ; jusque-là
je soutiendrai que cette disposition est inutile.

La commission a proposé un amendement qui
me paraît contraire au gouvernement représentatif ; car, dans un gouvernement constitutionnel, il n'y a pas d'acte du pouvoir exécutif purement royal, il n'y a pas d'acte du pouvoir exécutif
purement ministériel ; tout acte du pouvoir exécutif est nécessairement mixte ; nous devons y
remarquer une partie inviolable, c'est celle qui dérive du roi, et cela est fondé sur ce principe qui
est une des bases du gouvernenent représentatif :
Le roi ne fait pas de mal. La partie accusable est
celle qui provient de l'autorité ministérielle. Aussi
tous les actes qui émanent du ministère sont
soumis à votre juridiction ; cependant les deux
parties ne peuvent pas se séparer ; elles s'unissent
d'une manière indivisible dans le gouvernement
représentatif.

Maintenant, si l'on vient nous dire que le gou-

vernement représentatif n'offre pas la discussion
générale et publique des actes du ministère, je
réponds : Il n'y a plus de gouvernement constitutionnel, il n'y a plus de chambre, il n'y a plus de
liberté, il n'y a plus de frein possible à imposer aux
ministres prévaricateurs.

Le publiciste anglais, M. Adam, qui a écrit l'histoire du moyen âge, ouvrage généralement estimé,
fait une remarque qui vient à l'appui de ce que
j'avance. Il prouve que le gouvernement anglais,
sous les Plantagenets, renfermait autant de principes généraux de liberté et de sécurité, que dans
la glorieuse constitution qui régit ce pays depuis
la glorieuse révolution de 1688 ; et cependant il
rappelle que, durant les règnes successifs de ces
Plantagenets, l'Angleterre a été le théâtre de crimes et de désordres de toute espèce : et quelle en
est la raison ? C'est qu'alors il n'y avait pas de liberté de la presse; c'est qu'alors le public n'était
pas averti des désordres qui se commettaient, qu'il
ne les apprenait que long-temps après qu'ils avaient
été commis ; c'est qu'alors l'opinion publique ne
pouvait pas réagir sur l'action du pouvoir par le
moyen de la presse. On jouissait bien de quelques-
uns des avantages du gouvernement représentatif;
on avait bien des parlements dont les séances étaient
publiques ; mais on ne possédait pas le principal de
ces avantages, qui est la coopération de la nation,
de la nation tout entière aux affaires publiques
par la liberté de la presse.

Abordons franchement la question. Voulons-nous la charte, ou ne la voulons-nous pas ? Veut-on avec la charte établir le pouvoir absolu ? Veut-on n'avoir qu'un vain simulacre de liberté ? Ne serait-il pas possible qu'il se trouvât des hommes qui diraient : Le despotisme est bon, le pouvoir absolu est bon ; mais, pour les exercer sur une grande nation, il faut du talent, de la vigueur ; il faut de l'influence sur les masses, sur les soldats ; il faut, en un mot, tout ce que n'a pas le ministère actuel. Eh bien ! dans cette position, que feront-ils? Ils diront : Ne pouvant pas exercer le pouvoir par nous-mêmes, appelons à notre aide ceux qui ont un intérêt semblale au nôtre, et disons-leur : Aidez-nous et nous partagerons !

Si c'est là le gouvernement représentatif, s'il n'y a pas de responsabilité ministérielle, si nous ne pouvons pas obtenir la discussion publique des actes du pouvoir, nous n'avons plus rien à faire ici !

Tout ce qu'on peut dire sur les abus possibles de la liberté de la presse, on le dira également des abus possibles de la liberté de la tribune. Du moment où le pouvoir se met à la place de la société, et dit : Je suis la société, tout est perdu, parce que la société veut des avantages pour tous, et que les hommes actuels du pouvoir ne veulent des avantages que pour eux et pour leurs amis. Il y a en France beaucoup d'emplois lucratifs ; il y a en France plusieurs partis ; celui qui est à la tête des affaires est peu nombreux, mais il s'est emparé de tout le pouvoir ; il envahit tous les droits de la nation, bientôt le nom même de la charte sera supprimé, puisque déjà on a scandaleusement et traîtreusement supprimé le mot *constitutionnelle*, après les mots: *autorité du roi!*

(Interruption.)

Je maintiens qu'il n'y a d'autorité royale que l'autorité constitutionnelle du roi; que supprimer le mot *constitutionnelle*, c'est trahir la charte, c'est aller contre les intérêts de la nation.

Le président rappelle à l'ordre M. le général Foy.

Messieurs, si je me suis servi d'un terme impropre, en parlant d'une suppression importante qui a été faite, il est un moyen sûr de la réparer, c'est de revenir à l'amendement qu'a proposé mon honorable collègue, M. Darrieux, qui vous a demandé de substituer à ces mots: *gouvernement du roi*, ceux-ci: *gouvernement représentatif tel qu'il est constitué par la charte.* Ce serait un retour à la charte, et si vos lois sont conséquentes à ce retour que je désire parce qu'il est dans l'intérêt de tous, alors je serai trop heureux de m'être trompé dans l'épithète dont je me suis servi.

Car, messieurs, comment spécifiera-t-on ces mots: *gouvernement du roi?* Jusqu'où pourra-t-on étendre cette expression? On comprend dans le gouvernement du roi tous les actes des délégués du pouvoir, des lettres, des circulaires inconstitutionnelles, illégales, que les préfets répandent au nom du roi.

J'ai entre les mains la preuve de ce que j'avance;

c'est une lettre de M. le préfet de la Seine, écrite au nom du roi aux électeurs, où il les engage à nommer pour député le président du collége électoral, en assurant les électeurs que c'est le moyen de prouver leur gratitude au roi. C'est ainsi que le nom sacré du roi sert d'étiquette à toutes les séductions, à tous les intérêts privés ; c'est ainsi qu'on abuse du nom du roi pour influencer les électeurs en faveur d'un député que le roi ne connaît peut-être pas. Qui sait si ce n'est pas un intérêt ministériel qui a dicté cette lettre qui accompagne la carte d'électeur?

M. le général Foy donne lecture de la lettre du préfet de la Seine.

Paris, 25 janvier 1822.

« Monsieur,

« Vous êtes appelé à remplir dans quelques « jours les fonctions électorales. Ce n'est point à « vous que je dois développer l'importance de ce « droit politique, qui forme à lui seul une partie si « notable des libertés fondées par l'immortel au- « teur de la charte. Vous y trouverez l'occasion de « lui montrer votre reconnaissance, par l'exacti- « tude que vous mettrez à vous rendre au collége « et par le bon esprit qui vous anime.

« Paris est dans un état prospère ; la tranquillité, « si nécessaire au commerce et à l'industrie, n'a « jamais été plus grande : ces bienfaits sont l'œuvre « de la sagesse du roi et le fruit de sa bonté. Ré-

« pondons-y par l'accord de nos sentiments et de
« nos vœux.

« Les habitants de la capitale, qui vont aujour-
« d'hui exercer leurs droits d'électeurs, savent com-
« ment ils doivent lui témoigner leur gratitude, et
« comment ils peuvent assurer le maintien de la
« paix dont nous jouissons. La nomination du pré-
« sident de votre collége semble appeler sur lui vos
« suffrages. L'unanimité de vos vœux serait rassu-
« rante pour vos concitoyens, à qui elle offrirait
« un gage de plus pour la prospérité du présent et
« de l'avenir.

« J'ai l'honneur de vous transmettre votre carte
« d'électeur. Vous trouverez en outre, ci-joint, la
« liste des présidents du collége et des sections,
« ainsi que la désignation des locaux où doivent
« se réunir les électeurs de chaque section.

« Veuillez agréer l'assurance de ma considéra-
« tion la plus distinguée.

    « *Le conseiller-d'état, préfet de la Seine,*

      « Signé CHABROL. »

Si l'on nous objectait que cette influence est
permise au pouvoir, nous dirions que cette influence est exercée hors des bornes naturellement
permises, nous dirions que l'autorité s'est refusée
constamment à laisser paraître dans les feuilles
publiques le nom du brave et honorable général
Gérard, qui est porté cependant par une masse
considérable d'électeurs.

Si je parle du général Gérard, qui a tant de titres

à l'estime publique, c'est parce que M. le préfet de la Seine a cru devoir désigner aux électeurs le député qu'ils devaient choisir.

Vous dirai-je que, pour seconder les intentions de M. le préfet de la Seine, on a défendu au *Pilote*, journal du soir, de faire vendre par des crieurs publics le journal qui doit paraître aujourd'hui, afin qu'on ne puisse pas connaître la formation du bureau dans le collège électoral, qui se trouve composé en sens inverse de la désignation de l'autorité.

Le gouvernement du roi est éminemment respectable dans l'exercice régulier de l'autorité royale, mais il est aussi responsable des abus que peut commettre l'autorité ministérielle, quand les agents du pouvoir s'écartent du point de la ligne de laquelle ils ne devraient jamais s'éloigner; ce n'est pas des outrages au gouvernement dont il faut se plaindre, c'est un abus de pouvoir qu'il faut signaler et qu'il faut poursuivre; je vote en faveur de l'amendement de mon honorable ami, M. Darrieux.

SÉANCE DU 29 JANVIER 1822.

Dans la suite de la discussion sur les délits de la presse, M. Castel-Bajac ayant dit que ceux qui n'avaient jamais varié, ni jamais trahi, ne sauraient craindre le jugement de l'opinion publique, le général Foy monta à la tribune, et s'exprima en ces termes :

Avant de développer mon amendement, je dois répondre à ce qu'a dit le préopinant sur les traîtres, parce que c'est à peu près la centième fois qu'il produit la même déclaration à cette tribune. Messieurs, il est vrai que les membres de l'opposition ont toujours été fidèles à leur serment, ils y ont été fidèles, parce que le premier serment, celui qui domine tous les autres, était la fidélité envers la patrie. Ils ne se sont séparés ni du sol de la patrie, ni de l'immense majorité de la nation, car la nation et la patrie n'étaient ni à Coblentz, ni à Gand, mais sur le sol national. On vous a parlé du 20 mars, eh bien! le 20 mars, qui l'a amené? Qui a donné des conseils perfides au monarque? Qui a fait les fautes, dont le monarque lui-même, de retour dans ses états, a accusé son gouvernement? Car il a dit : Mon gouvernement a fait des fautes. Il est arrivé une de ces circonstances qui ne se présentent qu'une fois dans les siècles. Une puissance immense a agi à la fois sur les intérêts et sur les imaginations. Quelques soldats qui étaient sur la route de Cannes à Paris, ont couru au-devant de leur général, fallait-il s'en étonner?

L'immense masse des fonctionnaires publics est restée fidèle au régime légal, mais le régime légal a cessé le jour où le roi a passé la frontière. Heureux le peuple chez lequel le régime légal est toujours en harmonie avec les intérêts de la patrie; cette position sera aujourd'hui la nôtre, si l'on veut être fidèle à la charte, si, au lieu d'éveiller perpétuellement le ressentiment, on veut s'élancer franchement et loyalement dans un avenir libéral et constitutionnel.

On nous parle aussi de 93, à nous, dont les trois quarts ont été victimes du régime de 93. Ce n'est pas nous, ce n'est aucun de nous qui a fait 93; ce n'est pas nous ni aucun de nous qui a fait 1815.

J'arrive à mon amendement.

Plusieurs voix à droite : Ah ! il est temps.

Messieurs, j'ai dû répondre au préopinant, je n'ai pas fait naître la discussion, je l'ai suivie, et je fais remarquer que, pour ne pas fatiguer la chambre, je ne réponds pas à l'orateur relativement à la loi des élections, sur laquelle il y a pourtant beaucoup de choses à dire.

Je m'étonne d'abord de ce que l'art. 6 et plusieurs autres articles relatifs aux outrages faits publiquement, soient entrés dans la loi actuelle. La loi de 1819 avait considéré d'une manière abstraite l'outrage fait par la presse, ou par toute autre voie, à la société ou à ce que la société doit protéger; elle avait voulu considérer la presse seulement comme un instrument, et alors elle avait dû ranger dans la même catégorie les délits commis par le moyen de la presse ou par tout autre moyen. La presse n'est plus considérée aujourd'hui sous le même rapport, et dès-lors il y a lieu de s'étonner de ce que l'art. 6, qui n'a aucun rapport avec la presse, figure dans la loi actuelle; les dispositions de cet article auraient dû faire l'objet d'une loi séparée, la discussion en eût été beaucoup plus claire, et tout le monde y eût gagné.

Maintenant je propose de remplacer les mots

ministres de la religion par ces mots, *fonctionnaires de la religion* : le motif de cette proposition est tout simple; vous avez l'intention de protéger les établissements ecclésiastiques que les lois vous ont donnés; ces établissements se composent de pasteurs de tous les ordres, d'hommes employés immédiatement par ces pasteurs pour le ministère de la religion; c'est à ces hommes-là seulement, et non à d'autres, que vous devez protection ou plutôt vous devez les protéger comme vous protégez les autres citoyens.

Dans le siècle dernier, tout le monde sait que la société était encombrée d'abbés, d'hommes qui avaient reçu les ordres ecclésiastiques, et qui cependant, n'exerçaient aucune fonction religieuse; on dit même qu'il y en a encore aujourd'hui, et quand même il n'y en aurait pas il peut se faire qu'il s'en trouve à l'avenir, et c'est pour l'avenir que vous faites vos lois; voudriez-vous étendre à ces hommes-là la protection accordée par l'art. 6; non, messieurs, cet article ne doit avoir pour objet que de protéger ceux qui se livrent aux fonctions religieuses.

Dans le siècle dernier, vous avez vu des abbés faire des petits vers, des madrigaux sur l'amour; ils sont devenus cardinaux, eh bien! s'ils eussent éprouvé dans la société un outrage en raison de leur conduite tout-à-fait indigne de l'habit qu'ils portaient, tout-à-fait indigne de leur caractère, aurait-il fallu que ces abbés eussent eu le droit d'invoquer les lois faites pour les pasteurs exerçant les fonctions ecclésiastiques? Non, messieurs, vous ne pourriez le prétendre. Vous voulez que votre établissement religieux soit respecté; or cet établissement religieux est un établissement pure-ment pastoral; c'est aux évêques, aux curés, aux vicaires, aux desservants, que vous devez votre protection; si d'autres individus éprouvent des outrages, la loi commune est là pour les en ga-rantir.

Maintenant la grande partie de mon amende-ment consiste dans une diminution de peine; les peines que vous infligez doivent être graduées suivant un système; ce système, c'est dans la loi du 17 mai 1819 que vous devez le prendre; or, cette loi punit l'outrage à la morale publique et religieuse d'un emprisonnement d'un mois à un an, et d'une amende de 16 à 100 francs. Vous l'entendez, l'outrage à la morale publique et religieuse, c'est-à-dire à tout ce qui régit la société, l'outrage aux principes sur lesquels est basée toute autorité, toute subordination, toute fidélité, toute moralité; eh bien! messieurs, vou-driez-vous que l'outrage fait à un agent de police fût puni d'une peine double de celle que vous infligez à la morale religieuse? Je demande si une pareille gradation peut entrer dans l'esprit du législateur; je ne le crois pas, et je me borne à demander que les peines portées dans la loi de 1819 contre les outrages à la morale religieuse soient appliquées dans le présent paragraphe.

Cette proposition fut rejetée.

Dans la discussion sur la liberté de la presse, la chambre avait décidé que le journaliste prévenu d'offenses envers les chambres dans le compte rendu des séances serait jugé par les chambres, sans qu'il pût se faire assister d'un défenseur.

La charte, produit d'un siècle de lumières, et d'une haute civilisation, avait divisé les pouvoirs de la société; vous voulez les accumuler dans une seule main. Quand, malgré la charte, qui ne vous a donné le pouvoir que de faire des lois, vous voulez vous constituer juges, cessez de vous considérer comme un pouvoir; cessez de parler de votre suprématie, de votre dignité; considérez plutôt les droits des citoyens, les droits des accusés. Ces accusés, ces citoyens, voyez, messieurs, à quelle condition vous les réduisez en les traduisant devant vous; vous leur enlevez les formes préliminaires de la procédure, les deux degrés de juridiction, le recours en cassation et le recours en grace; quand vous les dépouillez ainsi de si grands avantages que la législation leur accorde devant les tribunaux, ne devez-vous pas, par une juste compensation, leur accorder sur d'autres points, d'autres avantages plus grands que ceux que leur assure le droit commun?

Si le droit commun ne leur donne qu'un défenseur, peut-être devriez-vous leur en donner deux; car il serait possible qu'un défenseur se troublât devant une assemblée aussi imposante, et que l'habitude de crier *la clôture* ne vint l'interrompre dans sa défense.

Vous avez refusé un défenseur aux accusés. Je sais bien que vous dites maintenant que vous n'avez refusé qu'une addition inutile, mais M. de Villèle avait dit avant, qu'à cet égard, vous entendiez exercer un pouvoir discrétionnaire, et votre rapporteur a dit avant lui : *quant aux formes de procédure, la loi accorde un pouvoir discrétionnaire à certains juges, pourquoi ne l'accorderait-elle pas à la chambre?* Je vous le demande, cet énoncé est-il clair? est-il positif?

Est-il vrai ou non qu'en vertu de ce pouvoir discrétionnaire, vous pourriez refuser un défenseur aux accusés, les juger à la majorité simple, et les priver des formes conservatrices de leur liberté et de leur fortune? N'est-ce pas un des caractères du pouvoir discrétionnaire de pouvoir tout faire? Ce n'est pas seulement le rapporteur de votre commission qui a tenu ce langage.

M. le ministre des finances nous a donné une autre explication; il a dit que les accusés trouveraient assez de défenseurs dans cette chambre : je ne veux pas faire de rapprochements avec des temps d'horrible mémoire; je n'entends pas accuser les intentions de M. le ministre des finances; je lui dirai seulement que la loi, l'exécrable loi du 22 prairial an II, en établissant le tribunal révolutionnaire, disait : « La loi refuse aux accusés des défenseurs, ils en trouveront parmi les jurés patriotes. » Puisque de chambre législative vous êtes devenus un

tribunal, il est nécessaire que la forme de procédure à suivre devant vous soit connue à l'avance.

Vous voulez fixer le mode de procédure par réglement; vos réglements ne peuvent avoir pour
objet que la police intérieure de la chambre, ils ne
sont pas obligatoires aux citoyens. Une loi seule
peut modifier, en faveur, et au désavantage des accusés, les principes de la loi commune; le gouvernement eût dû joindre les dispositions de cette loi
aux articles maintenant en discussion; mais il eût
mieux valu encore que le projet qui nous occupe
se tînt dans la vérité et dans la charte. C'est la
charte que nous voulons, la charte tout entière,
rien que la charte; nous ne reconnaissons d'autre
autorité au roi que l'autorité constitutionnelle;
nous ne voulons pour la chambre d'autres pouvoirs que ses pouvoirs constitutionnels; lorsqu'on
sort de cette ligne, on est sûr de nous avoir toujours pour adversaires, nous qui nous tenons à
honneur d'être les défenseurs persévérants de
toutes les libertés nationales.

SUR LA POLICE DES JOURNAUX ET DES FEUILLES
PÉRIODIQUES.

SÉANCE DU 12 FÉVRIER 1822.

M. le général Foy présentait à l'article 1er. l'amendement
suivant : « L'autorisation du roi sera accordée de droit deux mois
« après que les propriétaires ou éditeurs du journal ou écrit pé-
« riodique auront fait la déclaration et fourni le cautionnement
« exigé par l'article 1er de la loi du 9 juin 1819. »

Messieurs, tous les orateurs qui ont parlé en faveur du projet de loi, et contre l'amendement, ont
établi que l'article 1er n'était que la conséquence
de l'adoption subsidiaire de l'art. 3, et que l'objet
de cet article 1er était d'empêcher un journal, supprimé comme factieux, de reparaître le lendemain
du jour où il aurait été supprimé.

L'amendement de M. Brun de Villeret, qui a
beaucoup de rapports avec le mien, est fait pour
que, dans l'hypothèse où vous admettriez l'autorisation du roi pour les journaux, le ministère
n'exerce pas une prérogative, qu'il n'est pas dans
votre intention de lui attribuer; car si, d'un côté,
les cours royales peuvent supprimer les journaux;
si, de l'autre, les journaux ne peuvent paraître
qu'avec l'autorisation du ministère, il est évident
que la presse périodique est entièrement livrée à
l'arbitraire des ministres, qui sont intéressés à tenir leurs actes secrets. Telle n'est pas votre intention, vous l'avez dit vous-mêmes; vous voulez seu-

3.

lement empêcher que le journal supprimé ne puisse reparaître.

Si le journal supprimé n'a pas reparu deux mois après la suppression, les abonnés ne l'auront-ils pas abandonné? Je vous demande si l'établissement industriel du journal ne sera pas entièrement détruit? les rédacteurs eux-mêmes n'auront-ils pas pris une autre destination! Il est donc évident que celui qui reparaîtra après ces deux mois ne sera pas le même, et en conséquence il n'y a pas d'inconvénient à admettre l'amendement proposé par M. Brun de Villeret.

Mais si vos intentions ne sont pas celles que vous annoncez, si vous prétendez donner aux ministres le pouvoir discrétionnaire d'autoriser les journaux, c'est une question toute différente, et qui mérite d'être approfondie. Vous ne l'avez pas oublié, messieurs; le dernier ministère demanda la censure pour cinq ans, et cinq jours après il n'était plus. Cette même majorité, contre laquelle nous luttons aujourd'hui, lui reprochait avec nous d'avoir gouverné par des moyens contraires à la charte.

Sans doute, après un pareil renversement, le ministère d'aujourd'hui, qui s'est formé au bruit des plaintes portées contre la censure, ne peut pas revenir nous demander crûment et grossièrement la censure; il ne peut pas, quoique l'arbitraire lui convienne fort bien, attendu que l'arbitraire convient à tous les ministres, il ne peut pas vous dire: Donnez-moi précisément ce pourquoi vous avez

renversé le ministère dont j'ai pris la place. Alors
que fait-il? il partage l'arbitraire avec les cours
royales; il leur en donne une moitié en leur attri-
buant la suppression et la suspension des journaux;
il prend l'autre moitié pour lui, en se réservant le
droit exclusif de l'autorisation.

Et cependant il veut paraître faire une concession; il veut se donner des airs d'indulgence, de
bonté, de déférence, et il vous dit que la censure,
entre les mains du gouvernement, est néanmoins
un droit constitutionnel. Et moi je lui répondrai:
si la censure est un droit constitutionnel, aviez-vous
le droit de vous en démettre? aviez-vous le droit surtout d'altérer la sainteté des jugements en lançant
la justice dans le domaine de la politique? Qui donc
a pu vous autoriser à confier à d'autres le soin de
veiller à la tranquillité publique? De quel droit
avez-vous pu, vous, agents amovibles et responsables, transmettre votre puissance à des agents inamovibles et irresponsables? Mais, messieurs, c'est
que la censure n'est pas dans la charte; c'est qu'a-
près tant d'assertions pour prouver qu'elle est
compatible avec l'article 8, j'ai la ferme croyance
qu'aucun de vous n'en est véritablement convaincu.

On prétend que les journaux ne sont pas compris dans l'article 8 de la charte. Il est plus vrai au
contraire de dire non-seulement que cet article a
été fait pour les journaux, mais encore qu'il n'a
été fait que pour les journaux. Oui, c'étaient les
journaux que le législateur suprême avait nécessairement dans la pensée, lorsqu'il a fait cet article;

c'étaient les inconvénients des journaux que l'opinion publique balançait avec leurs avantages; en un
mot, la question est tout entière dans les journaux.

Comment serait-elle ailleurs en effet? comment
pourrait-on comparer l'influence des journaux avec
celle des autres ouvrages? Ces ouvrages sont l'histoire du passé; les journaux sont l'histoire du temps
présent, et celle par conséquent qui nous intéresse
le plus. Nous autres députés, chargés de défendre
ici les intérêts mobiles des divers départements de
la France, lesquels résultent des opinions mobiles
comme eux, comment les connaître sans les journaux? Vous venez ici sans mandat; vous n'êtes tenus à aucune obligation envers vos commettants.
Quelle action la nation aura-t-elle sur vous
sans le secours de la presse périodique? N'est-ce
pas là la seule manière de vous tenir au milieu du
peuple et d'avoir le peuple au milieu de vous? Que
m'importent à moi des faits et des événements anciens qui ne touchent en rien les intérêts actuels
de la patrie? que me font les guerres de Louis XIV?
que me font les guerres du grand Frédéric? Ce qui
m'importe, c'est la guerre entre la Russie et la Porte-
Ottomane, qui doit amener l'affranchissement d'un
peuple généreux, et changer peut-être la face de
l'Europe. Que me font les efforts téméraires des patriciens de l'ancienne Rome contre les plébéiens?
Ce qui m'importe, ce sont les efforts actuels de
l'aristocratie française pour reconquérir une puissance que le peuple a si souvent brisée entre ses
mains : tous ces événements, qui m'en instruira?

ce sont les journaux; les journaux, dont la liberté constitue la véritable liberté de la presse. Oui, messieurs, la liberté de la presse, la liberté des journaux, sont une seule et même chose; et, je ne crains pas de le dire, s'il fallait nécessairement faire un sacrifice dans l'intérêt de cette liberté, je n'hésiterais pas à sacrifier les ouvrages non périodiques aux ouvrages périodiques.

Ces choses sont si simples et si naturelles, qu'on ne peut trop s'étonner en voyant par quels arguments elles ont été combattues. Dans le résumé de M. le rapporteur, où, du reste, il y a quelquefois de la justesse, et souvent de la profondeur, je ne trouve qu'une objection relativement à la question actuelle. Le rapport de M. de Martignac embrasse la loi tout entière. Il contient des choses très-approfondies; mais il s'en trouve d'autres sur lesquelles on peut ne pas partager son opinion.

Il a dit qu'il ne fallait pas confier l'importante mission d'éclairer la France à une entreprise industrielle formée d'un certain nombre d'écrivains réunis à des imprimeurs, à des correspondants étrangers qui font un métier de rapporter des faits et d'en tirer des applications aux circonstances présentes.

Mais on peut en dire autant de la presse non périodique. L'Encyclopédie, les dictionnaires de toute espèce, les relations des grands voyages, tous les ouvrages enfin qui saisissent l'esprit humain d'une manière générale, ne sont pas l'œuvre d'un seul homme; ils sont faits par des réunions d'écrivains. Il y a le même assemblage industriel que pour les journaux. Je ne conçois pas comment on peut trouver dans cette réunion industrielle la preuve que l'article 8 de la charte ne concerne pas les journaux. Non, messieurs, vous ne l'avez pas cru. Voilà déjà six ans que nous passons sous l'empire de la censure; comment avez-vous appelé sans cesse les lois portées à cet égard, vous les avez appelées sans cesse des lois d'exception, vous les appellerez ainsi à l'avenir, parce qu'il y avait exception au droit commun, au droit donné par la charte; vous avez donc reconnu en vous servant du mot *loi d'exception*, que la charte consacrait pour les journaux le principe de la liberté; et ici je dois rendre une justice éclatante à l'un des orateurs du côté droit, qui a parlé sans détour et sans feinte. M. de Frenilly a abordé franchement la question, et a dévoilé le secret de son parti. Le silence approbateur avec lequel il a été écouté, le peu de voix qui se sont réunies à celle de M. de la Bourdonnaye, quand il a désavoué les principes de son collègue, ont prouvé qu'il ne s'agissait pas d'une opinion isolée, mais d'un système suivi et appuyé.

Voici ce système, tel que nous l'a dévoilé M. de Frenilly. Lequel vaut mieux de la liberté du pays ou de la charte? Si la charte conduit à la ruine du pays, il faut la détruire; et aujourd'hui le même orateur, traitant de nouveau la même question, a dit qu'il fallait la modifier; il a cherché à établir que ce pouvoir de modifier la charte existait dans les grands corps de l'état; il a prononcé les mots d'*omnipotence parlementaire*.

Il faut combattre de toutes nos forces cette pernicieuse omnipotence dont on parle trop depuis quelque temps; il faut l'anéantir. Nous le devons au roi, qui nous a donné la charte; nous le devons à la nation, qui nous a envoyés ici en vertu de la charte; nous le devons à notre honneur et à nos serments. Si le roi eût entendu que les trois pouvoirs qui dominent l'édifice constitutionnel seraient les maîtres de changer et de modifier la charte comme une loi ordinaire, la charte n'aurait consisté qu'en ce seul et unique article :

Le roi aurait dit : « Le pouvoir absolu que nous tenons de nos pères, nous le partagerons avec une chambre des pairs et une chambre des députés. » La charte n'aurait rien eu à dire que cela.

Mais certes, il y a bien autre chose dans la charte; il y a les intérêts matériels et moraux que la révolution a consacrés à jamais....

Oui, messieurs, c'est principalement aux intérêts moraux, c'est à ceux-là surtout que nous tenons. Il y a dans la charte l'égalité des droits, et par conséquent l'impossibilité de rétablir les classes; il y a dans la charte la liberté de la pensée et de la parole; il y a dans la charte la publicité de vos séances; il y a dans la charte le jury; enfin il y a dans la charte tout ce qu'on veut détruire aujourd'hui.

Et pourquoi veut-on détruire ce qui est dans la charte? parce que, de prime-abord, on l'a violée dans sa base fondamentale, on l'a violée au point de départ, en quelque sorte, de l'organisation sociale; on l'a violée dans la loi des élections. Des électeurs inconstitutionnels ont donné une chambre inconstitutionnelle.

Une foule de voix : A l'ordre! à l'ordre!

A gauche. — A la charte! à la charte!

M. le président déclare qu'il ne peut se dispenser de rappeler à l'ordre M. le général Foy.

Je n'ai point outragé la chambre, dont je ne conteste pas l'autorité de fait; je n'ai point outragé les électeurs ; mais j'ai voulu dire, et rien ne m'empêchera de dire que, lorsque la charte n'exige que 3oo francs pour être électeur, et qu'on exige davantage, il y a violation ouverte, patente, incontestable de la charte. Par respect pour ce qui reste de cette charte, j'appuie l'amendement de mon honorable ami M. Brun de Villeret, qui peut se fondre avec le mien.

L'amendement fut rejeté.

Dans la séance suivante, M. de Bourrienne répliqua à ce discours. M. le général Foy monta peu après à la tribune, et s'exprima ainsi :

Je demande la permission de répondre en deux mots à l'attaque dirigée par M. de Bourrienne contre des principes que j'ai posés sur l'inviolabilité de la charte.

M. de Bourrienne m'a opposé une parole auguste qui commande toujours le respect. Eh bien! c'est par une parole qui vient de la même source que je lui répondrai.

M. de Bourrienne vous a cité des paroles prononcées par le roi en 1815, lorsque son ame était
encore émue par des malheurs récents, lorsque
son palais était encore assailli par les cohortes des
étrangers; et moi je vais lui opposer des paroles
du roi, exerçant librement son autorité constitutionnelle.

Voici ce que le roi a dit le 5 septembre 1816 :

Depuis notre retour dans nos états, chaque jour
nous a démontré cette vérité proclamée par nous dans
une occasion solennelle, qu'à côté de l'avantage d'a-
méliorer est le danger d'innover ; nous nous sommes
convaincu que les besoins et les vœux de nos sujets
se réunissaient pour conserver INTACTE....

Tout le côté gauche répète. — Intacte! intacte!

Pour conserver INTACTE *cette charte constitution-*
nelle, base du droit public en France, et GARANTIE
DU REPOS GÉNÉRAL.

Messieurs, après cette parole royale, quiconque
ayant reçu son mandat en vertu de la charte,
propose de violer la charte, est parjure à ses serments.

SÉANCE DU 15 FÉVRIER 1822.

L'article 4 du projet de loi sur la police des journaux était
ainsi conçu : « Si dans l'intervalle des sessions des chambres,
« des circonstances graves rendaient momentanément insuffi-
« santes les mesures de garantie et de répression établies, les
« lois des 31 mars et 26 juillet 1821 pourront être remises
« immédiatement en vigueur, en vertu d'une ordonnance du

« roi, contresignée par trois ministres. » La commission proposait une nouvelle rédaction qui consistait à dire : « en vertu d'une « ordonnance du roi, délibérée en conseil des ministres, et con- « tresignée par trois d'entre eux. »

Le général Foy proposait un amendement conçu en ces termes :

« Si pendant l'intervalle des sessions des chambres, des cir- « constances graves mettaient en danger la sûreté de l'état, le « gouvernement pourra suspendre l'exercice du droit consacré « par l'art. 8 de la charte jusqu'à la convocation des chambres ; « la suspension ne pourra durer que pendant un mois au plus « à partir du jour où l'ordonnance de suspension aura été pro- « mulguée. »

Vous avez voté la semaine dernière une loi sur la presse, active dans sa répression, sévère dans sa pénalité. Vous avez enlevé aux accusés l'institution du jury, qui, si elle n'eût pas existé dans votre constitution et dans vos lois, eût dû être créée pour les délits de la presse, parce que ces délits sont vagues et indéterminés comme la pensée humaine dont ils émanent.

On est venu vous proposer ensuite la loi dont vous vous occupez aujourd'hui, loi qui a pour objet de suppléer aux formes judiciaires habituelles par des formes extraordinaires de police.

En adoptant successivement les articles de cette même loi, vous avez d'abord consacré une mesure essentiellement et directement préventive, je veux dire l'autorisation des journaux par le ministère. Bien plus, vous avez, au mépris du principe de législation le plus inviolable et le mieux fondé, établi une rétroaction véritable, en soumettant à l'autorisation ministérielle les journaux qui paraîtraient ou voudraient paraître depuis le 1ᵉʳ janvier 1822 jusqu'au jour où votre loi sera promulguée.

N'étant pas encore sûrs d'atteindre les coupables, et voulant punir ceux mêmes qui ne le seraient pas, vous avez condamné les ennemis de vos opinions politiques (c'est l'expression d'un de MM. les ministres) à une action extra-légale, extra-judiciaire, extra-constitutionnelle, et vous avez constitué la cour royale de Paris en commission permanente et souveraine de haute-police. Enfin, vous avez enfreint un des articles les plus sages de la charte, celui qui la recommande le plus aux hommages des bons esprits, pour établir une confiscation spéciale dont vous avez rendu passibles les entreprises industrielles qui servent journellement à la liberté de la presse.

C'est avoir fait beaucoup sans doute ; c'est avoir trop fait dans la sphère de vos devoirs et de vos pouvoirs ; mais le ministère trouve que vous n'avez pas fait assez.

Le ministère semblait avoir renoncé à une portion de la censure, je veux dire à la censure quotidienne, qui chaque jour mutile la pensée, qui chaque jour dénature les faits ; voilà que, par un quatrième article, il y revient ; voilà qu'il défait tout le système de vos lois précédentes, voilà que, par un quatrième article, il vous demande de livrer à sa discrétion les faibles restes d'une liberté déjà si ébranlée.

Faut-il s'étonner que MM. les ministres n'aient

pas craint de démentir d'une manière si formelle
les protestations qu'ils avaient d'abord et souvent
faites à cette tribune ? L'espèce de demi-concession
à laquelle ils avaient paru se résigner, pensez-vous
qu'elle leur eût été commandée par quelques égards
pour l'opinion publique ? Mais il est clair que l'opinion n'a jamais rien fait, ne fera jamais rien pour
eux ; ils ne lui doivent donc point de reconnaissance, et ils n'ont pas dû se croire obligés à lui sacrifier leurs plus chères inclinations.

Pensez-vous que cette demi-concession leur ait
été arrachée par leur respect pour la charte ? Non,
messieurs, car vous êtes témoins qu'ils la laissent
chaque jour insulter, piétiner ; qu'ils souffrent que
leurs amis la ravalent à la condition d'une loi ordinaire, qu'ils la traitent comme une disposition
transitoire et soumise au bon plaisir de je ne sais
quelle souveraineté parlementaire.

Quelles sont donc les considérations qui avaient
pu les décider à paraître renoncer quelque temps
à la censure positive ? Il faut le dire, ils ont dû cé-
der à une fraction de leur majorité, fraction peu
importante par le nombre, mais qui l'est beaucoup par le talent ; fraction qui a établi dès long-
temps que la censure était un mal, et qui ne veut
pas se contredire aujourd'hui ; fraction qui croit ou
paraît croire que l'expression libre de ses opinions,
appuyées d'ailleurs par le pouvoir, est capable de
modifier ou d'altérer les opinions nationales.

Après avoir expliqué les motifs qui ont dicté au
ministère une apparente concession, voyons com-

ment il usera de la concession bien autrement réelle que vous allez lui faire.

Il est facile de le concevoir. La session ne sera pas plus tôt achevée, les ministres n'auront pas plus tôt cessé d'être en présence immédiate de la fraction de cette chambre que j'indiquais tout-à-l'heure, qu'ils rentreront dans les voies déjà frayées, et qu'ils reprendront la censure tout entière.

Eh! messieurs, s'il était besoin de preuves, je vous dirais que leurs vues à cet égard sont bien arrêtées. On assure que la commission de censure n'a pas été licenciée; que les censeurs continuent à recevoir leur salaire.

Une voix à droite : Ils sont à la demi-solde!

Si cela est vrai, je désire qu'elle soit traitée comme les officiers à demi-solde le sont depuis deux ans; je désire qu'elle ne soit jamais rappelée au service.

J'ai dit que le ministère rétablirait la censure peu de temps après que la session des chambres sera terminée; je le dis parce qu'il le pourra, parce ce qu'il sera probablement dans son intérêt de le faire, et qu'il le fera. L'art. 4 dit que le ministère pourra rétablir la censure dans le cas où les *circonstances graves* rendraient momentanément insuffisantes les mesures de garanties et de répression établies.

Vous l'entendez, messieurs, des circonstances graves; locution ordinaire de ceux qui vous demandent des mesures exceptionnelles. Qui sera juge de la gravité des circonstances? Jusqu'à ce

jour du moins, lorsque les ministres employaient
le même argument dans le même but, lorsqu'ils
venaient vous parler des embarras de leur position,
ils soumettaient à votre propre examen ces difficultés selon eux si pressantes; ils mettaient sous
vos yeux les faits qui, disaient-ils, rendaient si
critique la situation de la France. Alors les chambres appréciaient ces circonstances, et accordaient
ou refusaient la censure.

Maintenant, le ministère sera seul juge de cette
situation et de ce qu'elle exigera; il n'aura à consulter que lui-même sur la gravité des circonstances. Or, je vous demande si les circonstances ne
seront pas toujours graves pour tel ou tel ministre?
Cette gravité est en raison de la force de ceux qui
doivent lutter avec elle; et pour un ministère dont
l'assiette ne porte sur rien qui soit réellement solide, pour un ministère qui n'est pas placé sur une
large base, tout paraîtra grave et ce qui vient du
dehors et ce qui peut surgir au-dedans.

Tout, en effet, n'est-il pas grave au-dehors pour
un gouvernement qui a tant rapetissé la position
politique de la France en Europe; gouvernement
dont l'état militaire n'a pas l'énergie suffisante pour
remplir les destinées auxquelles le pays peut être appelé? Tout n'est-il pas grave pour un gouvernement
qui n'est pas, qui ne peut être (je parle des agents
de l'autorité royale) en sympathie avec l'opinion
nationale, et qu'il reconnaît lui-même, puisqu'il
s'efforce sans cesse de comprimer, de brider l'opinion qui le repousse et qu'il redoute?

Mais j'ai à vous parler, messieurs, de l'influence des événements extérieurs. Ces événements naîtront à chaque pas ; et, pour commencer par des objets qui sont assez loin de nous, et vous prouver que les objets les plus éloignés peuvent réagir sur nous, je dis : Les Autrichiens sont en Sicile ; à coup sûr les Siciliens ne sont pas contents de voir les étrangers à Palerme, parce qu'on n'est jamais content de voir chez soi des troupes étrangères qui vous rançonnent et vous mangent. Eh bien ! je suppose que demain la haine de l'étranger fasse sonner dans Palerme d'autres vêpres siciliennes, l'Italie entière sera en émoi, les Autrichiens seront effrayés partout sur la conservation d'un pays qu'ils tiennent par la force des armes, quoiqu'ils n'aient pas le droit de l'occuper, ne direz-vous pas : Les circonstances sont graves; car l'Italie est en feu, et l'Italie est voisine de la France ?

Prenons un exemple un peu plus immédiat, un événement qui doit plus naturellement arriver dans un temps déterminé. Supposons que l'opinion chrétienne en Russie force l'empereur Alexandre à marcher pour arracher au carnage ces millions de Grecs que la politique de sa maison, que sa propre politique ont poussés à une insurrection juste et légitime, on dira à l'instant que la paix de l'Europe est troublée. La sainte alliance est dissoute, son ascendant est détruit, et les circonstances deviennent graves pour la France, pour la France qui n'est plus qu'un fief de la coalition européenne ?

Enfin prenons un événement très-probable et

très-rapproché; supposons enfin qu'au grand regret
des amis de la liberté l'ordre public soit troublé en
Espagne; supposons que les sages efforts de ceux
qui voudraient y assurer dans le repos le maintien
des institutions constitutionnelles soient surmon-
tés, débordés d'une part par les tentatives insen-
sées des courtisans et des moines; de l'autre, par
les réactions exagérées que ces complots feront
naître; ne direz-vous pas encore : Les circonstances
sont extrêmement graves, les maladies politiques
sont contagieuses comme les maladies physiques,
et l'on sait depuis long-temps qu'il n'y a plus de Pyrénées.

Vous le voyez, il est presque impossible, il
est presque immanquable qu'il ne survienne au
dehors des événements qui motivent la gravité
des circonstances pour la France. Ces événements seront multipliés sans doute; car, par le
temps qui court, le monde va, les prétentions
sont menaçantes, les passions sont aigries, les résistances sont inconsidérées, ce qui peut arriver est
illimité.

Ainsi, vous avez dans les événements du dehors
beaucoup plus de motifs qu'il n'en faudra à un
ministère pour supposer des circonstances graves
et pour rétablir la censure.

Que si nous reportons nos regards dans l'intérieur même de la France, combien ne trouverons-
nous pas qu'il sera plus facile de proclamer que les
circonstances sont graves? Et pour ne vous présenter qu'une preuve, je veux la prendre assez rap-

prochée de notre existence politique pour qu'elle nous frappe.

S'il arrivait que, dans l'intervalle d'une session à une autre, des événements inattendus, mais puissants, rendissent nécessaire le renversement du ministère (remarquez bien que je ne parle pas du ministère actuel, je suppose un ministère quelconque); je suppose encore que le roi, content de ses ministres, veuille les soutenir contre ces événements; je suppose qu'une phrase échappée de sa bouche eût exprimé publiquement ses intentions à cet égard, mais que, dans son amour pour son peuple, il renvoyât des ministres qu'il eût voulu conserver, subissant en cela la nécessité première de tout gouvernement représentatif, voilà donc le nouveau ministère installé; à l'instant même il est salué par une salve de complots, de mouvements, de révoltes, qui éclatent dans toutes les parties de la France, à ce qu'ils disent; à l'instant les journaux étrangers, ceux mêmes qui appartiennent à l'aristocratie anglaise, l'accusent à la face de l'Europe, le présentent comme incapable de faire le bien du pays, comme entraîné, comme débordé par un parti qui n'a rien de national; et enfin, l'occasion se présente de faire un appel à l'opinion nationale par les élections; les colléges d'arrondissement auront à nommer un député, les colléges d'arrondissement, c'est-à-dire ce qu'il y aura de plus maniable entre les mains du ministère, c'est-à-dire la portion de l'instrument que le ministère a entendu se réserver; l'élection se fait sous les yeux, sous la main

4.

du ministère, et le candidat ministériel est cul-
buté, à une majorité de trois cents voix, par le
candidat patriote. Voilà une manifestation d'opinion contre le ministère; cette manifestation de
l'opinion présage mille et mille autres cas qui se
présenteront. Dans ces suppositions, je vous le
demande, ne répéterez-vous pas : Les circonstances sont graves?

N'en doutez donc plus, messieurs, les ministres
rétabliront la censure, et ce sera avec d'autant plus
d'inconvénients, que pendant vos sessions, la censure est jusqu'à un certain point impuissante, parce
que la tribune fait encore entendre quelques réclamations, quelques vérités; mais la tribune sera
silencieuse, et la censure aigrie, d'ailleurs, par
un interrègne de quelques jours, reparaîtra plus
impatiente, plus inflexible que jamais; elle sévira
avec une main de plomb et avec une nouvelle rigueur sur la plus essentielle de nos libertés.

Et, quand je dis la plus essentielle de nos libertés, est-il quelqu'un parmi vous qui puisse en douter? N'a-t-on pas dit cent fois que la liberté de la
presse était telle que, par sa vertu magique, elle
nous restituerait toutes les autres libertés, alors
même qu'on nous les aurait enlevées les unes après
les autres? C'est un axiome politique devenu tri-
vial, surtout en Angleterre.

Et, puisque je viens de vous parler de l'Angleterre, je dois dire ici un mot en réponse au résumé de M. de Martignac. L'honorable rapporteur
n'a pas trouvé sa mémoire fidèle, quand il a dit

ces paroles : « On invoque l'Angleterre et ses leçons ;
eh bien ! n'oublions pas qu'un long intervalle se
passa entre le rétablissement de son gouvernement
constitutionnel et la licence des journaux, et que,
par de longues épreuves, il s'assura de sa solidité
avant de se livrer aux agressions et aux secousses. »

Je vous le demande, messieurs, ne dirait-on
pas, en lisant ce passage, que l'Angleterre est arrivée d'événements en événements à la liberté de
la presse ? Eh bien ! il n'en est rien, absolument
rien ; car la liberté de la presse a été établie en
Angleterre en 1694, six ans après la révolution,
et par le seul fait de l'expiration du délai de la loi
de censure. Depuis 1694 jusqu'à aujourd'hui, l'*ha-
beas corpus* a été suspendu mainte et mainte fois ;
jamais la liberté de la presse n'a été ni limitée,
ni modérée, ni arrêtée, quelque fougueux, quelque immenses qu'aient été ses développements.

Cependant ce pays s'est aussi trouvé dans des
circonstances graves depuis plus d'un siècle. A
l'avènement de la maison d'Hanovre, qui ne sait
comment la dynastie des rois allemands de la
Grande-Bretagne fut harcelée par les écrits, par
les journaux, par des pamphlets ? Le gouvernement a-t-il pensé un moment à les empêcher de
paraître, à les traduire à une commission de police, à les supprimer ; non, messieurs, le gouvernement répondit en faisant publier d'autres journaux, d'autres écrits, à la rédaction desquels le
célèbre Addisson ne fut même pas étranger. Sous
le règne de Georges II, le prétendant était en An-

gleterre, tout était soulevé; l'armée du prétendant
était maître de l'Écosse presque entière, la liberté
de la presse fut également respectée ; et ce fameux
statut qui donna au jury le droit de juger l'intention et le fait en matière des délits de la presse, à
quelle époque fut-il rendu? Il est daté de la trente-
deuxième année du règne de Georges III; c'est-à-dire
en 1792, au moment même où les idées démocra-
tiques qui travaillaient la France passaient le dé-
troit, inondaient la Grande-Bretagne et menaçaient
de submerger l'aristocratie anglaise.

Eh bien! on n'a pas cependant attaqué la liberté de la presse; on a su défendre les grands
intérêts par des moyens légaux. C'est une idée
mère en Angleterre qu'il y a, dans ce pays, trois
principes conservateurs du pays, trois principes qui
dominent toutes les opinions, toutes les discussions, tous les partis. Ces trois principes ont toujours été et seront toujours sacrés : je veux dire la
conservation de la dynastie régnant constitutionnellement avec l'aide et le concours du parlement,
la liberté individuelle, le jury et la liberté de la
presse. Les Anglais savent que si l'on portait atteinte à un seul de ces trois principes, les deux
autres seraient frappés du même coup, et perdus
dans l'opinion comme en réalité.

Voulez-vous une dernière preuve de ce que j'a-
vance? Celle-ci sera décisive; et puisqu'un honorable membre du côté droit a parlé à la tribune
de ses voyages, il nous sera bien permis à nous
de parler de nos promenades.

J'étais à Londres en 1817; c'était peu de temps après les rassemblements de Spafields. Des bandes de radicaux armés parcouraient les rues de Londres et les environs de la capitale; les propriétaires étaient si effrayés, qu'ils portaient toutes leurs armes à la Tour de Londres, pour qu'elles ne tombassent pas entre les mains des radicaux; des groupes de factieux parcouraient les rues de la ville en vomissant des imprécations contre les ministres, et n'épargnant pas même la majesté royale. Au milieu de cette agitation, non-seulement des esprits, mais des corps, mais des masses, on apprend tout-à-coup que 40,000 ouvriers sont partis de Manchester, qu'ils marchent sur Londres, sous le prétexte de présenter une adresse au prince régent, et que leur troupe se grossit en route de paysans et d'ouvriers.

Assurément, c'était là une circonstance grave, terrible, s'il en fût jamais. Croyez-vous qu'à l'approche d'un pareil danger, on ait proposé dans les chambres, dans le conseil du roi, de suspendre la liberté de la presse? Non, messieurs; celui-là qui aurait fait une pareille proposition, on l'aurait pris pour un fou, on l'aurait envoyé se faire guérir à Bedlam.

Il n'en est pas ainsi de ce côté de la Manche. Ici des hommes qui se disent prudents, et qui même, devant certaines opinions, passent pour habiles, tout en protestant de leur respect pour nos institutions, viennent les prendre une à une, tantôt ostensiblement et tantôt comme à la dérobée. Quelle garantie veut vous offrir le ministère lorsqu'il vous demande de reprendre à sa volonté la liberté de la presse, et de s'armer de la censure, quand vous ne serez plus ici?

Cependant on vous offre le leurre de trois garanties apparentes. Les deux premières sont du fait du ministère; la troisième vous est présentée par la commission. L'article dit que la censure cessera dans le cas où, la chambre étant dissoute, il y aurait lieu d'en convoquer une nouvelle. J'applaudis à ce témoignage de respect pour l'exercice du droit électoral. Mais les élections ne doivent-elles être respectées par les ministres que lorsque le renouvellement de la chambre est total? Le renouvellement annuel par cinquième n'a-t-il pas droit aux mêmes égards? Est-ce qu'on ignore que des élections faites sous le joug de la censure sont des élections serviles?

Oui, messieurs, des élections serviles. L'expression ne m'appartient pas; elle est de M. de Villèle; non pas de M. de Villèle de 1817, de 1819, mais de M. de Villèle de 1822, de M. de Villèle, ministre des finances; c'est lui qui, présidant le cinquième bureau, dont j'étais membre, a déclaré que les élections faites sous le régime de la censure sont et ne peuvent être que des élections serviles. Aussi n'est-ce pas M. de Villèle qui combattra mon amendement.

Une seconde garantie, ou pour mieux dire ce que les ministres veulent vous donner pour une garantie, c'est de vous demander, non pas simplement une loi de censure quelconque, non pas un

réglement de censure à sa guise, mais précisément la censure suivant les lois des 31 mars 1820,
et 26 juillet 1821. Je demanderai aux ministres du
roi pourquoi, lorsqu'ils demandent un pouvoir discrétionnaire pour des circonstances imprévues, ils
viennent se prévaloir d'une loi qui a été faite pour
des circonstances prévues ; mais, messieurs, vos
lois de 1820 et 1821 ont été faites pour des circonstances particulières aux années 1820 et 1821. Que
sais-je si des événements semblables vous frappe-
ront en 1822 ou 1823? Cette loi suffira-t-elle à vos
nécessités? je n'en sais rien. Ne sera-t-elle pas un
excédant de pouvoir? je n'en sais rien encore. Si
vous êtes dans le cas d'user d'un pouvoir arbitraire
quelconque, prenez-le à votre charge, ne venez
pas vous autoriser de lois précédentes, prenez-le
tel que les circonstances le commandent, et venez
ensuite devant la chambre dire : J'ai fait tel acte,
parce qu'il a été nécessaire par tel motif; hors de
là, vous déguisez sous les formes légales l'arbitraire ministériel.

La troisième garantie que l'on a voulu donner
contre l'abus est celle de l'obligation imposée à
l'ordonnance du roi, qui remettrait la censure en
vigueur, d'être contresignée par trois ministres. La
commission a cru agrandir encore cette garantie,
en ajoutant au projet que l'ordonnance serait délibérée en conseil des ministres.

Ici, messieurs, ni le ministère ni la commission
n'ont pas compris l'autorité royale suivant la charte.
Ils ont été égarés par un précédent qui avait été

amené par un motif honorable. A une époque déplorable, en 1820, lorsque la liberté individuelle
fut suspendue, la loi voulut que l'acte en vertu
duquel un citoyen serait arrêté fût contresigné
par trois ministres. La loi ne voulait pas seulement
rendre l'injustice plus difficile, elle voulait surtout
épargner aux Français la douleur de voir le roi
constitutionnel signer des lettres de cachet. C'était
un sentiment très-délicat, mais qui ne peut s'appliquer à la question que nous discutons. Le rétablissement de la censure n'est présenté que comme
mesure du gouvernement, et ne doit pas, dans l'hypothèse admise par les ministres, être soumise à
d'autres conditions que celles que la charte impose.

L'autorité royale n'est pas soumise par la charte
à l'obligation de la signature de trois ministres,
ni d'une délibération dans le conseil; il suffit, pour
qu'un acte de gouvernement soit valable, qu'on
y trouve d'abord la volonté du roi, et ensuite la
signature du ministre responsable, qui vienne
attester cette volonté, et présenter au besoin le
ministre à l'accusation des chambres. Ce n'est
pas à vous à dire au roi que ses ordonnances doivent être délibérées dans le conseil; ce n'est pas à
vous à lui dire qu'elles doivent être signées par
trois ministres. Pourquoi pas par dix, par vingt?
Qui vous a conféré le droit de dire au roi quel
sera le nombre de ses ministres? Cela est hors de
vos attributions. Telle est la question considérée
sous le point de vue de la prérogative royale. Si je la

considère sous le rapport de l'intérêt populaire, la
question est plus grave encore. J'aime mieux la
responsabilité de trois ministres que de six, d'un
seul que de trois. La responsabilité n'est réelle,
effective, que lorsqu'elle pèse sur une seule tête.
Oh! si jamais nous obtenons un mode d'élection
constitutionnel, ce ne sera pas sans effroi qu'un
ministre osera contresigner seul l'ordonnance qui,
en rétablissant la censure, arrachera au peuple sa
plus précieuse liberté.

Le peu de mots que je viens de dire sur l'exercice
de l'autorité royale vous prouve assez que je ne
saurais accueillir, que je repousserai de toutes mes
forces les idées de dictature si étrangement procla-
mées à cette tribune. C'est, en vérité, une débauche
d'esprit que d'avoir parlé ici de dictature au nom
de la monarchie et de la charte. Eh quoi! on voudrait transformer en une magistrature turbulente
et passagère la royauté calme, auguste, perpétuelle! On proposerait à un roi, issu d'une vieille
race de rois, de déposer sa pourpre antique pour
ceindre l'épée d'un dictateur populaire!

En vérité, messieurs, c'est bien mal entendre
et la dignité de la couronne et la charte constitutionnelle. Où trouverez-vous dans cette charte rien
qui autorise de pareilles inconvenances? Nous voulons la charte; c'est en vain qu'on veut la démolir,
tantôt avec l'omnipotence parlementaire, tantôt par
le moyen d'une dictature royale; tous les vœux,
tous les intérêts, tous les droits s'uniront pour
défendre la charte menacée. Je sais qu'il en est de

la vie des empires comme de la vie des hommes :
je sais que le cours des événements peut amener
des chances qui dépassent toutes les combinaisons
humaines. Ces chances, il n'est pas donné aux
hommes de les apprécier. Ceux qui le tenteraient
prévoiraient plus, prévoiraient moins, prévoiraient
autre chose que ce qui arrivera. Le salut public
ne s'écrit pas dans les lois, il se fait au jour du danger ; on sauve la patrie, aussitôt qu'on le peut et
comme on le peut.

Le moyen le plus sûr, le plus efficace pour y parvenir, c'est d'enraciner la charte dans les institutions et dans les mœurs. Si jamais la France était
encore au bord de l'abîme, ce n'est pas par une
dictature usurpée qu'on parviendrait à la sauver.
Le remède à nos maux, ce serait de convoquer
les chambres, d'entourer le trône de ses appuis
naturels, des défenseurs des libertés publiques. La
puissance royale n'est jamais plus forte, plus morale, plus légitime, qu'alors qu'elle est déployée
suivant les formes constitutionnelles. Ainsi, messieurs, je crois que l'article doit être rejeté comme
inconstitutionnel ; mais si nous ne le rejetons pas,
je demande que la censure, si jamais elle était rétablie, ne pût l'être que pendant un mois au plus,
c'est-à-dire pendant le temps strictement nécessaire pour la convocation des chambres. C'est l'objet de mon amendement, et j'y persiste.

L'amendement fut rejeté.

SUR LA POLICE SANITAIRE.

SÉANCE DU 20 FÉVRIER 1822.

M. le général Foy proposait l'amendement suivant :

« Il sera rendu compte aux chambres, immédiatement si
« elles sont rassemblées, et, dans le cas contraire, pendant le
« premier mois après l'ouverture de la session, des motifs pour
« lesquels il y aurait eu lieu à appliquer les dispositions de la
« loi de police sanitaire. »

La maladie qui a désolé la ville de Barcelonne
est-elle contagieuse? peut-elle être importée, ou
n'est-elle pas enchaînée au voisinage de la mer?
et peut-elle dépasser certaines latitudes? toutes ces
questions sont du ressort de la science médicale;
mais elles ne peuvent rester étrangères à la législation; car il serait inhumain, si cette maladie n'est
pas épidémique, de condamner sans nécessité les
malheureux qui chercheraient à fuir le foyer où
elle s'est établie, à périr victimes d'un fléau auquel ils pourraient échapper sans compromettre le
salut des pays environnants, sans faire courir le
moindre danger à qui que ce fût.
Jusqu'à présent vous n'avez considéré votre loi
sanitaire que par rapport au-dehors de la France;
vous n'avez vu dans ceux qu'elle est destinée à frapper que des étrangers et des contrebandiers natio-

naux ; mais n'est-il pas évident que, si la fièvre jaune
ou toute autre maladie semblable venait s'établir
en France, à Marseille, à Toulouse, ou à Bordeaux, par exemple, vous devriez traiter la question sous un point de vue plus étendu ; et, dans
cette supposition, il est évident encore que vous
pourriez reprocher à cette loi d'avoir été conçue
sous un point de vue trop mesquin, et de n'être
qu'un réglement de lazaret.

J'ajouterai à cet égard que la loi offre deux parties distinctes ; l'une, essentiellement législative,
comprend la qualification des crimes et délits.
Quant à l'application de la pénalité, cela est entièrement dans le domaine de l'administration ;
c'est au roi qu'il appartient de dire que, suivant
telles ou telles circonstances, tels ou tels pays seront soumis momentanément au régime sanitaire
indiqué par la loi ; et même, dans le silence de la
loi, le pouvoir royal devrait suppléer momentanément à ce silence.

Mais, puisque vous êtes appelés à faire une
loi sur cette matière, puisque vous allez être
contraints par la nécessité de soustraire momentanément au droit commun des portions considérables de la France, des devoirs vous sont
imposés ; il vous reste à rendre la responsabilité
ministérielle plus active ; elle doit être très-forte,
surtout si la maladie de Barcelonne n'est pas contagieuse, et si l'on suppose que des dispositions de police sanitaire sont destinées à couvrir des desseins
politiques.

Or l'hypothèse n'est pas impossible. On vous a dit assez que le cordon sanitaire établi aux Pyrénées n'avait pas pour objet d'arrêter la fièvre jaune; on vous a dit que la cîme des Pyrénées, couverte de neige, était un obstacle réel aux progrès de cette fièvre jaune jusque parmi nous; on vous a dit que ce cordon, formé de gardes nationales et de troupes de ligne, avait pour objet secret et véritable d'offrir un point d'appui aux mécontents espagnols. On l'a dit à Madrid, on l'a dit en France; les ministres n'ont point démenti ces suppositions. Cependant une courte explication sur la formation de ce cordon, sur la manière dont les troupes y sont placées, sur leur destination, aurait suffi pour lever tous les doutes.

Je ne prétends pas qu'elles soient fondées en probabilité, je soutiens seulement qu'elles sont possibles, et c'est assez pour que nous devions nous prémunir à cet égard; elles le sont tellement, que je rappellerai un événement encore récent, et tout-à-fait analogue, qui aura pour résultat de vous prouver la possibilité de l'hypothèse que j'ai faite. Tous ceux à qui les souvenirs récents de la gloire nationale sont précieux n'ont pas oublié les circonstances qui ont précédé la campagne qui fut terminée par la foudroyante victoire d'Austerlitz. L'armée française était sur les côtes de l'Océan, l'Angleterre soudoyait l'Autriche pour l'engager à nous déclarer la guerre, la fièvre jaune régnait alors dans quelques provinces de l'Espagne; eh bien! à la sollicitation de l'Angleterre, la maison d'Autriche supposa la nécessité d'établir un cordon sanitaire pour prévenir ses états de l'invasion de la fièvre jaune, et, sous ce prétexte, elle fit avancer ses troupes en Italie; elle forma d'immenses magasins, grossit considérablement ses établissements militaires, et se prépara enfin à attaquer la France.

Tous ces faits, messieurs, vous sont parfaitement connus; vous en tirerez la conséquence que la formation d'un cordon sanitaire peut n'être que le prétexte d'un établissement politique; vous ne voudrez pas sans doute qu'il en soit ainsi sous notre gouvernement constitutionnel. Mais quel remède ayez-vous pour empêcher un pareil abus de la loi? C'est un appel à la responsabilité ministérielle; c'est d'imposer aux ministres la nécessité de rendre compte aux chambres des motifs pour lesquels ils auront appliqué la loi sanitaire à une portion du territoire, et du mode de cette application. C'est l'objet de mon amendement, dont je demande l'adoption.

L'amendement fut rejeté.

MINISTÈRE DES AFFAIRES ÉTRANGÈRES.

SÉANCE DU 27 FÉVRIER 1822.

Le ministère présentait le réglement définitif du budget de 1820.

Je ne crois pas, messieurs, qu'il y ait une meilleure preuve de la difficulté de la position de la France en Europe, que ce que vient de dire M. le ministre des finances. Ce ministre a recommandé l'union, l'obéissance aux lois; ce sont des principes de morale et de bonne politique, auxquels il est utile de se conformer; mais il nous a laissé entrevoir que si l'on s'écartait à cette tribune de ces principes, il pourrait s'en suivre des circonstances graves, fâcheuses, terribles pour le pays.

Je répète ce qu'a dit M. de Villèle. Il a attribué à cette tribune les déchirements intérieurs de la France, et il a dit que ces déchirements pourraient compromettre la position de la France en Europe; qu'ils pourraient retarder le moment où elle recouvrera sa prépondérance.

« *M. le ministre des finances :* « J'ai dit que les opinions pou-
« vaient retarder l'époque où la France devait reprendre le
« rang qui lui appartient parmi les nations. »

Eh bien! oui, vous avez dit que ces opinions pourraient retarder l'époque où la France reprendra son indépendance et son éclat.

Plusieurs voix.... Ce n'est pas cela.

Eh bien! son influence.....

M. Creuzé (de Chatellerault) : Ayez un peu plus de bonne foi !

Monsieur, dit le général Foy, en fixant l'interrupteur, je n'en ai jamais manqué, et je désirerais que vous en eussiez autant que moi; je désirerais que vos votes fussent aussi indépendants que les miens, et que, comme moi, vous leur eussiez sacrifié vos intérêts personnels.

Messieurs, que résulte-t-il des paroles de M. de Villèle? c'est que l'opinion qu'on peut émettre à cette tribune retarderait le moment où l'influence de la France sera exercée en Europe dans la mesure qui convient à son rang, à son importance; voilà la pensée du ministre! Eh bien! je réponds que nous ne sommes comptables qu'à Dieu et à la chambre des opinions que nous émettons à cette tribune. Je réponds que la France doit être assez puissante par ses moyens de défense, assez influente par le langage de sa diplomatie, pour ne pas souffrir que, dans ses rapports avec les puissances européennes, on ose lui parler de ce qui se passe à cette tribune. Cette tribune est la terre franche de la liberté, et personne n'a le droit de la menacer dans un avenir quelconque de l'influence étrangère.

J'ai entendu dire à M. le ministre des finances qu'on avait tort de blâmer des mesures et des dépenses par lesquelles on avait concouru aux congrès de Troppau et de Laybach ; le langage de M. de Villèle, maintenant ministre des finances, diffère entièrement de celui qué tenait l'année dernière M. Pasquier, alors ministre des affaires étrangères. M. Pasquier n'a cessé de nous dire que la France n'avait concouru en rien aux congrès de Troppau et de Laybach, il nous l'a dit et répété jusqu'à satiété. Si le ministère actuel émet une opinion différente de celle qui paraissait être l'opinion du ministère précédent, devons-nous en conclure de là que l'intention du ministère actuel est d'adopter une ligne diplomatique différente de celle du précédent ministère et moins indépendante encore. Je laisse à votre sagacité la solution de cette question.

Venant maintenant au projet de loi, je commencerai par regretter de ne pas voir sur le banc des ministres, d'ailleurs si bien garni, M. le ministre des affaires étrangères, ni aucun des conseillers-d'état qui peuvent avoir quelques rapports avec son département. J'aurais d'autant plus désiré de voir ici M. le ministre des affaires étrangères, et de l'entendre répondre à nos objections, qu'il a développé il y a quelques jours à cette tribune l'opinion la plus inconstitutionnelle, la plus contraire à tous les principes du gouvernement représentatif, en matière de relations extérieures. Il a dit que, le roi faisant les traités de paix et d'alliance, nous n'avions pas le droit de nous

5.

mêler des affaires diplomatiques; mais c'est précisément parce que le roi fait des traités que nous pouvons demander compte à ses ministres des transactions diplomatiques. Si le roi ne les faisait pas, nous ne pourrions pas nous en faire rendre compte. Je ne conçois rien à ce qu'a voulu dire le ministre, et je regrette qu'il ne soit pas ici pour expliquer sa pensée.

Toutefois, je conçois que dans la discussion du budget, lorsqu'il s'agit d'affaires diplomatiques qui ont lieu dans le moment même, ou qui doivent être traitées plus tard, on invoque les grands principes du secret, qui restreignent votre discussion; mais quand il s'agit des comptes, tout est consommé; il n'y a plus rien à cacher. Tout va si vite en Europe, que les événements qui se sont passés il y a deux ans, sont déjà de l'histoire ancienne.

Quelle est donc la raison qui empêche que le ministre des affaires étrangères vous rende compte de ses dépenses comme le font les autres ministres? Pourquoi ne nous dit-il pas : Cette dépense a été faite pour des frais d'ambassade dans tel ou tel lieu, telle autre dépense pour une mission extraordinaire qui avait pour but tel ou tel objet.

Pour se dispenser de donner à ce sujet le moindre renseignement, M. le ministre des affaires étrangères s'abstient de joindre à ses comptes un rapport au roi comme le font tous les autres ministres. Le budget, l'ordonnance de répartition et des comptes, qui pour chaque ministère se présentent avec des nuances distinctes, ne sont qu'une seule et même chose pour le ministère des affaires étrangères; lisez ces trois actes, et vous croirez que ce sont des choses identiques. La seule différence qui s'y trouve est l'augmentation de crédit que l'on demande dans les comptes. M. le ministre des affaires étrangères reçoit cependant, comme les autres ministres, des allocations de fonds sous sa responsabilité. C'est aujourd'hui la dernière fois que cette responsabilité doit être quelque chose, et s'il ne rend pas ses comptes aujourd'hui, il ne les rendra jamais. Les comptes du ministre des affaires étrangères sont-ils donc une liste civile? Non sans doute, car la liste civile est votée pour tout un règne, et le ministre des affaires étrangères nous demande sans cesse de l'argent de plus que les années précédentes. En 1820, ce ministre vous a demandé 90,000 francs de plus qu'en 1819; il a dit que ces 90,000 francs étaient destinés à des établissements de consulats dans l'Amérique. Or, je vous le demande, où sont ces consulats? A quoi nous ont-ils profité pour le commerce? A rien du tout. Le contraire est arrivé; je jette les yeux sur les comptes, et je vois que les traitements des agents diplomatiques ont été diminués. Quels consulats nouveaux a-t-on créés? Nous voyons au contraire qu'on a diminué le nombre de ceux qui existaient. C'est en missions diplomatiques que 90,000 francs s'en sont allés. Mais quels intérêts français ont été protégés par ces missions?

A-t-on fait des efforts pour recouvrer les créances d'une foule de Français auprès des puissances étran-

gères? A-t-on fait quelque tentative pour recouvrer
les places fortes qui faisaient partie de la France
en 1792? Non, messieurs; on ne s'est occupé que
d'intérêts tout-à-fait étrangers et peut-être contraires aux intérêts de la France.

Peut-on, avec un pareil précédent, vous demander de l'argent, et ne pas vous dire où cet argent
a été dépensé; car remarquez que l'on a dépensé
350,000 francs, dont on ne rend aucun compte,
et on en demande 50,000 de plus, sans dire pourquoi. Mais rien n'empêcherait qu'on ne demandât
deux millions, trois millions de plus, sous la forme
de supplément de crédit, et qu'on ne rendît ainsi
tout-à-fait illusoire le vote des impôts.

Rappelez-vous, messieurs, l'adresse que vous
avez votée au commencement de la session, l'a-
dresse qui a permis tout-à-l'heure à M. de Villèle
de vous parler ici comme ministre des finances;
puisque c'est par l'adresse qu'il est arrivé au ministère. Cette adresse appelait surtout l'attention de
la France sur le ministère des affaires étrangères;
elle disait:

« Nous nous félicitons, sire, de vos relations con-
« stamment amicales avec les puissances étrangères,
« dans la juste confiance qu'une paix si précieuse
« n'est point achetée par des sacrifices incompati-
« bles avec l'honneur de la nation et la dignité de
« la couronne. »

Après une pareille adresse, il était du devoir
du ministère actuel de donner un commentaire
étendu sur les sommes dépensées par le minis-

tère des affaires étrangères. Il n'a pas rempli ce devoir. On demande 50,000 francs, qui soient votés de confiance, pour les ajouter à 350,000 francs dépensés abusivement; je vote contre les deux propositions.

Après deux épreuves l'impression de ce discours fut rejetée.

Je n'attache aucune importance à l'impression, et j'y renonce volontiers, et pour cette fois et pour l'avenir; mais je crois qu'il serait de l'intérêt de la chambre de prendre une détermination définitive sur l'impression des discours de ses membres; l'objet de l'impression est de rendre publiques les choses qu'on a intérêt à conserver, mais non pas de mettre la minorité à la discrétion de la majorité.

SÉANCE DU 28 FÉVRIER 1822.

Ce n'est pas une question d'intérêt spécial, mais une question qui intéresse la dignité de la chambre, qui atteint ses attributions constitutionnelles; il s'agit de savoir s'il sera toujours loisible aux ministres du roi d'entamer ou de consommer une dépense que vous n'aurez pas ordonnée, que vous n'aurez pas même prévue; et si, lorsque cette dépense aura été consommée, vous aurez la possibilité de réparer le mal qui aura été fait.

L'honorable membre qui descend de la tribune a dit que l'hôtel Wagram avait été acheté en 1819 pour le ministère de l'intérieur; je m'en rapporte à ce qu'il dit, puisqu'il était alors au ministère. Ce-

pendant je dois faire remarquer que, si l'achat a
été réellement fait en 1819, il n'était que condi-
tionnel ; car, s'il eût été définitif, on vous l'eût présenté dans le compte de 1819. Ce qui prouve encore qu'il n'était pas définitif, c'est l'ordonnance
du roi du 13 septembre 1820, qui autorise l'achat :
cette date n'est pas sans intérêt.

Je dois rappeler ici quelques faits importants.

En 1820, on porta dans les comptes du ministère de la guerre une somme considérable pour
l'achat des hôtels de Brienne et de Mouchy. La
proposition qui vous fut faite de payer cette somme
éveilla dans la chambre une grave discussion : on
mit aux voix une proposition incidente qui opposait un frein aux achats de ce genre. M. Benoist,
qui était alors rapporteur de la commission et qui
n'était point encore directeur - général des contributions indirectes, soutint que le ministère n'avait
pas le droit de faire ces sortes d'achats sans consulter la chambre, et que des projets de cette nature devaient faire partie des articles du budget.
La proposition incidente qu'il soutint avec avantage, et qui avait pour but d'empêcher de pareilles
acquisitions, fut rejetée à la majorité d'un petit
nombre de voix.

Il semblerait qu'après une discussion aussi vive
les ministres du roi auraient dû soumettre à la
chambre le projet d'acquisition de l'hôtel Wagram ;
c'était une mesure toute naturelle de condescen-
dance envers l'autorité législative : et on a lieu de
s'étonner que, par un manque de respect pour cette

autorité, on ait acquis, au mois de septembre suivant, l'hôtel Wagram pour le ministère des affaires étrangères.

Il y a plus ; c'est que, dans le budget de 1820, on avait fait la part du ministre des affaires étrangères, relativement à son logement ; nous avons voté 280,000 francs pour la continuation de l'hôtel du quai d'Orsay, qui lui était destiné. Si l'on nous avait dit que cet hôtel n'avait pas cette destination, nous n'aurions pas voté les fonds demandés.

Vous devez donc croire que, si le ministère ne vous a pas demandé l'autorisation d'acquérir l'hôtel Wagram, c'est qu'il prévoyait que vous le lui refuseriez ; car vous veniez de voter 280,000 francs pour la continuation de l'hôtel du quai d'Orsay, et vous auriez jugé plus convenable d'appliquer ces fonds à l'achèvement d'un édifice monumental.

Je vois que l'hôtel Wagram a été acheté 576,191 f., y compris les intérêts à cinq pour cent. Je ne sais pas trop ce que l'on veut dire par ces intérêts ; de plus, 320,000 fr. pour réparation et le mobilier ; si l'on y ajoute 53,200 francs, déjà dépensés pour le mobilier du ministère de l'intérieur, et 19,000 fr. qui ont été payés pour frais d'adjudication, sans oublier les 280,000 francs pour l'hôtel du quai d'Orsay, vous aurez une somme de 1,248,000 fr. qui a servi à loger M. le ministre des affaires étrangères. En vérité, il y a bien des souverains en Europe qui sont logés à meilleur marché.

On vous a dit que le mobilier de l'hôtel Gallifet

n'était ni convenable ni décent. M. de Talleyrand, qui a été long-temps ministre des affaires étrangères, et qui s'entendait aux convenances, a reçu dans cet hôtel tous les ambassadeurs de l'Europe, et même des rois, enfin y a tenu une très-grande représentation, telle qu'elle convenait à un grand empire. Aujourd'hui que la France est restreinte dans ses limites, aujourd'hui qu'elle est soumise à un régime constitutionnel, qui est essentiellement un régime d'économie, le ministre des affaires étrangères devait-il se trouver trop à l'étroit dans un hôtel où le ministre d'un grand empire se trouvait au large?

On s'est apitoyé sur le sort des archives; sans doute les archives des affaires étrangères forment un dépôt précieux; mais, de bonne foi, croyez-vous que c'est par tendresse pour ces archives qu'on a quitté l'hôtel de la rue du Bac, pour aller s'établir sur le boulevard des Capucines.

On a dit qu'il y avait de l'inconvenance à ce qu'un ministre des affaires étrangères occupât un hôtel à loyer. Eh! messieurs, nous qui valons bien quelque chose, ne sommes-nous pas ici à louage? Est-ce bien devant vous, la première autorité de la France, après le roi et la chambre des pairs, qu'on peut faire valoir une considération de cette nature, présentée en faveur d'un agent responsable du gouvernement?

Il n'est pas sans inconvénient d'acquiescer facilement à de pareilles dépenses; un exemple donné par les agents supérieurs du pouvoir est bien vite suivi. On assure que des employés d'un ordre élevé du ministère des affaires étrangères se sont fait loger et meubler à l'imitation de ce qui avait été fait par le chef de ce département : il paraît même certain que M. l'ambassadeur de Russie, qui est logé par le gouvernement français, se trouvant probablement mal à l'aise dans l'hôtel de la rue de Provence, a voulu en changer ; il a obtenu de la complaisance du gouvernement qu'on achetât pour lui l'hôtel de La Reynière à l'entrée des Champs-Élysées.

Vous sentez que ce changement ne peut s'opérer qu'à vos dépens ; vous voyez combien une complaisance législative pourrait être contagieuse, et entraîner le trésor dans des dépenses considérables que vous ne pourriez pas prévoir.

On a présenté sur le fonds de cette acquisition de l'hôtel Wagram une considération qui m'a beaucoup étonné, c'est celle que l'an dernier M. le ministre des affaires étrangères a tant fait valoir. Il vous a dit : C'est une excellente affaire pour le gouvernement. Oui, messieurs, je crois même que si le gouvernement avait acheté alors tous les hôtels de la chaussée d'Antin, il aurait fait une excellente affaire, puisque ces propriétés ont depuis augmenté de valeur. Mais est-ce bien là un métier qui convient au gouvernement? Le gouvernement ne doit acheter que pour satisfaire au service public ; et, quand le service public peut se faire sans une acquisition, ce n'est pas le bon marché qui doit le déterminer.

D'ailleurs, messieurs, vous avez des palais com-

mencés ; il en est même qui sont presque achevés et
qui attendent les fonctionnaires qui doivent les occuper : est-ce alors le cas d'acheter pour eux des hôtels ? Mais puisqu'on vous a dit que le gouvernement a fait une excellente affaire, je veux le croire.
Il est de fait que les maisons de la chaussée d'Antin ont gagné soixante pour cent : eh bien ! ce sera un
moyen de nous enrichir. Rejetons les propositions
du gouvernement ; il sera obligé de revendre les
hôtels qu'il a achetés ; avec le prix et le gain qui
en résultera, on pourra continuer l'édifice du quai
d'Orsay, la ville de Paris sera embellie, chacun occupera sa place, et tout sera pour le mieux.

SUR LA DOTATION AFFECTÉE A LA CHAMBRE
DES PAIRS.

SÉANCE DU 7 MARS 1822.

M. Sébastiani vient d'établir, messieurs, que les
fonds alloués par la chambre étaient souvent dé-
tournés de leur destination ; il a particulièrement
appliqué ce reproche à ceux destinés à l'artillerie,
et il n'a pas eu tort, car c'est surtout dans ce service que cet abus se fait sentir.

Je ne parlerai pas du fait d'Auxonne, que je
ne connais pas ; mais à La Fère, ville du département de l'Aisne, j'ai vu de mes yeux que de
nombreux établissements, qui avaient servi pour
l'artillerie avant la révolution, et qui plus tard ont
paru suffisants pour l'artillerie même de la garde

impériale, ont été cependant, depuis la restauration, augmentés à grands frais. On a acheté un palais, un palais, bien entendu, comme il y en a à La Fère; c'est le château qui appartenait au duc d'Orléans, et qui a été confisqué pendant la révolution; des dépenses considérables ont été faites pour l'approprier à sa nouvelle destination, et ces dépenses n'étaient pas nécessaires. Voilà le fait relatif à l'artillerie.

Quant aux deux millions alloués pour la chambre des pairs, il est certain qu'on ne nous en rend aucun compte, et, de plus, qu'on n'en rend pas compte à la chambre des pairs elle-même. MM. les pairs, par une délicatesse excessive, ne réclament pas contre cet abus; mais nous, députés de la France, nous sommes spécialement chargés de veiller aux intérêts des contribuables, nous ne pouvons pas imiter cette excessive délicatesse, et notre devoir est de demander tous les renseignements qui doivent éclairer notre vote. Je dirai à ce sujet que l'ordonnance fondamentale du 11 février 1814, ordonnance qui est l'appendice de la charte, a affecté la dotation de l'ancien sénat, 1° à des pensions de trente-six mille francs à payer aux sénateurs, 2° à des pensions de six mille francs aux veuves des sénateurs, 3° à l'entretien de l'établissement du Luxembourg. Cette dotation ayant été considérablement diminuée par le retour des anciens propriétaires dans les biens qui avaient été confisqués, l'autorité législative a alloué un fonds supplémentaire à la dotation du sénat; le fonds supplémentaire a été de quatre millions en 1814, et de deux millions les années suivantes. Ce fonds supplémentaire a pour objet, 1° de satisfaire aux allocations faites aux sénateurs, 2° à l'entretien et à la conservation du Luxembourg, 3°, et seulement par extension, pour payer les dépenses administratives de la chambre des pairs. Qui reçoit cette somme? qui la touche? à quoi est-elle employée? Vous l'ignorez, les pairs l'ignorent eux-mêmes.

Nous savons seulement, et non pas d'une manière officielle, que les pairs, qui devraient recevoir trente-six mille francs de traitement, ont été diminués en 1815 de douze mille francs. Nous savons aussi que plus de quarante pairs sont morts depuis cette époque; et il résulte de ces faits qu'une grande diminution a dû intervenir dans les dépenses de la chambre, que par conséquent on devrait vous demander beaucoup moins; on devrait aussi tenir compte de l'économie qui est faite sur les sénateurs réduits à 24 mille francs, et de celles qui proviennent des extinctions de pensions, cependant on perçoit toujours la même somme.

D'un autre côté, dans quelles mains a passé l'héritage des sénateurs? On l'ignore. Il paraît cependant qu'il n'a pas passé à la chambre des pairs, mais à certains pairs privilégiés; il paraît même que cette transmission a été opérée par je ne sais quelle puissance inaperçue.

Je dis d'abord que l'héritage a passé à certains pairs privilégiés, et je me fonde sur l'état même des pensions, où je trouve un million qui a été touché pendant 1820 par soixante-dix pairs et par

quelques veuves de pairs de France. Je remarque
que la plupart de ceux compris dans ce nombre
appartiennent à des familles très-riches de leur patrimoine, très - riches d'emplois d'état, et surtout
d'emplois de cour; je remarque en outre, qu'à l'exception de deux seulement, ce sont précisément
ceux qui votaient avec le ministère en 1820, et qui
votent encore avec le ministère en 1822. C'est sans
doute le hasard ; mais vous savez que le hasard a
une grande part dans les affaires du monde. La
chambre désire-t-elle que je lui fasse lecture de cette
liste avec les allocations attribuées à chaque pair.

L'orateur montre un papier qu'il tient à la main.

J'ai dit aussi que la transmission était opérée par
une puissance inaperçue ; oui, messieurs, inaperçue,
et voici comment je l'explique. Ce n'est pas la chambre des pairs qui, touchée du peu de fortune de plusieurs de ses membres et de la difficulté qu'ils auraient à soutenir dignement l'hermine de la pairie, a
demandé pour eux des secours; ce n'est pas non plus
le roi qui, sur l'avis d'un ministre responsable, a
décerné ces secours; ces pensions ne sont pas même
accordées par un brevet qu'il faudrait annuler lorsqu'on veut retirer une pension. Les pairs pensionnés, ou salariés, sont purement et simplement inscrits sur une liste qui porte le titre de *Domaine
de la couronne*, et qui est signée, arrêtée par le ministre de la maison du roi. Et cependant ces fonds
sont votés par la chambre; ce ne sont pas des fonds
appartenant à la liste civile.

, D'ailleurs cette liste est signée, non par un ministre ayant l'ampleur législative, mais par le ministre de la maison du roi, par un ministre responsable qui n'est chargé que des détails de la
maison domestique du souverain.

Une autre conséquence bien plus importante,
c'est que les pairs, n'ayant d'autre titre qu'une
simple inscription sur cette liste, peuvent en être
rayés au moindre signe de mécontentement qu'ils
donnent, car il n'y a rien de constitué. Vous sentez toutes les suites d'un pareil abus.

Vous sentez combien il serait facile d'étendre
la question, qui devient plus grave encore si on la
considère sous ses rapports politiques. La chambre
des pairs n'appartient pas à elle-même; elle appartient à la charte et à la France; elle est un élément
de notre ordre social, un pouvoir éminemment
modérateur dans l'état. Il importe donc aux amis
de la liberté et du trône qu'elle conserve toute sa
pureté, toute son indépendance; il importe, dis-
je, qu'elle reste indépendante, soit pour qu'elle
exerce librement son action législative, soit pour
que ses jugements et ses sentences, lorsqu'elle est
appelée à juger des crimes de haute-trahison, ac-
quièrent dans l'opinion publique une force dura-
ble, et soient sans recours, sans appel devant cette
opinion comme devant la loi. C'est par cette considération immense, qui domine le corps social,
qui tient à la morale, que je demande que la reddition des comptes et dépenses de la chambre des
pairs soit faite à la chambre des députés.

Je sais que M. le ministre des finances nous a dit qu'une loi était préparée sur cet objet, qu'elle était dans les cartons du ministère. Eh! messieurs, il y a bien des lois dans les cartons des ministres, elles y dormiront encore long-temps; ils nous en ont beaucoup donné, ils nous en donneront long-temps; mais tous, jusqu'à présent, ne se sont occupés que de nous donner des lois qui étaient destinées à les faire aller, à les faire marcher, qui tantôt limitent nos libertés, tantôt nous demandent de l'argent; des lois de circonstance, des lois seulement faites par eux; mais aucune n'a été présentée sur l'organisation de la pairie. On vote cette année même deux millions, et aucune explication ne vous est donnée sur la dépense future.

Ainsi, messieurs, il n'y a pas sur cet objet d'explication dans le budget; aucun compte n'est rendu, tout est dans le vague, dans l'arbitraire; et vous n'en sortirez jamais, tant que le gouvernement suivra la même marche.

TRAITEMENT DES MINISTRES
ET DU CONSEIL-D'ÉTAT.

SÉANCE DU 16 MARS 1822.

J'entends toujours invoquer à cette tribune le nom sacré du roi; il faut que l'on sache, une fois pour toutes, que ce nom sacré ne doit pas être placé dans nos discussions, et surtout dans nos dis-

cussions financières. Les intérêts du roi sont élevés
et perpétuels, les intérêts du ministère sont pas-
sagers; et je dirai aux ministres du roi: Gardez-
vous d'étendre le manteau royal sur vos guenilles
ministérielles.

J'arrive maintenant à la question. Il n'y a dans
notre législation financière que deux espèces d'allocations régulières, les traitements donnés en vertu
de fonctions, et les pensions inscrites au grand-livre. Ce qui est alloué aux ministres d'état est-il un
traitement? est-il une pension? Pour que ce fût
un traitement, il faudrait qu'il y eût des fonctions
attachées au titre de ministre d'état; il faudrait qu'il
existât vraiment un conseil privé du roi. Eh bien!
un noble pair, ministre d'état, a écrit en 1816, à
la tête d'un livre intitulé: *De la Monarchie suivant
la Charte*: « Si ce conseil, dont j'ai l'honneur d'ê-
« tre membre, était quelquefois assemblé, on pour-
« rait me dire: Parlez dans le conseil; mais il ne s'as-
« semble pas. » Messieurs, depuis ce temps, il ne s'est
pas assemblé davantage; il n'y a pas de conseil privé,
et l'on peut dire qu'un roi qui n'aurait que ce conseil n'aurait pas un conseil privé, mais serait privé
de conseils.

Les conseillers constitutionnels du roi sont ses
conseillers responsables, ce sont les ministres; et
les ministres sont les seuls que nous devons rétri-
buer. Ce n'est donc pas à titre de traitement; ce
n'est donc pas à titre d'allocation pour des fonctions que les ministres d'état reçoivent les sommes
qui sont portées pour eux dans le budget.

Sera-ce à titre de pension? Vous savez que des lois conservatrices de la fortune publique ont tracé les formes rigoureuses suivant lesquelles les pensions sont inscrites; vous savez que la violation de ces formes vous jette tous les jours dans des dépenses considérables; vous savez que, sous mille formes différentes, les intérêts particuliers trouvent moyen de combattre l'intérêt général. Ce ne sont donc que des pensions illégales qui sont accordées aux ministres d'état, des pensions hors de la sphère constitutionnelle, des pensions que vous n'avez pas le droit d'accorder autrement que d'après les règles qui vous sont tracées.

Mais, a-t-on dit, ces ministres ont des droits à fixer l'attention du gouvernement; plusieurs d'entre eux ont été ministres, ils ont été les dépositaires des secrets de l'état; il ne serait pas convenable, quand ils sont rendus à la vie privée, qu'ils fussent sans moyens d'existence. Eh bien! messieurs, que ces hommes reçoivent une pension, je ne crois pas que personne veuille s'y opposer. Mais, à côté de ces anciens ministres, ne voyez-vous pas une foule d'individus qui n'ont jamais exercé aucune fonction? On a nommé dernièrement quatre ministres d'état, un seul d'entre eux a-t-il jamais été ministre à portefeuille? J'en vois deux qui ont été ambassadeurs, l'un en Espagne, et je ne sais si sa conduite diplomatique en ce pays a mérité les suffrages du gouvernement, je ne veux pas même l'examiner; je dis seulement que je ne vois pas dans sa nomination l'application de ces sortes de récompenses aux

6.

ministres à portefeuille. L'autre était ambassadeur
à Naples; il n'était pas même dans ce pays au milieu des grands événements qui auraient nécessité
sa présence, cependant il a été récompensé. Je
vois en outre deux honorables membres de cette
assemblée, recommandables sans doute par leurs
titres académiques, mais qui n'ont rempli aucune
fonction; leur délicatesse est intéressée à rejeter
un traitement qu'ils n'ont pas mérité.

Je me résume, ce n'est pas un traitement, ce n'est
pas une pension, et cette dernière question vient d'ê-
tre décidée il y a quinze jours. Le roi ayant à récompenser les services de quatre ministres d'état qui
avaient quitté le conseil privé, et dont la rétribu-
tion avait été prise sur-le-champ, car on ne perd
pas de temps dans cette partie-là, ces ministres à
portefeuille, revenant à ce prétendu conseil privé,
n'y ont pas trouvé d'appointements; ils ont invo-
qué du gouvernement la résurrection d'une loi de
1807, laquelle attribue des pensions qui ne peuvent excéder 20,000 francs aux fonctionnaires publics d'un ordre élevé, savoir : aux ministres, aux
maréchaux grands-officiers de la couronne, à leurs
veuves et à leurs enfants; mais cette loi exige une
condition pour que la pension soit accordée, c'est
que ceux qui la demandent n'aient pas de fortune.

M. Dudon. C'est pour les veuves seulement et pour les enfants.

Je vais vous lire le texte de la loi : elle porte :
« Lorsque par des services distingués, de grands

« fonctionnaires, tels que des ministres, des ma-
« réchaux, et d'autres grands officiers auront droit
« à une récompense extraordinaire, et que la
« situation de leur fortune la rendra nécessaire,
« le *maximum* de leurs pensions ou de celles de
« leurs veuves ou de leurs enfants, pourra être
« porté à 20,000 francs. » Vous voyez que le
manque de fortune est une condition de la loi
que je viens de vous lire; il est donc clair que
les pensions n'auraient dû être accordées en vertu
de la loi de 1807, qu'autant qu'il y aurait eu
manque de fortune. Ce qui doit surtout attirer
votre attention, c'est qu'en établissant des pensions pour les ministres à portefeuille retirés, on a
virtuellement détruit l'existence du conseil privé,
car les ministres retirés ne peuvent, comme on dit
vulgairement, manger à deux rateliers.

S'ils ont droit à la pension, qu'ils cessent de réclamer leur traitement de conseillers privés, et dès-
lors il est indiqué qu'on doit supprimer ce prétendu
conseil, et demander que le roi fasse établir la liste
des anciens ministres (et non pas d'autres personnes qui n'ont aucun droit), pour que, conformément aux lois, il leur soit accordé une pension; et que ces pensions, accordées à tous ceux
qui y ont des droits, remplacent à jamais cette ridicule sinécure de votre conseil privé.

Cette proposition fut rejetée.

MINISTÈRE DES AFFAIRES ÉTRANGÈRES.

SÉANCE DU 19 MARS 1822.

La commission proposait une réduction sur le service intérieur de ce ministère; le général Foy monta à la tribune après
le rapporteur, M. de Bonald.

L'orateur auquel je succède a prétendu que la
France avait été grande autrefois par sa dignité
propre et par tous les genres de supériorité;
qu'elle s'était défendue sous Louis XIV par Turenne et Bossuet, d'Aguesseau et Racine. A-t-il
oublié que malgré tous les souvenirs, toutes les
gloires du grand siècle, Louis XIV, déchu de sa
première illustration, aurait vu l'ennemi lui dicter
des lois dans sa capitale, si Villars n'avait vaincu
à Denain, et si l'adresse de notre diplomatie n'eût
habilement profité des moyens qui renversèrent le
ministère de la reine Anne?

M. de Bonald a dit aussi que l'équilibre euro-
péen était une chimère impossible à réaliser. S'il
en est ainsi, ne soyons plus seulement les égaux
des nations voisines : soyons plus qu'elles; car l'indépendance est le premier besoin d'une nation;
sans indépendance, il n'y a pour les peuples ni
institutions, ni liberté, ni patrie.

Cela bien établi, nous ne pouvons manquer de
reconnaître que le ministère chargé de faire respecter nos droits à l'étranger, est, de tous les mi-

nistères, celui qui provoque le plus vivement l'investigation des chambres législatives.

Ici l'importance du service ne se mesure pas sur la quotité des sommes demandées pour l'accomplir. L'appréciation des économies ou des dépenses qu'il permet ou qu'il exige intéresse sans doute la masse de nos concitoyens, en leur qualité de contribuables; mais elle les affecte surtout comme Français, comme Français dignes de porter ce beau nom, comme Français avides de faire reprendre à leur pays la place que lui assignent en Europe le nombre de ses habitants, leur génie et leur prééminence incontestée dans les arts de la paix et de la guerre.

Comment se fait-il donc qu'un service qui, dans un pays voisin, est toujours le premier objet soumis à la discussion parlementaire, ne nous soit présenté qu'à regret et comme enveloppé de ténèbres? Par quelle fatalité s'opiniâtre-t-on à nous refuser, soit après, soit avant la consommation de ce service, les explications et les documents propres à nous éclairer sur l'utilité des dépenses et sur le profit et la dignité qui en résultent pour le pays?

Je vais le dire, messieurs : la diplomatie se cache, parce que, le plus souvent, au lieu de travailler au bien-être des gouvernés, elle ne protége que les ruses et les passions de ceux qui exploitent le gouvernement.

Cette dépravation est écrite dans toutes les pages de l'histoire. Plus d'une fois elle fut avouée dans le temps où les principaux états de l'Europe étaient à peu près homogènes dans leur organisation politique. N'aurait-elle fait que s'accroître depuis que nous mettons un gouvernement constitutionnel en contact avec des gouvernements absolus ?

Ici la situation est grave, et les temps passés n'ont rien qui lui ressemble. La France nouvelle est une terre d'égalité : égalité dans l'exercice des droits, égalité dans les prétentions légales, égalité devant les tribunaux, égalité dans les cultes religieux, égalité dans l'impôt, égalité dans le mode d'acquérir, de posséder et de transmettre la propriété. La France est régie par une charte qui garantit les droits généraux des citoyens et certains droits spéciaux créés par la révolution. Quels sont les ennemis de la charte ? Ceux qui réclament des intérêts qu'elle ne protége pas et des priviléges qu'elle repousse. Ceux-là, messieurs, où prendront-ils le point d'appui ? Ce ne sera pas en France, puisqu'ils s'élèvent contre la constitution et contre les vœux de la France. Ce sera donc au dehors, là où règnent et sont armés les intérêts oligarchiques analogues aux leurs, les intérêts de l'aristocratie européenne conduisant et opprimant les sociétés.

Or, les cabinets des empereurs et des rois sont exclusivement envahis par l'aristocratie ; ils forment entre eux, d'un bout de l'Europe à l'autre, une ligue offensive contre les droits des nations. Cette vérité est prouvée ; elle est incontestable.

Croyez-vous que notre ministère, et celui-ci comme le précédent, refuse d'adhérer à cette ligue ? Il le voudrait qu'il ne le pourrait pas, parce que

tous ses agents diplomatiques appartiennent à une
autre France, et qu'ils ont reçu de leurs antécé-
dants un cachet d'incapacité pour parler le langage
de la France libre et puissante. Il ne le pourrait
pas, parce qu'il est lui-même le produit du triomphe
momentané d'un parti que réprouve la nation et
la charte; parce qu'il est déjà débordé par ce parti;
parce qu'il en serait abandonné le jour où il cher-
cherait ailleurs un appui plus raisonnable et plus
solide.

Ainsi, je ne demande point si notre ministère
sera italien ou autrichien, grec ou turc, anglais ou
russe; ce que je prévois, c'est qu'il ne sera pas
français; et comme ma prévision est fondée sur
une conviction intime, j'estime que l'impulsion
nationale doit être portée avec plus d'énergie que
jamais sur un département où je ne vois que honte
pour le présent et embarras dans l'avenir.

Le ministère des affaires étrangères vous demande 15,000 fr. de plus que l'année dernière;
c'est tout ce qu'on veut que vous en sachiez. Le
rapport au roi ne contient pas un mot de plus;
on a même supprimé cette année la colonne d'observations qui faisait partie du tableau du budget,
sans doute afin de ne pas encourir l'obligation
de la remplir, par une sorte de respect humain,
de deux ou trois lignes sur la Cochinchine ou sur
tout autre sujet aussi important; mais ce silence
trop dédaigneux n'arrêtera pas nos efforts, et
si nous ne parvenons pas à le faire rompre, il
s'élèvera contre vous, ministres du roi, plus

accusateur que nos accusations mêmes. Votre dépense projetée est comprise dans trois chapitres.
Dès le premier j'aperçois une allocation que nous
jugions inutile et qu'on s'est obtiné à nous imposer.
Je veux parler du sous-secrétaire d'état. Ce sous-
secrétaire d'état, vous ne l'avez plus. Pourquoi con-
tinuez-vous à demander le traitement qui lui était
affecté ? pourquoi ne reporteriez-vous pas l'allocation du chapitre à 700,000 fr. comme en 1820 ?

Votre service extérieur, qui est l'objet du chapitre 2, devient plus coûteux tous les ans. Vous
nous demandez 110,000 fr. de plus qu'en 1820 ;
près de 400,000 fr. de plus qu'en 1819. Où sont
les motifs de cette augmentation ? Comment avez-
vous justifié la dépense précédente ?

Avez-vous donné à connaître le luxe ridicule de
votre établissement à Paris, les sinécures multipliées, et, par exemple, vos médecins qui n'ont
jamais de malades à soigner, vos historiographes
qui n'ont pas d'histoire à écrire, vos peintres pay-
sagistes qui n'ont d'autres paysages à peindre que
le jardin de l'hôtel Wagram ? et, pour parler de
dépenses moins innocentes, avez-vous donné à
voir les pensions que vous accordez à celui-ci pour
qu'il ne fasse pas un livre, à celui-là pour qu'il en
fasse un, et peut-être tel livre qui attaquera la
charte et les droits qu'elle consacre ?

A qui avez-vous fourni le tableau de nos léga-
tions de toutes les classes et des traitements de
tout genre attribués à chacune ? N'invoquez pas
ici le secret de l'état. Il s'agit de dépenses simples ;

coutumières, annuellement renouvelées, de dépenses qui peuvent et doivent être produites au grand jour sans le moindre inconvénient pour le service public.

J'en dirai autant du fonds de 200,000 fr. établi par la loi du 15 mai 1818 pour payer un traitement d'inactivité, une espèce de demi-solde aux agents diplomatiques momentanément sans fonctions. Assurément l'emploi de ce fonds ne devrait pas, s'il était régulier, redouter le contrôle des chambres; mais on a appliqué ces 200,000 fr. à des pensions de faveur, de l'espèce de celles qui ont été accordées à un certain nombre de pairs de France.

J'ai en main le petit livre rouge des affaires étrangères. J'y trouve dès les premières lignes le nom de tel personnage qui ne peut jamais servir, qui n'a jamais servi dans la diplomatie, ni avant, ni après, ni pendant cette révolution de 25 années qui sont le siècle héroïque de la France.

Votre service supplémentaire, qui fait l'objet du chapitre 3, est porté pour 1,500,000, comme en 1820 et 1821; mais chaque année des suppléments sont alloués à ce service supplémentaire. Ainsi, pour 1820, vous nous avez pris 400,000 francs d'excédant, et il en faut à peu près autant dans le réglement des comptes de 1821. C'était, dites-vous, pour payer les frais du congrès de Troppau et de Laybach; sommes-nous en 1822 menacés aussi d'un congrès? Des charges nous seront-elles encore imposées, qui, exigées de notre soumission, et obtenues de notre faiblesse, apprendront que nous n'avons pas cessé d'être les feudataires de ces puissances que nous avons tant de fois vaincues?

Mais je ne veux pas me jeter dans les hypothèses, quelques probabilités qu'elles puissent présenter. Les événements passés et les raisonnements positifs suffisent à mon argumentation.

C'est au ministre des affaires étrangères que je m'adresse, et je lui demande : Vous grossissez tous les ans le budget, et pourtant qu'avez-vous fait pour la France, vous ou vos prédécesseurs, pendant les cinq années qui viennent de s'écouler? Quels intérêts nationaux avez-vous protégés? quelles sommes dues par des débiteurs puissants avez-vous fait rentrer dans les coffres de l'état ou des particuliers? Dans quelles contrées, par quelles combinaisons avez-vous essayé de fournir de l'aliment à cette activité si naturelle au Français, et tant exaltée par l'agitation des temps où nous avons vécu? Quels marchés avez-vous procurés à notre commerce? quels débouchés avez-vous ouverts à notre industrie?

Je ne parlerai pas de nos différends avec les États-Unis; mon honorable ami, M. Bignon, a traité cette question avec la supériorité de talent qui le distingue. Je ne puis m'empêcher cependant de dire que le préopinant a jeté une défaveur bien malheureuse sur nos négociations avec ce pays, en appelant révolte la lutte généreuse qui a délivré cette partie de l'Amérique de la domination anglaise. Ce n'est pas là le moyen de rendre à la France sa vieille dignité parmi les nations; dans le mouvement actuel de l'Europe, l'Amérique du Nord n'est pas pour nous la principale partie du Nouveau-Monde; c'est le continent de l'Amérique du Sud, le Mexique, les anciennes colonies espagnoles, qui doivent fixer notre attention. Je jette les yeux sur cette immense région, du Sud, émancipée, régénérée, rendue à elle-même; sur cette Amérique qui appelle les arts et les produits de la vieille Europe; sur cette Amérique qui, par ses habitudes espagnoles, a plus de sympathie avec nos mœurs qu'avec les mœurs anglaises. Qu'avez-vous fait pour attirer à nous l'approvisionnement de ces peuples nouveaux? Quels consulats avez-vous établis dans leurs ports? comment avez-vous répondu à leurs envoyés? quelles paroles d'alliance leur avez-vous portées?

Tout au contraire, vous vous êtes montrés plus hostiles envers eux que ne l'était leur métropole offensée. Vous avez insulté leurs chefs jusque dans vos journaux officiels; vous les avez appelés factieux et rebelles. Ignorez-vous donc que ces hommes-là sont les arbitres de notre commerce et du sort de nos commerçants dans les pays lointains? ignorez-vous que ces hommes-là marchent les premiers dans l'ordre moral qui va conquérant le monde politique? ignorez-vous que le nom de Bolivar retentira dans les siècles à l'égal du nom de Washington?

Je ne puis m'empêcher de relever le ton absolu

avec lequel le préopinant s'est exprimé relativement à Saint-Domingue. Prendrez-vous enfin un
parti à cet égard? Il serait bien temps enfin d'aborder cette question autrement que par des phrases
obscures. Reculerez-vous sans cesse devant les exigences de la nécessité et devant les principes de la
justice éternelle? Pensez-y bien! là aussi, d'autres
se sont déjà mis à notre place, et bientôt il n'en
restera plus pour nous. Votre hésitation compro-
met des intérêts pressés de jouir.

Quant à moi, je ne croirai ces intérêts fixés
qu'au jour où une main noire et une main blanche
signeront ensemble un traité d'oubli pour le passé
et d'union pour l'avenir. Par ce traité, vous assure-
riez d'inappréciables avantages à notre commerce,
et par suite quelques dédommagements aux victimes des calamités coloniales.

Avez-vous compris dans le budget cette ambassade au Brésil, dont on nous a souvent parlé? En
supporterons-nous encore la dépense, aujourd'hui
que le roi du Brésil est revenu dans Lisbonne af-
franchie? Au reste, l'ambassade n'a jamais été remplie, et elle n'est pas la seule dont le titulaire n'est
pas présent à son poste. C'était ainsi dernièrement
avec presque tous nos agents diplomatiques du
premier ordre près des principales cours de l'Europe. Au moment même où je vous parle, nous
n'en avons pas à Londres. Je vous le demande,
messieurs, est-ce pour faire des articles dans les
journaux de Paris que notre ambassadeur en An-

gleterre reçoit 300,000 francs de traitement en outre des frais de premier établissement?

Croyez-vous qu'elle ait passé inaperçue, cette lacune de notre haute diplomatie pendant l'année 1821, au moment où l'Europe s'ébranlait, prête à courir aux armes. Elle a été vivement sentie sur les lieux qui bientôt seront transformés en champ de bataille. Les Ottomans, menacés dans leur existence politique, ont cherché en vain à Péra le représentant de leur plus vieil allié; ils ne l'ont pas trouvé. Les Grecs, repoussés par les Anglais, n'ont pu invoquer pour leurs fils égorgés, pour leurs églises démolies, l'intervention de l'ambassadeur du roi très-chrétien. Ils l'ont cherché, et ne l'ont pas trouvé.

Aussi, voyez comme la réputation de la France a déchu dans ces parages. Lisez, pour vous en convaincre, l'humble note remise à la Porte, le 16 août 1821, par M. de Viella, secrétaire de notre ambassade à Constantinople. Quelle timidité dans le fond! quelle timidité dans la forme! Relisez ensuite la réponse faite par le divan, le 2 décembre suivant, à l'*ultimatum* de l'empereur Alexandre. Le nom de la France n'y est pas même prononcé; l'Angleterre, la Russie, l'Autriche y figurent seules; la France est dans l'Europe comme si elle n'y était pas. Jugez donc pour combien elle sera comptée dans l'issue du grand drame qui changera la face de l'Europe.

Mais comment conserverions-nous une influence,

un nom en Turquie, nous qui avons permis à l'Autriche d'envahir et d'occuper, contre le droit des
nations, les territoires de nos voisins et de nos alliés naturels, le Piémont et les Deux-Siciles ? J'ai
entendu dire à cette tribune qu'il était impossible
que la France prît un parti dans cette grande querelle, parce que de cette tribune partaient des
avis aux soldats, tantôt sur le mérite de la cause,
tantôt contre les intérêts qu'ils devaient attaquer.
Mais les Anglais ont aussi une tribune, et tous
les jours on attaque à cette même tribune les motifs des guerres entreprises, on attaque les intentions du ministère; est-ce que cela empêche les
soldats, dans l'occasion, de faire leur devoir? Ainsi,
dans la guerre d'Amérique, quoique l'opposition
anglaise eût répété chaque jour que c'était une
guerre barbare, impie, est-ce que les soldats anglais, en Amérique, ont été pour cela ébranlés sur
le champ de bataille ?

Vous avez un gouvernement représentatif,
vous devez en subir les conséquences. Je crois
que le gouvernement représentatif rend impos-
sibles les grandes conquêtes, c'est là un de ses
principaux mérites, et c'est pour cela que nous
devons nous y attacher davantage; mais ce gouvernement force le ministère à se tenir dans une
ligne convenable, il fait sentir aux ministres qu'ils
sont les agents du pouvoir d'un grand peuple; est-
ce la ligne qui a été suivie par le ministère à l'égard
de l'Italie? On nous disait à la session dernière

que nous étions étrangers aux délibérations des congrès, et depuis ce temps-là nous avons vu le duc de Blacas et nos officiers de marine associés au baron Frimont et aux autres officiers autrichiens dans la distribution des faveurs accordées par le roi de Naples. On les a récompensés ensemble, comme s'ils avaient combattu pour la même cause.

Tout-à-l'heure l'on nous disait que, dans ces grands événements, la France n'avait même pas pu prendre le parti des Autrichiens, parce que des avis seraient partis de cette tribune pour détourner nos soldats de marcher en Italie ; comme si, tous les jours, on n'attaquait pas les ministres anglais, sans que pour cela l'armée anglaise se refusât à faire son devoir ! comme si, dans la guerre d'Amérique, l'opposition parlementaire, en taxant cette guerre d'injustice et de cruauté, avait empêché les troupes britanniques de combattre sous leurs drapeaux !

Vous avez un gouvernement représentatif, pour forcer les ministres à user de leur pouvoir dans l'intérêt de la justice. Quand ils s'écartent de cette règle, ils perdent toute leur force et toute considération.

Voyez ce que sont devenus les sentiments de prédilection auxquels la France était accoutumée de la part des Italiens, depuis notre communauté de gloire et de malheurs. Nos ministres ont encouru la haine, et, ce qui est pis encore, le mépris. Oui, messieurs, le mépris : un gouvernement est méprisable quand il ne sait faire ni le bien ni le mal pour son compte ; et, en effet, comment avons nous apparu dans ce grand débat politique? comme des ennemis à la suite, comme des auxiliaires honteux et craintifs des puissances de la sainte-alliance.

Cette déconsidération jetée sur le gouvernement français, en Italie, croyez-vous qu'elle n'aura pas des conséquences nuisibles à nos intérêts. Je ne veux qu'un seul fait pour prouver le contraire. Le souverain pontife est accablé d'années et de fatigues apostoliques. On dit tout haut à Rome et à Vienne que s'il venait à mourir, ce serait un prince autrichien, l'archiduc Rodolphe, archevêque d'Olmutz, qui serait élevé au trône pontifical.

Assurément un pareil événement ne serait pas indifférent pour nous, dans un moment surtout où notre clergé se livre sans contrôle, et même avec encouragement, à l'exagération des doctrines ultramontaines. Ce serait une grande victoire pour la maison d'Autriche que d'avoir un levier de plus pour remuer la France. Eh bien ! on nous a fait si petits en Italie, et les Autrichiens y sont devenus si grands, que nous n'empêcherions pas le conclave de mettre un archiduc d'Autriche à la tête de l'Église catholique.

Mais des intérêts plus actifs et plus rapprochés doivent fixer notre plus sérieuse attention. L'Espagne dit que notre gouvernement recueille ses émigrés ; que les lazarets, établis aux Pyrénées Occidentales, ne servent qu'à faciliter la communication des factieux espagnols avec leurs complices en

France; que les bandes de Navarre, qui s'intitulent armée de la foi, reçoivent leur solde des mains des banquiers français.

Les journaux de Madrid, celui-là même qui par sa modération doit être regardé comme le journal officiel du gouvernement, cite des faits, dit les sommes payées, les noms de ceux qui les ont reçues, le nom du banquier qui les a versées. Le rapport officiel du ministre Martinez de la Rosa confirme les assertions des journalistes plutôt qu'il ne les dément. Cependant, de ce côté des Pyrénées, les organes du parti dominateur, dans les feuilles ministérielles, et même à cette tribune, ne parlent que de calamités prêtes à fondre sur l'Espagne; ils vous montrent à l'avance le roi Ferdinand égorgé par des révoltés.

Ce sont là, messieurs, des prévisions bien inconsidérées, je dirai même coupables. Ne savent-ils donc pas, ceux qui s'y livrent avec complaisance, que rien ne familiarise avec un crime à commettre comme d'en annoncer sans cesse la probabilité? Eh quoi! les factions spéculeraient-elles encore sur des événements atroces pour les faire tourner à leur profit? Aurait-on calculé, par analogie avec ce qui s'est passé en 1820, que l'assassinat d'un roi, que ce qui doit faire frémir tout homme d'honneur, serait un prétexte excellent pour nous enlever le peu de liberté qui nous reste, pour donner aux électeurs du privilége un triple, un quadruple vote, pour achever l'exclusion des électeurs de la charte, et pour briser cette tribune

consolatrice des opprimés et vengeresse des droits
du peuple?

Non, les sinistres prédictions des ennemis de
la liberté ne s'accompliront pas. La monarchie
constitutionnelle s'établira, se consolidera en Espagne par le patriotisme inaltérable de la nation
et par le concours des hommes éclairés, toujours modérés quand ils n'ont pas d'ennemis à
combattre. Les gouvernements sentiront qu'ils ne
sont forts et durables qu'autant qu'ils expriment
la volonté générale, et que leur intérêt comme
leur devoir leur commande de faire cause commune avec les peuples.

Nulle part en Europe le pouvoir monarchique,
considéré en lui-même et isolément, n'est l'objet
d'aucune prévention défavorable; et pour lui attribuer respect, amour, fidélité, les peuples ne demandent que de lui voir rompre tout pacte avec
l'aristocratie.

Il m'est démontré, messieurs, que la France,
puissante par sa masse et par ses souvenirs, ne
peut être que déconsidérée et amoindrie par la direction donnée à nos relations extérieures. Il m'est
démontré que nous aurions tout à gagner, quant à
présent, à nous passer d'un ministère des affaires
étrangères, et à n'entretenir au-dehors que de
simples consuls pour la protection des intérêts
commerciaux.

Toutefois on ne peut ni défaire ni suspendre un
établissement considérable qui a des charges à
remplir et qui retrouvera son utilité entière dans

des temps plus heureux. Je me borne à demander
que le budget de ce ministère soit rapproché des
fixations de 1819, et partant qu'il soit diminué de
406,500 francs.

Cette proposition fut rejetée.

MINISTÈRE DE L'INTÉRIEUR.

SÉANCE DU 27 MARS 1822.

SUR LES ACADÉMIES.

Il faut enfin que la chambre des députés ait des
idées fixes sur le régime de l'université; il faut
qu'elle sache si l'université est seulement un des
moyens de l'instruction publique en France, ou si
c'est le seul moyen; s'il est loisible à tous d'élever
des écoles, ou s'il ne peut y avoir d'écoles que celles
reconnues par le gouvernement. Le premier système, celui de la concurrence, a de nombreux
partisans, et devrait peut-être être préféré à une
époque où le perfectionnement de la civilisation,
l'accroissement des richesses, fait naître à chaque
instant et partout de nouveaux besoins intellec-
tuels; mais enfin ce système n'est pas celui de la loi.

La loi a voulu qu'un seul établissement exerçât
le monopole de l'instruction, elle l'a voulu; je
n'examinerai pas si c'est à bien ou à mal, à tort
ou à raison. Elle a voulu que tous les établissements de cette nature fussent sous la surveil-

lance de l'université; elle a voulu que tous les établissements extérieurs lui payassent une rétribu-
tion; ainsi elle lui a donné le droit d'exercer le
monopole de l'instruction, et tout ce qui échappe
à ce monopole, même en vertu de ce monopole,
est fait illégalement.

Eh bien! une grande partie de ces établissements
échappent à ce monopole, et lui échappent en vertu
de deux actes illégaux et inconstitutionnels. Le premier résulte de l'ordonnance qui autorise certaines
maisons sous le titre de *colléges de plein exercice.*
Ces établissements sont évidemment contraires aux
principes de monopole, et ce principe étant admis,
l'ordonnance est illégale.

L'autre dérogation au principe général du monopole est encore plus considérable. Elle affecte
la société d'une manière bien plus pénétrante, et
aura des suites plus immédiates et plus remarquées
en multipliant à l'excès les petits séminaires.

Si ces établissements ne devaient servir qu'à l'entretien du clergé, qu'au remplacement des ecclésiastiques, je dirais que, le culte catholique faisant partie de notre législation, il faudrait bien
user de ce moyen pour le perpétuer, s'il n'y en
avait pas d'autre; mais les petits séminaires sont
destinés à toute autre chose qu'à fournir aux besoins du culte; cela est si vrai que, sur vingt élèves,
il n'en est pas un qui entre dans le clergé.

Une voix à droite : Voulez-vous les forcer à se faire prêtres?

Vous ne me verrez jamais proposer de forcer qui

que ce soit à se faire prêtre ; mais vous voyez qu'à
côté de vos écoles légales, nationales, il y a des
écoles qui ne sont pas légales, et qui ne sont pas
nationales. Il est de fait que les petits séminaires
reçoivent quinze mille élèves tirés de deux classes ;
les uns, et c'est le très-petit nombre, de la classe
tout en-haut ; tout le reste de la classe tout en-bas,
reçoit une instruction gratuite. Est-ce bien là le
but de la législation ?

Il est dans les intentions de la loi d'offrir à tous
une instruction primaire, mais de ne donner une
instruction supérieure qu'à ceux qui sont appelés
à pouvoir en user dans le cours de leur vie.

Une voix : C'est de l'aristocratie.

J'entends dire que c'est de l'aristocratie ; je vais
répondre en deux mots. Le mouvement général de
la société dirige tous les hommes vers une amélioration physique et morale ; et grace à notre excellente révolution, qui n'est que l'amélioration complète de tout en France ; grace à la révolution, le
nombre d'hommes qui peuvent consacrer leur
temps aux travaux industriels qui font le charme
de la vie, augmente tous les jours.

Nous voyons le nombre des élèves s'accroître
dans les écoles et les pensionnats, et je dois dire
que quelques chefs de l'université (ce n'est assurément pas celui qui m'a précédé à cette tribune)[1],
s'effraient de cet accroissement. Je dois dire que des

---

[1] M. Cuvier.

hommes qui ne sont pas de ce siècle, qui ne sont pas même de cette nation, ou du moins qui, pendant leur séjour hors de la France, s'y sont fait des idées tout-à-fait étrangères, frémissaient à l'aspect du grand nombre d'hommes qui avec leurs moyens personnels vont chercher dans les études une vie meilleure. Je serais désespéré que l'on pût croire que ce que j'ai dit tout-à-l'heure rentrât dans une opinion de cette nature.

J'ai dit seulement que les petits séminaires qui sont rétribués, je ne sais comment, donnent une instruction gratuite et élevée à une portion de la jeunesse qui n'était pas destinée à la recevoir; que cette instruction donnée dans des établissements qui ne sont pas nationaux, par opposition aux établissements nationaux, tend à diviser la France en deux jeunesses, si les intérêts de l'immense majorité, si les passions de l'immense majorité, ne devaient pas absorber inévitablement ces petites résistances d'un jour.

En principe général, si vous voulez conserver l'établissement de l'université, conservez-le complet avec toutes ses attributions, et forcez les ministres du roi à rapporter soit les ordonnances qui créent des collèges de plein exercice assimilés aux collèges royaux, soit celles qui érigent des petits séminaires au-delà des besoins du clergé; si, au contraire, vous ne voulez plus du monopole, ouvrez la carrière à tout le monde, permettez à chacun d'élever des établissements d'après le système qui lui conviendra. C'est un système tout comme un

autre. Il est pratiqué dans d'autres pays; il est peut-
être plus conforme à l'esprit du siècle; alors toutes
les portions de la société trouveront une instruction en harmonie avec leurs vues ultérieures, et
cela est peut-être dans l'intérêt de la société.

J'ai été fort étonné d'entendre un membre de
l'université, et surtout un habitant du jardin des
Plantes, s'élever à cette tribune contre la jeunesse...

M. Cuvier se lève et interpelle l'orateur.

C'est s'élever contre elle que de lui supposer une
opinion qu'elle n'a pas, et qu'elle désavoue. La jeunesse est dévouée à l'étude, elle est dévouée au
gouvernement du pays, tel qu'il est défini par la
charte.

A droite : Au roi! au roi!

M. le général Foy : A la monarchie constitutionnelle!

A droite : Au roi! au roi!

M. le général Foy, d'une voix plus forte : A la
monarchie constitutionnelle!

A droite : Au roi! au roi!

Je dis à la monarchie constitutionnelle, parce
que l'amour de la monarchie constitutionnelle est
la haine de la monarchie absolue. Et comment voulez-vous qu'il en soit autrement? Comment voulez-
vous que cette jeunesse livrée à l'étude, et qui y
puise chaque jour des idées d'ordre, de justice et
de désintéressement, ne soit pas opposée à un système qui remplace l'ordre par l'anarchie, par un

système qui convient à la monarchie absolue, la pire de toutes les anarchies? Et ce sont ces jeunes gens inoffensifs, sortant de leurs cours, qui ont été chargés par les gendarmes! J'en appelle à M. Cuvier, et je l'invite à me contredire, s'il le peut.

MINISTÈRE DE LA GUERRE.

SÉANCE DU 28 MARS 1822.

Le ministre actuel de la guerre, vous a-t-on dit, est une garantie vivante pour l'armée. Je sais que c'est dans les rangs de la vieille armée qu'il a commencé sa carrière, que c'est à la révolution qu'il doit son rang et son grade, et comme je ne doute pas qu'il n'ait le sentiment de sa dignité personnelle, je pense qu'il n'oubliera jamais les vieux services de ces soldats qui ont signalé d'une manière si glorieuse la France des vingt-cinq dernières années.

Mais ces garanties sont loin de suffire; les véritables garanties sont dans l'exécution des bonnes lois, pourquoi se refuse-t-on à celle du recrutement?

Le préopinant (le général Lafont) vous a dit que la loi de recrutement recevait sa pleine et entière exécution. Si lui seul l'avait dit, je n'aurais pas de réponse à faire, car il n'est pas en position de savoir si cette loi est réellement exécutée. Il faudrait, pour cela, saisir l'ensemble de la machine, connaître les ressorts de l'administration. S'il a parlé ici comme ayant mission de le dire, à la bonne heure; mais s'il a parlé comme député, il n'a pu s'assurer de l'exécution de la loi. Mais M. le commissaire du roi nous a assuré que la loi était exécutée ; il a présenté, à l'appui de son assertion, le tableau des promotions des sous-lieutenants qui ont eu lieu dans l'armée depuis trois ans.

Je n'ai pas moyen de contester l'exactitude de ce calcul présenté par M. le commissaire du roi; mais je dis, et je le sais, je dis que, parmi les sous-officiers, ce ne sont pas les vieux serviteurs que l'on a choisis pour les porter aux sous-lieutenances vacantes.

(Interruption.)

Je vous répète que je le sais.

On a donné la préférence à de très-jeunes gens, appartenant presque tous à des classes privilégiées,

A droite : Il n'y en a pas,

à celles qui l'étaient, et qui, placés sous la tutelle d'un colonel ou d'un officier supérieur, deviennent rapidement sous-officiers, et ensuite sous-lieutenants.

Il ne suffit pas, pour la véritable exécution de la loi de l'avancement, que les sous-officiers deviennent sous-lieutenants à leur tour ; mais il faut encore que l'état de sous-officier soit stable, ainsi que le veut la loi; car, s'il en est autrement, il arrivera que de vieux serviteurs, parvenus par leurs années de service au grade de sous-officiers, pourront être, à la discrétion d'un colonel, cassés, pour mettre à leur place quelques privilégiés qui se trouvent ainsi en mesure pour être promus aux sous-lieutenances vacantes.

Je n'en ai pas la preuve, aussi je ne l'affirme pas positivement. Au surplus, le maréchal Gouvion-Saint-Cyr avait prévu la possibilité de pareils abus, et il avait soumis la destitution des sous-officiers à des formes assez compliquées et assez scrupuleuses.

Il avait voulu que les colonels ne pussent que suspendre les sous-officiers, et que les inspecteurs-généraux jugeassent le fait qui avait motivé la suspension ; le réglement du 13 mai 1818 l'avait ainsi réglé. Le général-inspecteur prenait l'avis du général commandant la division, il entendait le capitaine ou l'officier qui avait encouru la suspension, et prononçait ensuite. C'était une garantie que cette ordonnance assurait aux sous-officiers.

Il y a eu beaucoup de réclamations contre l'ordonnance du 13 mai ; elles sont venues en général des chefs de corps qui, accoutumés à exercer sous le régime précédent une grande puissance sur les sous-officiers en raison de l'état de guerre qui existait alors, se sont accommodés difficilement de la modification qu'apportait le régime constitutionnel au droit qu'ils croyaient avoir de les casser. Le ministre de la guerre, prédécesseur de celui-ci, a décidé qu'à l'avenir on n'attendrait plus la revue des inspecteurs-généraux, que les sous-officiers pourraient être cassés par leur colonel, sauf la ratification du général commandant la division. Or, le général est à dix, vingt lieues du régiment, et ne peut connaître les sous-officiers, il ne se mêle pas des détails du régiment. On a donc ôté par le fait une garantie très-grande aux sous-officiers, on les a mis dans la position de se voir fermer arbitrairement leur carrière au moment où elle ne fait que s'ouvrir.

D'ailleurs, les raisonnements sont inutiles. Les sous-officiers sont-ils ou non contents? Non, messieurs, puisqu'ils ne se rengagent pas; leur temps expiré, ils quittent leur service comme les simples soldats. Le retour de ces derniers à la vie civile n'a pas d'inconvénients, il ne faut pas y mettre obstacle; il faut même l'encourager, parce que cette rotation peut servir à rendre l'armée plus nationale, et la nation plus militaire.

Mais il n'en est pas de même de la retraite des sous-officiers. Ce sont des officiers en miniature, ils commencent la hiérarchie des grades; la carrière devrait s'ouvrir devant eux; et, s'il n'y en a pas un sur vingt qui veuille la poursuivre, c'est qu'ils sont mécontents, c'est qu'ils sont arrêtés par une barrière à la manière de l'ancien régime, qui les sépare à jamais des degrés de l'avancement réservé à la faveur; c'est qu'ils se voient impuissants pour les surmonter, et que c'est une des causes principales de la tiédeur avec laquelle ils se livrent à la profession des armes. Il y a d'ailleurs une autre raison bien plus essentielle; la loi du 10 mars 1818 prend le militaire à son entrée au service, et le conduit jusqu'au grade le plus élevé. Alors même que cette loi ne serait pas violée pour les sous-officiers, et qu'ils seraient parvenus au grade d'officier, ils n'en seraient pas moins exposés à l'arbitraire qui s'exerce également sur ceux-ci. Ne voient-ils pas clairement qu'ils sont arrêtés dans leur carrière, qu'ils ne peuvent pas compter sur la protection de la loi ? L'arbitraire est dans les grades supérieurs ; car c'est bien l'arbitraire, que la mesure désastreuse par laquelle M. le marquis de Latour-Maubourg a renvoyé en prétendus congés illimités plus de deux mille officiers de l'armée, appartenant presque tous à la classe des sous-officiers. Croyez-vous que les sous-officiers ne le sachent pas ? et que pensez-vous qu'ils doivent en conclure ? Croyez-vous que le sous-officier ne se dit pas à lui-même : quand je serai devenu sous-officier, on me chassera de la même manière ? Est-ce qu'il n'a pas cet avenir devant les yeux ? Est-ce que l'arbitraire ne mène pas à des considérations de cette nature ? Il y avait en 1818 et en 1819 ordre et tendance au bien dans toutes les parties du service militaire ; quand le désordre est-il venu ? C'est avec l'arbitraire. On cite tous les jours dans les journaux des faits dont je ne puis apprécier la vérité ; on parle de révoltes, d'insurrections ; on cite, par exemple, le général Berton, qui a armé des paysans, et qui a marché contre l'autorité légale. Ce général, savez-vous comment on l'avait traité ? Cela sans doute ne le justifie pas, mais donne des leçons au pouvoir. En 1814 et 1815 sa position ne différait aucunement de celle de tous les autres officiers-généraux de l'armée; il n'y avait rien de particulier sur son compte, j'en appelle au ministre lui-même. Eh bien! messieurs, en 1815, on le fit rester un an en prison, et, depuis, il a été arrêté périodiquement tous les six mois; enfin on lui avait ôté sa solde; certainement il n'avait pas mérité un traitement semblable. Je n'approuve assurément pas le parti auquel ces vexations arbitraires l'ont poussé; j'ai seulement voulu vous faire voir que ce qui est illégal est toujours dangereux, et qu'en semant l'arbitraire, on s'expose à recueillir la révolte.

Le préopinant vous a dit qu'il avait suivi les drapeaux du grand capitaine. Quant à moi, je n'ai jamais suivi, l'armée n'a jamais suivi que ceux de mon pays. Aussi l'armée, comme la France, n'a pas besoin de grace; l'armée, comme la France, n'a besoin de la clémence de personne. Ne parlez jamais d'amnistie aux armées nationales ni aux peuples; l'amnistie n'est que pour ceux qui ont combattu sous les drapeaux étrangers contre leur patrie.

SUR LA GENDARMERIE.

SÉANCE DU 29 MARS 1822.

La réduction que je propose sur la gendarmerie a pour objet de replacer cette arme dans la même position où elle était en 1820. Il n'a pas été possible à cette époque, nous disent MM. les commissaires du roi, de la porter à un effectif plus considérable. La raison en est simple ; c'est que la nouvelle loi exigeait, pour entrer dans ce corps, des qualités plus difficiles à remplir. Ainsi, puisque la loi est si sévère, puisque le service de la gendarmerie touche de si près aux intérêts de la société, au respect pour l'ordre civil, vous ne pouvez pas voter l'allocation demandée, sans traiter de la moralité et de la légalité de ce service, au moment où vous allouez les sommes nécessaires pour l'accomplir.

On a dit que l'obéissance dans l'armée devait être passive...

(Interruption.)

Oui, cette obéissance doit être passive lorsqu'elle a lieu en vertu de la loi.

Que veut la loi ? Elle veut que l'armée, lorsqu'elle combat les étrangers, obéisse entièrement à ses chefs ; elle veut que l'armée, lorsqu'elle est employée dans l'intérieur au rétablissement de la paix publique, obéisse aussi à ses chefs, mais sous cette condition.

Une foule de voix : Point de *mais*, point de condition !

Oui, messieurs, il y a un *mais*, et il est dans la loi.

Cette condition, c'est que l'autorité civile sera là pour autoriser l'emploi de la force armée. Et, s'il en était autrement, où en serions-nous ? S'il plaisait aujourd'hui à un chef de dire à ses soldats: « Marchons aux Tuileries, et assiégeons le palais du roi, » ne serait-il pas, je le demande, du devoir des soldats et de leurs officiers de dire à leur chef: « Vous êtes un rebelle, nous ne vous suivrons pas ? » Cependant, messieurs, d'après vos principes d'obéissance passive, les soldats devraient marcher contre les Tuileries, si leur chef leur en donnait l'ordre. Ne serait-ce pas le devoir de chaque sous-officier, de chaque soldat de répondre : Vous êtes un rebelle, nous ne vous suivrons pas ? » Reconnaissez donc qu'ici l'obéissance ne peut être passive.

L'obéissance de l'armée doit être entière, absolue, lorsqu'elle a le dos tourné à l'intérieur et le visage tourné vers l'ennemi ; mais elle ne doit plus être que conditionnelle, lorsque le soldat a le visage tourné vers ses concitoyens.

La loi dans laquelle ces principes sont posés est la loi du 28 germinal an VI, sur l'organisation de la gendarmerie. Cette loi porte : « qu'en cas d'é-« meute populaire, la force armée ne peut être « employée qu'en vertu d'un arrêté de l'autorité « civile, et en présence d'un fonctionnaire civil. »

Oui, messieurs, c'est la loi qui le veut ainsi, et cette même loi ajoute « que le fonctionnaire civil « prononcera à haute voix ces paroles sacramen-« telles : *Obéissance à la loi: on va faire usage de la* « *force ; que les bons citoyens se retirent ;* que si, *après* « *cette sommation répétée trois fois,* la résistance

« continue, alors seulement la force des armes est
« déployée sans aucune responsabilité des événe-
« ments. »

L'ordonnance royale de 1820 a rappelé toutes
les dispositions de la loi de l'an VI, à l'exception
de celle-là seulement dont nous invoquons la garantie, c'est-à-dire que l'ordonnance a supprimé
précisément la disposition que la charte aurait dû
faire introduire, si elle n'avait pas déjà existé.

Un estimable orateur, M. Ternaux, disait hier
que, dans l'état actuel de la société, la force morale
devait dominer la force physique. Nous arriverons
à cette force morale en faisant de bonnes lois, qui
soient le développement de la charte, en maintenant
les principes de la liberté, qui sont utiles à tous;
mais nous nous en éloignerons en nous vouant aux
intérêts de l'aristocratie.

Dans la même séance, le général Foy prit la parole, et s'exprima en ces termes :

La commission a sans doute une connaissance
très-approfondie du budget, mais elle est bien
avare dans son rapport; la guerre et la marine
embrassent les deux tiers des dépenses qu'on veut
modérer ou augmenter, et cependant, sur ces deux
parties importantes du budget, la commission ne
nous apprend rien, absolument rien. La confiance
qu'elle vous inspire est probablement très-bien justifiée par des circonstances particulières; mais je
ne sais trop comment elle serait justifiée aux yeux
de la nation : je ne vois rien, en effet, qui garan-

tisse que les intérêts des contribuables sont respectés, et que nos devoirs de francs et loyaux députés sont remplis.

Nos devoirs, à nous qui ne voyons que les libertés publiques, que l'intérêt des contribuables; à nous qui ne puisons pas au trésor public..... notre devoir, à nous qui ne demandons pas, pour prix de nos discours ou de notre silence, de l'argent ou des places, notre devoir est de dire ce que nous croyons utile dans l'intérêt du pays; notre devoir est de dire les économies qui peuvent être faites; notre devoir est de les motiver de manière que si la raison ne peut pas diriger les votes de cette chambre, notre justification au moins soit complète aux yeux de la nation. La nation sait quels sont ses amis.

M. Marcellus : Les amis de la nation sont les amis du roi !

La nation sait quels sont ses amis désintéressés.

Plusieurs membres du côté droit interpellent l'orateur.

La nation nous rendra justice. Les injures dont nous sommes l'objet nous grandissent à ses yeux.

Dans la même séance, le général Foy monta de nouveau à la tribune, après le général Donnadieu.

Vous me permettrez de répondre à des faits personnels; on a dit que je m'étais permis plusieurs assertions inexactes, et on l'a dit à tort; ce qui le prouve, c'est que jamais on ne me répond.

8.

Sont-ils de ce côté (en montrant le côté droit) ceux qui étudient le budget article par article, et qui viennent remplir leur devoir envers les contribuables ? Sont-ils de ce côté ceux qui consacrent leur temps et leurs veilles à trouver le moyen de réduire les dépenses? Je vous demande qui de vous ou de nous remplit mieux son devoir ? de nous qui discutons minutieusement chaque article du budget, ou de vous qui demandez sans cesse la clôture! Il en est parmi vous qui, si on leur demandait quel est l'article sur lequel ils votent, ne sauraient pas y répondre.

Je réponds aux faits que l'on m'a reprochés. Ce n'est pas moi qui ai dit que l'on n'accordait pas aux sous-officiers les places d'officiers auxquelles ils avaient droit. Je n'étais pas même dans la chambre lorsque cela a été avancé par M. le général Sébastiani.

On a répondu à M. Sébastiani que les sous-officiers avaient obtenu la moitié des nominations; plus si vous voulez. Je n'ai rien dit dans ce moment-là ; mais, répondant à M. Lafont, j'ai dit que je croyais que les sous-officiers avaient eu la part qui leur revenait ; mais qu'on ne les accordait pas toutes aux vrais sous-officiers, à ceux qui avaient vieilli sous la giberne. Je n'ai pas dit qu'on fît cette injustice pour tous, ni pour la moitié, ni pour un tiers même; mais j'ai dit que plusieurs officiers avaient été pris parmi des jeunes gens, et non parmi les anciens, c'est-à-dire parmi les soldats de l'ancienne armée.

J'ai ajouté que les vieux sous-officiers, ceux qui avaient 10, 12, 15 ans de service, voyant que les jeunes gens avaient l'avantage sur eux quelquefois, n'ayant plus qu'un petit nombre de places, se décourageaient, étaient généralement mécontents, et que c'était la cause pour laquelle il n'y avait pas de réengagements.

Le préopinant a cité ce que j'avais répondu à M. Cuvier. Je n'ai pas dit que M. Cuvier avait outragé la jeunesse française. J'ai dit que M. Cuvier s'était élevé contre la jeunesse française; à coup sûr ce n'est pas la même chose; il y a entre ces deux expressions une grande différence, et je crois qu'il eût été inconvenant de dire à M. Cuvier, qui est à la tête de l'instruction publique, qu'il outrageait la jeunesse française; au lieu que j'ai pu lui dire qu'il s'était élevé contre cette jeunesse, parce qu'il peut être de son devoir et de son métier de s'élever contre elle dans certains cas.

J'ai dit qu'il s'était élevé contre elle, en lui supposant des principes et des intentions qu'elle n'a pas, parce qu'il ne l'avait pas protégée lorsqu'elle avait été la victime d'une mesure arbitraire, d'un abus de la force dans le Jardin des Plantes. M. Cuvier lui-même a été forcé de reconnaître que ce que j'avais dit était vrai; il a appelé la mesure dont je me plaignais une fâcheuse méprise. A-t-on puni ceux qui en étaient coupables?

SUR LA CHAMBRE DES PAIRS.

Un membre proposait la réduction d'un million sur l'allocation demandée pour la chambre des pairs.

J'ai entendu avec surprise la doctrine énoncée par le préopinant[1], sur des lettres patentes qu'il regarde comme étant le titre constitutif et indispensable de la dignité de Pair. La charte, ou à son défaut la loi, est seule compétente pour établir la régularité et la légalité de ce titre. Eh bien! la charte reconnaît l'émanation de la volonté royale, partout où cette volonté est constatée par la signature du roi, et où l'intérêt public est garanti par la signature d'un ministre responsable. Ainsi, le citoyen nommé par le roi pair de France, et qui a, non pas des lettres patentes, mais un titre quelconque signé par le roi, et contre-signé par un ministre responsable, celui-là est pair du royaume. Il l'est, sans que cette qualité puisse aucunement être atténuée. Il est pair de France à ses propres yeux; il l'est aux yeux du roi qui l'a nommé. Toutefois, l'acte n'ayant pas été rendu public (et c'est un grand malheur que tous les actes royaux ne soient pas immédiatement publiés, car il peut en résulter des altérations condamnables), il a pu arriver que les députés nommés pairs de France, ayant la conscience qu'ils étaient

[1] M. Dudon.

pairs de France, aient pris part, dans cette chambre, au vote qui a renversé la loi constitutionnelle, la loi nationale, la loi fondamentale des élections. Je dis que notre délibération en a été invalidée, car ces hommes étaient pairs de France, ils l'étaient devant leur propre conscience; ils l'étaient devant la volonté du roi; et si sa majesté appelait en ce moment de nouveaux pairs dans la chambre héréditaire, il n'y a pas de doute qu'eux y entreraient les premiers par la volonté royale; et cette volonté royale ne ferait alors que se répéter; elle ne ferait que dire et signer ce qu'elle a dit et signé il y a deux ans.

J'arrive maintenant au retranchement proposé sur l'allocation de 2 millions qu'on nous demande pour la chambre des pairs. Je reconnais, avec le préopinant, que l'acte relatif à la dotation de l'ancien sénat est un acte de toute-puissance; je reconnais que ce n'est pas une simple ordonnance, comme celles qui sont rendues selon la charte, puisqu'elle a été rendue le même jour que la charte. Mais cette ordonnance, que j'appellerai constituante ou constitutive, n'a rien voulu faire pour la chambre des pairs; elle a ignoré qu'il dût y avoir une chambre des pairs. Ce qu'elle a fait, elle l'a fait, elle l'a voulu faire pour l'ancien sénat. Elle dit : *la dotation actuelle du sénat et des sénatoreries est réunie au domaine de la couronne;* mais elle ajoute ensuite que les sénateurs ont un droit positif à un revenu viager de 36,000 francs. Ce droit ne peut être anéanti, ni par leur conduite antérieure, ni par leur conduite postérieure. Il leur a été donné par le roi en vertu d'un pouvoir absolu ; aujourd'hui, le roi n'y pourrait déroger ; les 36,000 francs sont acquis aux anciens sénateurs. Ils ne les doivent pas à vos allocations annuelles ; ils les doivent à un acte immuable auquel personne ne peut rien changer, et dès-lors ces sénateurs ont le droit de se plaindre, car, au lieu de 36,000 fr., on les a réduits à 24,000 fr., on a violé, à leur égard, l'ordonnance constitutive.

On veut tirer un grand avantage de ce que, dans l'art. 1er de l'ordonnance du 4 juin 1814, il est dit : *La dotation actuelle du sénat est réunie au domaine de la couronne.* Remarquez, messieurs, qu'alors le régime constitutionnel n'était pas établi ; remarquez que, peu de temps après, est intervenue une loi qui a réglé le domaine de la couronne et la dotation de la liste civile. Cette loi est du 8 novembre 1814 ; elle fait la nomenclature des maisons, domaines, et autres objets composant la liste civile, objets au nombre desquels n'est pas comprise la dotation de l'ancien sénat. Vient ensuite l'art. 6, conçu en ces termes :

« Tous les domaines et revenus non compris dans « les articles précédents font partie du domaine de « l'état, sans déroger toutefois à l'ordonnance du « 4 juin, concernant la dotation du sénat et des sé- « natoreries, et l'affectation des fonds provenant de « cette dotation et leur administration, sauf à pour- « voir par une loi aux dispositions ultérieures que « pourrait exiger l'exécution de cette ordonnance. »

Ainsi la question est nette. D'une part le domaine de la couronne est formé par une loi, et la dotation du sénat n'en fait pas partie. D'une autre part, le domaine de l'état est déterminé par d'autres lois, et la dotation du sénat n'y est pas réunie. Où se trouve-t-elle donc placée?..... Entre ces deux domaines, comprise encore si on veut dans l'indication nominale du premier, mais tout-à-fait distincte et soumise à une destination spéciale; et, comme le législateur a prévu que cette dotation subirait naturellement des altérations, soit par la mort des sénateurs, soit par l'achèvement du Luxembourg, il a dit qu'une loi ultérieure pourvoirait aux arrangements qui pourraient être nécessités. Voilà donc pour le sénat l'état de la question.

Venons maintenant à la chambre des pairs, qui n'a rien à démêler avec le sénat. Cette chambre des pairs, ni la charte, ni aucune loi ne s'est occupée de lui faire une dotation; le mot *dotation* de la chambre des pairs n'appartient pas à notre langage constitutionnel. Ainsi on a dû subvenir aux dépenses nécessaires pour cette chambre par les allocations annuelles du budget, comme on subvient aux dépenses de la chambre des députés.

Lors de la reddition des derniers comptes, j'ai présenté des observations sur l'emploi des deux millions; ils étaient dépensés, il était dès-lors à peu près inutile d'insister; mais aujourd'hui, qu'on nous demande encore pareille somme, nous devons faire deux questions. La première : entre les mains de qui iront les fonds? La seconde, quel emploi auront-ils ? Sur la première question, M. le ministre des finances a été tout-à-fait dans l'erreur, quand il a dit que c'était entre les mains du grand référendaire. Le grand référendaire reçoit cinq cent mille francs pour l'entretien du Luxembourg et pour l'administration de la chambre; mais les quinze cent mille francs qui restent, où vont-ils? C'est au ministre à le dire, puisque les fonds sont portés dans son budget, ou plutôt je vais le lui dire moi-même.

J'avais l'autre jour à la main la liste des pairs qui recevaient des pensions au 1er janvier 1820; cette liste a été grossie depuis ce temps-là de trois ou quatre cent mille francs, par la mort de quatorze sénateurs, dont on a partagé l'héritage entre un certain nombre de pairs de France qui n'ont jamais fait partie de l'ancien sénat. En somme, il y a aujourd'hui à peu près douze cent mille francs employés en pensions pour des membres de la chambre des pairs; ces douze cent mille francs, on ne vous en rend pas compte, on n'en rend pas compte à la chambre des pairs. Bien plus, les pensions ne sont pas données en vertu d'un brevet ou d'un ordre signé par le roi. Les noms des pairs pensionnés sont portés sur une liste dont le rédacteur est inconnu; on les augmente, on les diminue, on les raye si l'on veut. Je vous demande si cette position est convenable à des pairs de France, si elle est convenable à des juges; car les pairs de France sont juges dans les plus graves intérêts de la société. Eh quoi! au moment où un pair est siégeant sur les fleurs de lys, au moment où il est prêt à condamner ou à absoudre un coupable, un ministre pourra lui promettre ou lui enlever une pension!.... Non, messieurs, cela n'est pas loyal, cela n'est pas français, cela ne peut pas durer ainsi.

Que l'on croie utile ou nuisible d'accorder un traitement aux pairs de France sur les fonds de l'état, c'est une question à traiter tout comme une autre ; mais s'ils reçoivent quelque chose, il faut que cette dotation soit publique, que personne n'ait lieu de la nier ou d'en rougir. Quant aux largesses d'antichambre, quant à ces malheureux salaires que personne n'ose avouer, cela est incompatible avec la dignité d'un pair de France ; et je m'y oppose, parce que l'aristocratie constitutionnelle est dans l'intérêt de la charte, et par conséquent de la nation, et que je ne veux pas voir l'aristocratie constitutionnelle se ravaler au niveau de cette aristocratie parasite qui est la lèpre de la société.

Je vote pour la réduction d'un million sur l'allocation demandée pour la chambre des pairs.

SECRET DES LETTRES.

SÉANCE DU 12 AVRIL 1822.

M. le ministre des finances vient de vous dire qu'il n'est pas à sa connaissance officielle que le secret des lettres ait été violé; mais il a ajouté que cette mesure pouvait être prise dans le cas d'un intérêt général décisif. Ce sont ses propres expressions. En supposant donc que cet intérêt général décisif existât, le gouvernement aurait, d'après la doctrine ministérielle, le droit de violer la correspondance des particuliers. Mais le gouvernement se reconnaît juge et seul juge de tout ce qui est intérêt général et décisif. Faudra-t-il en conclure que dans le gouvernement réside le pouvoir et le droit d'ouvrir nos lettres à sa volonté et sans que nul puisse être repris ou poursuivi pour ce méfait?

C'est chose reconnue et avérée, que pendant plusieurs années, en France, le secret des lettres a été violé par ceux à qui est confié le soin de les faire arriver à leur destination. Tout le monde fait aujourd'hui le même reproche à l'administration actuelle. Le ministère a un moyen bien simple de se laver du reproche s'il n'est pas mérité. C'est de supprimer le directeur-général des postes, et de le remplacer par une administration collective. Ayez plusieurs membres égaux en droits pour régir cette administration; et alors des menées de police, des opérations occultes, illégales, ne seront plus possibles. Alors la confiance publique et la morale seront rassurées contre cet ignoble abus du pouvoir.

J'entends murmurer dans les bancs de la droite que ce sera un petit comité de salut public..... Il n'est pas question, messieurs, du comité de salut public, mais de l'administration des postes. N'est-il pas évident que cette vaste administration, confiée à un seul homme, se concilie moins la confiance des citoyens que si elle était entre les mains de plusieurs? N'est-il pas évident que six administrateurs, sous un régime constitutionnel, éprouveraient de l'inquiétude et même de la répugnance à décacheter nos lettres, parce que l'indiscrétion d'un seul ferait la honte et provoquerait la punition des cinq autres; tandis que, lorsque l'administration est entre les mains d'un chef unique, il n'y a pas de repos pour la morale, ni de garantie pour la société? Ainsi le moyen certain, efficace pour le ministère actuel, de faire croire à ses assertions sur son respect pour les correspondances particulières, c'est de supprimer le directeur-général des postes.

SUR LA LOI DES FINANCES.

SÉANCE DU 15 AVRIL 1822.

L'orateur[1] auquel je succède a revendiqué, pour le côté avec lequel il siège, les honneurs des économies qui ont été faites. Je reconnais qu'il ne peut y avoir que la majorité qui vote les économies; il n'y a pas de doute à cela; je reconnais que cinq ou six cent mille francs de diminution qui ont été obtenus sur les frais de perception, d'administration, ont été votés par la chambre....

Il n'y a pas de doute non plus que les principales

[1] M. Delalot.

économies ont été proposées constamment, et dans cette session et dans les sessions précédentes, par le côté où j'ai l'honneur de siéger; il n'y a pas de doute que ce sont les réclamations constantes de ce côté qui ont obtenu la publicité des emprunts; il n'y a pas de doute que ce sont des membres de ce côté qui ont demandé et obtenu cette année la concurrence pour les canaux; il n'y a pas de doute non plus que, dans les discours de ces orateurs, on a provoqué soit sur la guerre, soit sur la marine, des économies réelles, utiles pour les contribuables. Voilà ce qui est vrai.

Il est vrai de même que lorsque la commission a proposé une réduction de 600,000 francs sur les vivres de la marine, c'est vous qui avez voulu rendre ces 600,000 francs au chapitre des approvisionnements, comme si, dépourvus que vous êtes de la spécialité, ajouter à un chapitre, ce n'était pas donner au libre arbitre des ministres; c'est encore vous, et c'est ce même orateur ministériel qui a demandé une impression que vous avez refusée, qui a proposé un crédit de 500,000 francs pour une opération financière, qui a demandé la publicité des comptes d'une administration dont les perceptions sont employées à salarier des abus. Nous l'avons prouvé; mais nous n'avons rien obtenu. Qui a demandé la suppression des recettes occultes des sceaux? Qui s'est élevé contre l'abus d'une pairie extraordinairement salariée? Qui a voulu faire supprimer les sinécures honteuses du conseil privé, et tous ces produits illicites? Est-ce vous ou nous?

Qui a défendu les intérêts du trésor? Est-ce vous ou nous? Descendez dans vos consciences et jugez vous, comme la nation vous juge.

L'orateur auquel le préopinant a tenté de répondre (M. Delalot) a fait un partage très-vrai, entre les différentes époques, des causes de l'état actuel de la société. Il a dit que le perfectionnement de l'agriculture et le bonheur des paysans étaient l'œuvre de la révolution. Il a dit une vérité : c'est la révolution qui les a rendus propriétaires, qui leur a donné des champs, des jardins, de bons vêtements. C'est par elle qu'ils voyagent dans les diligences suspendues; c'est par elle qu'ils sont heureux ; c'est par elle qu'ils ont contracté des habitudes d'aisances dont ils ne se déferont pas facilement. Et pourquoi, malgré les fautes de l'administration, la France jouit-elle encore de ce temps calme? c'est parce que la propriété est divisée; c'est parce qu'il y a beaucoup de propriétaires, et qu'ils sont intéressés au maintien de l'ordre; c'est parce qu'ils tiennent au sol; mais qu'il vienne un jour, où, pour reconstruire la grande propriété, on menace la propriété nouvelle, que le privilége reparaisse, et vous verrez ce qui arrivera.

L'honorable orateur a dit ensuite que c'était le système continental qui avait produit le développement de notre industrie. C'est une vérité incontestable; il n'a pas fait l'éloge du gouvernement impérial, de sa législation, de son despotisme : l'idée ne lui en est pas même venue; mais il a dit qu'il avait augmenté nos fabriques, donné une plus grande valeur à leurs produits, multiplié les hommes qui ont de l'aisance, accru la classe intermédiaire, et par conséquent le nombre des amis de la charte et des ennemis du privilége.

Cet orateur a fait la part de toutes les époques; il a ajouté que le crédit était l'œuvre de la restauration. Oui, il est notoire que la restauration a produit la charte, que la charte a produit le gouvernement représentatif, et que le crédit est de l'essence du gouvernement représentatif. Tant que la nature du gouvernement ne sera pas altérée, vous aurez du crédit; mais si vous la faussez, le crédit s'en ira, et vous ne le retrouverez pas quand vous en aurez besoin.

Comment ne pas s'étonner de nous entendre reprocher ce cri : *la charte et la France!* On oppose à ce cri celui du *roi et de la France!*

Le roi ne serait-il donc ni dans la charte ni dans la France? Est-ce que la charte ne consacre pas le pouvoir monarchique avec toute son énergie et toutes les conséquences qui en dérivent? Est-ce que la charte n'est pas la charte royale, et dans la volonté de son auteur, et dans son but comme institution? Messieurs, *la charte et la France!* voilà le vrai cri français. Malheur à la faction qui oserait dire le contraire; elle prouverait qu'elle est contre la charte et contre la France.

On nous parle d'usurpation, d'usurpateur. En vérité, que veut-on dire? Usurpateur de qui? de quoi? Est-ce usurpateur des droits de la nation? Nous sommes d'accord. Ces droits sont imprescriptibles ; celui qui les attaque, soit qu'il soit armé d'une épée, soit qu'il porte un sceptre, est un usurpateur ; nous les détestons tous.

Est-ce usurpateur des gouvernements qui l'ont précédé ? cela peut être vrai.

Est-ce usurpateur des Bourbons ? Mais c'est lui qui est le restaurateur de la monarchie.

Il faut en finir avec ces mots sans valeur de légitimité et d'usurpation.... Entendez la monarchie telle que la charte nous l'a donnée.

Celui qui veut plus que la charte, moins que la charte, autrement que la charte; celui-là manque à ses serments. C'est la charte royale, monarchique, constitutionnelle que nous devons tous vouloir.

On nous parle de discordes et de divisions ; qui les a fait naître ? Rappelez-vous l'état de la France en 1813 et 1814 ; on gémissait sous un pouvoir absolu; on était accablé du fléau de la guerre ; sans doute on sentait que cet état ne pouvait durer; mais au moins les citoyens étaient unis entre eux. On ne s'inquiétait pas de l'origine, d'un individu, de sa naissance, de son opinion; la paix au moins régnait dans l'intérieur. Cette paix, qui l'a troublée ? Ce n'est pas le roi, ce n'est pas quand le roi nous a donné la charte ; la charte est un pacte d'union ; qui l'a troublée cette paix? C'est l'aristocratie, c'est le privilége qui prend toutes les formes pour accaparer l'argent, les places, les avantages, et pour eux et pour leurs enfants ; ce sont ceux qui sont ici par le double vote, malgré la charte, malgré la nation, et qui seront toujours les ennemis de la nation et de la charte.

F. II.

9

SUR L'ÉLECTION

DES DÉPUTÉS DE LA SEINE.

SÉANCE DU 6 JUIN 1822.

Sous l'un des précédents ministères, un membre de l'opposition est monté à cette tribune, et a lu une lettre du préfet du Pas-de-Calais, qui recommandait aux électeurs les hommes qui professaient telle opinion, et employait pour les influencer le nom sacré du roi, et ce membre de l'opposition (M. de Villèle) n'a pas craint de dire : Si une émeute populaire ou tout autre malheur avait influencé une élection, la valideriez-vous ? Or, celle du Pas-de-Calais a été influencée par une puissance irrésistible pour des Français, elle l'a été en abusant du nom du roi, en intimant sa volonté et menaçant de son mécontentement tout électeur qui ne souscrirait pas à l'intention exprimée en son nom.

Eh bien ! je le demande, l'influence exercée par les ministres actuels est-elle moins illégale que celle exercée alors par le préfet de Calais ? On n'a pas cette fois menacé seulement du mécontentement du roi ; on a menacé de destitutions, on a fait donner à des fonctionnaires publics leur parole d'honneur qu'ils voteraient pour tel candidat; on a fait mettre en prison des militaires électeurs, parce qu'ils ont voté selon leur conscience....

Il faut éclaircir, messieurs, cette question de l'influence du ministère sur les élections, car elle est immense, et de là dépendent toutes nos libertés. Il s'agit de savoir si le gouvernement représentatif n'est plus en France, je ne dirai pas qu'une déception, mais qu'une dérision.

Dans un pays où les progrès de l'industrie, la division des propriétés et autres bienfaits de la révolution, répandent tous les jours davantage l'éducation, les mœurs de l'aisance, et toutes les richesses intellectuelles, la charte a réduit le nombre des électeurs à quatre-vingt mille.

Ce nombre de quatre-vingt mille a été diminué chaque fois qu'il y a eu dégrèvement de l'impôt foncier; il a été diminué par la judaïque interprétation de l'article de la charte, qui établit la capacité électorale sur la quotité de l'impôt comme signe de la valeur de la propriété.

La loi du 28 juin 1820, cette loi violatrice de la charte....

(Interruption.)

Cette loi a violé la charte en exigeant un an d'avance les conditions de l'électorat, de la propriété, comme si on exigeait un an de plus que quarante ans; en ravalant les trois cinquièmes de cette chambre à l'état inférieur de députés d'arrondissement,

9.

tandis que la charte ne nomme, ne veut, ne reconnaît qu'une chambre des députés des départements; en faisant nommer les deux autres cinquièmes par des électeurs inconstitutionnels....

Le ministre a prétendu qu'il s'était renfermé dans les bornes constitutionnelles. Je soutiens et je veux prouver qu'il en est entièrement sorti; je soutiens et je veux prouver que le gouvernement représentatif n'est plus qu'une véritable dérision, si, dans un pays où il y a six cent mille fonctionnaires publics, le ministère peut dire à chacun d'eux : Vote contre ta conscience, ou tu mourras de faim! Et ils l'ont dit, et ils l'ont fait.

Je soutiens qu'il y a eu ici félonie et qu'avec un tel système il n'y a pas d'ordre constitutionnel possible. Il faut partir d'un principe...

(Interruption.)

Je ne descendrai pas de cette tribune sans avoir dit mon opinion, j'userai de mon droit de député.

Il est de principe en effet, dans le gouvernement représentatif, que l'autorité royale est stable et inviolable, et que celle du ministère est passagère et responsable; que le ministère ne peut pas à lui seul emprunter le nom de gouvernement; en sorte que ceux-là mêmes qui votent contre le ministère d'aujourd'hui voteront peut-être pour le ministère de demain; qu'ils ne votent pas par conséquent contre le gouvernement, et qu'ils peuvent voter contre les candidats du ministère et remplir leurs devoirs de citoyens, sans aller contre leurs devoirs de fonctionnaires publics.

Le ministère a envahi les élections avec son armée de salariés... Il les a assaillies avec les mille bras de sa police... Il a voulu montrer ce que peut l'impudeur du pouvoir dans un pays qui se dit constitutionnel et qui n'a ni communes, ni jurys, ni code rural.

(Interruption.)

Oui, messieurs, dans un pays où il n'y a ni jurys indépendants, ni liberté effective de la presse, dans un pays où nul n'est certain de manger en paix le pain qu'il a gagné à la sueur de son front, ou même au prix du sang répandu pour la patrie. N'est-il pas évident que si le ministère fait tout ce qu'il peut matériellement faire, il n'y aura aucune liberté dans les élections?

L'action illégale du ministère sur les élections peut s'exercer de deux manières; par les séductions et la corruption, ou par les vices de la loi. Il agit par la corruption, lorsqu'il dit à vingt mille électeurs fonctionnaires: Si vous ne votez pas pour tel candidat, vous trahirez ma confiance, vous perdrez le fruit de vos travaux; lorsqu'il dit aux plaideurs: Vous voterez de telle manière, ou vous perdrez votre procès. Les moyens de corruption sont d'autant plus grands, que ce ne sont pas seulement les fonctionnaires publics qui dépendent du ministère, mais encore les avocats, les notaires, les avoués.

Et je le demande, quels moyens de recours ont

les électeurs contre les fraudes commises dans l'inscription des listes ?... L'art. 6 de la loi de 1817 vous le dit : le conseil d'état ; mais qu'est-ce donc que le conseil d'état comme autorité judiciaire ; là où les conseillers d'état n'ont ni liberté, ni conscience, ni indépendance ; là où on met à la porte les plus habiles pour les remplacer par des inconnus ; là où les ministres d'état supérieurs, éminemment supérieurs aux conseillers d'état dans la hiérarchie et dans les honneurs ; là, dis-je, où les ministres d'état sont chassés sur le rapport du préfet de police [1].

Et voilà comme ces ministres, qui se proclament monarchistes, entendent la monarchie !...

A droite : A la question ! à la question.

J'y suis, et je m'y tiendrai. Ces ministres, je le répète, se proclament monarchistes, et n'entendent pas la monarchie ; ils se disent royalistes, et par l'association impure de la police et d'un nom auguste, ils salissent et compromettent la royauté.

Je pourrais vous citer une foule d'illégalités et de fraudes commises dans les dernières élections. Mais que sont toutes les illégalités dans la formation des listes, dans leur publication, dans la tenue des colléges électoraux, et si l'on vous parlait d'hommes admis à voter sans avoir le droit, d'autres auxquels l'exercice du droit a été refusé,

[1] Le baron Louis, ayant voulu avec d'autres électeurs se placer derrière le président d'une section du collége électoral de Paris, afin de surveiller le dépouillement du scrutin, fut destitué de la dignité de ministre d'état.

d'autres pour lesquels on a réuni des droits combinés, tandis qu'on en a refusé l'usage aux électeurs patriotes...

Voix à droite : Des preuves.

Vous me demandez des preuves, et quand je les présenterais, où iraient-elles? à ce conseil d'état qui n'a pas d'existence. Mais que sont toutes ces violations auprès de la grande, de la ridicule violation de la loi? Je veux parler du secret des votes.

On peut mettre en question si le scrutin doit être secret ou public, mais ce qui est certain, c'est que si la loi veut la publicité, la publicité ne peut pas être trop grande; si la loi veut le secret, le secret ne peut pas être trop grand. Or, ici, messieurs, c'est le scrutin secret que la loi commande.

Il est de fait que cet article de la loi a été violé dans toute la France, et en effet, dès le moment où le ministère a dit aux fonctionnaires publics : Vous serez destitués si vous ne votez pas pour tel candidat; les fonctionnaires publics ont été obligés de montrer leur bulletin pour échapper à la destitution.

M. Chauvelin, se levant : Oui, vous avez fait de vos fonctionnaires de vrais pénitents bleus, se présentant honteusement devant tous vos argus pour leur demander communication de vos ordres !

De telles questions devraient être traitées avec calme. Il est impossible de les suivre au milieu de telles interruptions.

Si vous ne voulez pas du régime constitutionnel,

agissez une bonne fois plus franchement. A quoi
bon tourmenter ainsi et la nation, et les lois de
votre pays? Supprimez le gouvernement représentatif. Cette charte, tous les jours jurée et tous les
jours violée, jetez-la au feu! Proclamez le pouvoir
absolu et ayez la force de le supporter!

Mais gardez-vous de décorer du nom de la
charte l'édifice de votre despotisme mesquin. Si la
France doit avoir des assemblées, qu'elles soient
libres; que la loi y soit respectée; que chacun y
marche dans la force et dans la liberté.

Je vous le répète, si vous continuez à vouloir la
honte et l'esclavage de la France, détruisez le gouvernement représentatif; brisez cette tribune;
aussi bien c'est votre vœu secret, et chaque jour
on l'entend sortir de la bouche de vos partisans;
mais nous, nommés par un vote libre, par des
électeurs indépendants, nous venons ici remplir
notre mandat; nous défendons ici les opinions qui
nous ont portés à cette chambre, parce qu'elles
sont les nôtres, et surtout parce que ce sont celles
des quatre-vingt-dix-neuf centièmes de la nation....

Voix à droite : Les élections ne prouvent donc rien.

Vous me parlez de vos colléges électoraux de
département, où cent cinquante électeurs sont entourés, pressés, cernés par l'autorité; et vous me
donnerez leur vœu comme l'expression de l'opinion
publique. Mais venez à Paris; là vous verrez l'élite
de la population de la France, le grand collége de
la capitale, trois mille électeurs formant le tribu-

nal d'appel que vous avez choisi, repousser vos candidats.

Et cependant ce n'étaient pas des vicomtes et des marquis que vous présentiez; c'étaient des bourgeois de la grande cité, des hommes honorables sans doute dans leur vie privée; mais la grande cité n'a pas voulu d'eux, parce que la grande cité et la France ne veulent pas de vous.

Voilà des vérités qui vous dominent, et dont vous-mêmes êtes pénétrés.

Eh! comment expliquer autrement les efforts inouis de corruption, de séduction que vous avez exercés; ces gendarmes entrant déguisés dans les colléges électoraux, reconnus et chassés; et les agents du ministère les précipitant dans le collége électoral pour y repousser le premier manufacturier de France (M. Ternaux), un de ces hommes dont la présence dans la chambre est une de ces heureuses nécessités du gouvernement représentatif. Quand l'autorité supérieure se voit réduite à de pareilles ressources, et ne peut se soutenir sans dépouiller les fonctionnaires publics de leur conscience, le gouvernement représentatif n'est plus qu'une dérision, et il ne nous reste plus qu'à faire entendre à cette tribune des voix qui retentiront toujours pour la monarchie constitutionnelle.

SUR LES DOUANES.

SÉANCE DU 27 JUIN 1822.

Le ministère proposait, dans le projet de loi sur les douanes, quelques modifications au tarif de sucres.

C'est l'avantage de la discussion générale de jeter de vives lumières sur toutes les questions; mais ces vives lumières, il faut les reproduire et les rassembler dans la discussion des articles, parce que là est l'examen réel et décisif de tout ce que le projet présente d'avantages et d'inconvénients.

Les colons français font du sucre et ne font que du sucre. Leur premier et pour ainsi dire leur seul besoin est donc de bien vendre un produit sur lequel repose toute leur existence.

Ce besoin est loin d'être satisfait. Il résulte des plaintes qui vous sont adressées et des renseignements qui vous sont fournis, que 50 kilogrammes de sucre des Antilles se vendent, suivant le directeur général des douanes, 10 ou 12 fr. le quintal; suivant votre commission, 20 ou 22 fr. au-dessous du prix nécessaire pour donner de l'aisance aux producteurs; qu'il y a encombrement de produits dans les colonies; que les propriétés foncières y sont sans valeur; qu'on n'y paie pas ses dettes; que, partant, il n'y a pas de crédit, et que sur les habitations, les planteurs ne tarderont pas à suspendre les travaux, et à dire à leurs esclaves : Faites des vivres pour vous nourrir!

Le malaise est réel; il est immense; mais ce n'est pas tout. Telle est sa cause et telle est sa nature, que nous sommes condamnés, si les choses suivent leur cours naturel, à le voir s'accroître indéfiniment.

En effet, ce n'est pas le défaut d'activité ou d'industrie qui a amené la détresse des colons; ce ne sont pas non plus les exigeances ou l'oppression de la métropole; le mal a son origine hors du texte de notre législation, et par-delà les limites de notre puissance.

On ne cultivait la canne à sucre, il y a quarante ans, que sur quelques points privilégiés. On la cultive aujourd'hui dans d'immenses continents; on la cultivera bientôt dans toute la portion du globe comprise entre les tropiques. Telle contrée de l'Amérique ou de l'Asie, la Cochinchine, par exemple, en produirait sans efforts de quoi suffire à la consommation de l'Europe entière.

Connaissez-vous un moyen d'épargner à ce qui nous reste de colonies, les inconvénients et les dangers d'une concurrence si illimitée?... Non, messieurs. Un sol rétréci, un sol vieilli par de longues et hâtives cultures ne peut le disputer en fécondité à d'immenses espaces de terres vierges et avides de produire.

Les Antilles ne versent sur nos marchés que du sucre; et on sait avec quel désavantage procèdent dans le commerce ceux qui ont une seule denrée à lui offrir; les pays rivaux, au contraire, fournissent en abondance et conjointement avec le sucre d'autres denrées précieuses, qui, en multipliant les chances commerciales, provoquent les arrivages et les échanges.

Les Antilles sont ravagées, tous les trois ou quatre ans, par des sécheresses, des épidémies, et surtout par des ouragans, tous fléaux qui sont inconnus, ou du moins qui ne reviennent pas périodiquement sur les continents de l'Amérique et de l'Inde.

Enfin, lorsque le planteur de l'Orient fait cultiver et fabriquer son sucre par une population indigène, soumise, innombrable et frugale, celui qui veut établir une exploitation dans nos colonies de l'Occident est d'abord obligé d'acheter les cultivateurs.

Ces cultivateurs, les marchands négriers les lui fournissent pour la plupart, et les lui vendent 60 pour cent de moins qu'il ne paierait des noirs élevés sur ses habitations; de sorte que le jour arrivant où l'exécrable trafic de la traite sera loyalement et sérieusement aboli, nos colonies subiront une infériorité de plus dans leur concurrence avec ceux des pays à sucre, où la culture n'est pas entre les mains de nègres esclaves.

Voilà un aperçu qui, ajouté à mille autres, servira encore à confirmer l'irrésistible tendance au renchérissement croissant de nos sucres, et, par conséquent, à l'anéantissement prochain de nos sucreries.

L'état présent étant bien constaté, et l'avenir judicieusement prévu, y a-t-il à notre charge, pour nous, députés de la France, obligation ou convenance d'imposer des sacrifices au peuple français pour porter remède aux maux très-grands qu'endurent les colonies, aux maux plus grands encore qu'elles sont destinées à endurer ?

Je crois, messieurs, qu'il y a convenance dans une limite déterminée ; mais qu'il n'y a pas obligation.

Il n'y a pas obligation, car, ainsi que je l'ai déjà dit, le mal ne vient pas de la métropole.

Il n'y a pas obligation, car jamais contrat n'a existé entre la mère-patrie et ses colonies. Jamais le vieux Français n'a dit au colon : *Va cultiver sous un ciel brûlant les productions que la nature a refusées à nos climats!* Jamais pareil ordre ne fut donné. C'est l'esprit d'entreprise et l'amour du gain qui, de leur plein gré, ont entraîné et retenu dans ces contrées lointaines les pères de ceux dont vous entendez les plaintes aujourd'hui. Les colons s'enrichirent dans un temps, ils devinrent pauvres dans un autre. Ainsi va le monde.

Je vois, à travers cette succession d'événements, des réglements de commerce et de politique dressés, autant que possible, pour le plus grand profit des Français des deux hémisphères, mais j'y cherche en vain les promesses, les engagements, les traités desquels dériveraient pour les uns des droits spéciaux, pour les autres des devoirs positifs.

Il n'y a pas obligation, parce qu'il n'y aura jamais pour les colonies possibilité de payer à la France le prix de ses sacrifices. Le temps est passé où nous possédions Saint-Domingue, Sainte-Lucie, Tabago, l'Ile-de-France; où nous jetions, parmi une population de près d'un million d'ames, pour quatre-vingts millions des produits de notre sol et de notre industrie; où, après nos besoins satisfaits, nous revendions à d'autres pays pour plus de cent millions de coton, de café, sucre, indigo; où la France coloniale procurait à la France d'Europe un mouvement commercial de deux cent quarante-cinq millions, et créait en définitif une richesse réelle de deux cent quarante millions....

Quelle apparition font aujourd'hui, dans le mouvement accéléré de tous les peuples de l'univers, deux petites îles des Antilles et un roc isolé sur le chemin de l'Inde? Quels débouchés offriront à nos produits vingt ou trente mille blancs ou mulâtres, et deux cent mille esclaves auxquels le continent d'Amérique fournit et doit naturellement fournir la plus grande partie de leur approvisionnement?

Qu'importe à nos commettants les soixante-douze millions d'affaires qu'on fait actuellement aux colonies, si notre commerce y perd, ou s'il y fait de moindres gains que ceux que lui assurerait une meilleure direction donnée à ses entreprises? Députés de la France, nous ne pouvons dire et faire que ce que diraient et feraient nos commettants, s'il était possible de les rassembler dans cette enceinte.

Enfin il n'y a pas obligation, et il n'y en aurait pas, quand même nos colonies feraient partie du territoire continental de la France, et formeraient un département homogène avec les autres départements. Voyons en effet ce qui se passe tous les jours près de nous !

En ce moment, par exemple, vous allez hausser excessivement et brusquement le droit sur l'introduction des bestiaux étrangers. Aussitôt, par représailles, l'Allemagne repousse les vins de l'Alsace et des pays adjacents.

Ce n'est pas tout. Vous avez, il y a un an, préparé une notable dépréciation de ces mêmes vins, en décrétant l'achèvement du canal de Monsieur, qui portera, aux rives du Rhin, et à peu de frais, les vins chauds du Rhône et du Midi.

Voilà assurément un double dommage très-réel enduré par les propriétaires de vignes de l'Alsace, et un double dommage qui, étant uniquement du fait de l'autorité souveraine, sollicite votre très-sérieuse et très-bienveillante attention.

Eh bien ! messieurs, pour réparer le tort que sans le vouloir vous avez causé à une province, croiriez-vous avoir le droit de forcer le reste de la France à acheter à tous prix les produits de cette province ?....

Et si vous ne l'avez pas ce droit ; si vous n'êtes pas autorisés à accorder des indemnités de cette nature à une population de près d'un million d'ames, à une population agricole, laborieuse, industrieuse, placée en première ligne pour la défense du royaume, comment vous regarderiez-vous comme obligés envers vingt-cinq mille Français qui habitent à deux mille lieues de vous, qui courent d'autres destinées que les vôtres, qui sont malheureux sans doute, mais aux malheurs desquels vous n'avez pas contribué?

Mais s'il n'y a pas obligation de porter remède aux maux des colonies, il y a convenance et convenance d'un ordre supérieur. La morale publique est intéressée dans cette question.

Les colons ont la même origine que nous. En les reprenant, il y a peu d'années, de la domination étrangère, nous leur avons fait espérer bienveillance et protection.

Épargnons-leur le reproche d'avoir, d'abord maudit, et ensuite oublié une métropole active à troubler leur paix intérieure et inhabile à les défendre contre les ennemis du dehors. Ne nous étonnons pas de ce que, pendant l'occupation anglaise, ils ont contracté pour les produits anglais une prédilection qui prolonge et rend presque nécessaire l'habitude de plus d'une espèce de contrebande.

Gardons-nous de les menacer du régime exclusif et de les accabler de notre omnipotence de métropole! Nous sommes trente millions qui régions, avec vingt-cinq mille compatriotes, un compte de famille. Cette énorme disproportion numérique nous commande d'être autant généreux que peut le permettre la confiance de nos commettants.

Mais notre générosité, comment se manifestera-t-elle? quel remède appliquerons-nous aux maux que nous voulons soulager? Ici deux moyens se présentent :

Le premier consiste à affranchir, en tout ou en partie, les sucres coloniaux de la taxe dont ils sont chargés à l'entrée en France. Ce moyen vient naturellement à la pensée, et me paraît préférable à tout autre.

En droit, pourquoi, depuis que la révolution nous a débarrassés des douanes intérieures, pourquoi continuer à lever une taxe de douane sur la denrée française allant trouver le consommateur français?

En fait, l'abolition ou la réduction du droit d'entrée de 24 fr. 75 cent. sur les sucres bruts, tournerait au profit des consommateurs et des producteurs. Il y aurait justice envers ces derniers à alléger une charge qui, ayant été calculée dans l'origine sur un prix de 85 à 90 fr. les 50 kilogrammes de sucre, est devenue excessivement pesante depuis que la denrée est tombée à 65 ou 60 fr.

Que pourrait-on objecter contre la réduction de l'impôt?... Une diminution de recette pour le trésor?... Mais notre consommation de sucre, bien qu'elle ait décuplé depuis dix ans, est loin d'être arrivée à son *maximum*. Les Anglais en consomment cinq ou six fois plus que nous. On ne fait pas attention en France au haut prix du sucre parce que ce prix a été beaucoup plus haut. Cependant ce serait un grand bonheur pour le peuple que de

l'avoir, et la chose est très-possible, à huit ou dix
sols la livre. Cette année, par exemple, des cha-
leurs précoces et continues ont produit une grande
quantité de fruits. Si le sucre était à très-bas prix,
il en serait fait beaucoup plus grande consommation pour les confire et les conserver.

Dans les années froides, le bas prix du sucre en
amènerait également une consommation plus forte,
parce qu'on l'emploierait à corriger l'âpreté de certains vins qui ont besoin d'être améliorés. Oui,
messieurs, on l'emploierait à améliorer nos vins....
et je m'étonne de l'interruption. Lisez l'ouvrage
de M. Chaptal, vous verrez que ce moyen serait
très-profitable. L'étude de notre économie agricole, industrielle et commerciale ne doit pas rester
étrangère aux membres de la chambre des députés.

Mais pourquoi chercherai-je à réfuter des arguments fondés uniquement sur l'intérêt du fisc? Ne
sont-ce pas les organes du gouvernement et de la
majorité qui ont proclamé à cette tribune « qu'un
« pays où les droits des douanes ne seraient qu'un
« objet de fiscalité, marcherait à grands pas vers sa
« décadence? »

Le second moyen consiste à augmenter le droit
d'entrée sur les sucres étrangers, jusqu'à le rendre
équivalent à une prohibition. C'est ce moyen que
l'administration a adopté, et elle y persiste.

Elle a commencé par taxer toute espèce de sucre,
parce que le sucre se prête admirablement à la
perception de l'impôt. Voulant ensuite relever la
valeur du principal produit de nos îles, elle a im-

posé aux sucres étrangers une surtaxe qui était de
6 francs en 1816, et que les plaintes des colons
ont fait porter à 11 francs en 1820.

De nouvelles plaintes ont provoqué le projet de
loi que nous discutons. Le gouvernement a proposé une nouvelle surtaxe de 15 fr., qu'il s'est
hâté de faire monter à 25 fr., dans son empressement obséquieux à condescendre aux vues de la
commission.

Par cette disposition, le sucre de l'Inde se trouvera frappé d'un droit de 49 fr. 50 cent. pour 50
kilogrammes qui, vendus dans nos ports, reviennent tout au plus à 36 fr. 30 c., et nos colons, délivrés de la concurrence de l'étranger, pourront
tirer de leur sucre 85 fr. environ, droits payés,
au lieu de 62 fr. 58 c. qu'ils en tirent maintenant.

C'est là le but du projet de loi. Ce but sera-t-il
atteint complétement?.... On peut en douter.

En effet, les colonies ont dès à présent le monopole presqu'exclusif de notre approvisionnement,
puisque les sucres étrangers ne sont entrés dans la
consommation de 1821 que pour un dix-neuvième
environ. Et cependant le prix du sucre a baissé. Il
a baissé par la seule concurrence de nos sucreries
entre elles, soit d'une colonie à l'autre, soit dans
la même colonie.

On a vu des planteurs, après les derniers ouragans, mettre des cannes à sucre là ou il y avait du
café et où le café aurait pu revenir. On les a vus
en mettre et dans les bonnes terres et dans les mé-
diocres et dans les mauvaises. On les a vus aban-

donner systématiquement les cultures lentes pour celles qui donnent des récoltes plus promptement lucratives.

L'ardeur de produire s'est emparée de toutes les têtes en France comme aux colonies. Excitée par l'accroissement de la consommation, elle ne s'est pas reposée un seul instant. Qui vous dit que la loi nouvelle ne lui sera pas un nouveau stimulant?...... Qui vous dit que, dans peu d'années, on ne viendra pas vous demander une loi positive qui oblige les Français à payer le sucre un prix donné, le prix de la convenance des colons, ainsi que l'a remarqué avec tant de justesse, dans la séance d'hier, notre honorable collègue M. Lainé?

Mais raisonnons dans la supposition que la loi atteindra le but qu'elle se propose. Établissons que le prix des sucres coloniaux s'élèvera, ou à peu près, jusqu'à la limite où la surtaxe les affranchit de la concurrence étrangère.

Dans cette hypothèse nous ferons payer 85 fr. aux consommateurs 50 kilogrammes de sucre, que le commerce libre leur procurerait pour 36 fr.; et comme la consommation annuelle de la France est de 50 millions de kilogrammes, nous chargerons le pays d'une taxe d'environ 50 millions.

M. de Saint-Cricq se lève de sa place et fait une observation à l'orateur.

C'est ce que j'allais dire. Je sais bien que les 50 millions ne sont pas tous pour les colons. Je sais que le fisc en aura sa bonne part, je sais que M. le

directeur général n'oublie pas les intérêts du fisc.
Les 5o millions seront répartis à peu près par
moitié entre le fisc et les colons.

Vous l'entendez, messieurs, une taxe de 5o millions, dont 25 distribués en primes aux colonies.
Assurément, nos commettants ne nous désavoue-
ront pas, lorsque nous leur demanderons quelques
sacrifices temporaires; mais leur arracher, à l'occasion du sucre, 5o millions, et faire aux colonies
un cadeau de 25 millions, à peu près le montant
du principal de la contribution personnelle et mobilière de toute la France, en vérité, c'est tomber dans l'absurde.

Redira-t-on encore ces grands mots de terre
française, d'industrie française, de produits français, lorsqu'il s'agit d'une culture, d'une industrie,
de produits qui sont au bout du monde?

Dira-t-on qu'on ne veut, après tout, qu'étendre
à la culture et à la fabrication du sucre le système
prohibitif que nous appliquons depuis long-temps
à d'autres cultures et à d'autres fabrications?

Mais, de l'aveu de tous les bons esprits, ce système n'est admissible qu'autant qu'il procure des
avantages matériels à la masse d'une nation; il ne
peut être justifié que par des nécessités bien con-
statées. Cherchons donc si ces avantages et ces nécessités existent dans le cas particulier qui nous
occupe.

Et d'abord, prétendrait-on que la politique du
pays, sa défense, son indépendance sont intéressées dans la question? Voudrait-on y rattacher la

gloire de notre pavillon? Répéterait-on encore
qu'il ne peut y avoir de marine militaire sans colonies, ni de marine marchande sans marine militaire?

C'est là, messieurs, une vieille phrase et une
vieille erreur...... J'en appelle sur ce point à ceux
qui ont couru la mer, aux marins qui sont dans
cette enceinte. Où sont donc les services éminents
que les colonies peuvent rendre à votre marine?...

Est-ce en temps de guerre? Mais on vous les
enlève au premier coup de canon; et si vous les
gardiez, ce serait un inconvénient que d'être obligé
de circonscrire vos opérations navales autour de
ces prétendus points d'appui....

Est-ce en temps de paix, comme but de voyage?
Mais ces continuelles promenades vers le golfe du
Mexique sont inutiles pour l'instruction, et mauvaises pour la santé des équipages; tandis que nous
avons tant à gagner à essayer sur des mers moins
connues et vers des parages moins explorés, une
navigation qui agrandirait à la fois la science navale,
le commerce et la politique....

Est-ce comme points de relâche, comme asiles
dans les tempêtes, comme places de ravitaillement
et de radoubs? Mais il n'existe dans toutes vos
colonies de l'occident et de l'orient qu'un seul
point militaire d'une importance médiocre. Elles
ne vous offrent au surplus ni arsenal, ni approvisionnement, ni ressources. La main-d'œuvre y
est hors de prix. Tout y manque. On n'y trouve
que ce qu'on y porte et l'on n'y porte rien.

Ayez une marine marchande nombreuse, et vous n'aurez pas besoin de colonies pour instituer une marine militaire formidable. Ayez une marine militaire formidable, et les avantages que procurent les colonies aux escadres ne vous manqueront dans aucune région du globe.

On fait valoir en second lieu, en faveur du système prohibitif, la protection qu'il est indispensable d'accorder à la culture indigène des denrées de première nécessité, comme le blé, par exemple, que les Russes d'Odessa nous vendront peut-être demain et après, cent pour cent meilleur marché que nos laboureurs, mais qu'il faut produire sur le sol national, si nous ne voulons pas, dans une circonstance donnée, livrer les lois et la patrie à la merci de l'ennemi, si nous voulons rester nation.

Mais de bonne foi, tout agréable, tout salubre, tout utile qu'est le sucre, peut-on assimiler cette denrée au blé qui est, non pas le principal, mais le seul aliment de la plus grande partie de la population; au blé, dont la consommation annuelle est presqu'invariable; au blé dont la moindre hausse met les nations en émoi ?...

Et d'ailleurs, cette denrée agréable, utile, salutaire, est-ce le sol français couvert par votre population, défendu par vos armées et par vos forteresses, qui la produit ?..... Non, messieurs, elle croît à deux ou trois mille lieues de vous; et au moindre nuage, au moindre brouillard qui s'élève sur l'horison politique, l'arrivage en est interrompu, et vos colonies sont pour vous comme si elles n'existaient pas.

On admet encore les prohibitions, lorsqu'elles ont pour objet d'éviter la concurrence du dehors pendant un temps limité, après lequel l'accumulation des capitaux et le perfectionnement de l'industrie permettront aux nationaux de produire avec aussi peu de frais que les étrangers. C'est alors un mal temporaire auquel on se résigne dans l'espoir d'un avenir meilleur.

Mais cet avenir ne se réalisera jamais dans la production du sucre. La détresse qui pèse sur nos Antilles pèse également sur les Antilles anglaises. J'ai déjà dit le surcroît de malaised ont elles seront frappées le jour de la franche et complète abolition de la traite des nègres; j'ai dit aussi l'incontestable supériorité de la culture de l'Inde sur leur culture.....

Et quand bien même l'Inde n'existerait pas, nos îles ne soutiendraient pas davantage la concurrence des grands états continentaux de l'Amérique méridionale, dont l'indépendance et la liberté ne tarderont pas à développer l'énergie productive.

Enfin, et c'est le dernier argument en faveur du système prohibitif, il faut le maintenir lorsqu'il entretient tant de bras, qu'on ne pourrait l'attaquer sans compromettre les moyens d'existence d'une partie considérable de la population.

C'est ainsi qu'alors même que nos fabriques de tissus, de laine et de coton, ne marcheraient pas

avec persévérance et succès dans la voie des per-
fectionnements et de la supériorité, il faudrait encore leur assurer la consommation exclusive du
pays, sous peine de faire mourir de faim plus d'un
million de Français, de tout âge et de tout sexe,
employés à ces fabrications et au commerce qui
en dépend.

Mais les producteurs de sucre, combien sont-
ils?.... Vingt ou trente mille qui employaient deux
cent mille esclaves.... Et il ne faut pas que ces vingt
ou trente mille Français associent à leurs prétentions la cause de notre navigation et de nos raffineries; car les armateurs et les raffineurs ont habituellement des intérêts opposés aux intérêts des
colons; et quelque part que nous prissions notre
provision de sucre, nous serions bien mal avisés
si nous ne commencions pas par garantir les profits de notre navigation et de nos raffineries, en
nous faisant apporter la denrée brute sur nos propres vaisseaux.

Je crois avoir démontré que, dans l'hypothèse
admise par les auteurs du projet de loi, la surtaxe excessive des sucres étrangers équivaut à la
prohibition absolue; et que cette prohibition sera
une calamité pour le pays;.... et quel dédomma-
gement avons-nous à lui offrir?.... Parlerai-je ici
des 29 millions de produits que nous avons envoyés ces dernières années dans nos colonies?....
Mais cette chétive exportation, à quoi sert-elle,
si non à rétrécir notre marché et à nous arrêter
dans la carrière des hautes entreprises?

On l'a dit cent fois dans cette discussion, et on ne le dira jamais assez, le meilleur moyen de vendre beaucoup aux étrangers, c'est de commencer par leur acheter quelque chose. Le commerce intérieur est assurément le véritable fondement de la richesse nationale; mais il ne suffit pas à notre France exubérante de civilisation et de force. C'est le commerce extérieur qui doit compléter notre existence sociale.

Messieurs, nous avons donné le signal du mouvement de l'esprit humain. Nous sommes les premiers dans la pratique des beaux-arts et dans la théorie des sciences exactes. Nous luttons avec l'Angleterre dans leurs principales applications mécaniques et industrielles. Nos décisions en matière de goût font autorité dans les deux mondes, et surtout dans la partie du Nouveau-Monde imprégnée de notre littérature et de notre philosophie.

Tout nous invite à ouvrir des communications de commerce et de politique avec les pays où une civilisation importée a fait naître des besoins multipliés qu'elle ne sait pas encore satisfaire.

Ne voyez-vous pas à côté de vos Antilles, et avide de vos produits, Saint-Domingue, plus peuplé à lui seul que tout ce qui vous reste de colonies? Ne voyez-vous pas le Brésil désireux de modifier, au moindre signe de bienveillance que vous lui donnerez, les tarifs onéreux pour votre commerce, que l'Angleterre a dictés lorsqu'elle était maîtresse du Portugal!

Ne voyez-vous pas Buenos-Ayres, le Chili, le

Pérou, et surtout Colombia, vous appeler des premiers au grand marché de l'univers? C'est là qu'il faut courir, c'est là que nous sont réservées des destinées commerciales, dignes du peuple français.

Mais ces destinées, comment les atteindrons-nous, si nous nous obstinons dans les vieux errements d'un système colonial rétréci? Non, messieurs, le tarif qu'on nous propose ne nous met pas sur le chemin de la prospérité. Il n'est pas bon que les intérêts privés de deux ou trois ilots jetés dans les espaces de l'Océan, compriment chez toute une nation l'élan des esprits et du courage.

Mieux vaudrait pour nous, au lieu des vingt-cinq millions de primes qu'on veut nous imposer au profit des colons, mieux vaudrait leur donner des gratifications annuelles tirées du trésor, et rester maîtres de nos mouvements et de notre énergie.

Mieux vaudrait pour les colons, au lieu de nous faire payer trop cher le sucre qui leur coûte trop à produire, mieux vaudrait que nous leur disions de cesser leur culture, et de vendre leurs esclaves, et que nous leur abandonnions en monopole le courtage des sucres de l'Inde. Ils y gagneraient, et nous aussi; car nous paierions le sucre meilleur marché, et nous serions moins liés pour l'avenir.

Cette considération de l'avenir est capitale pour nous. Chaque époque a sa nécessité. L'émancipation de l'Amérique du nord a produit l'arrêt du conseil du 30 août 1784, qui permit à nos îles de ti-

rer des États-Unis une partie de leurs approvisionne·
ments. L'émancipation de l'Amérique du sud porte
le dernier coup au système du monopole réciproque.

Les Antilles ne sont plus ni les jardins ni les
fiefs de l'Europe. C'est une illusion de notre jeunesse à laquelle il faut renoncer. La nature les a
placées sur les rivages de l'Amérique. Avec l'Amérique est leur avenir. C'est comme entrepôts de
commerce, comme grands marchés posés entre les
deux hémisphères, qu'elles figureront désormais sur
la scène du monde. Là, en regard de tant de jeunes
pavillons, elles seront plus que jamais les postes
avancés de l'agriculture, du commerce, de la politique de la vieille Europe.

C'est à elles, avec notre assistance, à varier leur
industrie, à changer l'emploi de leurs capitaux, à
s'ouvrir d'autres débouchés. Accordons-leur la liberté du commerce, sauf quelques faveurs réci-
proques, propres à perpétuer les liens de la commune origine. Protégeons-les de notre renom, de
notre puissance, même de notre trésor; mais lais-
sons-leur prendre les formes politiques qui con-
viennent aux localités. Laissons-les se constituer et
s'administrer elles-mêmes, et surtout gardons-nous
de les tromper !

Oui, messieurs, gardons-nous de tromper nos
colonies ! En vain vous proclameriez définitif ce
qui, de sa nature, est provisoire et caduc. La loi
de douanes que vous discutez n'a pas le caractère
de la durée. Ce que vous allez décider n'aura pas

l'effet qu'on en attend, ou bien une autre législature le défera.

Malheur aux colonies, si des souvenirs trompeurs les entraînaient vers un avenir chimérique!.... Malheur à elles, si une vente avantageuse, qui ne serait pas le résultat de l'économie dans les frais de production, propageait encore la culture et multipliait les ateliers de fabrication d'une denrée qui déjà surabonde dans tous les marchés de l'univers !

La richesse et la puissance ne sont plus là. Ce ne sont pas vos réglements mesquins de prohibition ou le redressement de quelques torts administratifs qui les feront revenir. Il n'est pas donné aux hommes de rendre la vie à ce qui n'est plus. Les temps sont accomplis; l'ancien régime colonial est fini.

Je rejette tout accroissement de surtaxe des sucres étrangers, et j'appuie l'amendement de M. Duvergier de Hauranne, comme le plus conforme au but que nous devons nous proposer, de soulager les colonies sans violer les intérêts et les droits de la mère-patrie. Cet allégement sera pour nos Antilles l'équivalent du dégrèvement opéré l'an dernier sur notre contribution foncière. Mais, quel que soit le tarif que la chambre adoptera, je rentre dans l'amendement de M. Galmiche, et je demande que ce tarif ne soit voté que pour deux ou trois ans.

Je sais que toute loi de douanes est provisoire; mais il importe d'attacher spécialement cette épithète à la loi actuelle, parce que d'ici à deux ou trois ans nous aurons le temps d'organiser ou de laisser s'organiser nos colonies, parce que d'ici là nos rapports de toute espèce avec le Nouveau-Monde seront définitivement fixés.

SUR LES PENSIONS

A ACCORDER AUX VEUVES ET ORPHELINS DE MILITAIRES.

SÉANCE DU 19 JUILLET 1822.

L'ordonnance royale du 14 août 1814 a promis du pain aux veuves des militaires. La loi du 25 mars 1817 a empêché l'exécution de la promesse royale. Vous voulez aujourd'hui remplir la lacune qui existe dans cette partie de la législation. Or les articles du projet ne me semblent pas atteindre ce but. J'ai l'honneur de vous proposer, sous la forme d'amendement, la rédaction suivante :

« Il sera accordé des pensions du quart du *maximum* de la pension d'ancienneté attribuée à chaque grade militaire ;

« 1° Aux veuves des militaires morts en jouissance de la pension de retraite ou en possession des droits à cette pension ;

« 2° Aux veuves des militaires morts au service après vingt années d'activité.

« Les veuves des militaires qui viendront à mourir après la publication de la présente loi, n'auront droit à ladite pension qu'autant que

« leur mariage aurait été contracté cinq ans avant
« la cessation d'activité de leurs maris, ou qu'elles
« auraient un ou plusieurs enfants issus de leur
« mariage, antérieur à cette cessation. »

Mon amendement diffère du projet de loi en
quatre points, que je vais d'abord indiquer, et sur
lesquels je présenterai ensuite quelques développements.

Premièrement : Le projet veut que les veuves
ne soient admises à la pension qu'autant qu'elles
prouveront leur manque de moyens d'existence.
Mon amendement les dispense de faire cette
preuve.

Secondement : Le projet ne s'applique qu'aux
veuves des militaires morts depuis le 14 août 1814.
J'en étends les conséquences à celles dont les
maris sont morts avant cette époque.

Troisièmement : Je borne aux temps à venir la
restriction indiquée dans le projet relativement
aux veuves dont le mariage n'aurait pas eu lieu
cinq ans avant la cessation d'activité de leurs
maris.

Quatrièmement : Je convertis en droit les dispositions que le projet indique comme facultati-
ves, et je repousse les preuves à faire *de services
éminents*.

Sur le premier point, il faut aborder tout de
suite la question. S'agit-il ici d'une récompense ou
d'un secours ? Si c'est une récompense, elle doit
être déterminée invariablement pour tous les cas
prévus. Si c'est un secours, il est encore bon qu'il

soit fixé d'une manière légale, absolue, définitive; qu'il ne dépende pas d'une interprétation arbitraire et d'épreuves très-faciles à remplir par ceux qui n'ont pas de droits, très-difficiles par ceux qui en ont. Je vous demande devant qui seront produites les preuves du manque de moyens d'existence? A quelle autorité légale, à quel tribunal l'examen des preuves sera-t-il confié? Cette forme n'est pas nouvelle, je le sais : elle est établie dans des lois anciennes. L'article 4 de la loi du 14 fructidor an 6 voulait que les veuves présentassent des certificats délivrés par les municipalités et qu'on consultât à leur égard les rôles des contributions. Eh bien! on a reconnu que ces précautions ne servaient à rien. Il est des fortunes considérables qui ne laissent pas de traces susceptibles d'être saisies par l'autorité. L'article cité est tombé en désuétude; et il y est si bien tombé que, dans votre distribution d'hier, vous trouverez une pension donnée à la veuve d'un officier-général mort avec plus de 150,000 fr. de rentes. La loi du 11 septembre 1807, relative aux pensions des grands fonctionnaires, a voulu aussi que cette récompense ne fût accordée qu'à ceux à qui la situation de leur fortune le rendrait nécessaire. N'est-il pas cependant de notoriété publique que tout récemment encore des personnes dont la fortune est très-considérable ont reçu des pensions en exécution de la loi de 1807? A Dieu ne plaise que je m'élève ici contre le mérite de tel ou tel acte de la prérogative royale; mais il en résulte évidemment ce que tout le monde sait, c'est qu'il est plus facile aux riches qu'aux pauvres de prouver qu'ils manquent de moyens d'existence.

L'article que je combats ne servira qu'à embarrasser l'exécution de la loi, et à favoriser d'injustes prétentions. Faites mieux! Reconnaissez le droit tel qu'il existe, et ouvrez franchement une porte large aux justes réclamations; que le droit soit établi d'une manière positive et nette, et qu'on sache bien, les réclamants ce qu'ils doivent espérer et demander, et l'état ce qu'il doit acquitter.

Secondement: Le projet n'admet que les veuves dont les maris sont morts depuis le 14 août 1814. Pourquoi cette préférence? Je n'y verrais qu'un motif.... la convenance du trésor. On pourrait craindre de se laisser entraîner à une dépense considérable. Rassurez-vous, messieurs; Le nombre des veuves qui ont des droits acquis antérieurement à 1814 est peu considérable. Le gouvernement donnait dans ce temps-là des retraites avec une extrême difficulté. Mais les droits acquis se présentassent-ils beaucoup plus nombreux, ils existent, et dès-lors la justice vous commande d'en tenir compte. Les services des maris ont été les mêmes. Il serait indigne de la législation d'établir entre les veuves une inique différence.

Troisièmement : La disposition relative à la condition de cinq ans de mariage avant la cessation d'activité est bonne en soi. Il est clair qu'il faut prévenir l'abus résultant des mariages que pourraient faire des militaires à la veille de leur retraite, vu la certitude qu'ils auraient d'assurer par-là, après eux, des pensions aux femmes qui partageraient leur sort. Mais jusqu'ici la loi et le gouvernement n'ont rien fait pour empêcher de pareils mariages. Vous pouvez limiter votre bienfait pour l'avenir, mais vous ne le pouvez pour le passé sans donner à votre loi une sorte d'effet rétroactif; il n'y a donc aucune raison pour poser cette limite.

Quatrièmement : Le projet de loi exige pour les veuves des militaires morts en activité, que ces militaires aient eu au moment de leur mort vingt ans de services effectifs. Cette disposition se trouve déjà dans la loi du 14 fructidor an VI; mais la loi du 14 fructidor an VI accorde la pension à toutes les veuves de militaires morts après vingt ans d'activité; à toutes sans distinction et sans exception. Le projet de loi, au contraire, restreint le bienfait à celles dont les maris ont rendu des *services éminents*. Ici, je demanderai, qu'entend-on par des *services éminents ?* Cette expression agrandit singulièrement la nature des services. Il faut, pour en rendre de semblables, être placé sur le premier plan, commander des armées, des divisions, ou bien, si l'on est placé dans un ordre inférieur, renouveler des traits pareils à l'action de d'Assas. Mais alors, ce n'est pas d'une modique pension qu'il pourrait être question, mais bien d'une récompense nationale demandée à cette tribune et solennellement accordée par les deux chambres, ainsi qu'il a été pratiqué en dernier lieu pour les veuves des médecins envoyés en Espagne. Le mot *éminent* est donc tout-à-fait impropre.

Dira-t-on *services distingués*, comme dans l'ordonnance du 14 août 1814? Mais ce mot vague prête à l'arbitraire. Qui n'a pas rendu ces *services distingués?* Qui n'en peut présenter des certificats? Et d'ailleurs où sont les juges qui décident sur la nature et le mérite des services? Il ne peut y en avoir d'autres que les bureaux du ministère. Voilà la porte ouverte encore une fois à l'arbitraire, à la faveur. Il faut, messieurs, être net dans cette question. Accordez ou refusez le bienfait; mais si vous l'accordez, supprimez toutes ces conditions de défaut de patrimoine, de manque de moyens d'existence, d'actes éminents et de services distingués. Sous le dernier rapport, ainsi le veut la loi du 14 fructidor an VI. Pourquoi cette loi n'est-elle pas exécutée? C'est que l'ordonnance de 1814 a pris sa place.

Ainsi le droit des veuves est entier et irrécusable : s'il a été méconnu, c'est une erreur des bureaux ; mais le droit existant, il faut rentrer dans la voie légale. Il faut surtout que votre loi nouvelle, qui est une loi de bienfaisance, soit rédigée de manière à ne pas rendre la position des parties intéressées plus difficile qu'elle ne l'était sous la législation précédente.

Remarquez que, relativement aux pensions, l'état des choses est bien changé depuis la révolution. Autrefois le trésor particulier du roi n'était pas séparé du trésor public. Alors il était naturel de considérer toutes les pensions comme une faveur spéciale du souverain, et de laisser quelque vague dans les motifs sur lesquels elle était accordée. Aujourd'hui la fortune publique est administrée séparément de la liste civile. Les pensions sont inscrites au trésor royal. Ce trésor, vous en avez la clef. On ne doit en rien tirer que sous des conditions positives et spécifiées explicitement par la loi.

Les propositions que je demande de substituer aux paragraphes du projet n'augmenteront pas la dépense d'un vingtième, et je dis trop encore. Au surplus, M. le commissare du roi pourra facilement fixer vos idées à cet égard. Quoi qu'il en soit, j'insiste pour que le droit soit respecté, pour qu'une libre porte soit ouverte, et pour qu'ici nous évitions toute espèce d'arbitraire; car il n'en est pas meilleur lorsqu'il s'agit de récompenser que lorsqu'il est question de punir.

M. le commissaire du roi prit alors la parole, et le général Foy répliqua ainsi :

M. le commissaire du roi établit que la loi de l'an VI n'existe plus : je dis, moi, qu'elle existe, puisqu'elle n'est pas abrogée. Je défie que l'on cite un article de la loi de l'an VI sur les retraites, ou de la loi de l'an XI sur le même sujet, qui ait prononcé cette abrogation.

On vous dit que le projet a pour but de com

pléter l'ordonnance royale de 1814. Je ne l'enten-
dais pas ainsi ; j'ai cru que, par un système de
législation complet et positif, on voulait se débar-
rasser pour toujours de toutes réclamations, et que,
sans égard à des antécédents ayant ou n'ayant pas
le caractère de la légalité, on voulait faire un bon
réglement; n'examinons donc pas si l'ordonnance
a été contraire à la loi. Cela n'est plus la question.
La question est de faire aujourd'hui une bonne loi
réglementaire, dans l'intérêt des veuves et dans
celui de l'état.

M. le commissaire du roi vous a présenté une
assertion effrayante ; *Si vous remontez*, a-t-il dit, *à
une époque antérieure au 14 août 1814, vous vous
lancerez dans une espace inconnu. Ce sont des millions que vous voterez sans le savoir.* Je l'avoue,
messieurs, une considération de cette nature est
bien faite pour arrêter une chambre législative.
Mais, vous pouvez en être certains, le commissaire
du roi a exagéré la dépense probable, il l'a exagé-
rée outre mesure. Il sait, aussi bien que moi, qu'on
accordait peu, infiniment peu de retraites avant
l'année 1814.

S'il fallait absolument s'arrêter à une époque, je
demanderais pourquoi on a choisi celle du 14 août
1814, de préférence à toute autre. Pourquoi, par
exemple, ne pas remonter à 1810 ? Car, quel droit
de plus peut avoir une veuve, parce que son mari
est mort depuis 1814, au lieu d'être mort avant ce
temps-là ? Quoi, la veuve qui aura perdu son mari
le 15 août 1814 sera admise à réclamer, et celle

qui aura pedu le sien le 13 ne le sera pas!.... Vous
voyez que votre époque ne se rattache à rien. Si
vous partiez de la restauration, je le concevrais : il
pourrait y avoir un motif politique; mais pourquoi
la date même d'une ordonnance sans valeur, d'une
ordonnance qui n'a pas été exécutée?.... Pourquoi
ne vous présente-t-on pas des calculs précis ou au
moins des évaluations approximatives? De quel
droit vient-on, sans utilité, sans nécessité, fixer
une limite qui, tous les huit jours, sera attaquée
par des pétitions présentées à cette chambre?.....
Oui, messieurs, on réclamera sans cesse contre
l'inégalité que vous aurez établie, tant que vous
n'aurez pas traité de même des droits entièrement semblables. Évitez ces inconvénients ; au
lieu de reprendre en sous-œuvre et de rapetas-
ser pour ainsi dire les lois et les ordonnances
existantes, faites un travail complet; posez des
principes généraux également appliqués, et que
votre loi remplisse tout ce qui est dû aux services
sociaux qu'elle est destinée à acquitter.

Dans tous les pays qui nous environnent, les
pensions des veuves sont assises sur des bases fixes
et légales. En Allemagne on y subvient au moyen
d'une retenue opérée sur les appointements de tous
les officiers en activité. En Angleterre, les veuves
des militaires dont les maris ont servi pendant un
certain nombre d'années reçoivent un revenu annuel pris sur un fonds spécial appelé le *bienfait de
la reine Anne*, fonds que le parlement renouvelle
tous les ans sous la forme de récompenses acquises

et non de secours. Outre cela, les veuves dont les maris n'avaient pas au moment de leur mort le temps de services requis, et qui se trouvent, ainsi que leurs enfants, dans le besoin, ont en leur faveur ce qu'on appelle la *caisse de compassion*. C'est sur cette caisse que sont secourues les familles qui n'ont pas droit au *bienfait de la reine Anne*.

Je tiens peu à ma proposition relative aux cinq années de mariage; mais je tiens essentiellement à la suppression des conditions de défaut de fortune, et surtout de *services éminents* dont les bureaux de la guerre seraient seuls juges. J'insiste donc sur mes propositions; je vous demande une loi qui console, une loi qui contente. Si vous adoptez le projet tel qu'il vous est présenté, attendez-vous à être sans cesse assaillis de pétitions et de réclamations qui seront appuyées sur des prétentions légitimes et des droits méconnus.

SUR LES COURS ET TRIBUNAUX.

SÉANCE DU 22 JUILLET 1822.

Lorsque j'ai lu, ces jours derniers, dans les journaux, que Caron et Roger étaient traduits comme embaucheurs devant un conseil de guerre, j'ai cru que le journaliste se trompait, et qu'au contraire on mettait au conseil de guerre les soldats qui ont embauché Caron et Roger aux cris de *vive l'empereur!* Par la plus incroyable, la plus odieuse provocation qui jamais ait été imaginée, des soldats français, des officiers déguisés, agissant par des ordres supérieurs, ont conduit comme par la main ces deux hommes à un crime consommé; ils les y ont conduits par une trahison, par un guet-à-pens.

Ce n'est pas tout. Caron et Roger marchaient avec l'escadron qui feignait d'être en révolte. Pourquoi ne les a-t-on pas arrêtés à Halstatt? Pourquoi les chasseurs ont-ils parcouru plusieurs communes en criant *vive l'empereur!* Pourquoi ont-ils tenté la fidélité d'une population excellente, en parcourant dix communes différentes, qui ont retenti de leurs cris séditieux? Je vous le demande, messieurs, j'interroge vos consciences.... Si des hommes excités s'étaient joints à l'escadron provocateur, qui d'entre

vous, appelé à les juger comme juré, aurait pu
les déclarer coupables en son ame et conscience?

Caron et Roger ne sont pas des militaires; ils
sont accusés d'un crime.... A quel tribunal auraient-
ils dû être traduits?

Interruption très-vive. *Voix à droite :* Nous ne voulons pas
vous entendre.

Messieurs, vous avez entendu le garde-des-sceaux,
personne ne l'a interrompu; je lui réponds : pourquoi m'interrompez-vous? La question s'est élevée,
il faut la traiter; les députés en ont le droit aussi
bien que les ministres.

Supposons que la cour royale ait jugé que c'est
un crime d'exception, c'est à elle à dire : Je ne suis
pas compétente pour juger; voilà la marche légale,
la marche régulière. Mais la cour royale n'aurait pas,
sous l'empire de la charte, renvoyé ces citoyens devant un conseil de guerre comme embaucheurs.

La charte ne permet pas de distraire les citoyens
de leurs juges naturels. Leurs juges naturels, c'est
la cour royale de Colmar.

M. le garde-des-sceaux prétend que les deux prévenus sont accusés d'embauchage, et que l'embauchage est un crime d'exception, un crime soumis
à la compétence des seuls conseils de guerre.

Lisez, messieurs, la loi du 4 nivose an IV. Le
préambule explique que la loi a pour objet d'empêcher d'augmenter la force des armées ennemies
de la république. L'article 1er dit : *Tous embauche-
ments pour l'ennemi, pour l'étranger et pour les re-*

belles, *sont punis de mort.* Le crime d'embauchage n'existe donc que lorsqu'il y a des armées ennemies, des armées étrangères, des armées rebelles. Où sont aujourd'hui de pareilles armées? L'embauchage a été qualifié *crime* pour le temps de guerre ; il n'y a plus de guerre, il n'y a plus d'embauchage ressortissant aux tribunaux militaires.

Cela est si vrai que le Code pénal, qui spécifie tous les délits et crimes punissables, ne renferme pas une seule fois le mot *embauchage*. De quel droit arracherait-on un citoyen à ses juges naturels, pour faire infliger, par un conseil de guerre, la peine d'un prétendu crime qui ne peut exister en temps de paix et que le Code pénal n'a pas défini?

Vous vous souvenez, messieurs, du fameux procès de la Villeurnois, de Dunan et de Brottier en l'an V. Ils furent traduits à un conseil de guerre. Quelle indignation l'arrêté du directoire ne jeta-t-il pas dans Paris et dans le reste de la France, à la vue de citoyens traduits devant un tribunal militaire? Le tribunal de cassation déclara le conseil de guerre incompétent. Un rapport violent du ministre de la justice fit annuler le jugement du tribunal de cassation. Toutefois la Villeurnois fut jugé comme embaucheur, mais on était alors en guerre, et l'état de guerre parut donner une espèce de légalité au procédé du gouvernement.

Il n'y a plus aujourd'hui ni armées étrangères ni armées de rebelles qui nous menacent ; il ne peut donc y avoir d'embauchage. D'ailleurs, messieurs, où les différents crimes se trouvent-ils spécifiés?

Dans le Code pénal apparemment. Eh bien! le mot embauchage ne se trouve même pas dans le Code pénal; il y a dans ce Code l'explication de crimes semblables à celui de l'embauchage; mais on a évité le mot pour éviter la juridiction exceptionnelle. Je ne puis assez m'étonner de l'erreur à laquelle se sont laissés entraîner M. le garde-des-sceaux et ceux qui l'ont conseillé; ils ont supposé que, pendant la dernière guerre, le crime d'embauchage était jugé par les tribunaux militaires; il n'en est pas ainsi; comment en serait-il ainsi sous l'empire de la charte?

Le Code pénal de l'an V faisait juger les embaucheurs par des conseils de guerre; mais un décret impérial de l'an XII les a renvoyés pardevant des commissions militaires. Ce décret impérial, ne dites pas qu'il n'a plus force de loi; car vous seriez en contradiction avec votre langage journalier.

Mais la charte nous a été donnée, et les commissions militaires ont disparu. Aujourd'hui que nous avons la charte, aujourd'hui que nous sommes en paix, on voudrait appliquer aux citoyens des lois de révolution et de guerre!

Savez-vous pourquoi on arrache Caron et Roger à leurs juges ordinaires, c'est que la population du pays a été témoin de l'infame guet-à-pens dont ils ont été victimes; c'est que quelque part qu'on eût pris un jury dans cette population, le jury les eût acquitté à l'unanimité.

Messieurs, je le répète, supposant même que des citoyens puissent être traduits aux tribunaux militaires pour crime d'embauchage, qui donc eût dû les envoyer?... La cour royale et pas d'autres.... La cour royale seule aurait pouvoir pour se déclarer incompétente...., et les accusés seraient à même de recourir à la cour de cassation en réglement de juges. On a passé par-dessus toutes ces formalités; l'envoi direct de deux citoyens devant un conseil de guerre est un acte arbitraire, c'est un crime! Qui d'entre nos citoyens peut répondre qu'il ne sera pas demain enlevé de la même manière, et envoyé sous le même prétexte par le gouvernement devant un conseil de guerre?

J'en appelle sur tout ce que j'ai dit à la conscience de tous les magistrats anciens et nouveaux qui siégent dans cette enceinte. Et, je le répète, la loi ne connaît d'embaucheurs que ceux qui enrôlent pour les armées étrangères ou les armées rebelles. Nous ne sommes plus en guerre. Nous n'avons dans le pays ni armées étrangères, ni armées rebelles; il ne peut plus y avoir d'embaucheurs. On ne peut plus, sous quelque prétexte que ce soit, traduire des citoyens à un conseil de guerre. Que si l'autorité se permettait cet abus de pouvoir, on verrait les militaires déclarer leur incompétence, et s'ils étaient forcés de juger, ils acquitteraient les citoyens indûment traduits devant eux.

MINISTÈRE DES AFFAIRES ÉTRANGÈRES.

SÉANCE DU 24 JUILLET 1822.

Quelles que soient les formes de la discussion du budget, toujours est-il certain que c'est la considération du service à accomplir qui vous détermine à accorder les fonds qui vous sont demandés. C'est pour cela que les ministres de la guerre et de la marine joignent au budget très-détaillé de leurs départements des rapports au roi où sont développés les motifs de la dépense.

Pourquoi M. le ministre des affaires étrangères ne suit-il pas cet exemple? Pourquoi la chambre et la France ne sont-elles pas informées par lui de l'état de nos relations avec les autres puissances?

Pourquoi, par exemple, M. le ministre ne satisfait-il pas au vœu généralement exprimé par le commerce de France, d'apprendre enfin quels sont, quels seront nos rapports avec les nouveaux états de l'Amérique?

Il sait bien cependant les réclamations qu'a excitées de toutes parts un rapport presque officiel de la prise de Lima, inséré au *Moniteur*, à la fin de l'année dernière; il sait que ce rapport renfermait des injures odieuses contre les chefs militaires qui commandent dans ce pays-là, qui y sont les arbitres de nos destinées commerciales, qui peuvent nous rendre au centuple, et par des faits, le mal que nous disons d'eux.

Des plaintes très-vives de la chambre de commerce du Havre, et des principaux négocians de Paris, ont éclaté contre le rapport de la prise de Lima; elles ont été présentées aux journaux, et la censure, oui, messieurs, la censure des affaires étrangères, et j'en ai ici la preuve, a empêché l'insertion de ces plaintes dans les journaux.

Pourquoi ne savons-nous pas aussi quelles sont nos relations actuelles avec Saint-Domingue? Pourquoi ignorons-nous si la singulière aventure de Samana del Mar a retardé ou empêché le rapprochement qu'on nous avait permis d'espérer avec ce pays?

Mais je ne veux pas approfondir cette question; je vais aborder des intérêts plus immédiats et plus vastes.

Deux événements, puissants dans le présent, immenses dans l'avenir, tiennent l'Europe attentive : la révolution d'Espagne, et la guerre des Grecs.

Ici une population de sept millions d'ames a commencé à se soustraire à la domination des barbares; elle implore la magnanimité, la pitié, la religion des peuples et des rois. Si la voix suppliante des Grecs n'est pas écoutée, tous, tous jusqu'au dernier, périront tôt ou tard sous le sabre des Musulmans. Là une nation célèbre demande aux nations de la laisser accomplir à elle seule l'œuvre de sa régénération politique. Si la voix énergique de l'Espagne n'est pas écoutée, vous verrez une autre fois ce que produit de déchirements et de merveilles le désir de l'indépendance nationale.

De ce simple exposé des faits dérive une conséquence naturelle; savoir, qu'il faut aider les Grecs, et laisser faire les Espagnols.

Est-ce suivant cette direction qu'on a opéré, et qu'opère le gouvernement de la France? Je vais l'examiner, et, dans mon examen, je trouverai les motifs d'allouer ou de refuser les fonds demandés à la chambre pour le service des affaires étrangères.

La Grèce est loin de nous, mais ses habitants sont hommes et chrétiens; et lorsqu'une sympathie exaltée entraînerait vers les contrées du Levant, comme au temps des croisades, toute la jeunesse de l'Europe, quel épouvantail emploie-t-on pour comprimer l'élan des cœurs ?..... quel épouvantail?..... le nom de la France.

On ne craint pas de proclamer qu'il vaut mieux faire égorger des millions de Grecs que de consumer, dans une guerre longue et difficile, les forces de la sainte-alliance, pour ensuite courir le danger de voir encore les doctrines et les armées de la France déborder de ses frontières, et inonder le monde.

Ainsi, dans le système d'une politique meurtrière, si la Grèce périt, c'est la France qui en est

la cause, c'est la France qui en répondra à la génération contemporaine et aux générations futures.

Vous êtes Français, messieurs, et vous savez
s'il y a une nation plus rassasiée que la nôtre de
batailles et de victoires; vous savez s'il y en a une
autre qui aspire plus sincèrement à développer
dans la paix, et sous l'égide des institutions constitutionnelles, son industrie, source de richesses;
vous repousserez une accusation qui n'est pas mé-
ritée; mais vous sentirez en même temps que l'o-
dieuse responsabilité dont on veut nous charger
impose au gouvernement du pays des obligations
spéciales, des obligations qui vont par-delà les devoirs ordinaires des gouvernements. Ces obligations ont-elles été remplies?

Une escadre française est allée dans les mers du
Levant, avec l'instruction principale de protéger
les sujets du roi, s'ils avaient besoin de protection,
et secondairement pour offrir notre assistance aux
malheureux de toute espèce qui pourraient la réclamer. C'est là un bon et honorable emploi de nos
forces navales, et je tiens à l'honneur de l'avoir
le premier provoqué à cette tribune.

Pour le divan, il n'y a plus en Europe que des
Russes, des Autrichiens et des Anglais...., et cependant notre ambassadeur habite encore ce fau-
bourg de Péra, que j'ai vu, il y a peu d'années,
semblable à une ville française, tant y était exclusif l'ascendant de la France; mais il y vit ignoré,
il y vit moins respecté des Turcs que ne l'était,
avant et depuis la révolution, le dernier employé

de la légation de France; et, dans l'abaissement de notre puissance, il a lieu de s'estimer heureux que des difficultés, survenues au sujet de je ne sais quel couvent du Mont-Carmel, paraissent excuser l'impuissance à laquelle son patriotisme est condamné.

A Vienne aussi nous avons une ambassade; et c'est à Vienne qu'au mois d'avril dernier un agent diplomatique russe, M. de Tatitscheff, est venu traiter de la vie ou de la mort de toute une nation.

Certes aucun intérêt plus élevé ne pouvait captiver l'attention de l'ambassadeur du roi très-chrétien.... Eh bien! c'est précisément le moment que cet ambassadeur a choisi pour s'éloigner de l'Autriche; il est allé à Milan. Dans le même temps, le premier secrétaire de l'ambassade était à Paris. Ainsi la France n'avait point de représentant à Vienne, lorsqu'à Vienne on discutait les destinées de l'Orient. Était-ce un cas fortuit? était-ce exigence de la part des cabinets d'Autriche et de Russie; ou bien un sentiment de pudeur portait-il nos envoyés à s'éloigner du théâtre de négociations auxquelles ils n'étaient pas appelés à concourir, n'ayant pas reçu à cet effet d'instruction de leur gouvernement?

Mais, je le demande à M. le ministre des affaires étrangères, est-ce là tout ce que nous avons fait, tout ce que nous ferons pour la Grèce agonisante? Qu'importe dans cette vaste catastrophe la croisière inaperçue de trois ou quatre frégates, qui même, si l'on en croit les journaux ministériels, vont abandonner les parages de l'Archipel pour opérer sur les côtes de l'Espagne? Avons-nous rempli notre tâche de nation chrétienne et civilisée, parce que nous avons transporté d'un point à un autre quelques familles grecques qu'allaient égorger les Turcs, et quelques prisonniers turcs maltraités par les Grecs? La marche de notre diplomatie a-t-elle secondé et vivifié l'action charitable de notre marine? Voyons-nous que des efforts aient été faits en faveur de la cause de l'humanité par les ambassadeurs que nous entretenons dans toutes les capitales?

L'an dernier, plusieurs d'entre eux étaient absents des résidences, la remarque en fut faite à cette tribune. Aujourd'hui ils sont à leur poste; mais, pour cela, la France en est-elle mieux servie?

Nous avons une ambassade en Turquie, et les frais n'en sont pas reprochables, car elle y est moins rétribuée que près des autres grandes puissances. Mais cette ambassade, quel profit nous a-t-elle apporté depuis six mois?.... Constantinople retentit des notes officielles et des menées diplomatiques de l'envoyé d'Angleterre et de l'internonce d'Autriche; ce sont eux, et eux seuls, qui interviennent dans la grande querelle; ce sont eux, et eux seuls, qui disent au divan les désirs et les concessions de la chrétienté.

C'est à M. le ministre des affaires étrangères à résoudre ce problème; il nous apprendra aussi si des ordres sont donnés pour repousser l'injure,

lorsque l'injure est vomie chaque jour par la Ga-
zette officielle d'Autriche, contre les institutions
constitutionnelles que nous devons à la sagesse du
roi.

Il nous dira si notre ambassadeur à Londres a
réclamé contre un insolent libelle, publié par ordre du ministère de S. M. B., sous le titre de l'*État
de l'Angleterre au commencement de* 1822, libelle
où la maison royale de France est mise en jeu avec
une irrespectueuse inconvenance, libelle où s'exha-
lent une haine grossière contre la France puissante,
un mépris naïf envers la France actuelle?....

Et si le ministère et ses agents restent inactifs
et sans voix dans leur propre offense, où croyez-
vous, messieurs, qu'ils puiseront des inspirations
pour intervenir avec éclat, soit contre l'atroce partialité de ces Anglais des îles Ioniennes qui appro-
visionnent les garnisons ottomanes de la Morée,
soit contre l'effronterie plus atroce encore de cet
Observateur autrichien, qui s'est fait le panégyriste
des massacres de Scio?

Assez souvent l'opposition a tonné dans cette
enceinte contre l'asservissemement de la France à
l'influence étrangère; mais une accusation plus
grave, et surtout plus spécifiée pèse en ce moment
sur les conseillers responsables de la couronne.
Leurs prédécesseurs nous traînaient à la queue de
la sainte-alliance; ceux-ci viennent d'en être constitués l'avant-garde.

(Murmures à droite.)

Les murmures de ce côté me prouvent que j'ai été compris, et que j'étais facile à comprendre. Oui, messieurs, c'est sur l'Espagne que je veux porter votre attention.

Ne croyez pas cependant que je vous entretienne de la journée du 7 juillet; il est, dans l'histoire des nations, des pages si riches d'instruction et de terreur, que le prestige des mots ne servirait qu'à diminuer l'éloquence des faits.

Je ne rappellerai pas non plus la criminelle jactance de nos journaux ministériels; je ne réveillerai pas la rumeur publique sur les convois de fonds et les caisses de fusils envoyés vers les Pyrénées, ni sur les bailleurs de ces fonds et les fournisseurs de ces fusils. Je ne ferai pas remarquer la coïncidence de la tentative d'Aranjuez et de la révolte des carabiniers et des gardes avec l'entrée en Espagne de ce Quesada et de ce trapiste qui avaient, sur le territoire français et avec des ressources françaises, préparé et organisé leur irruption; je n'essaierai pas de soulever le voile qui couvre des intrigues perverses. Il y a, dans les récits officiels et dans les résultats patents, beaucoup plus qu'il ne faut pour rendre le ministère français responsable du sang qui a coulé dans le nord de l'Espagne et à Madrid.

Oui, messieurs, je n'hésite pas à le dire, nos ministres répondront de ce sang versé; ils en répondront parce que, sous le prétexte ridicule et mensonger d'un cordon sanitaire, ils ont assemblé une véritable armée, une armée destinée à amener, par un moyen ou par un autre, le renversement de l'ordre constitutionnel établi en Espagne.

S'il ne se fût agi que de la fièvre jaune, aurait-on augmenté et accéléré les précautions huit mois après que ce fléau, dont la propriété contagieuse n'est pas encore démontrée, avait cessé d'affliger la Catalogne? Aurait-on amassé le plus de troupes précisément sur la portion de la frontière dont la maladie n'a jamais approché?

Lorsque des postes sur les montagnes suffisaient pour fermer les passages à tout venant, aurait-on mis en mouvement toute l'infanterie de France pour en placer la plus grande partie en réserve, avec deux divisions de cavalerie, sur des points où la cherté des vivres et des fourrages occasione au trésor public un énorme surcroît de dépenses?

Aurait-on fait partir à grands frais de Metz, de Strasbourg, de Valence, des batteries attelées d'artillerie à pied et d'artillerie à cheval, comme s'il était besoin de coups de canon pour refouler en Espagne les miasmes pestilentiels?

S'il ne se fût agi que de la fièvre jaune, aurions-nous vu des généraux, des maréchaux, aspirer au commandement de l'armée des Pyrénées? Aurions-nous reçu tous les jours, depuis trois mois, des lettres d'officiers et de soldats qui nous annonçaient que l'ordre de passer la frontière était attendu d'un moment à l'autre?

Lorsque c'était là l'opinion des troupes, lorsque le vœu des partisans du ministère français était si

hautement manifesté, faut-il s'étonner que cette
opinion et ces vœux aient trouvé des échos au-delà
des Pyrénées parmi les ennemis du nouvel ordre
de choses? Quelle source d'espoir pour les igno-
rants! quel stimulant et quel moyen d'action pour
les factieux!

Croyez-vous qu'on n'avait pas leurré les gardes
révoltés des secours prochains de la France? Croyez-
vous qu'en marchant du Prado, les provocateurs
ne disaient pas dans les rangs : *Le gouvernement
français est avec nous ?.....*

Et cette masse de la nation espagnole, calme et
modérée, parce qu'elle est forte et unanime ; cette
masse qui veut aujourd'hui la liberté comme elle
voulut l'indépendance au temps de Napoléon,
croyez-vous que vos dispositions tristement belli-
queuses ne l'aient pas agitée, ne l'aient pas exas-
pérée ?.....

Messieurs, nous avons tous été les témoins des
premières années de la révolution. Ne vous souvenez-vous pas des convulsions de rage qu'a causé,
dans Paris, au mois d'août 1792, le manifeste du
duc de Brunswick? Ne vous souvenez-vous pas de
ces atrocités du mois de septembre, au moment
où on apprit la prise de Longwy et l'entrée des
Prussiens dans la Champagne? Aucun forfait semblable n'a souillé le sol de l'Espagne. C'est le désespoir des ennemis de la liberté.....

Oui, c'est le désespoir des ennemis de la liberté;
mais nous, qui désirons que la révolution s'accom-
plisse par l'ascendant de la justice et de la raison,

par l'accord des libertés publiques avec le pouvoir monarchique, nous nous en réjouissons, et nous espérons bien que le bon sens et les habitudes morales de nos voisins les préserveront des calamités qu'ont encourues leurs devanciers.

J'ai indiqué des fautes et des excès dans la conduite de nos relations extérieures. Croyez-le, messieurs, cette politique timide avec les forts et offensive contre ceux qu'on suppose faibles, n'est bonne qu'à provoquer au-dehors le mépris et la haine, au-dedans la désaffection et la méfiance. Tout autre serait notre apparition sur l'horison politique, si le ministère appartenait aux intérêts nationaux ; s'il s'appuyait sur le grand nombre ; si, fort de talents, haut de pensées, et Français avant tout, il savait parler français à l'Europe.

Pourquoi hésiterions-nous alors, dans l'intérêt des Grecs, à aller droit au puissant monarque qui tient leur sort entre ses mains ? pourquoi n'exprimerions-nous pas l'étonnement des peuples à la vue de sa couronne pâlissant, et de son armée reculant devant la volonté inflexible de la Porte ?

Pourquoi cette France, aux suffrages de laquelle il ne fut pas toujours insensible, pourquoi ne lui dirait-elle pas qu'elle attend de son ame magnanime, et à tout prix, qu'il mette enfin un terme à ces ventes à l'encan d'enfants et de femmes, à ces destructions, à ces incendies, à ces tortures, à ces massacres, dont le récit quotidien attriste les imaginations des hommes civilisés ?

La Russie a pris en main depuis soixante ans la

protection de ses co-religionnaires qui vivent sous la domination ottomane. Depuis soixante ans, elle a fait naître et irrité chez eux la soif de l'affranchissement. Si jamais de sinistres présages venaient à s'accomplir, je ne crains pas de le dire, et je ne serai démenti par aucune ame généreuse, l'exécration de la postérité attend la mémoire de l'empereur russe sous le règne duquel les Grecs auraient été exterminés.

Et nous, n'avons-nous pas aussi nos liens de voisinage, d'affection et de famille? Le roi de France n'est-il pas le chef des maisons régnantes à Naples et à Madrid? N'avons-nous pas des dettes d'honneur à acquitter envers l'Italie et l'Espagne?

Que de maux eussent été épargnés aux nations du midi, si, en 1820, la France se fût placée noblement à la tête de la confédération des peuples constitutionnels; si elle l'eût dirigée, et par conséquent modérée; si elle l'eût éclairée de sa vieille expérience?

Il en est temps encore aujourd'hui, il est temps encore de reprendre entre les puissances, par la modération et la fermeté, le rang que nous avait donné la victoire. C'est à la France qu'il appartient de s'interposer comme médiatrice entre la vieille Europe et l'Europe rajeunie; c'est à elle à prouver au monde que la monarchie représentative, la monarchie suivant la charte loyalement exécutée, est la forme de gouvernement qui concilie au plus haut degré la dignité du pays avec la liberté des citoyens.

Elle le prouvera, messieurs, le jour où elle aura un ministère constitutionnel et national.

Mais cette gloire n'est pas à la portée des ministres actuels ; aussi les combattrai-je jusqu'au dernier moment ; et je les combattrai, non pas en réclamant de mesquins retranchements sur leurs émoluments personnels, mais en saisissant corps à corps, et en attaquant au vif et au vrai la mauvaise administration dont ils affligent notre pays.

MINISTÈRE DE LA GUERRE.

SÉANCE DU 29 JUILLET 1822.

Je vais répondre en peu de mots aux observations que M. le ministre de la marine a présentées
au nom du ministre de la guerre. Je crois d'abord
qu'il a commis une erreur fondamentale ; je dirai
même une erreur constitutionnelle, ou plutôt
inconstitutionnelle, dans l'idée qu'il s'est faite de
l'armée. L'armée est destinée primitivement, essentiellement à combattre l'ennemi extérieur :
c'est là qu'est sa gloire ; c'est là qu'est son avenir ;
là elle agit dans sa force et dans sa liberté. Ac-
cidentellement, dans des cas que la législation et
le gouvernement doivent restreindre le plus possible, elle peut avoir à combattre des révoltés de
l'intérieur : mais je l'ai déjà dit à cette tribune, et
je le répète, ce n'est là que son action exceptionnelle et isolée. Conduite en cette circonstance sous
l'aile de l'autorité civile, elle ne peut être entre
ses mains qu'un instrument matériel. Alors chaque
militaire doit se dépouiller de son individualité,
de ses habitudes, de ses passions, pour devenir
en quelque sorte un agent mécanique. C'est sans
doute un emploi possible de la force armée ; mais

il est secondaire, et il a toujours été sinon odieux,
du moins extrêmement désagréable aux bonnes
armées de l'Europe.

J'ai entendu avec douleur réveiller une question
qui se lie à des événements récents et trop malheureux. Je ne fixerai pas votre attention sur ces
événements. Je me bornerai à citer un trait pris
dans notre histoire, un trait qui sera compris des
Français. Le cardinal Mazarin proposait au maréchal Fabert une mission d'espionnage et de provocation : « *Monseigneur*, lui répondit le maréchal,
« *un grand ministre comme vous doit avoir des*
« *hommes qui servent de deux manières ; les uns par*
« *leurs rapports, les autres de leur épée ; je suis de ces*
« *derniers.* »

Voilà comme les officiers et soldats français doivent répondre à ceux qui, par d'indignes propositions, entreprendraient de souiller le noble et
beau caractère de défenseur de la patrie.

M. le ministre, en rappelant un événement arrivé à Dijon, a parlé d'une notoriété publique qui
est la bonne, et d'une notoriété publique qui est
la mauvaise. Mais, messieurs, pour les gens de
bon sens, il n'y en a qu'une. La notoriété publique
se forme des actes publics, et de l'opinion du pays.
Quant à l'opinion du pays, chacun l'interprète à
sa manière ; elle est par conséquent réprouvable,
reprochable. Mais les faits officiels, les actes patents ne peuvent être niés. Or, qu'avons-nous relativement au capitaine Lafontaine ?..... Nous avons
une lettre du lieutenant-général commandant la

division militaire à Dijon, qui transmet à cet officier l'ordre du ministre de la guerre de garder la prison pendant un mois. Vous me dites que ce n'était pas pour ses opinions, ni pour son vote pendant les élections, mais bien pour s'être mis à la tête de rassemblements séditieux qui auraient insulté des officiers et des soldats. S'il en avait été ainsi, la punition n'avait pas besoin de venir du ministre de la guerre ; c'était au général de division, au commandant de la place à punir le coupable. Ce n'est donc pas, ainsi que vous le prétendez, une punition de discipline. D'ailleurs la loi dit expressément que, pour faits de discipline, un officier ne peut être mis en prison que pendant quinze jours. Ainsi, quand on a détenu M. Lafontaine pendant un mois, on s'est permis un acte extra-légal, un acte en dehors de la discipline militaire, et qui, nécessairement, se rapportait à des considérations politiques. Ce qu'a dit M. le ministre n'infirme donc pas la vérité du fait allégué précédemment par un de mes honorables amis.

M. le ministre attaque les calculs que j'ai présentés relativement à l'augmentation des soixante escadrons de cavalerie. Il fait remarquer que j'ai compté les officiers de l'état-major ; et, n'y comprenant que les officiers des compagnies, il dit que le nombre proportionnel n'est pas de un à dix, mais bien de un à treize. J'admets son calcul ; j'admets qu'après l'augmentation la proportion sera de un à seize ; je la porte même de un à dix-huit, et je demande au ministre s'il trouve qu'il y ait trop de dix-huit cavaliers pour être commandés par un officier? Dans toute l'Europe, la proportion est de trente à un. L'expérience a démontré qu'il n'y a de bonne discipline que là où les compagnies sont nombreuses; car, lorsqu'un officier n'a qu'un petit nombre de soldats à commander, il pèse toujours sur eux, il exerce sur chacun une autorité nominale et fatigante. Les hommes réunis veulent être conduits par des mesures générales, et non par des considérations individuelles. Les mesures générales ne sont applicables qu'aux masses. Il vaut mieux avoir trois cents gros escadrons, que trois cent soixante qui seraient mal organisés et toujours incomplets. Le gouvernement juge nécessaire d'augmenter sa force active; cela est fort bien. Mais comment l'augmenter? C'est une question d'économie et d'administration. J'ai fait voir qu'il y avait préjudice pour le service et pour le trésor public à créer des cadres nouveaux; il n'y a donc aucune raison qui s'oppose à l'adoption de mon amendement.

Quant à l'effectif de l'armée, il est fâcheux qu'une chose aussi simple ne soit pas comprise par toute l'assemblée. Sans doute, le tableau de l'armée telle qu'elle sera en 1823, et sur lequel vous établissez vos calculs, ce tableau est dans l'avenir; par conséquent, il est impossible de dire qu'il y aura tant d'hommes, tant de chevaux; il faudrait être un insensé pour prétendre à une fixation exacte. Mais l'évaluation de cet avenir se compose de l'état présent, plus les changements ou les diminutions qui surviendront dans un temps donné. Ce que je vous demande, c'est de nous donner l'état présent; et quand nous l'aurons, nous calculerons combien il doit arriver d'hommes par l'enrôlement volontaire, combien par les appels, combien par les rengagements; et ensuite, pour faire le pendant, nous évaluerons combien on en perdra par la mortalité, par la désertion, par la libération annuelle, et nous ferons approximativement le calcul de ce que sera l'état militaire de France pendant 1823. En principe, il faut partir d'un effectif quelconque. Votre avenir se compose de trois éléments, dont un fixe et deux variables. L'élément fixe, c'est l'effectif au jour du budget, et c'est cet effectif que vous vous obstinez à donner en bloc, c'est-à-dire, d'une manière injustifiable. Ce qui prouve que vous ne voulez pas qu'on calcule la dépense qu'il nécessite, et que vous voulez avoir du large, c'est l'annotation que vous avez mise vous-mêmes dans le tableau d'effectif en masse. M. le ministre de la marine, en voulant me réfuter, n'a fait que répéter mot à mot mes paroles. J'avais dit que sur 1822, on comptait faire une économie de 3 millions, qu'on appliquerait au cordon sanitaire. Je n'ai pas jugé le mérite de la dépense du cordon sanitaire; je n'ai point dit qu'on faisait bien ou mal : j'ai fait seulement remarquer que le ministre prendrait ces 3 millions sur les épluchures de l'effectif. Si on peut les prendre là dessus, c'est qu'il y a une différence entre l'effectif qu'on nous donne et l'effectif réel. Le rapprochement est incontestable, et je ne conçois pas comment un homme raisonnable peut résister à une telle évidence.

Je demande que mon amendement soit divisé en deux parties; savoir : les économies de 3 millions à faire sur les prévisions de l'effectif; secondement et séparément, l'économie d'un million sur les soixante nouveaux escadrons de cavalerie.

SUR LA PRISE A PARTIE DE M. MANGIN,

PROCUREUR-GÉNÉRAL A LA COUR ROYALE DE POITIERS.

SÉANCE DU 1er AOUT 1822.

M. Mangin, procureur-général près la cour royale de Poitiers, avait inculpé le général Foy et plusieurs autres députés dans l'acte d'accusation du général Berton.

Le magistrat contre lequel mes honorables amis et moi avons de justes réclamations à élever n'est pas un magistrat inamovible, c'est un fonctionnaire qui attend du ministère actuel un avenir et des récompenses.

Où cherche-t-il des règles de conduite? Dans l'opinion du ministère, de ses partisans, dans ses journaux, dans l'esprit de la faction qui domine aujourd'hui en France.

A droite : A l'ordre! à l'ordre!

M. le président : Cette expression n'est pas convenable.

Faction est le mot, M. le président.

Quels sont les hommes qui sont désignés par cette faction?.... ce sont les défenseurs de la charte et de la liberté; ils devaient s'y attendre. La faction doit les poursuivre avec acharnement.

J'envisage l'acte d'accusation sous deux rapports;

comme libelle, c'est à l'opinion nationale à en faire justice; mais comme acte de l'autorité judiciaire, la position change; et c'est sous ce rapport que j'accuse le procureur-général de Poitiers de n'avoir pas fait son devoir.

Il a cité mon nom dans deux circonstances. Une première fois il a dit que Berton avait avancé qu'il y avait un gouvernement provisoire organisé à Paris, et que moi j'étais membre de ce gouvernement. Ce fait est-il vrai? je n'en sais rien. Mais ce n'est pas là le point principal de l'acte d'accusation; c'est la déposition d'un nommé Grandménil, contumace, qui ne reparaîtra plus, sur le compte duquel on mettra tous les mensonges qu'il importe à la faction de mettre en avant. Voilà l'homme que la faction a mis en avant; voilà le plan de la faction!

Voix à droite : Quelle est cette faction?

C'est la faction anti-nationale, anti-française.

On a eu grand soin de mettre dans la déposition d'un contumace, d'un homme qui ne sera pas interrogé publiquement, qui ne donnera pas d'explications, les atroces mensonges qui ne sont pas sortis de sa bouche, je le parie; ces infamies sont l'ouvrage du ministère.

M. le président : Je vous fais observer que dire que des mensonges sont l'ouvrage du ministère, ne peut pas être permis.

Celui qui se trouve compromis par une exécrable intrigue dans une affaire de cette nature a sans doute le droit d'en parler avec indignation, avec exécration; mettre des calomnies dans la bouche d'un accusé contumace, afin que l'impression en reste et qu'on ne puisse pas les démentir publiquement, c'est une machination atroce, perverse, infame.

Je demande à la chambre de se départir des règles ordinaires; la chambre peut, quand elle veut et comme elle veut, ordonner une enquête; je la réclame solennellement; je demande qu'elle commence, à l'instant même, avec tout l'éclat et toute la latitude qu'elle peut avoir.

Jusqu'à ce que cette enquête soit faite, notre zèle pour la charte et pour la France ne se ralentira pas; il ne fera qu'augmenter; c'est assez que l'ennemi nous signale, pour que nous croyions avoir de plus nobles devoirs à remplir envers nos concitoyens!

RÉFLEXIONS

SOUMISES A LA COUR DE CASSATION.

M. le général Foy avait porté plainte contre M. Mangin devant le premier avocat-général de la cour royale de Poitiers.

M. Mangin, procureur-général, portant la parole devant la cour d'assises de Poitiers dans l'affaire de la conspiration de Saumur, a dit le 3 septembre 1822, « que je suis coupable envers le roi « et la patrie, parce que, par d'imprudents dis- « cours prononcés à la tribune, je me suis fait un « nom qui sert d'arme à tous les chefs de rébellion, « qui sert à provoquer, à répandre les séditions. » Il m'a désigné le 5 septembre comme étant *membre d'une société secrète et d'un comité directeur de conspiration*, comme un criminel contre lequel abondent les preuves morales, comme un des premiers instigateurs des complots poursuivis par la justice, comme me cachant derrière mes Séides.

Avais-je été dénoncé, poursuivi, mis en accusation, comme auteur ou complice de la conspiration?.... Non.

Mon nom se trouvait-il dans l'arrêt de renvoi par lequel la cour d'assises était saisie?.... Non.

Était-il survenu dans les débats quelque incident

de nature à provoquer une action judiciaire contre moi ?... Non.

Quel effet pouvaient donc avoir les invectives du procureur - général ?.... Un seul effet, celui de m'exposer à la haine des citoyens.

La calomnie a donc en cette circonstance le caractère du délit, tel qu'il est spécifié au premier paragraphe de l'article 367 du Code pénal ; elle ne peut être excusée par la disposition exceptionnelle énoncée au second paragraphe du même article.

Outragé pour avoir exercé avec loyauté et conscience la partie de la puissance législative qui m'est constitutionnellement départie, j'eusse attendu en vain que le ministère public poursuivît d'office un délit qui, en raison de ma qualité de député, atteint dans ma personne la société tout entière. D'un autre côté, l'action civile, que l'art. 182 du Code d'instruction criminelle permet d'exercer pour la réparation des dommages, m'était interdite ; et je n'ai pu citer immédiatement devant les tribunaux le calomniateur, parce qu'il est revêtu de la robe du magistrat.

Cependant, après avoir recouru en vain à l'autorité de S. Exc. le garde-des-sceaux, et après avoir tenté les voies ordinaires de la justice avec aussi peu de succès, j'ai récemment rendu plainte devant M. le premier avocat-général près la cour de Poitiers. Ma plainte sera transmise à la cour de cassation, aux termes de l'art. 480 du Code. Je me présente avec une respectueuse confiance devant cette cour suprême qui ne connaît que la loi, quand la loi a parlé, et la justice éternelle quand la loi est obscure et muette.

Ici la loi a parlé; elle a réglé dans l'art. 492 du Code d'instruction criminelle la manière de procéder de la section des requêtes de la cour de cassation, lorsqu'après une dénonciation de crime elle statue sur l'admission ou le rejet de cette dénonciation.

Elle a réglé dans l'art. 482 la manière de procéder dans une question de délit, cas où la cour de cassation est appelée, non pas à juger du mérite de la plainte, mais à désigner le tribunal ou le juge qui doit en connaître.

Que si la cour, appliquant à la poursuite des délits le mode de procédure réservé par la loi pour la poursuite des crimes, se constituait, ou constituait une section en chambre du conseil, le résultat serait le même dans le cas particulier qui nous occupe, et la cour dirait qu'il y a lieu à suivre contre le sieur Mangin.

La cour le dirait, parce qu'aux termes de l'article 128 elle ne pourrait rejeter la plainte qu'autant que le fait ne présenterait pas de délit, ou qu'il n'existerait aucune charge contre l'inculpé, tandis que les charges qui pèsent sur lui sont énormes, et que le délit, caractérisé avec précision par le Code, est encore aggravé par la qualité du délinquant, et par la faculté qu'il possédait spécialement de me poursuivre en justice, s'il eût cru être en état de produire la preuve des faits odieux qu'il m'imputait.

La cour le dirait, parce qu'en supposant qu'elle pût éteindre les effets de l'action publique, ce serait attenter au droit commun que de me priver du bénéfice de l'action civile, action civile qui doit être résolue en dommages-intérêts.

Mais que parlé-je ici de dommages-intérêts? Qu'importe un dommage et un intérêt privé à qui toute sa vie, dans les champs de la guerre comme à la tribune nationale, a combattu pour la patrie?... C'est au nom de la patrie que je vais soumettre à la cour de cassation une dernière considération puisée dans l'intérêt de la liberté et de la monarchie.

Si la cour de cassation renvoie le sieur Mangin devant une cour royale, ainsi qu'on peut l'induire de l'art. 482 du Code d'instruction criminelle combiné avec l'art. 10 de la loi du 20 avril 1810, la liberté individuelle aura obtenu tout ce qu'elle a droit d'attendre de l'autorité conservatrice de ces formes judiciaires, sur l'observation desquelles reposent la paix publique et la garantie du droit de tous; dès-lors l'arrêt à intervenir sur le fond appartiendra au cours ordinaire de la justice.

Si, au contraire, la cour de cassation refusait des juges à des citoyens, à des députés calomniés, ne serait-on pas autorisé à croire que son refus serait fondé sur ce que notre législation actuelle tiendrait en réserve, pour certains individus et certaines positions, le monopole et l'impunité de la calomnie?

Nous vivons, après et malgré la charte, sous l'empire de codes criminels conçus et adoptés dans

le système d'un gouvernement concentré, irrespon-
sable et uniformément absolu ; ces codes ont attribué au ministère public une action constante et
énergique sur les justiciables, et même sur les
juges. Qu'arrivera-t-il ici de l'indépendance et de
la splendeur de la magistrature? Que deviendra la
liberté civile? Quel avenir funèbre menace la société, si le ministère public, investi de pouvoirs
formidables, et qui en use sans être soumis à la
direction des corps judiciaires, peut aussi en abuser sans encourir les peines déterminées pour les
crimes et les délits ; s'il peut attaquer et déchirer
des hommes étrangers aux procédures criminelles,
sans que ces hommes aient le droit de repousser
des attaques qu'ils n'ont pas provoquées ; s'il met
en présence de l'immobile et solennelle justice la
mobilité et la turbulence propres aux partis qui divisent le pays ; et, pour tout dire en un mot, s'il
est soumis à d'autres influences et à d'autres inspirations que les inspirations et les influences de la
morale et de la loi !

Les jurisconsultes et les publicistes ont souvent
félicité notre pays de ce qu'il a confié la poursuite
des délits à un corps de magistrats, au lieu de l'a-
bandonner à la vengeance privée, ainsi que cela
se pratiquait chez les anciens, et se pratique encore
aujourd'hui chez un peuple voisin. Il est digne de
la haute sagesse de la cour de cassation de rendre
à cette salutaire institution, que nous ont léguée
nos pères, le calme et l'impartialité qui font sa force
morale, de la sauver des excès de ceux de ses mem-

bres qui n'auraient pas la conscience de la dignité de leurs fonctions, et de l'aider à traverser pure et honorée le temps des discordes civiles.

Paris, le 15 décembre 1822.

ARRÊT DE LA COUR DE CASSATION.

Motifs de l'arrêt rendu par la section des requêtes de la cour de cassation le 24 décembre 1822, sur les plaintes de MM. Laffitte, Benjamin Constant, Kératry et le général Foy, contre M. Mangin, procureur-général à la cour royale de Poitiers :

Attendu que l'acte d'accusation ne contient rien qui puisse autoriser une plainte en calomnie parce qu'aux termes de l'article 241 du Code d'instruction criminelle, le procureur-général doit recueillir et rassembler dans cet acte tout ce qui pourrait servir à qualifier et prouver l'accusation ;

Attendu que si l'on peut trouver que les passages incriminés du plaidoyer du 5 septembre ne sont pas assez mesurés, ils n'ont pas néanmoins le caractère de mauvaise foi et de dessein de nuire sans lesquels il n'existe point de délit de calomnie ;

Attendu que le passage relatif à ceux qui recèlent les trésors de l'usurpateur pour soudoyer des insurrections, dans lequel le sieur Laffitte paraît se croire désigné, est générique et ne peut recevoir d'application à sa personne, puisque loin d'avoir recélé les fonds qui lui avaient été confiés, il les avait précédemment déclarés et mis à la disposition de la justice;

La cour dit qu'il n'y a lieu à suivre sur les plaintes des dits Constant, Foy, Kératry et Laffitte.

SUR L'ÉLECTION DE M. MÉAUDRE,

DÉPUTÉ DE LA LOIRE.

SÉANCE DU 1ᵉʳ FÉVRIER 1823.

Chargé par un grand nombre d'électeurs constitutionnels de l'arrondissement de Roanne de présenter leurs protestations à la chambre, c'est à ce
titre que je vais ajouter quelques développements
à ce que vient de vous exposer M. le rapporteur.

Si le préfet de la Loire, jugeant en conseil de
préfecture, conformément à la loi du 5 février et
motivant ses décisions, s'était borné à éliminer de
la liste quelques individus, il y aurait lieu purement et simplement de leur part à se plaindre au
conseil d'état et à en obtenir un jugement; jugement bien tardif, bien inefficace, puisque ces électeurs n'en auraient pas moins été privés de leurs
droits, qu'ils ne pourraient l'exercer que dans
cinq ans, et que dans cinq ans encore M. le préfet pourrait les en priver sous un prétexte ou sous
un autre. C'est ainsi que la loi est faite et il faut s'y
conformer.

M. le préfet de la Loire ne s'est pas tenu dans
cette mesure. Des réclamations positives, appuyées
du texte de la loi et de pièces justificatives, lui

ont été présentées en conseil de préfecture. M. le préfet, au lieu de citer le texte de la loi en vertu duquel ces électeurs sont écartés, tandis que d'autres électeurs sont maintenus sur la liste, s'est borné à dire : « Je vous raie parce que je crois « devoir vous rayer. » C'est le régime du *bon plaisir.*

C'est ce que je vais vous prouver en vous lisant deux de ses arrêtés.

Le premier a été rendu au sujet du sieur Lambelot, dont on vous a parlé. Le sieur Lambelot s'est présenté au conseil de préfecture, porteur de pièces justifiant qu'il payait plus de 300 francs d'impôts. Le sieur Lambelot avait des propriétés dans la Loire ; il en possédait aussi dans le Puy-de-Dôme et dans l'Allier, qui sont deux départements voisins.

Le préfet, soit qu'il imaginât que le dégrèvement qui a eu lieu dans le département de la Loire dût peser dans la même proportion sur les deux autres départements, soit qu'il lui convînt d'écarter M. Lambelot, rendit un arrêté ainsi conçu :

« Le sieur Lambelot (Jean-Nicolas), chirurgien à Roanne, avait demandé à être porté sur les listes électorales, à raison de ce qu'il paraissait payer une imposition de 311 francs 82 centimes. Cette demande a été rejetée, attendu que la réduction qui frappe sur cette cote, d'après les rôles de 1822, ne laisse plus au sieur Lambelot le contingent d'impôt voulu par la loi pour être électeur. »

On répond au préfet : Avez-vous vu la nouvelle

répartition? à quelle somme suis-je réduit? qu'est-ce que je paie? Le préfet n'ose pas, ne peut pas répondre; mais il raie, et aujourd'hui M. Lambelot vous rapporte des certificats constatant qu'au 22 décembre 1822 il était imposé pour 312 francs 5o centimes.

Voici l'autre arrêté. On disait que huit électeurs avaient été portés à tort sur la liste, parce qu'ils faisaient partie de l'arrondissement de Montbrison, qu'ils y avaient leur domicile politique, ou par d'autres motifs détaillés dans la réclamation. Que répond le préfet?

« Vu les réclamations, en date du 25 octobre, présentées par différents électeurs de l'arrondissement de Roanne, et tendant à faire rayer de la liste électorale dudit arrondissement les sieurs Turge, Régis-Demeaux, Aguiraud, Chazels, Daumois, Coupat, Gros et Patural;

« Considérant que l'inscription des sieurs Turge, Aguiraud et Régis-Demeaux, est évidemment fondée en droit; »

Évidemment fondée en droit, rien de plus.

« Considérant que, bien que l'inscription des sieurs Chazels, Daumois, Coupat et Patural, n'offre rien qui soit en contravention avec les formes légales, leurs droits peuvent être considérés comme moins clairement établis, en raison de ce qu'ils s'appuient sur une interprétation facultative de la loi, et que dès-lors il convient d'ôter tout prétexte aux réclamations;

« Après avoir pris l'avis du conseil de préfecture, décide : 1° L'inscription de MM. Turge, etc., est maintenue; l'inscription des sieurs Gros, etc., sera reportée sur la liste électorale de l'arrondissement de Montbrison. »

Ainsi le préfet ne cite aucun texte de loi ; il ne répond à aucun des griefs des réclamants ; il dit que c'est évident, rien de plus. C'est la doctrine du *bon plaisir*.

Ces actes arbitraires ne sont pas restés inconnus au gouvernement du roi ; il en a eu connaissance par la protestation jointe au procès-verbal ; il en a eu connaissance par les fonctionnaires publics du pays. Eh bien ! après cette connaissance acquise, croyez-vous que le préfet ait été destitué, qu'il ait été puni, qu'il ait été réprimandé? Du tout; il a été récompensé; il a obtenu de l'avancement.

Préfet d'un petit département, il en a obtenu un plus grand. De Montbrison on l'a fait passer à Tours, et probablement le blâme public de sa conduite sera un motif pour le faire arriver plus haut.

M. le rapporteur du quatrième bureau a dit que l'irrégularité qui avait eu lieu dans la formation des listes n'avait pas pu influer sur la nomination ; il s'est fondé sur le nombre des suffrages : il est vrai que M. Méaudre a obtenu une grande majorité, mais je vous ferai remarquer que, pour la formation du bureau, il y a eu, entre le candidat d'une opinion et le candidat d'une autre opinion, une égalité si parfaite, que celui qui a siégé comme scrutateur ne l'a emporté que parce qu'il était le plus âgé.

Il est un autre fait encore : la réclamation portait sur vingt-deux individus. J'en appelle à vous tous : la radiation arbitraire de vingt-deux individus, sur une liste de cent soixante à cent quatre-vingts électeurs, n'était-elle pas un événement assez marquant pour jeter le découragement, et peut-être la crainte, parmi ceux qui osaient avoir une opinion? Ainsi ce n'est pas par le nombre des votants qui sont restés à M. Méaudre que la question pourrait être jugée : ce serait plutôt par l'effet moral qu'ont éprouvé les électeurs témoins de tant d'injustices en voyant qu'il leur était impossible d'en obtenir la réparation en temps utile.

Eh! messieurs, quand je vous dis que cette impression morale a dû être sensible, j'ai des faits à l'appui de cette assertion. Le même collége, sous l'influence du même ministre, a nommé, il y a huit mois, M. Méaudre à une majorité de deux ou trois voix. Or on peut supposer sans partialité que l'action irrégulière de l'autorité a contribué beaucoup à donner cette grande majorité à M. Méaudre.

Au reste, si je suis entré dans ces développements nécessaires, ce n'est pas dans l'intention de repousser l'admission de M. Méaudre. Que m'importe, à moi, une élection isolée, quand il n'y a plus d'élections en France?... Quand il n'y a plus de liberté de suffrage, quand en tous lieux la fraude et la violence attaquent les intérêts, les vœux et les libertés du peuple français?

SUR LE PROJET D'ADRESSE AU ROI.

COMITÉ SECRET DU 8 FÉVRIER 1823.

Messieurs, j'ai l'honneur de vous proposer l'amendement suivant pour être intercalé dans l'adresse à présenter au roi :

« Si votre cœur paternel ne peut épargner à votre
« peuple les calamités d'une guerre qui serait deve-
« nue inévitable, ce sera pour nous le motif d'une
« juste et profonde gratitude de voir la volonté du
« roi et le déploiement des forces nationales garan-
« tir au pays que, jamais, par les chances de la
« guerre, ou sous le prétexte d'alliance et de secours,
« les troupes étrangères n'entreront sur le territoire
« de la France. »

Messieurs, mon amendement m'a été suggéré par le discours qu'a prononcé en cette séance un membre de la majorité. J'ai jugé qu'il était de mon devoir de vous le présenter, lorsque j'ai vu les assertions que renferme ce discours implicitement confirmées dans les explications que vient de donner à la tribune M. le président du conseil des ministres.

Ce membre de la majorité a dit, et il l'a dit sans que son parti en ait témoigné de l'étonnement, que l'entrée des troupes étrangères en France, pour aller de-là en Espagne, est une opération simple et naturelle, dont l'histoire offre à chaque pas les exemples analogues, et dont il ne faut pas s'inquiéter. M. le président du conseil des ministres, tout en ayant commencé par déclarer que nous ferons la guerre nous seuls, a insinué ensuite que cette guerre ne dépendait pas uniquement de notre volonté ; *nous sommes placés dans l'alternative*, a-t-il dit (car j'ai eu soin de recueillir ses paroles), *nous sommes placés dans l'alternative d'attaquer la révolution espagnole aux Pyrénées, ou d'aller la défendre sur nos frontières du Nord.*

Voilà, messieurs, une grande et imposante révélation, une révélation féconde en incertitudes et en calamités. Nous faisons la guerre aux Espagnols depuis un an, nous la leur déclarons aujourd'hui. Pendant un an, le mal ne fut que pour eux : eux seuls éprouvèrent les suites funestes de la guerre civile que l'appui du gouvernement français avait allumée. Eux seuls furent frappés dans leur richesse, dans leur crédit, dans leur sécurité. Mais depuis trois mois, nous aussi nous recueillons notre part des maux que nous avons faits. Notre capital national s'est amoindri ; le crédit public et le crédit privé, attaqués dans leurs sources, paralysent l'industrie, et amènent des banqueroutes journalières. C'en est fait des nouveaux rapports commerciaux que la paix avait créés entre la France et le Nouveau-Monde, et qui allaient se développant avec une incroyable rapidité. L'assurance maritime est hors de prix ; les denrées coloniales renchérissent : la consommation est diminuée d'une manière sensible.

Et si une pareille commotion s'est déjà fait sentir dans un état de choses qui a cessé d'être la paix, mais qui n'est pas encore la guerre, de combien de fléaux ne serons-nous pas inondés, lorsque nous aurons la guerre réelle, la guerre flagrante ; lorsque les dépenses augmentées nécessiteront des contributions hors de mesure, ou des emprunts ruineux ; lorsqu'il faudra une coaction plus active pour conduire les jeunes soldats à une guerre impopulaire ; lorsque des milliers de corsaires dévoreront les quatre cents millions que notre commerce a confiés à l'Océan, lorsque la plupart des fabricants auront renvoyé leurs ouvriers ; lorsque l'industrie, le crédit et le commerce, seront pour long-temps étouffés ?

Cet avenir est déplorable, sans doute, et cependant si nos malheurs ne devaient pas aller plus loin, je pourrais m'y résigner. Je m'y résignerais, parce qu'il y aurait en nous le pouvoir nécessaire pour les faire cesser.

En effet, tout résolu qu'est le peuple espagnol à défendre jusqu'à la mort son indépendance, ce peuple doit désirer la paix, car il en a besoin pour consolider et perfectionner ses institutions. De notre côté, si nous étions seuls dans la querelle, la paix serait toujours facile à obtenir. Elle serait facile ; et j'en atteste ces royales paroles : *Si la guerre est inévitable, je mettrai tous mes soins à en resserrer le cercle, à en borner la durée.* Elle serait facile, et j'en ai pour garant l'heureux mécanisme de la monarchie constitutionnelle. Supposez une démocratie turbulente, précipitée dans une guerre injuste; elle s'y plongera, elle s'y épuisera jusqu'à extinction de chaleur vitale. Supposez un roi absolu, un despote engagé au point où nous le sommes, sa politique, ses projets, son honneur, son avenir, tout l'empêchera de rétrograder. La monarchie constitutionnelle, au contraire, porte avec elle la réparation prochaine de toutes les erreurs et de tous les désordres. Les ministres incapables de résister aux factions périssent avec les factions ou par les factions. Les conseils du prince sont renouvelés. Des hommes nationaux y font entendre la voix de la nation, et le pays est sauvé.

Ainsi, messieurs, si la France toute seule, la France livrée à elle-même, la France indépendante, était engagée dans un duel avec l'Espagne, je pleurerais les calamités d'une guerre absurde, d'une guerre sans justice et sans morale, d'une guerre sans profit et sans gloire : je pleurerais ces calamités, mais j'en verrais la fin possible, et dès-lors il y aurait soulagement aux maux que nous éprouvons.

Mais il n'en est pas ainsi, la guerre actuelle est placée hors de nous, hors de notre portée; l'impulsion est venue du dehors. Cette colère n'est pas française, elle est l'écho de la colère des Prussiens et des Cosaques. Nous ne sommes pas les seuls à allumer l'incendie; qui peut nous dire si nous serons jamais les maîtres de l'éteindre? Où s'arrêtera-t-il ce fléau terrible, inexorable? C'est là, messieurs, le point où mon amendement se dirige; voilà l'effroyable danger sur l'existence duquel je provoque les explications des ministres de S. M. Elles sont nécessaires, ces explications, à la législature et à la France.

Les ministres se flatteraient-ils de nous faire accroire qu'ils agissent seuls, dans leurs propres vues, et avec leur entière liberté. Ici les faits parlent, et ils parlent avec énergie. La guerre *occulte* et *souterraine* que notre gouvernement faisait depuis un an à la nation espagnole, a été convertie tout-à-coup en éclats menaçants. Cet éclat, ces menaces, est-ce l'Espagne qui les a provoqués?.. Mais la situation de ce pays est la même qu'en 1820 et 1821. Il s'y est fait une révolution, mais jamais révolution n'a été accompagnée de si peu d'excès.... Et ce n'est pas moi qui vous le dis, c'est lord Liverpool, le vieil et constant antagoniste de la révolution française, le pilier des institutions aristocratiques de l'Angleterre.... Mais ce que n'a pas dit lord Liverpool, et ce que je dois ajouter, c'est qu'il y a eu moins de jugements pour crimes et délits politiques dans l'Espagne constitutionnelle depuis trois ans, qu'il n'y en a en une seule année, dans la France, après huit ans de restauration.

M. le président du conseil des ministres vous a dit que les événements du 7 juillet ont dû changer, et ont changé réellement les rapports de la France avec l'Espagne.... Mais postérieurement au 7 juillet,

nôtre cabinet a vécu en bonne intelligence apparente avec le cabinet de Madrid. Postérieurement
au 7 juillet, M. de Villèle a repoussé à cette tribune
la proposition d'un député qui voulait que les réfugiés de l'armée de la foi fussent compris au budget
pour la même allocation que les anciens réfugiés
espagnols et portugais.

M. le président du conseil des ministres vous a
dit que le gouvernement a temporisé au mois de
juillet, parce qu'il n'avait pas alors les moyens de
faire la guerre, et que ces moyens n'ont été réunis
que vers le 15 novembre.... Mais notre armée était
plus nombreuse, et avait de plus vieux soldats sous
les armes au mois de juillet qu'aujourd'hui; et
quant au matériel, il n'en fallait pas une grande
quantité pour commencer la guerre, si la guerre
eût été jugée nécessaire.

Mais les conseillers de la couronne ne jugeaient
pas alors que la guerre fût nécessaire; il faut donc
chercher ailleurs le secret de leur politique. C'est
de Vérone que la guerre nous est venue. Notre intervention actuelle dans les affaires intérieures de
l'Espagne n'est pas un acte qui n'appartienne qu'à
nous. La triple alliance est derrière nous qui nous
presse, après avoir été pressée elle-même par la
turbulence de la faction qui domine notre pays.
La guerre d'Espagne n'est pas une guerre isolée,
elle sera bientôt une guerre européenne; vous
la commencez sur les Pyrénées, vous ne savez pas
où elle se transportera; vous ne savez pas où elle
finira.

Mais nous, députés de la France, nous devons avant tout assurer l'inviolabilité de notre territoire. C'est le premier besoin de la nation ; c'est le vœu le plus ardent de tout ce qui a le cœur français. Mon amendement ne sera pas improductif, s'il oblige les ministres du roi à dissiper les craintes qu'ont fait naître les discours prononcés à cette séance par eux, et par ceux qui les appuient de leurs votes. Je demande aux ministres, et ma proposition n'a rien de contraire aux droits de la prérogative royale, ni aux usages des chambres législatives, je leur demande de nous faire connaître :

1° Quels arrangements ont été pris à Vérone avec les puissances étrangères relativement à notre intervention dans les affaires intérieures de l'Espagne, et si ces arrangements sont de nature à amener l'occupation permanente ou passagère d'une portion du territoire français par les troupes de la triple alliance ;

2° Quelles dispositions sont prises pour empêcher cette occupation dans le cas où les puissances étrangères seraient conduites, par la marche des événements, à la juger utile à l'accomplissement de leurs projets, soit sur l'Espagne, soit sur la France.

Dans le cas où l'indépendance nationale serait sacrifiée, ou même n'aurait pas été suffisamment garantie, ce serait un devoir rigoureux pour moi, loyal député, de demander, en séance publique, la mise en accusation des ministres qui auraient signé ou permis l'humiliation de la couronne et la ruine du pays.

SUR L'EMPRUNT DES CENT MILLIONS.

SÉANCE DU 24 FÉVRIER 1823.

Parmi les tristes souvenirs que nous ont légués les discussions de nos assemblées politiques pendant le règne de la terreur, il en est un plus particulièrement affligeant pour les amis de la liberté. Je veux parler de l'argumentation favorite de certains orateurs sinistres de cette époque.

Ils ne manquaient jamais, en ouvrant le débat, d'attaquer le droit qu'on avait de leur répondre, et d'accuser par anticipation les intentions de ceux qui se préparaient à les combattre. Ce qui était alors l'explosion d'une passion farouche, on pourrait le dédaigner aujourd'hui, comme n'étant plus que la précaution obligée d'une mauvaise cause.

Cependant il importe à notre honneur et à notre droit de repousser des prétentions calomnieuses.... Qu'on cesse donc de nous parler de l'opinion qu'on égare, des soldats qu'on décourage. Vous est-il jamais revenu que les troupes anglaises fussent moins ardentes au combat, parce qu'une opposition vigoureuse, appuyée sur le peuple, devait amener tôt ou tard le ministère à composer ou à se retirer? N'avez-vous pas entendu, dans toutes les guerres de notre temps, les plus beaux génies dont s'honore l'histoire parlementaire de la Grande-Bretagne, les Burke, les Fox, les Shéridan, demander, commander la paix à chaque session, et plusieurs fois dans la même sesion ?

Lord Chatam lui-même, qui avait été long-temps à la tête des conseils du monarque, dont l'administration avait jeté tant d'éclat sur l'empire britannique ; lord Chatam n'a-t-il pas dit en plein parlement, lors de la guerre d'Amérique, qu'il se réjouissait de la résistance des Américains, comme d'un événement heureux pour son pays ? Et cependant les Américains étaient à l'Angleterre des sujets révoltés ! Et l'on voudrait qu'en présence d'une stupide agression où la morale serait violée et les intérêts nationaux foulés aux pieds, on voudrait que nous restassions muets !

Non, messieurs, non ; mon droit est entier, ma conscience est pure. On nous apporte la guerre ; avant de la subir, je m'enquiers d'où elle vient ; je lui demande où elle nous conduira ; j'examinerai ce que nous voulons, et j'examinerai ce que nous pouvons.

Qui veut la guerre ? Est-ce la nation ? est-ce le gouvernement ?

La nation ! Eh quoi ! la nation voudrait voir ses ports et ses ateliers fermés, son commerce anéanti, son industrie dépérir, sa richesse passer à d'autres mains ! la nation supplierait qu'on ajoutât aujourd'hui, et toujours, de nouveaux emprunts, de nouveaux impôts, aux impôts et aux emprunts dont elle est déjà surchargée !

La nation demanderait que, le lendemain du jour où ils ont touché le seuil de la maison paternelle, on lui enlevât encore une fois ceux de ses enfants qui ont déjà payé leur dette à la patrie, tandis que le sang de ses autres enfants coulerait sans honneur pour elle dans de ternes combats !

Messieurs, vous arrivez récemment de vos départements; c'est à votre loyauté que j'en appelle : sur mille concitoyens que vous avez rencontrés, avec lesquels vous avez eu des rapports, dites, la main sur la conscience, dites s'il s'en est trouvé un sur mille qui désire que la France fasse la guerre à l'Espagne.

Le gouvernement ! mais si le gouvernement eût voulu la guerre, il y a cinq mois que les hostilités seraient commencées; il y a cinq mois que le ministre des finances eût négocié à 98 ou à 100 les dix-neuf millions de rentes que vous avez mis l'an dernier à sa disposition.

Et pourquoi M. de Montmorency, le duc de Vérone, aurait-il quitté le portefeuille des affaires étrangères? Pourquoi, lors de la retraite de ce ministre, aurait-on suspendu l'achat des chevaux en Allemagne? Pourquoi, vers le même temps, aurait-on fait sortir des régiments cette masse de vieux soldats qu'on veut rappeler aujourd'hui, et que l'article 20 de la loi de recrutement autorisait à retenir quelque temps encore sous les drapeaux? Si le gouvernement voulait la guerre, pourquoi laisser aux Espagnols le temps d'organiser leur défense et de mettre en déroute les tristes auxiliaires qu'on promet à nos soldats?

Non, le ministère n'a pas voulu la guerre. Au moment même où je parle, il ne la veut qu'à demi. J'en atteste les formes dubitatives du discours du trône; j'en atteste la promotion récente à la dignité de pair de notre ambassadeur en Espagne, qui s'est constamment prononcé pour la conservation de la paix; j'en atteste par-dessus tout les angoisses ministérielles dont vous avez été les témoins pendant la séance du comité secret.

Non, certes, M. le président du conseil des ministres n'est pas un partisan de la guerre. Son esprit très-positif, et parfaitement désintéressé des prestiges de l'imagination, le porte à partager au moins sur ce point l'opinion de mes honorables amis. Il apprécie aussi bien que moi l'énormité de l'entreprise; mais nous sommes dans des positions différentes, et nous n'envisageons peut-être pas sous les mêmes points de vue les principes de la morale politique.

Je n'ai pas de portefeuille à garder ou à perdre, je ne crois pas qu'on puisse en conscience autoriser de son nom une parade belliqueuse, qui, n'allât-elle pas plus loin que de simples préparatifs, est déjà par elle-même une effroyable calamité. Assis dans les conseils de la couronne, je ne me résignerais jamais à une guerre injuste, eussé-je l'arrière pensée de la pousser avec mollesse, et de saisir avec empressement les occasions de la terminer,

Loin de moi le dessein d'amortir une influence pacifique et purement utile au pays ! mais je le dirai à M. le président du conseil : le gouvernement représentatif est un gouvernement de vérité. Il faut aller droit à son but pour que les autres vous aident à y parvenir. Qu'il se prononce pour la paix, et demain les deux cents voix qui ont voté l'adresse voteront contre la guerre......, et faut-il s'en étonner? Lorsque le roi et la France sont animés du désir de conserver la paix, qui osera provoquer la guerre au nom de la France et du roi? Qui est-elle, où est-elle cette puissance qui dépasse et rapetisse les ministres, qui leur fait mener de front, depuis six mois, une diplomatie conciliatrice et des hostilités souterraines; qui leur a imposé une déclaration pompeuse, dont le moindre défaut est d'avoir paru trop tard ou trop tôt ?

Il m'importe peu de savoir si la faction mystique qui gouverne notre France, qui a sa direction, ses confréries, son organisation complète; si cette faction a, comme on l'assure, mendié près des souverains réunis à Vérone la permission d'attaquer, en commençant par l'Espagne, les tribunes, les chartes et la raison humaine; ou bien si ce sont les étrangers qui nous poussent, et qui veulent que nous leur soyons ce que seront pour nous les bandes de la foi, avec cette différence, que nous payons Quesada et le Trapiste, et qu'à coup sûr les étrangers ne nous apporteront pas de l'argent.

Ce qui me suffit, c'est qu'une volonté et des passions qui n'ont rien de français nous entraînent

où nous ne voulons pas aller ; c'est qu'à force de
fatiguer les ministres et d'irriter les Espagnols, la
faction finira par rendre la guerre inévitable. Voyons
donc quelle sera la nature de notre attaque, quelles
seront les ressources de la défense.

J'écarte, à dessein, la honteuse combinaison du
concours armé d'une partie de la sainte-alliance.
J'ai traité cette matière dans le comité secret. Et
quel autre argument pourrais-je lui opposer, que
la juste exécration dont le peuple poursuivrait ceux
qui auraient été assez vils pour introduire l'étranger sur notre territoire une troisième fois ?

Ainsi, la France seule sera engagée : dans cette
hypothèse, il est contre le vœu de mon cœur, et
contre la prévision de mon esprit, de seulement
entrevoir la possibilité d'une défaite ; mais je n'hésite pas à dire que ce qu'on appellerait des victoires sera pour la France, non moins que pour l'Espagne, la source d'effroyables désastres.

Cette guerre d'Espagne a un caractère particulier.
Ce n'est pas ici une guerre que l'on puisse finir en
gagnant dix batailles, en prenant dix forteresses,
même en envahissant une capitale. Loin de moi le
projet de déprimer les jeunes courages de nos soldats ! tout au contraire, je saisirai les chances qui
mettent le plus à couvert l'honneur de nos armes.
Je veux bien admettre que l'armée de la foi, cette
armée, le triste et tardif produit de l'intrigue et de
la corruption ; je veux admettre qu'elle retrouvera
sous l'égide de nos troupes, et aux dépens de notre trésor, une espèce d'organisation.

Je pousse plus loin ma supposition. Les défilés
des Pyrénées resteront sans défense ; le passage
sera facile sur tous les points ; les Espagnols, si
vous le voulez, ne tiendront pas dans ces réduits
fortifiés, dans ces châteaux restaurés, dans ces
blockhaus qu'ils attaquèrent et défendirent tant de
fois pendant la guerre de leur indépendance ; les
villes ouvriront leurs portes ; les alcades et les curés publieront les proclamations françaises. Je
prends les 60 ou 70 mille combattants que vous
pouvez jeter dans la péninsule ; je les prends et je
les transporte à Madrid sans coup férir.

Voilà assez de concessions aux partisans de la
guerre, pour qu'à leur tour ils veuillent bien en
faire quelques-unes, non pas à moi, mais à la puissance irrésistible des événements.

Vous accorderez, par exemple, que les troupes,
les milices et tant de citoyens qui, dans l'île de
Léon et dans le reste du royaume, ont embrassé
avec passion la cause nationale, ne se donneront
pas le mot pour être tous le même jour des lâches
ou des traîtres.

Vous accorderez que toutes les places indistinctement ne baisseront pas leurs ponts-levis devant
des sommations envoyées de loin, et que l'armée
constitutionnelle formera contre vos auxiliaires des
masses imposantes, contre vous de nombreuses
guérillas que grossiront sans cesse les Espagnols
compromis dans la révolution, ceux que fatiguera
la présence de l'étranger, et jusqu'aux déserteurs
de l'armée de la foi.

Vous accorderez aussi que le gouvernement central établi par vous à Madrid, dans l'absence du roi, n'exercera qu'une autorité nominale sur les provinces accoutumées à se régir elles-mêmes, dès que la guerre commence, et auxquelles d'ailleurs il n'aurait à demander que des sacrifices ; car vous savez que Madrid est loin d'être à l'Espagne ce que Paris est à la France, ce que Londres est à l'Angleterre, ce que Naples est au royaume des Deux-Siciles. Ce n'est pas l'un des points dont l'occupation détermine ou même prépare la possession du reste du pays. Madrid n'est une capitale que de nom. Les principales et les plus vivaces agglomérations de peuple sont à Valence, à Barcelone, à Cadix, dans les Andalousies, en Galice, hors de votre portée et sous la protection immédiate et facile de l'Angleterre.

Vient ensuite un royaume dont il semblerait que nos ministres ont oublié l'existence. Vous serez cependant forcés de reconnaître qu'outre la révolution d'Espagne, il y a encore à combattre et à vaincre trois millions de Portugais, qui sont plus près de Madrid que nous ; que ces Portugais ont une armée vétérane fortement constituée, et qu'ils savent fort bien quels sont leurs ennemis et où est leur champ de bataille.

Laisserez-vous vos troupes autour de Madrid, ou bien les répandrez-vous dans le pays ? Ici commence une grave et féconde révélation. Vous étiez forts sur un point ; vous serez faibles sur tous. Votre front et vos flancs seront sans cesse harcelés,

vos communications interceptées. Vingt places de
guerre restées sur vos derrières vous empêcheront
de jamais asseoir une base d'opérations. Vous serez réduits à vivre des ressources du pays, et par
conséquent à opprimer les habitants. Vous essaie-
rez de traiter avec l'ennemi ; et qui vous dit que
l'ennemi, ayant fait d'emblée tous ses sacrifices,
ne recevra pas avec dédain vos offres et vos négociations ?

Cependant la France versera une autre fois dans
la péninsule son sang et ses trésors. Notre état militaire qui, au 1er janvier 1824, sera loin d'avoir
atteint le complet de paix ; notre état militaire
n'aura pas de quoi réparer les brèches de l'armée
d'Espagne. Elle s'amoindrira de jour en jour, sinon
en valeur, du moins en nombre et en moyens or-
ganiques.

On finira par s'apercevoir qu'après avoir été
vainqueurs dans toutes les rencontres, la campagne est manquée et le but de la guerre indéfiniment
reculé. Tout le monde dira alors que la paisible
occupation d'un vaste royaume dépasse de beaucoup nos ressources et nos forces ; et bientôt le
moment arrivera où, après des pertes douloureu-
ses, une retraite nécessaire couronnera dignement
une folle et coupable entreprise.

Ce n'est pas à ceux qui ont parcouru l'Espagne
dans tous les sens, qui ont étudié le caractère espagnol dans tous ses replis ; ce n'est pas à ceux-là
qu'on peut rien apprendre sur les résultats inévi-
tables d'une guerre d'Espagne qui, après tout, ne

diffère de l'invasion de 1808 que par l'extrême infériorité des moyens avec lesquels on l'entreprend.

Je le prouverai, lors de la discussion des articles;
mais il était nécessaire de présenter dans leur simplicité des faits propres à frapper les yeux les moins
exercés et les esprits les moins méditatifs. Et plût
à Dieu que j'eusse le droit de me complaire dans
un avenir plus consolant! Vieux soldat, je ne peux
me défendre de faire des vœux pour l'honneur de
nos armes, alors même que l'emploi de nos armes
est désavoué par le sentiment national. Citoyen, je
pleurerai sur une guerre de parti, sur une guerre
où sont forcés de mentir à leur destinée mes anciens compagnons de guerre, et cette noble et
jeune génération qui, nourrie dans l'amour de la
liberté, était si digne de combattre un jour les véritables ennemis de la France.

SUR L'EXCLUSION DE M. MANUEL.

Lorsque le président voulut renvoyer dans les bureaux la proposition d'exclure M. Manuel, le général Foy prit la parole, pour demander le rappel au réglement.

Dans toutes les questions, et particulièrement dans les questions graves et solennelles qui attaquent la dignité de cette chambre, et qui peuvent attaquer les libertés du pays, le premier de nos devoirs est de nous conformer au réglement. Mais si ce devoir nous est imposé, à nous simples députés, il l'est bien plus encore au président de la chambre. Le président de la chambre ne peut rien faire, ne peut rien dire que ce que le réglement lui donne le droit de faire et de dire; en vain M. le président aurait-il la prétention de soumettre aux formes d'une discussion ordinaire une proposition qui n'est pas prévue par le réglement; eh! messieurs, si la proposition qu'on nous a faite était encore plus inconstitutionnelle, si elle était atroce, si enfin il s'agissait de consommer dans la chambre un crime matériel, sans doute cela n'est pas probable, mais si cela arrivait, est-ce que votre président pourrait essayer de faire suivre les formes ordinaires de la discussion à une proposition aussi atroce? j'en appelle à l'honneur, j'en appelle au devoir, je dis que votre président manque au devoir, forfait à l'honneur....

Des cris à l'ordre *! partent de la droite.*

Oui, oui, à l'ordre! revenez-y vous-mêmes... Je dis que M. le président manque à son devoir, s'il soumet aux formes ordinaires de la discusssion ordinaire une proposition extraordinaire, une proposition qui est hors des règles, hors de la éharte, hors de la justice.

SÉANCE DU 4 MARS 1823.

Dans la suite des débats, le général Foy s'exprima ainsi :

Il est tout simple que le corps politique, qui s'arroge le droit de prendre une détermination qui n'est ni prévue ni autorisée par la charte, puisse la changer; ainsi, non-seulement la chambre dans la session prochaine pourra défaire ce que vous faites, mais encore la chambre de demain pourra défaire ce que vous faites aujourd'hui; ainsi, par exemple, si le grand attentat qui est prémédité par des factieux est consommé.....

Le grand attentat dont je parle, c'est la mutilation de la chambre des députés. Cet attentat exercé sur un membre peut être exercé demain sur dix, après demain sur vingt, enfin jusqu'à ce qu'une assemblée politique, déchirant elle-même ses entrailles, présente ce hideux et atroce spectacle de la convention nationale après le 31 mai.

Si un pareil attentat était consommé, ce serait notre devoir à nous, hommes du pays, hommes de la liberté, de venir chaque jour faire une proposition pour la réparation de cet attentat. Ce serait notre devoir de venir chaque jour à cette tribune déposer une proposition, parce qu'elle serait une protestation régulière contre un acte attentatoire à la charte et à la liberté.

Le débat qui vient de s'ouvrir entre deux membres de la commission offre une carrière nouvelle à la discussion : jusqu'ici tous les membres avaient compris qu'il s'agissait de l'exclusion absolue de M. Manuel.

On l'avait si bien compris, que l'accusateur lui-même s'est servi de ces mots : *Dépouillé du manteau de l'inviolabilité dont il est indigne pour la dernière fois.* On s'est aussi servi de ces mots : *exclure de votre sein.* Il y a plus, M. Hyde de Neuville vous a cité à cette tribune les réglements des États-Unis et de l'Angleterre, d'après lesquels un membre est expulsé tout-à-fait. C'est dans ce sens que la constitution des États-Unis, que j'avais à la main quand l'orateur parlait, s'est exprimée. Elle s'est si bien exprimée en ce sens, qu'elle contient une condition expulsive que voici : Il est dit dans la constitution des États-Unis, et dans la constitution particulière de chaque État, qu'un membre peut être chassé aux deux tiers des voix de la chambre, *pour conduite désordonnée,* ce sont les mots du règlement; mais le règlement ajoute que s'il est réélu après avoir fait preuve de conduite désordonnée, il ne pourra pas être expulsé une autre fois pour le même fait. La raison en est simple, c'est que dans un pays populaire démocratique on dit : L'autorité a fait connaître à la nation les désordres du député, c'est à elle à juger s'ils sont de nature à lui retirer la confiance de la nation qui est souveraine; ici la nation est souveraine, car, aux États-Unis, c'est la nation qui est souveraine et non pas les chambres, comme on le disait tout-à-l'heure; si la nation veut que ce membre continue à la représenter, elle le renvoie, et la puissance des chambres se tait devant la toute-puissance de la nation.

Quoi qu'il en soit, il suffit d'établir qu'on n'a entendu parler jusqu'à présent que de l'exclusion absolue de la chambre; toute la discussion a été conduite en ce sens.

Or, que ferez-vous si M. Manuel, expulsé de la chambre, y était renvoyé par les colléges électoraux?

Ainsi ce n'est pas M. Manuel que vous frapperiez, mais les colléges électoraux. C'est le droit d'élection que vous tarissez à sa source. C'est un attentat nouveau à la charte et à la France.

J'espère, messieurs, pour l'honneur de cette chambre, que l'horrible scandale dont elle remplit la France depuis quatre jours finira. Quoi qu'il en soit, il est de fait qu'une discussion nouvelle commence, et qu'elle appelle des développements

15.

nouveaux. Je demande la levée de la séance et le renvoi à demain.

Cette proposition fut à l'instant rejetée.

MÊME SÉANCE.

Le général Foy obtint la parole sur la position de la question.

Vous n'êtes pas, messieurs, si avides d'exclure un de vos collègues, que vous ne veuilliez écouter toutes les propositions propres à éclairer la discussion; d'ailleurs il est impossible que vous terminiez cette affaire aujourd'hui; vingt, trente amendements peuvent pleuvoir sur la question. Votre intention doit être de ne voter que précisément ce que vous voulez voter, et pas autre chose; toutes les fois qu'une question peut se diviser, vous devez être disposés à adopter la division. Il y a ici deux questions principales; la première est le principe nouveau qu'une portion de la chambre veut établir, et en vertu duquel la chambre s'arrogerait le droit d'interdire, par forme de police, un de ses membres des fonctions de député, pendant un temps donné. La seconde question, c'est que, ce principe une fois posé, il faut savoir si vous pouvez rétroactivement l'appliquer à votre collègue. Certains membres de l'assemblée veulent de la rétroactivité. Je n'en suis pas étonné; ils veulent bien autre chose. D'autres membres ne veulent pas de rétroactivité, parce que ceux-là ont des sentiments de l'égalité ; ceux-là paraissent vouloir consacrer le principe de l'exclusion, mais ne croient pas pouvoir en faire l'application à un cas antérieur : il y a donc deux questions à soumettre à la chambre. Je crois qu'il convient à sa dignité, et qu'il importe aux libertés nationales, d'établir cette division.

Les ministres du roi, quoi qu'on en dise, sont intéressés dans cette question, parce qu'elle embrasse les droits de la prérogative royale ; le principe de l'exclusion une fois admis, qui empêchera de l'étendre à vingt, à trente députés ? et qui empêchera de l'appliquer aussi à la chambre des pairs ? Si ce principe est admis sans modification, la souveraineté résidera désormais dans la majorité actuelle des chambres, elle ne résidera plus dans le grand corps politique, composé du roi et des deux chambres, dans lequel la royauté héréditaire doit tenir la haute main, et exercer la suprématie.

Cette division fut écartée par la question préalable.

MÊME SÉANCE.

Il est cependant des considérations qui doivent toucher dans cette chambre quelques esprits réfléchis, quelques hommes désintéressés de l'action des passions. Ces hommes doivent voir qu'il s'agit ici d'une ère nouvelle. Nous sortons évidemment du système légal pour entrer dans la route du désordre et des abîmes. Comment est-il possible que des hommes respectables de cette assemblée, que des hommes qui, pour ne pas défendre, avec autant de chaleur que nous, telles et telles propositions, n'en veulent pas moins le maintien de la charte et des libertés publiques; comment se fait-il que ces hommes-là ne voyent pas que que tout est perdu, qu'un avenir désastreux commence, alors que l'on abuse du réglement pour consommer un acte immense, un acte qui appelle les plus sérieuses réflexions?

Messieurs, votre réglement n'a pu être fait pour le cas d'exclusion d'un membre, parce qu'il ne pouvait pas prévoir qu'une pareille proposition se présentât jamais; si le réglement avait supposé qu'on pût venir demander l'exclusion d'un membre, de combien de formes cette exclusion n'aurait-elle pas été accompagnée? J'en appelle à tous ceux qui se sont occupés de législation. Est-il possible que, dans un moment de passion, vous fassiez une loi et que vous l'exécutiez le même jour? Non, messieurs, c'est contraire à l'honneur de la chambre, contraire à la pudeur publique, c'est contraire à la morale. Vous attaquez le gouvernement représentatif: malheureux! Vous attaquez aujourd'hui la liberté!.... Vous attaquez toutes les formes conservatrices de la liberté; vous attaquez la charte, l'œuvre de votre roi; vous attaquez tout ce qu'il y a de plus sacré parmi nous, tout ce qui peut arrêter l'élan des factions; vous détruisez la seule ancre de sûreté qui nous reste au milieu de nos révolutions. Cette charte que vous brisez aujourd'hui ne sera plus là demain pour vous protéger;

au jour du malheur vous n'aurez rien à réclamer ; on vous répondra : Vous avez été injustes, vous avez écouté de tyranniques passions, vous avez oublié que vous aviez une patrie.

J'en appelle de nouveau aux hommes calmes et impartiaux, aux hommes qui suivent la marche de notre gouvernement, parce qu'ils croient que le gouvernement, quel qu'il soit, est toujours protecteur de la sécurité publique. Je m'adresse à eux, et je leur demande s'ils ne voient pas clairement qu'il s'agit aujourd'hui, non pas d'une attaque contre M. Manuel, mais d'une attaque contre le gouvernement lui-même. Ne voient-ils pas qu'il n'y a plus de droit pour personne alors que les droits d'un député sont si outrageusement violés ?

Eh messieurs ! je vous adresse une dernière prière au nom de la justice, au nom de la morale, de votre dignité personnelle : je vous demande d'accorder l'appel nominal pour une proposition où il s'agit de savoir si la chambre des députés restera ou ne restera pas intacte. Cet appel nominal, vous l'accordez tous les jours pour de misérables amendements sur les questions les moins intéressantes, sur des questions qui ne touchent en rien à la paix publique. Consultez vos consciences et dites si vous pouvez refuser cet appel nominal !

Cette proposition fut également écartée par la demande et l'adoption de la question préalable.

SUR LA PROTESTATION CONTRE L'EXCLUSION

DE M. MANUEL.

SÉANCE DU 5 MARS 1823.

M. Dudon demandait l'ordre du jour sur la lecture de la protestation.

Les dernières paroles de l'orateur qui descend de la tribune renferment la question tout entière. Il a cité je ne sais quel décret de 1791, qui défend, sous peine de forfaiture, aux agents du gouvernement, de faire des protestations. C'est précisément parce que nous sommes placés dans une sphère supérieure, et qui domine l'ordre social, que de pareilles considérations ne nous sont pas applicables.

Pour ce qui concerne les protestations, où est écrit le droit? Il ne pourrait l'être que dans la charte ou dans le réglement de la chambre. Or, je le demande! Y a-t-il dans la charte ou dans le réglement une seule phrase, un seul mot à cet égard? Dès-lors, la question reste entière; dès-lors, nul ne peut contester à une fraction de la chambre, quelle qu'elle soit, le droit de faire une déclaration, une protestation, si vous voulez, contre une décision de la majorité. Ce droit admis, qui contestera celui de déposer cette déclaration sur le bureau? Et cette déclaration une fois déposée, où est écrit le droit du président?

dans l'article 12 du réglement. Cet article porte :
Le président donne à chaque séance connaissance
à la chambre des messages, lettres et paquets qui
lui sont adressés.

Est-ce une lettre qui concerne la chambre qu'une
déclaration où il s'agit des droits des députés, de
la sainteté de la charte? Je vous demande si une
telle déclaration concerne la chambre, et si M. le
président a le droit d'en refuser la lecture? La
chambre a-t-elle le droit de lui imposer l'interdiction de cette lecture?

Quand même il y aurait, à cet égard, dans votre
réglement, quelque article limitatif (et il n'y en a
pas), est-ce dans les circonstances graves, solennelles, terribles, dont vous êtes entourés, que
vous pourriez vous arroger le droit de repousser
la minorité par un injuste et calamiteux dédain?
Non, ce droit n'existe nulle part; il n'est écrit ni
dans la charte, ni dans le réglement, ni dans le
cœur des Français, ni dans celui de cette brave
garde nationale.....

Oui, messieurs, de cette brave garde nationale,
qui a donné hier un si noble exemple de son respect pour la représentation nationale. Non, tout
n'est pas désespéré ; la charte n'est pas perdue ; la
liberté peut se recouvrer encore, puisque la patrie
renferme de pareils citoyens[1].

[1] On se rappelle qu'une compagnie de la garde nationale, ayant
pour sergent M. Mercier, avait refusé d'attenter à la majesté
de la représentation nationale.

SUR LA VÉRIFICATION DE SES POUVOIRS.

Le général Foy avait été élu par trois colléges électoraux ; le rapporteur des élections du département de l'Aisne proposait de suspendre la vérification de ses titres d'éligibilité, jusqu'au rapport du huitième bureau.

Je dois donner à la chambre des éclaircissements sur l'espèce d'irrégularité qu'on a cru apercevoir dans la production de mes pièces qui constatent mon éligibilité. Il est des personnes que la prévoyance ministérielle a fait dégréver. Pour moi, je n'ai pas été dégrévé. L'administration a jugé plus simple de m'enlever une contribution tout entière. C'est ma contribution personnelle et mobilière pour 1822 et 1823. Il s'est trouvé qu'en 1823, quand j'ai demandé à payer et qu'on me fournît mon certificat de contributions, on m'a répondu : Vous êtes inscrit sur le rôle ; voilà bien votre nom, votre cote, etc. ; mais on n'a pas exigé de vous le paiement ; on ne peut pas vous donner le certificat. C'était un cas tout particulier qui me rendait inéligible ; de sorte que j'aurais été élu par cinquante départements à la fois...., mon élection était nulle.

Qu'ai-je fait? je me suis adressé à M. le ministre des finances, qui a pris à mon égard une mesure qui m'a rendu mon éligibilité. Elle a consisté à me faire délivrer un certificat des contributions futures de 1824, comme équivalant à celles de 1823; ainsi, grace à M. le ministre des finances, j'ai joui d'un double avantage. Je n'ai pas payé ma contribution personnelle et mobilière, et elle m'a cependant bénéficié pour mon éligibilité. Je dois d'autant plus faire remarquer la bonne conduite ministérielle, qu'elle n'a pas été commune à tous les autres ministres : car, tandis qu'à Paris un ministre me donnait ainsi le moyen de lever une difficulté qui m'était faite par ses subordonnés, un autre ministre me laissait impunément insulter, même après mon élection, par un obscur procureur du roi.

M. le ministre des finances donna à la chambre quelques explications, auxquelles M. le général Foy répondit en ces termes :

M. le ministre des finances a établi son raisonnement sur une erreur matérielle, sur une erreur de fait. Il vous a dit qu'en 1820 et 1821 j'étais dans une situation militaire d'activité, et qu'en 1822 et 1823 je n'étais plus qu'en disponibilité; que de cette différence de situation résultait l'omission de ma cotisation d'impôt personnel. Il est dans une erreur complète.

En 1820, 1821, 1822 et 1823, j'étais aussi en disponibilité. Ma situation était la même. Les droits de l'administration étaient les mêmes. Il y a parité parfaite. Il a donc raisonné à cet égard d'après de fausses instructions.

Le ministre a prétendu que j'aurais dû réclamer en 1822. Je ne sais pas jusqu'à quel point les contribuables sont obligés d'aller prier les percepteurs de vouloir bien lever les contributions; j'ignore quelle est la nature des instructions que M. le ministre donne à ce sujet. Le budget ayant été voté tard, il n'y a qu'un seul mode de recouvrement pour 1822 et 1823, et qu'un seul rôle pour les deux années. Mais ce qui est certain, c'est que l'ordre étant donné au payeur de ne faire la retenue qu'à la fin de l'exercice, j'ai cru qu'on la ferait pour deux années à la fois.

A la fin de 1823, j'ai demandé au payeur pourquoi il ne m'avait pas fait la retenue. Déjà certains journaux avaient annoncé que je n'étais plus éligible, et on le disait même dans les bureaux. Il m'a répondu que c'était parce que je n'étais point porté sur l'état des militaires en disponibilité. Je me suis donc adressé au directeur des contributions, qui m'a dit que je n'étais pas sur les rôles ordinaires. Ainsi, ni M. le directeur ni le payeur ne voulurent me donner le certificat de ma cotisation. C'est alors que je me suis adressé à M. le ministre des finances, et j'ai déjà rendu justice à sa conduite.

Remarquez toutefois une chose bien grave pour le gouvernement représentatif, c'est que le ministre était le maître d'invalider mes droits; remarquez que, par suite de cette marche administrative,

votre éligibilité est livrée à la discrétion ministérielle. Ce n'est pas là la seule circonstance où les
droits politiques des citoyens sont à la disposition
des ministres.

Quant à la question que M. le ministre des finances vous a proposée, si je pouvais profiter,
pour mon éligibilité, de la contribution que je
n'ai pas payée, elle ne peut pas en être une.
La loi a prévu la difficulté. En effet, elle n'a
pas dit qu'il fallait payer depuis un an les contributions exigées pour l'éligibilité ; mais elle a dit
qu'il fallait posséder depuis un an la propriété sur
laquelle la contribution était assise. Vous êtes les
maîtres de ne pas m'imposer ; mais il me suffit de
vous prouver que je possède depuis un an la propriété, pour en recueillir l'avantage sous le rapport
de l'éligibilité

Je suis désespéré qu'on m'ait fait enlever à la
chambre des moments précieux pour donner des
détails purement personnels. Mais, dans cette discussion, j'ai voulu surtout établir deux choses : 1°
que le ministre avait été mal instruit sur les faits
par ses agents ; 2° que les ministres pouvaient,
dans des circonstances données, anéantir, à leur
gré, nos droits publics par des ruses administratives.

L'admission du général Foy fut suspendue jusqu'au rapport
du huitième bureau.

SUR LA VÉRIFICATION

DES POUVOIRS DE M. BENJAMIN CONSTANT.

Le rapporteur avait conclu à l'admission de M. Benjamin Constant, lorsque M. Dudon s'y opposa, en soutenant que M. Benjamin Constant n'était pas citoyen français, et n'avait pas les qualités nécessaires pour siéger dans la chambre. Le général Foy répliqua ainsi :

J'essaierai de satisfaire au vœu de la chambre, qui paraît désirer une discussion grave et méthodique pour arriver à une décision légale.

La question qui vous occupe me semble présenter trois points culminants autour desquels se rallie l'accusation. J'emploie ce mot, parce que, d'après la manière dont s'est présenté le préopinant, d'après les termes dont il s'est servi, il s'agit en effet d'une accusation. En premier lieu, le père de M. Benjamin Constant, en profitant du bénéfice de la loi qui rouvrait les portes de la France aux descendants des religionnaires expatriés pour cause de religion, aurait usurpé une qualité qui n'était pas faite pour lui, attendu que la loi ne s'appliquait pas à la spécialité dans laquelle il était.

Le second point consiste en ce que la loi de 1790, en vertu de laquelle M. Benjamin Constant a réclamé et exercé ses droits de citoyen français dans toute sa plénitude, ne conférait pas, dans le système de l'attaque, les droits de citoyen, même dans les moindres détails.

Le troisième point me paraît mériter une attention particulière; c'est que tout ce qui a été fait avant la restauration, en matière de naturalisation, est anéanti, ramené aux anciennes lois du royaume, par la loi du 4 juin 1814.

Je vais essayer de répondre à tout ce qui a été dit sur ces trois points de la question.

On nous dit qu'Augustin Constant, noble du seizième siècle, compagnon de Henri IV, qu'il avait sauvé à la bataille de Coutras, aurait tramé un complot avec les huguenots; que, par suite de ce complot, il a été obligé de quitter la France; qu'il s'est établi à Genève, et que c'est là le point de la prétention de la famille Constant et de notre collègue à la qualité de Français. Vous voyez qu'il est ici question des rapports de la religion avec la politique sous le règne de Henri, point fort délicat à traiter. Tout parti religieux était alors un parti politique : les affaires de l'état et de l'Église sont toujours confondues; et cela est si vrai que Sully, que l'on cite toujours (et l'on a raison de le faire), dit toujours les affaires de *l'état et de l'Église*.

Ainsi il est très-croyable que le complot que l'on a fait valoir contre Augustin Constant, comme un com-

plot politique, était un complot religieux ; qu'on s'é-
tait servi de la croyance d'Augustin Constant pour
rattacher cette affaire à la politique ; et c'est ainsi que
cela s'est passé. De tout temps on a trouvé moyen
avec la religion d'arriver à la politique. Quoi qu'il
en soit, qui a été juge de sa demande en naturalisation ? l'autorité compétente pour recevoir la déclaration du père de M. Benjamin Constant. Les
administrateurs de Dôle qui l'ont reçue ont dû dire
au père de M. Benjamin Constant : La loi vous est
applicable ou elle ne l'est pas ; et si elle eût fait
quelques objections, le père de M. Benjamin Constant aurait pu invoquer des traditions, des souvenirs que son grand âge lui aurait donné le moyen
de recueillir. On ne peut donc pas se mettre à la
place des juges ; on ne peut pas briser l'autorité
de la chose jugée, sans avoir les documents que la
personne jugée aurait invoqués auprès de ses premiers juges.

Mais ceci est complètement inutile à la cause.
M. Benjamin Constant a un autre titre plus positif,
et duquel résulte l'application directe, immédiate
et absolue de la loi de 1790 qui concerne les religionnaires ; cette loi dit, article 22 : « Toutes personnes qui, nées en pays étranger, descendent, à
quelque degré que ce soit, d'un Français ou d'une
Française expatriés pour cause de religion, sont déclarées naturels français. » Eh bien ! la grand'mère
de M. Benjamin Constant descend en ligne directe du ministre Chandieu, chapelain protestant
du roi de Navarre depuis Henri IV ; dont l'ar-

rière petit-fils, également ministre, s'est retiré à Genève, par suite de la révocation de l'édit de Nantes. Ainsi, alors même que M. Benjamin Constant ne pourrait pas invoquer sa filiation de religionnaire pour la ligne paternelle, il invoquerait celle de la ligne maternelle; puisque la loi lui confère sans distinction la faculté de redevenir Français.

Si l'on me disait que M. Benjamin Constant a cité seulement son ancêtre Augustin et qu'il n'a point parlé de sa grand'mère, je dirais que c'est parce qu'il a fait sa réclamation à une époque où les faits de l'espèce de celui auquel avait pris part Augustin son aïeul étaient en faveur; il est donc naturel que ce soit sur ce titre qu'il ait fondé spécialement sa réclamation. Mais je dis que tout cela est inutile; la municipalité de Dôle avait le pouvoir de recevoir la déclaration du père de M. Benjamin Constant; elle avait reçu du tribunal le pouvoir d'enregistrer cette déclaration; il a été, par le fait même, investi de tous les droits que confère la loi de 1790.

Voyons quels droits confère cette loi. Elle dit, article 22 : « Toutes personnes qui, nées en pays étranger, etc., sont déclarées naturels Français, et jouiront des droits attachés à cette qualité, s'ils reviennent en France, y fixent leur domicile et prêtent le serment civique. »

Quant au second point, on a dit que la loi de 1790 ne conférait pas de droits politiques; c'est ce que je nie complètement. Sous la législation de l'assemblée constituante, il n'y avait pas de différence marquée entre le titre de citoyen français et la qualité de Français ; tout individu né en France d'un Français était Français ; tout Français qui payait trois journées de travail était citoyen français, et quand il avait prêté le serment civique, de ce serment dérivaient, dans toute leur plénitude, les droits de citoyen. Je dis dans toute leur plénitude, parce qu'il n'y avait pas un cens particulier exigé pour être éligible.

M. le président : Il y avait un marc d'argent.

Aujourd'hui il y a une différence entre le Français et le citoyen français, différence caractérisée par l'article 1er du Code civil. Ainsi, M. Benjamin Constant, descendant de religionnaires sortis de France pour leurs opinions religieuses ; M. Benjamin Constant, dont le père avait fait la déclaration voulue par la loi de 1790 ; M. Benjamin Constant, qui payait le cens et avait prêté le serment, était citoyen français.

On objecte la pétition qu'il a adressée au conseil des cinq cents en 1796 ; cette pétition est précisément confirmative de ce qu'a dit M. Benjamin Constant. Il se regardait comme investi, et l'était effectivement par la loi de 1790, des droits de citoyen. Survient la constitution française de l'an III, qui dit que tout citoyen qui aura résidé pendant plus de sept ans hors du territoire de la république, sans mission ou autorisation de la nation, sera réputé avoir renoncé à son titre de citoyen. M. Benjamin Constant s'élève contre cet article : des religionnaires avaient résidé pendant des siècles entiers hors du territoire de la patrie. Il s'agissait de réclamer contre un article de la constitution de 1790. Toute la pétition de M. Benjamin Constant a été rédigée dans ce sens; il n'a pas dit qu'il n'était pas citoyen français; il a dit: Je le suis, je veux conserver ce titre que vous menacez de m'enlever. Le conseil des cinq cents a reçu sa pétition. M. de Pastoret a fait un rapport au directoire, ce rapport était favorable à la pétition. Le directoire exécutif, éveillé par l'opinion publique, s'est empressé de prouver qu'il ne tenait pas à ses prétentions puisqu'il a nommé M. Benjamin Constant président de canton.

On a demandé s'il avait satisfait aux obligations imposées aux citoyens; on a parlé de service militaire : M. Benjamin Constant est né en 1767; ce service, établi en 1793, était obligatoire pour tous les citoyens de dix-huit à vingt-cinq ans; M. Benjamin Constant était hors de son action puisqu'il avait dépassé cet âge. Ce n'était pas un acte comparable aux lois de la réquisition et de la conscription. Ces lois, par leur généralité, ont atteint toutes les classes; si M. Benjamin y eût été soumis, il eût servi son pays comme les autres Français.

Vous lui demandez s'il a fait partie du jury; vous pourriez me faire la même question, à moi; je n'ai jamais été juré.

A droite: Vous étiez militaire.

Je réponds que beaucoup de militaires, qui sont

16.

depuis dix ans dans la même position que moi, font souvent partie du jury. Je ne veux pas fatiguer votre attention par une énumération plus étendue des droits qu'avait M. Benjamin Constant, antérieurement à la restauration, à la qualité de citoyen français; ses droits sont positifs. La loi de 1790 lui a été appliquée justement comme descendant des religionnaires fugitifs; n'eût-elle pas été appliquée justement, ce n'en serait pas moins une chose jugée, et il faudrait un jugement du tribunal pour défaire ce qui a été fait légalement.

Ici M. Benjamin Constant fait remettre une note à M. le général Foy.

M. Benjamin Constant me fait remettre un certificat des autorités de Luzarches, département de Seine-et-Oise, de l'an VII, duquel il résulte qu'il est propriétaire du domaine d'Héricourt dans cette commune; qu'il a prêté le serment civique, et qu'il a fait le service de la garde nationale.

Voilà donc une charge de citoyen français qu'il a remplie.

Nous avons traité la question du droit de M. Benjamin Constant antérieurement à la restauration. Voyons quelle influence la restauration a eue sur sa qualité. Une ordonnance du roi a paru le même jour que la charte, le 4 juin 1814, mais cette ordonnance est antérieure à la charte; il faut bien qu'elle le soit, puisque, si elle était postérieure, elle réglerait ce qui aurait dû être réglé par la charte. Il est nécessaire de se reporter à la situation dans laquelle était la France au moment où cette ordonnance souveraine, qui domine toute la législation, a été rendue. Un tiers de notre territoire nous avait été enlevé; cinquante départements avaient cessé d'être français, le sénat et le corps législatif comptaient dans leur sein des hommes nés dans ces départements, ils avaient des droits, et ils étaient en possession de titres de propriété, avantages qui résultaient de leur qualité de Français. Le roi a voulu, par cette ordonnance souveraine, séparer la qualité de Français du territoire ancien de celle de Français du territoire momentanément réuni. Cela était sage, cela était nécessaire pour assurer le bien que le roi voulait faire à ceux qui étaient nés dans les lieux qui avaient fait partie de l'ancien territoire français.

La disposition de l'ordonnance s'applique à l'étranger : l'étranger dans nos lois est défini d'une manière négative, c'est celui qui n'est pas Français ; le Français, c'est celui qui est né sur le territoire de la France, ou qui est né sur le territoire étranger, d'un père français, ou qui est dans une circonstance particulière telle que celle qui caractérise M. Benjamin Constant. Or, ceci est reconnu. En effet, dans l'attaque même M. Benjamin Constant est reconnu pour Français jouissant de l'exercice de ses droits civils. Seulement on prétend, l'ordonnance à la main, qu'il doit être considéré comme étranger quant à l'exercice des droits politiques. Il me semble qu'il faut être conséquent avec soi-même : il faut dire à M. Benjamin Constant : Ou vous n'êtes pas Français du tout ou vous l'êtes tout-à-fait.

La loi dit : nul étranger, etc., et de votre aveu même M. Benjamin Constant n'est pas étranger.

On a cité l'exemple du maréchal Masséna dont le nom rappelle de si glorieux souvenirs ; le maréchal Masséna tout Français par les immenses services qu'il avait rendus à la France n'était pas né sur le territoire français ; il était né à Nice, qui a été réunie à la France, en 1791, sous le nom du département des Alpes maritimes. Ce département ayant été séparé du territoire français, il a été nécessaire d'accorder au maréchal Masséna de grandes lettres de naturalisation.

On a cité M. Pictei Diodaté qui se trouvait précisément dans le même cas : il n'y a aucune parité entre ce cas et celui de M. Benjamin Constant qui est né à Lausanne.

Ne pouvant pas tirer parti du texte de l'ordonnance, on s'est élevé aux considérations tirées du préambule ; on a vu dans ces mots, la naissance et le berçeau, la nécessité d'être né sur le territoire français pour garantir l'affection au souverain, et l'amour de la patrie. Messieurs, la patrie est pour le proscrit partout où on lui permet de porter ses pas. C'est surtout le proscrit qui aime la patrie, lui qui pleure la patrie absente, et je vais vous citer un exemple que vous ne repousserez point. Plusieurs de vous ont été proscrits, inscrits sur les tables d'exil ; des enfants sont nés pendant l'émigration. Si on leur disait un jour : Vous n'êtes point Français ; dans le berçeau, la langue française n'a point retenti à vos oreilles ; ne repousseraient-

ils pas cette injuste allégation ? Ne diraient-ils pas :
Nous sommes Français ; nos enfants aussi sont Français, plus Français que les autres, parce que, plus
que les autres, nous avons pleuré la patrie. Et vous
voudriez que les religionnaires fugitifs qui ont
toujours rêvé la patrie, qui en ont sans cesse entretenu leurs enfants, ne pussent l'invoquer pour
eux !

J'ai à faire va loir d'autres considérations qui vont
moins au cœur, mais qui sont plus exactes et qui
sont appuyées sur la législation. Il y a possession
d'état double, antérieure et postérieure à la restauration ; antérieure, parce que toutes les conditions
voulues par la loi de 1790 ont été remplies, parce
l'acte fait devant la municipalité de Dôle a investi
M. Benjamin Constant de la plénitude de ses droits
de citoyen ; postérieure, parce que M. Benjamin
Constant a siégé cinq ans au milieu de nous ; que
sa qualité de citoyen a été livrée à la discussion,
parce que cette question a été jugée par l'autorité
la plus imposante, après celle du monarque, l'autorité de la chambre des députés.

En finissant, je ne puis m'empêcher de vous
faire remarquer ce qu'a d'étrange cette discussion.
Les élections ont lieu ; quatre cent trente députés
sont à nommer ; huit ou dix sont sortis professant
notre opinion ; le reste se compose en grande, en
immense majorité, de candidats désignés par le ministère, et le premier acte de cette assemblée serait
de ne pas admettre un député qui a siégé cinq ans
dans cette chambre, un député riche d'une dou-

ble possession d'état, qui réunit toutes les conditions, qui a rempli depuis trente ans toutes les
formalités requises pour être Français. Il est trop
de motifs de convenance à observer dans cette
question; je pense que vous saurez les apprécier,
car ne pas les apprécier, ce serait ne pas être
Français.

Sur la proposition de M. la Bourdonnaye, l'examen des pouvoirs de M. Benjamin Constant fut alors renvoyé à une commission.

SUR LA RÉDUCTION DES RENTES.

Le général Foy était malade, et n'avait pu venir aux séances qu'après que la discussion générale était fermée. Il a rédigé cette opinion sur les notes qu'il avait préparées pour parler à la chambre.

Messieurs, une industrie nouvelle s'est développée sous nos yeux, et fait depuis huit ans de continuels progrès. Elle consiste à acheter et à vendre, et à sans cesse racheter et revendre les valeurs qu'a créées et multipliées le système du crédit. Ces délégations sur la postérité, qu'on appelle *effets publics*, ont la propriété de passer de main en main avec la rapidité de l'éclair, affranchies qu'elles sont, par leur nature, des impôts de mutation et des difficultés légales qui embarrassent la circulation des autres propriétés. Bien plus, la promesse de livrer dans un délai déterminé ce qu'on n'a pas aujourd'hui, ce qu'on n'aura jamais, fait le même office, et produit les mêmes effets que la possession véritable. Tout accourt à la bourse, les capitaux réels comme les capitaux fictifs, et avec eux les combinaisons hasardeuses et les passions dévorantes. On prend en dédain les profits que donne la véritable, l'honorable industrie, celle qui se fonde sur l'agriculture, les arts

et le commerce, on les prend en dédain, comme
trop bornés, trop lents, et surtout parce qu'ils
coûtent trop de peine. Les cultivateurs, les fabricants, les marchands, en un mot toutes les classes
productrices, sont effacées devant une classe aven-
tureuse qui s'agite dans le même cercle d'opérations, sans repos pour elle, comme sans accroissement pour la richesse nationale. Gardez-vous de
croire que ces hommes-là aient une opinion politique, une conviction morale. Ils n'ont d'autre
patrie que la bourse, et la part stérile qu'ils prennent aux affaires publiques ne se prolongerait jamais au-delà du jour de la liquidation, s'ils avaient
le courage de réparer leurs pertes par un honnête
travail, ou s'ils savaient rester riches, lorsqu'une
fois ils le sont devenus.

Or, il est arrivé, au commencement de l'année
1824, que *les effets publics se sont payés fort cher
sur les marchés où on les négocie. Un élan* inattendu
*a été donné à l'élévation du cours. Une espèce de
fièvre à la hausse* s'est emparée des joueurs. *La
manie des prêts a fourni à qui l'a voulu la facilité
de remplir des emprunts.*

Ce sont là, messieurs, les paroles de M. le ministre des finances. Voilà les faits qu'il porte à votre
connaissance; et il doit d'autant mieux apprécier
la fièvre de la hausse et la manie des prêts, qu'il n'a
pas peu contribué, sinon à la faire naître, du moins
à la porter au degré d'effervescence où nous la
voyons aujourd'hui. N'avez-vous pas encore présenté à la pensée l'agitation quotidienne qu'excitaient

dans Paris, avant et pendant la campagne d'Espagne, les petits billets au syndic des agents de change, les nouvelles soudaines et les phrases officielles ou semi-officielles des journaux du ministère? N'avez-vous pas vu M. le comte de Villèle, dans ses opérations comme dans ses discours, et samedi dernier encore, lorsqu'il voulait que l'on précipitât la présente discussion, ne l'avez-vous pas vu placer constamment l'administration des finances sous la protection du jeu de la bourse?

Parfaitement d'accord avec le ministre sur les faits, nous partageons également sa pensée sur une partie des causes qu'il leur assigne; nous applaudissons à la qualification *de transitoires* qu'il attribue avec tant de justesse aux circonstances actuelles. Mais que doit-on faire au milieu *de ces circonstances transitoires?* Écoutons encore M. le comte de Villèle : *Il faut en profiter quand elles sont dans toute leur force, ainsi que la prudence veut qu'on use de tout ce qui est accidentel et passager.*

Vous l'entendez, messieurs, c'est un instant à saisir, c'est un coup de bourse à faire. Des spéculateurs acharnés à exploiter les *manies* et les *fièvres* de l'esprit humain, ne diraient pas mieux. A vous, messieurs, qui êtes réputés les tuteurs des intérêts nationaux, d'autres devoirs vous sont prescrits. Un langage plus sévère convient à votre dignité. Vous asseoirez vos calculs sur des bases plus solides et plus morales : c'est à une source plus pure que vous puiserez des inspirations.

Un projet de loi vous est soumis, qui a pour

objet de réduire d'un cinquième l'intérêt de la rente de l'état, sous couleur d'offrir aux rentiers la faculté du remboursement.

Suivant le droit commun, tout débiteur est habile à rembourser son créancier, comme tout créancier est habile à poursuivre, exproprier, emprisonner le débiteur qui voudrait le payer en fausse monnaie, ou qui ne voudrait pas le payer du tout.

Voilà les conditions habituelles du contrat de rente; les voilà telles qu'elles se trouvent en France, comme ailleurs, dans la loi civile, fondées sur l'égalité des chances et sur la réciprocité des bénéfices et des charges.

Cette égalité et cette réciprocité, elles n'existent pas; elles ne sauraient exister dans les relations entre un état débiteur et des sujets créanciers.

L'état peut toujours tout ce qu'il veut, et veut souvent tout ce qu'il peut. Les créanciers lésés n'ont pas même le pouvoir de se communiquer, et de faire retentir leurs plaintes.... En vérité, messieurs, il serait par trop dérisoire que le gouvernement, juge éternel dans sa propre cause, eût la prétention de tirer profit de dispositions et de garanties législatives, dont il est accoutumé à se jouer toutes les fois qu'elles sont favorables à ses adversaires. A quoi bon citer le texte des lois, là où il n'y a pas d'autorité pour en faire l'application? Qu'ont à faire dans ces grands débats, entre la puissance publique et des individus isolés, qu'ont à faire les édits et les codes? Ce n'est point la légalité qu'il faut invoquer, mais le bien public, et

avant tout cette justice inviolable et sacrée qui est
écrite dans les consciences, et qui juge les tribunaux, les gouvernements et les peuples eux-
mêmes.

Partant de ce principe, je considérerai l'opération qui vous est soumise, premièrement sous le
rapport de l'équité; secondement dans ses relations
avec le bien-être ou le malaise du pays; troisièmement dans ses moyens d'exécution.

Et d'abord, puisque M. le ministre des finances
invoque en sa faveur l'exemple des pays entrés
avant nous dans la carrière du crédit, il importe
de lui prouver que, dans la question qui nous occupe, il y a peu ou point de parité entre l'Angleterre et la France.

Quand le gouvernement anglais emprunte, il
donne au prêteur des titres variés dans leurs
formes. Ce sont, tantôt des cinq, tantôt des
quatre, tantôt des trois pour cent; souvent des
annuités plus ou moins longues; presque toujours
des effets remboursables, mais qui ne peuvent
pas l'être avant un terme déterminé; quelquefois
enfin, d'autres effets qui ne seront remboursés
jamais. Il suit de là que la dette anglaise est divisée en compartiments.

C'est tout l'opposé en France. La révolution a
réduit toutes les espèces de créances en une seule.
Elle a inscrit la dette publique tout entière sur
un *grand livre*. Les emprunts contractés depuis la
restauration n'ont été que des feuillets ajoutés à

ce grand livre. En un mot, la dette française est une, compacte et homogène.

Autre différence. Le parlement d'Angleterre emprunte des capitaux. C'est de capitaux qu'il a besoin pour acquitter de vieilles dettes ou pour accomplir des services nouveaux. C'est une masse déterminée de capitaux qu'il demande à ceux qui peuvent et veulent les prêter.

En France, au contraire, il n'est pas même mention de capital dans les actes de la législature qui autorisent les emprunts. Les chambres ouvrent au gouvernement un crédit en rentes dans la quotité jugée suffisante pour procurer à peu près les ressources nécessaires; et les titres ou inscriptions de ces rentes sont la monnaie remise aux prêteurs en échange de l'argent qu'ils versent dans les coffres de l'état.

Cette diversité dans les formes devait en amener dans les faits. Elle devait, en ce qui concerne les droits respectifs de l'état et de ses créanciers, faire naître des idées différentes et même des systèmes opposés dans les deux pays. On a pu manier la dette anglaise par fragments. On en a remboursé quelques portions. On a allégé les autres par des revirements d'une nature de fonds en une autre nature. Ces transformations, toujours partielles, toujours prévues, toujours annoncées à l'avance, sont entrées le plus souvent dans les convenances particulières des porteurs de rentes; et y eussent-ils eu répugnance, ils n'auraient pu

se plaindre, puisqu'on offrait toujours de leur
rendre précisément le même capital que la législature avait autorisé le gouvernement à leur demander.

Mais en France, il n'est venu dans la pensée de personne que l'on pensât jamais à un remboursement qui souleverait la dette publique tout entière. Les rentiers français croyaient, il y a peu de jours encore, que si leur capital courait souvent des chances périlleuses, au moins leur revenu était invariablement assuré. Ils se fondaient sur ce que la révolution ne les avait pas remboursés avec ses assignats, ni l'empire avec les dépouilles des rois vaincus. Ils se fondaient par-dessus tout sur ce que les lois qui ont autorisé les emprunts depuis la restauration n'ont jamais mentionné des capitaux à rembourser, mais seulement des rentes à aliéner.

Je ne discuterai pas la valeur des arguments sur lesquels reposait cette opinion; mais elle était de bonne foi, elle était universelle, et sous ce double rapport, elle ne devait pas être refoulée avec tant de brusquerie par un gouvernement qui veut conserver quelques formes de la monarchie constitutionnelle.

Ces créanciers de bonne foi, et les derniers comme les autres, puisqu'en raison de l'homogénéité de la dette en France, ils le sont tous aux mêmes droits et aux mêmes titres, ces créanciers de bonne foi, vous savez avec quelle dureté ils ont été rançonnés dans tous les embarras de finances.

Depuis le système de Law jusqu'à l'abbé Terrai, et depuis l'abbé Terrai jusqu'au prétendu remboursement des deux tiers, on n'a fait que les promener de banqueroute en banqueroute.

Le petit écu versé dans le trésor royal pendant les premières années du règne de Louis XV, est tombé de soixante à trente, par la mauvaise foi de l'ancien régime, et de trente à dix, par les monstrueuses dépenses de la révolution...... Tout cela était déjà loin de nous. Le rentier avait oublié que sa rente de deux semestres n'est plus que l'intérêt de la sixième partie du capital prêté à l'état par ses devanciers. Mais aujourd'hui qu'il se voit troublé et envahi dans sa paisible jouissance, tous les souvenirs douloureux reviennent à sa mémoire. Il rapproche avec amertume le mal qui lui fut fait, du mal qu'on va lui faire. Que lui importent vos théories sur l'accroissement du capital balancé avec la réduction des intérêts?.... Ces intérêts composent son revenu, c'est sur ce revenu qu'il a compté pour entretenir sa maison, pour élever sa famille, pour satisfaire à ses engagements. Puisque vous dérangez ses habitudes, puisque vous défaites sa vie, c'est bien le moins qu'on lui prouve que son malheur n'est le produit ni de la cupidité, ni de faux calculs ministériels, et qu'en perdant le cinquième de sa fortune, il subit la loi de la nécessité.

Où est-elle, messieurs, cette nécessité qui seule pouvait justifier une mesure si acerbe? Nous avons la paix. On ne cesse de nous dire que l'état de nos finances est prospère. Au fait, nos recettes sont énormes, et il ne tient qu'aux ministres de diminuer les dépenses. Ce n'est donc point la détresse du pays qui provoque l'impôt que l'on veut lever sur cent cinquante mille citoyens.

Dira-t-on que ce n'est pas un impôt, que la réduction de la rente est la rectification d'un désordre financier, et qu'il est urgent de raccorder l'intérêt de la dette publique avec le taux général des placements? Mais où trouvera-t-on le type, le module de ce taux général des placements?

On ne prendra pas pour exemple, au moins je le suppose, le prix des biens fonds, car c'est une nature de placement privilégié entre tous les autres. La possession des terres confère des droits politiques; assure une juste considération, procure des jouissances multipliées, qu'il est difficile d'évaluer en numéraire...; et malgré tant d'avantages réunis, nous voyons que dans nos départements éloignés, et à une certaine distance des grandes villes, on achète encore les biens fonds au denier vingt, et même à meilleur marché.

Sous vos yeux, messieurs, dans la capitale, s'élèvent, comme par enchantement, des quartiers nouveaux qui ressemblent à des villes. Demandez aux propriétaires des maisons quel intérêt ils tirent de leur capital employé de cette manière, tous vous diront cinq, six pour cent et même au-delà.

Qu'on ne vienne pas nous parler de la caisse de service, et des grandes maisons de Paris, qui font

du papier à quatre et même à trois et demi pour
cent. C'est là un placement à terme rapproché,
parfaitement adapté à la convenance des spéculateurs qui veulent retirer pendant quelque temps
leur capital de la mêlée, et par cela même borné
à l'usage presqu'exclusif de ceux qui font des affaires dans la capitale...... D'ailleurs, ces effets qui
se faisaient, il y a peu de jours, à trois et demi,
ont monté à cinq, et ils monteront peut-être
davantage...... N'a-t-on pas vu ces jours derniers
les autres placements, connus sous le nom de
report de la rente, gagner dix-huit, même vingt-
quatre pour cent?.... Au reste, ces différents emplois de capitaux appartiennent à des circonstances spéciales et fugitives. Il faut chercher ailleurs
le thermomètre du taux de l'intérêt. Allez chez
tous les notaires de Paris, tous vous offriront des
placements solides à cinq pour cent. Allez dans
les départements, vous n'y verrez qu'arrangements
particuliers entre les emprunteurs et les prêteurs,
pour violer, au profit de ces derniers, la loi qui
fixe le taux de l'intérêt à cinq pour cent.

Il est donc évident que, partout en France, l'argent rapporte un loyer plus haut que cinq pour
cent. Quant à l'étranger, vous voyez que les cotes
journalières des bourses, que les emprunts de l'Autriche, de la Prusse, de la Russie, de Naples, sont
encore aujourd'hui, malgré la fièvre de la hausse,
au-dessus de cinq. Il n'y a que l'Angleterre qui fasse
exception; et pourquoi l'Angleterre fait-elle exception? Pourquoi la France ne doit-elle pas s'autori-

ser aveuglément des exemples de l'Angleterre? C'est parce que, ainsi que j'ai déjà eu l'occasion de le dire, les circonstances des deux pays sont essentiellement différentes.

La France, considérée comme puissance financière, a un vaste territoire, et une richesse mobilière peu considérable, et encore cette richesse mobilière ne se fait-elle ressentir en général qu'à Paris. L'Angleterre possède, avec un territoire limité, une richesse mobilière immense, et cette richesse mobilière immense est répandue également sur toutes les parties du territoire.

La France est une puissance continentale étroitement liée, et aujourd'hui plus que jamais, avec les autres puissances du continent. Dès-lors le crédit n'y est pas, ne peut pas y être le produit exclusif d'une politique française, d'une prospérité française, d'une sécurité française. Il n'est alimenté qu'en partie par nos capitaux. C'est moins un crédit français que le reflet du crédit de la coalition européenne. L'Angleterre marche dans une direction financière toute différente; souvent protectrice, et jamais protégée, elle ne prend de la politique du continent que ce qui convient à ses intérêts. Elle doit à sa position insulaire, et à sa vieille liberté, de posséder un crédit qui lui est propre, un crédit que les circonstances extérieures peuvent ébranler, mais jamais abattre; un crédit qui repose sur les nombreux et vastes débouchés ouverts à l'industrie, sur la masse immense des capitaux accumulés, sur les garanties matérielles et

17.

morales les plus étendues qui aient jamais protégé la société civile. Faut-il donc s'étonner que le taux de l'intérêt de l'argent soit toujours plus bas chez les Anglais que chez les autres peuples de l'Europe?

Puisqu'il en est ainsi, puisque tous les états, l'Angleterre exceptée, paient l'argent au-dessus de cinq pour cent, puisque dans notre propre pays cet intérêt de cinq pour cent est le prix le plus bas assigné au loyer des capitaux, dans les transactions habituelles, où est, je le demande, la nécessité, la justice, je dirai même le prétexte de réduire d'un cinquième le revenu de nos créanciers?

Ici les défenseurs du projet de loi m'arrêtent. La réduction, suivant eux, ne serait pas une réduction forcée. Elle serait complètement facultative. Les rentiers auraient à choisir entre la conversion des anciens titres en titres nouveaux, et le remboursement intégral de leurs créances.

Est-ce de bonne foi, messieurs, qu'on leur tient ce langage? quel est le projet, quel est le calcul de ceux qui arrivent avec des propositions si bénignes en apparence? Qu'ils disent quels sont les capitaux, où sont les capitaux qu'ils ont ramassés pour opérer le remboursement effectif et matériel d'une dette de plus de trois milliards! Eh! messieurs! le numéraire de l'Europe entière, refluant en masse sur la France, n'y suffirait pas.

D'un autre côté, les créanciers peuvent-ils réellement accepter ou refuser le remboursement qu'on leur impose? Supposons que la moitié d'entre eux, que le tiers seulement consente à être remboursé, que feront-ils de ce capital? où le jetteront-ils? quelle imagination oserait entrevoir le bouleversement que causerait, dans les valeurs et dans les fortunes, l'inondation subite d'un milliard employé à acheter tout ce qu'on voudrait mettre en vente? Qui peut apprécier jusqu'où monterait le prix des terres et des maisons, sans que pour cela il y eût augmentation dans les fermages ou dans les loyers?

Ceci n'est, au reste, qu'une vaine supposition. L'opération ministérielle repose tout entière sur la prévision que tous ou presque tous les porteurs de rentes seront forcés d'accepter la réduction. Étrange situation que celle d'un débiteur qui offre ce qu'il ne peut pas donner, et d'un créancier qui est amené à refuser ce qu'il voudrait bien accepter!

N'est-ce pas là, messieurs, une complète déception?..... et la tromperie ressort davantage quand on rapproche le projet de loi actuel des lois et des opérations financières qui l'ont précédé. Ces petits grands-livres, dont l'établissement a donné lieu à tant de discussions, qu'y verra-t-on aujourd'hui, sinon un leurre pour attirer à Paris les capitaux des provinces, et lever sur eux une contribution de cinq pour cent des intérêts? Les annuités de 1821 combinées avec des loteries, comment les considérera-t-on, sinon comme un appel aux passions populaires qu'on voulait plus tard exploiter au profit du fisc? Ce morcellement de l'inscription de 5o francs en parcelles de 1o francs, qu'était-ce autre chose qu'un expédient inventé pour aller quêter

jusque dans la chaumière du laboureur, ou le réduit de l'artisan, le dernier écu gagné par un travail obstiné? Il n'y a pas de ruses qu'on n'ait ima-
ginées pour envahir les épargnes du pauvre, les
épargnes qu'on voulait décimer un jour..

Ce jour est arrivé. Avec la première rumeur du
projet ministériel se sont répandus dans Paris et
les départements la douleur et l'effroi. L'inquiétude
a gagné les pays étrangers. La Belgique, plus rapprochée de nous, a fait vendre presque toutes les
rentes qu'elle possédait. Il y a eu queue pendant
plusieurs jours au bureau des transferts. Les billets
de banque n'ont plus suffi aux paiements. On a
remarqué que parmi les nationaux ce sont surtout
les plus anciens rentiers qui ont vendu les premiers. La plupart des inscriptions qui ont passé
par les mains des agents de change étaient mar-
quées d'autant d'estampilles qu'il s'est écoulé de
semestres depuis la création du tiers consolidé.

Ces vieux créanciers de l'état, qui se sont em-
pressés de retirer leurs capitaux sans savoir comment les employer, ceux qui les retireront plus
tard, ceux-là aussi qui se résigneront au sacrifice
du cinquième de leur revenu, vous aurez beau
leur dire qu'il n'y a pas de banqueroute, là où tout
est soldé, même pour certaines créances au-delà
du prêt primitif, ils vous répondront que la réduction fond sur eux inattendue, tranchante, bles-
sante comme une banqueroute. Et quels sont-ils
ces vieux créanciers de l'état? Monsieur le ministre des finances ne veut voir en eux que des

trafiquants de rentes...... Non, messieurs, ce sont
des rentiers, ce sont des hommes qui ont confié à
la loyauté publique les épargnes de leur commerce
et le fruit de leurs travaux. Ce sont des hommes
attachés au sol et au maintien de l'ordre par la
nature même de leurs moyens d'existence. Cette
classe nombreuse et respectable de rentiers, brisée
par la révolution, s'était, pour ainsi dire, réorganisée depuis la restauration du gouvernement monarchique par Napoléon : elle avait repris ses habitudes ; elle avait retrouvé le présent et croyait
avoir reconquis l'avenir. L'exactitude du paiement
des intérêts de la rente était pour elle comme un dé-
dommagement des pertes multipliées qu'elle avait
éprouvées sur son capital. Elle eût regardé un
doute, une hésitation sur l'intégralité future de
son revenu, comme un outrage à la bonne foi du
gouvernement.....; et voilà que la dixième année
après la restauration de la maison de Bourbon, cette
existence paisible est renversée. Voilà que le ministre des finances prend le rentier au corps, et
l'entraîne, bon gré malgré, sur le terrain glissant
des spéculations financières. Il faudra, sous peine
de voir dormir ses fonds, ou de les placer avec
désavantage, il faudra que le créancier de l'état,
quelle que soit la quotité et l'origine de sa créance,
étudie la théorie des trois pour cent, et les combinaisons du jeu des effets publics. Il s'était fait
avec les mots : *rente perpétuelle, fonds consolidés,*
un vocabulaire qui lui servait comme un oreiller
pour reposer sa tête. Le bon temps est passé pour

lui ; il ne dormira plus. S'il reste dans la rente, il
sera sans cesse dévoré de la crainte qu'un autre
ministre des finances ne l'assaille encore d'une
autre réduction. S'il en sort, sa vie ne sera plus
qu'un continuel labeur. Son inscription à cinq pour
cent, parce qu'elle avait survécu à la révolution,
il s'était accoutumé à la considérer comme une
propriété immuable, comme une ferme. L'inscription à trois pour cent, qu'il recevra en place, ne
représentera rien de fixe à ses yeux. Ce ne sera
qu'un billet d'admission au tapis vert de la Bourse.

Quand un pareil bouleversement va s'opérer
dans l'existence de plus de cent mille Français,
voyons ce que peut y gagner ou y perdre le reste
de la nation.

Les avantages que l'exposé du projet de loi promet au pays peuvent être rangés sous trois titres
différents :

1° Diminution des charges publiques ;

2. Accroissement du crédit;

3° Amélioration de l'agriculture, de l'industrie
et du commerce, par l'augmentation et le meilleur
emploi des capitaux.

Avant d'apprécier ce qu'il y a de réel dans l'annonce fastueuse de tant de bienfaits, nous ferons
une observation fondée sur l'expérience de tous
les temps. C'est que la poignante et longue douleur de celui qui éprouve ou croit éprouver une
injustice, ne peut jamais être compensée par le
contentement de mille autres qui en tireraient du
profit. Il n'y a d'utile en politique que ce qui

tourne à l'avantage de tous, sans qu'il y ait oppression pour aucun.... Et n'avez-vous pas été
blessés, messieurs, des prétentions inopportunes
qui dans cette grande discussion voudraient isoler
les intérêts des départements des intérêts de la
capitale, comme s'il n'y avait des créanciers de
l'état qu'à Paris ; comme si la prospérité de Paris n'était pas essentielle à la prospérité des provinces qui lui versent leurs produits industriels
et agricoles ; comme si Paris avait cessé d'être le
plus bel ornement et la principale richesse de la
France ?

J'arrive à la diminution des charges publiques.
Vous avez entendu, messieurs, la France a entendu comme vous le discours de la couronne.
Vous savez à quel emploi spécial seront appliquées
les économies que produira la réduction de l'intérêt de la dette. Le temps n'est pas venu de juger la
conception ministérielle qui a rattaché l'une à l'autre, et comme soudé ensemble deux grandes mesures politiques, qui eussent peut-être été moins
impopulaires si on les eût présentées isolément.
D'autres se plaindront, et auront raison de se
plaindre, de ce qu'on veut faire des indemnités
avec des dépouilles, et de ce qu'on ouvre des
plaies nouvelles pour fermer les anciennes.

Quant à moi, ne considérant en ceci que les
résultats matériels de l'opération, il me suffira de
vous dire que l'épargne tant vantée de 28 millions par an ne se fera pas ; que, partant, les contribuables ne jouiront pas d'une diminution de 28

millions d'impôt, et que cet échafaudage d'intérêts
composés, élevés par le rapporteur de votre commission sur la base d'une prétendue économie, n'est
qu'un simulacre qui disparaît avant même d'avoir
reçu l'existence.

Ainsi, le projet de loi n'allégera pas le moins du
monde les charges du présent, et cependant il accablera l'avenir de son poids. Oui, messieurs, il
accablera l'avenir, car l'état va se reconnaître débiteur d'un tiers en sus du capital nominal de la
dette actuelle. Le tiers en sus, ce n'est pas moins
qu'un milliard...... Et remarquez, messieurs, ce
qu'amoncelle de difficultés une opération essentiellement vicieuse et entamée légèrement. Assurément la première pensée du ministre était de
faire sonner bien haut aux oreilles des rentiers
cette augmentation de leur avoir ; on leur aurait
dit : Vous perdez un cinquième sur les intérêts, et
vous gagnez un tiers sur le capital ; la valeur de
votre effet ne se compose pas moins de capital que
d'intérêt, c'est donc tout gain pour vous.... Mais il
est arrivé que les créanciers, tout entiers au mal
présent, ont repoussé le bien à venir ; ils l'ont repoussé d'une voix unanime ; on a tenu alors un
autre langage. Cette bonification du capital ne
pouvait pas présenter de l'avantage aux rentiers
sans que ce fût au détriment de l'état. Les partisans de l'opération ont rapetissé ce détriment au
point de le rendre imperceptible. Écoutez le rapporteur de votre commission, écoutez-le proclamant que *le capital inscrit ne représente rien, abso-*

lument rien ; que *l'augmentation du capital est lointaine et nulle pour l'état,* que *ce n'est qu'une éventualité insaisissable.*

Eh quoi! *le capital inscrit ne représenterait rien!...* Mais tout votre système de légalité pour le remboursement de la dette repose sur le principe unique, que le capital inscrit est tout, et qu'en payant cent, en une seule fois, à ceux à qui on payait cinq tous les ans, le gouvernement demeure honorablement libéré.

L'augmentation du capital serait lointaine et nulle pour l'état?..... Mais rappelez à votre mémoire les circonstances financières qui ont accompagné vos emprunts de 1817 et 1818, et dites si, d'après toutes les probabilités, il n'y a pas plus loin de cette époque à la hausse actuelle qui vous permet d'offrir le remboursement de vos cinq pour cent, que de la hausse actuelle à une hausse plus considérable qui vous permettra de rembourser le nouvel effet que vous allez créer.

L'augmentation du capital serait une éventualité insaisissable?... Et cependant dès que vos trois pour cent seront mis en circulation, vous les verrez pesant sur votre amortissement. Je sais fort bien qu'on n'amortit que des rentes, et qu'au jour de rayer du grand livre les dettes amorties, on ne s'informera pas du capital qu'elles représentaient; mais je sais aussi, et les partisans de l'opération l'ont assez répété, je sais que la combinaison des trois pour cent est fondée sur l'espoir de les voir monter plus rapidement et plus haut que tout autre effet, qu'il fau-

dra dès-lors les racheter plus cher que les cinq pour
cent correspondant, et que, par conséquent, la
charge de l'amortissement pèsera plus lourdement
et plus long-temps sur les contribuables.

Non, messieurs, rien dans cette question n'é-
chappe ni aux yeux, ni aux calculs; les résultats
de l'opération sont réels, certains, incontestables.
C'est la condition ordinaire de l'emprunteur d'être
grevé à la fois d'intérêt et de capital, de manière
que, s'il paie des intérêts plus forts, il aura un moindre capital à rembourser, et réciproquement. Mais
ici la réciprocité n'a pas lieu. Le mal arrivera tout
entier, sans compensation, sans consolation; les
contribuables n'auront pas été soulagés dans le
présent, et ils resteront chargés outre mesure pour
l'avenir.

Le second avantage qu'on fait valoir en faveur du projet, c'est qu'il procurera l'accroissement du crédit..... L'accroissement du crédit! J'a-
vais toujours entendu dire à ceux dont l'appui a
porté M. le comte de Villèle au faîte de la puissance, je leur avais entendu dire que le système
de crédit n'était pas monarchique, en ce sens qu'il
donne à la propriété mobiliaire un ascendant des-
tructif de la supériorité des grands propriétaires
fonciers. Ce n'est pas moi, messieurs, qui protes-
terai contre cet ascendant, produit nécessaire de
la nature des choses; ce n'est pas moi non plus
qui repousserai les emprunts, quoiqu'ils offrent
trop souvent aux gouvernements la facilité d'accomplir des entreprises funestes. Le crédit est l'é-

lément de la puissance des états, il est indispensable pour établir et conserver la dignité nationale; je donne d'avance mon assentiment à toute mesure raisonnable qui aura pour résultat de développer son énergie.

. Mais comment s'accroîtra-t-il, votre crédit?.... C'est, répond M. le ministre des finances, *par la nature des effets publics que vous allez mettre en circulation; si on négocie*, ajoute-t-il, *un emprunt des trois pour cent à soixante-quinze, il ne nous coûtera que quatre pour cent d'intérêt, et il équivaudra en capital réel à une négociation des cinq pour cent au pair.*

. C'est fort bien; mais qui vous a dit que vous négocierez toujours vos emprunts en trois pour cent à soixante-quinze? Vous pouvez le faire aujourd'hui, parce que le monde est en proie à la *fièvre de la hausse*. Mais M. de Villèle lui-même ne nous a-t-il pas appris que cette fièvre est le produit des *circonstances transitoires?*...... Je vous le demande, messieurs, quel gouvernement précautionneux peut penser à fonder sur des *circonstances transitoires* un régime permanent? Qu'importe que tous les capitalistes de l'Europe nous offrent de l'argent quand nous n'en avons pas besoin?..... Je vous attends aux jours de nos nécessités, aux jours où cette coalition des rois sera dissoute, aux jours où vous aurez des ennemis puissants à combattre; c'est bien alors que le crédit vous sera nécessaire. Croyez-vous qu'encore dans ce temps-là c'est chez vous qu'afflueront, c'est chez vous que se fixeront

les capitaux de l'étranger?... Non, messieurs, vous
serez réduits à vos ressources nationales, à celles
de vos propres capitalistes, aux secours que vous
offrira la confiance des habitants de Paris...... Leur
confiance! aurez-vous le droit d'y compter?..... Ils
sont accourus en foule; ils vous ont apporté leurs
épargnes lorsqu'ils vous ont vu payer les dettes du
gouvernement impérial, même celles des cent jours.
Vous les avez étonnés alors de votre bonne foi,
de votre loyauté....... Mais aujourd'hui, que vous
réduisez arbitrairement d'un cinquième les intérêts de la dette; aujourd'hui, qu'à tort ou raison
a retenti dans la ville ce cri affreux de banqueroute, c'en est fait, le charme est rompu : les capitaux français ne retourneront plus à vous dans
vos détresses. Loin d'augmenter votre crédit, vous
allez, en rançonnant vos créanciers, vous allez le
tuer pour jamais.

Le troisième avantage qu'on se promet de l'adoption du projet de loi consisterait dans l'amélioration générale du pays; c'est la considération qui
paraît avoir le moins frappé M. le ministre des finances, car c'est celle à laquelle il donne le moins
de place dans ses discours; enivré, comme il l'est,
de l'éclat financier de son opération, on dirait qu'il
l'a compté pour rien sous les rapports politiques et
moraux. Serait-il donc plus touché des profits de
la bourse que de ceux de l'agriculture et de l'industrie? ou plutôt aurait-il vu le premier que l'industrie et l'agriculture n'ont rien à gagner par son
projet de loi?

Lorsque les Anglais abaissent l'intérêt de la dette publique, cette réduction équivaut à la déclaration d'un fait; savoir, que l'intérêt de l'argent est descendu dans toutes les branches de la richesse nationale à un taux égal à celui qu'on offre aux porteurs des effets publics. Il n'en est pas ainsi aujourd'hui en France; nous avons prouvé, et le ministre avoue que l'intérêt de l'argent est généralement au-dessus de cinq pour cent. Si on veut réduire la rente de l'état à quatre, c'est, dit-on, pour forcer l'argent à descendre à ce taux dans les transactions entre particuliers, c'est pour refouler les capitaux français vers les placements agricoles et industriels qui ont eu jusqu'à présent moins d'attrait pour les capitalistes.

Ainsi l'intention avouée du gouvernement serait de lever un impôt exorbitant sur une classe particulière de citoyens, les rentiers, sans autres motifs que d'appliquer cet impôt au bénéfice éventuel de deux autres classes, les agriculteurs et les ouvriers. Mais l'injustice qu'on va commettre envers les uns procurera-t-elle au moins ce profit pour les autres?... Non, messieurs, et pour vous en convaincre, il suffit de vous rappeler que le succès de l'opération ministérielle est fondé sur des combinaisons propres à retenir dans la rente les capitaux qui y sont déjà, et à y appeler ceux qui n'y sont pas encore.

Eh! messieurs, où trouverait-on aujourd'hui à employer avantageusement des capitaux ailleurs? Regardez autour de vous, voyez combien de placements sont interdits à nos capitalistes, qui, dans l'Angleterre et dans d'autres pays, sont livrés aux spéculations privées. En France, l'administration est partout, elle accapare tout, elle absorbe tout. A-t-on besoin de routes, de ponts, de canaux? intervient aussitôt le gouvernement pour dire : c'est moi seul qui les construirai, qui les élèverai, qui les creuserai. Des diligences multipliées et variées commençaient à couvrir vos routes; M. le ministre des finances les a sacrifiées autant qu'il l'a pu à une seule entreprise, qui par-là a pu hausser ses prix aux dépens du voyageur. Tous les jours paraissent des ordonnances royales qui saisissent et confisquent des établissements d'éducation et d'intérêt général, sous le prétexte qu'ils sont en contact plus ou moins immédiat avec telle ou telle ramification de la puissance publique. Rien en France ne saurait échapper à la main du pouvoir. On y marche de monopole en monopole; et, au moment même où je parle, ne discute-t-on pas dans vos commissions un projet de loi qui frappe d'une prohibition de dix ans la culture et le commerce du tabac?

Oui, sans doute, c'est un avantage immense pour un pays que l'abondance et le bas prix des capitaux, car les frais de production se partagent entre le loyer des capitaux et le salaire du travail. Plus ce loyer se fera à bon marché, plus il y aura d'économie dans les frais de production. Mais ce n'est pas tout que de produire, il faut encore trouver des consommateurs. Ces consommateurs, où les trouverez-vous? Sera-ce parmi les nationaux, sera-ce parmi les étrangers?

Parmi les nationaux?.... Vous êtes presque tous, messieurs, propriétaires fonciers, et vous savez que vos greniers et vos granges regorgent des produits de vos champs. Pendant toute l'année dernière, nos fabricants ont vendu leurs tissus au rabais.

Et croyez-vous que ce soit un moyen d'augmenter la consommation que de restreindre les facultés des consommateurs? Les cent mille rentiers qu'on va réduire d'un cinquième dans leurs revenus réduiront aussi leurs dépenses, et ils la réduiront dans une proportion plus forte que la quotité de la réduction qu'ils subissent; car pour eux la peur sera plus grande encore que le mal, et ils se résigneront à une parcimonieuse économie, moins en raison de la perte qu'ils éprouvent aujourd'hui que dans la crainte des diminutions nouvelles que déjà ils entrevoient dans l'avenir.

Parlera-t-on de nos débouchés à l'extérieur?..... Qu'on m'en indique un seul que le ministère actuel ait ouvert à notre commerce?

Est-ce l'Allemagne, les royaumes du Nord, la Suisse, où l'on regarde comme un acte de patriotisme de ne plus boire de vins français? Où les comités consultatifs de douanes, quand ils traitent d'affaires françaises, prennent le titre de comités de représailles?

Est-ce l'Espagne, livrée sous nos yeux aux désordres accumulés de la vengeance, de la banqueroute et de la misère?

Est-ce l'Amérique méridionale, dont on achève d'exclure notre pavillon, en demandant la liberté d'y commercer à qui ne peut pas l'accorder, et en irritant les possesseurs du sol par une haine mal déguisée et par les mensonges sans cesse répétés de nos journaux ministériels?

Ainsi, messieurs, personne ne contestera que la réduction du taux de l'intérêt dans un pays ne soit un bienfait social; mais tout le monde reconnaîtra que ce bienfait n'est pas de nature à être obtenu par des procédés artificiels et encore moins à être arraché par la violence. La richesse nationale veut marcher et grandir avec spontanéité et liberté. Dans ce qu'on vous propose, au contraire, tout est exagéré, tout est forcé, tout est faux; c'est ce que j'achèverai de vous démontrer en examinant le mode extraordinaire d'exécution que le ministre ose demander, sans même vous offrir la garantie de mener son opération à fin.

Si le projet de loi qu'on vous propose eût été un acte de justice dans le présent, en même temps qu'un gage d'amélioration pour l'avenir, il est des signes, messieurs, auxquels on eût reconnu qu'il était avoué par la morale et par la saine politique. Je vous demande la permission de vous présenter quelques-unes des conditions qui lui eussent concilié la sanction de l'opinion publique.

Les opérations financières doivent être conduites avec lenteur. Puisque celle-ci allait inquiéter tant d'existences, il eût fallu l'annoncer solennellement aussitôt que la rente aurait dépassé le pair, et un an au moins avant de commencer la réduction effective des intérêts. Pendant ce délai d'une année, on aurait vu si la hausse des fonds se soutenait, et si elle dépendait *de circonstances transitoires* ou de circonstances permanentes. Dans ce dernier cas, les créanciers de l'état auraient eu le temps nécessaire pour chercher d'autres placements. S'ils n'en eussent pas trouvé d'aussi avantageux, c'eût été la preuve que l'intérêt payé jusqu'alors par l'état était excessif, il aurait été dès-lors démontré à tous qu'il y avait justice dans la réduction.

Pour que la justice fût complète, on eût exécuté la réduction partiellement, soit en divisant la masse des créanciers en sections qu'on aurait appelées au remboursement, les unes après les autres, soit en divisant chaque inscription en fractions successivement remboursables. Par ce moyen, on aurait évité autant que possible l'intervention dispendieuse des banquiers étrangers. Par ce moyen encore, on aurait toujours été en mesure de suspendre, ou même d'arrêter l'opération, si des événements imprévus venaient à la rendre désastreuse, soit pour l'état, soit pour les créanciers.

Il ne m'appartient pas, messieurs, de signaler le meilleur mode à suivre dans l'intérêt commun des rentiers et des contribuables; mais je pense que les effets à substituer aux cinq pour cent eussent pu être émis avec avantage avant d'entamer la réduction. Je pense que ces effets nouveaux eussent pu être variés dans leurs combinaisons, afin de les accommoder aux convenances légales des spéculateurs; mais il eût été nécessaire, avant tout, de contenter les hommes paisibles qui veulent que la rente soit pour eux et leurs enfants

18.

un lit de repos, et de leur procurer des effets non remboursables, ou au moins qui ne pussent être remboursés qu'à des termes très-éloignés.

Les emprunts à faire pour opérer les remboursements successifs eussent été adjugés avec concurrence et publicité ; non pas seulement parce que c'est la condition nécessaire de la validité de tout emprunt dans un pays constitutionnel, et le moyen de les faire au meilleur marché possible ; mais parce que l'action mutuelle qu'exerceraient les unes sur les autres les compagnies de capitalistes, même après l'adjudication, servirait à faire connaître si l'opération est naturelle, loyale et raisonnable.

Enfin la loi à intervenir eût été complète et applicable à toutes les espèces de créanciers ; on y eût pourvu au soulagement, par voie d'indemnité et de réparation, des petits rentiers et des créanciers primitifs qui ont déjà subi la banqueroute des deux tiers ; on y eût coordonné les établissements publics et les anomalies de toute espèce ; on eût réglé le sort des légataires, des mineurs, des usufruitiers ; le gouvernement se fût précipité au-devant de l'investigation législative, et l'eût sollicitée avec une minutieuse prévoyance ; car il s'agit de la fortune de plus de cent mille de nos concitoyens ; il s'agit de remuer trois ou quatre milliards, ce qui équivaut au montant de trois ou quatre budgets ; il s'agit d'une loi dont la discussion a fait pâlir et reculer dans l'ombre, et l'ordonnance qui achève l'anéantissement de toute liberté dans l'instruction publique, et le projet d'augmenter les charges de

la milice et le renversement de la charte par le renouvellement septennal.

Voilà, messieurs, ce qu'on devait faire. Vous savez ce qu'on a fait.

Le gouvernement a publié dans le journal se-
mi-officiel du 24 février 1824, que, *pour opérer la
conversion des cinq pour cent en remboursant le capital aux porteurs qui ne voudraient pas supporter
la réduction, il ne suffisait pas que la rente fût au
pair, mais qu'il fallait encore qu'elle l'eût dépassé de
beaucoup, et qu'elle se fût maintenue dans cet état
de hausse*..... Et trente jours ne s'étaient pas écou-
lés, lorsque le discours de la couronne proclame
solennellement que la rente sera remboursée ou
réduite... et bientôt après paraît, sous forme d'article, un décret de l'inexorable *Moniteur,* plus inexorable alors qu'il ne le fut jamais, portant qu'*une
fois,* une seule fois, *que le cours des rentes a atteint
et dépassé le pair,* il y a lieu à lever une double dîme
sur le revenu du rentier..... et déjà le ministre des
finances, repoussant la salutaire lenteur indiquée
par l'article du *Journal des Débats,* avait convoqué
à Paris le ban et l'arrière-ban des capitalistes eu-
ropéens. Le même M. de Villèle, qui, en 1817, s'é-
tait élevé avec tant d'éclat contre l'intervention
des banquiers étrangers dans nos emprunts, ministre en 1824, mettait le télégraphe à la disposition de la maison Baring de Londres, pour obtenir un ou deux jours plus tôt son accession à la
grande opération ministérielle.

Nos effets publics avaient donc éprouvé une

hausse énorme et inespérée?...... Non, messieurs;
le jour où fut prononcé le discours de la couronne,
les cinq pour cent étaient à cent francs trente centimes.... et quand même ils eussent dépassé le pair
de plus de trente centimes, qu'eût-on eu le droit
d'en conclure? Qui ne sait que le gouvernement a à
sa disposition mille et mille moyens pour procurer
des hausses et des baisses momentanées? J'insiste,
messieurs, sur ce rapprochement. On éloignait l'o-
pération des rentes le 20 février, on la précipitait
le 20 mars. C'est un devoir, et peut-être une nécessité pour M. le ministre des finances, de nous
dire quelle illumination soudaine a défait dans son
esprit le produit de sa conception première, ou
bien quelle circonstance subite et extraordinaire a
amené son extraordinaire et subite détermination.
Quoi qu'il en soit, un fait incontestable restera; savoir, que le coup qui frappe nos rentiers a été im-
provisé.

Et pour que ce coup fût sans rémission, on a
eu soin de les atteindre tous le même jour. J'ai
déjà expliqué comment cette brusquerie fait, à elle
seule, du projet de loi une véritable déception; on
espère amener les rentiers à préférer la réduction
au remboursement. Et quelle sera leur consolation?...... On leur aura donné, au lieu des cinq
pour cent qu'ils croyaient consolidés, un effet plus
mobile et plus élastique. *Nos rentes*, comme vous
le dit avec regret le rapporteur de votre commission, *nos rentes demeuraient enchaînées dans le cercle étroit d'une oscillation de trois à quatre pour cent.*

Le nouvel effet aura un jeu plus actif. Les trois pour cent, donnés à soixante-quinze, pourront s'agiter long-temps par saccades dans l'espace compris entre cinquante et cent..... et on s'en réjouit comme si la fréquence et la longueur de ces oscillations n'étaient pas un véritable fléau pour ia société.

C'était la conséquence du système de précipitation adopté par le gouvernement, qu'on élaguât du projet de loi les détails qui eussent donné lieu à une trop longue discussion. Ainsi lorsqu'on accablait les petits rentiers déjà si malheureux, on a mis en réserve les intérêts de la richesse et de la puissance en épargnant les majorats et les salaires de la pairie. Ainsi, on n'a pas même abordé les nombreuses questions que ne peut manquer de faire naître la position des mineurs, des usufruitiers, des femmes mariées sous le régime dotai. Ainsi, on a tranché, en un seul article de loi, les principes de la morale, les intérêts du pays, la fortune et les droits civils des citoyens.

Cependant, messieurs, vous êtes accoutumés à discuter minutieusement pendant deux mois de chaque année les articles d'un budget de neuf cents millions. Abdiquerez-vous aujourd'hui la part que la charte vous a faite à l'exercice de la puissance législative? Souffrirez-vous que le ministre des finances se rende nécessaire à un tel point, que, pendant deux ans, pendant quatre peut-être, ni le roi ne puisse le renvoyer, ni la chambre le mettre en accusation, sans compromettre de graves

intérêts? Le ministère de M. de Villèle doit-il aussi
devenir septennal? Avez-vous été envoyés ici pour
donner à lui, ou à tout autre, votre blanc-seing
relativement à la conduite des affaires publiques?

C'est cependant ce que vous demande M. le ministre des finances, et il vous le demande avec
une injurieuse réticence. A-t-il déjà fait un traité?....
Tout le monde l'assure et dit avec qui. Vous qui
êtes un pouvoir de l'état, vous l'ignorez; vous ne
le saurez qu'en l'année 1826, s'il plaît alors au ministre de vous l'apprendre..... Quelles sont les conditions auxquelles il a traité?..... Vous ne les con-
naîtrez jamais. On ne vous dira même pas la somme
précise que les contractants de l'emprunt s'étaient
engagés à verser pour opérer les remboursements
éventuels.

Ce n'est pas moi assurément qui repousserai de
nos opérations financières les capitaux étrangers
et ceux qui en disposent; mais je veux leur concurrence et non pas leur coalition. Or, cette coalition est la base unique de toutes les combinaisons
sur lesquelles repose le succès d'une mesure qui,
prise hors de là, eût été considérée comme une pré-
somptueuse extravagance. M. le comte de Villèle a
calculé que rien ne saurait résister à la puissante alliance financière à la tête de laquelle il s'est placé.
Il sait qu'en finances, comme en gouvernement,
lorsqu'on attaque avec une masse compacte des
individus et des intérêts isolés, on est toujours certain de réussir.

Il réussira donc, en ce sens que la plupart des

créanciers se résignant à la conversion, il échappera au remboursement d'un trop fort capital. Mais ce triomphe de bourse, la France devra-t-elle s'en applaudir? Sera-t-il un bienfait pour elle? Que les trois pour cent s'approchent rapidement du pair, on demandera au ministre pourquoi il s'est tant hâté de faire écouler à l'étranger une partie de la richesse de la France. Que les trois pour cent descendent au-dessous de soixante-quinze, les créanciers actuels répéteront qu'ils ont été dupés, volés, par les combinaisons du pouvoir. Frappés coup sur coup dans leur revenu et dans leur capital, faudra-t-il s'étonner de les entendre crier à la banqueroute?

La responsabilité de ces désastres retombera sur vous, messieurs, si vous avez la faiblesse de vous confier à la dictature qu'on veut vous imposer. C'est un coup d'état qu'on va faire : je le repousse de toutes mes forces. Bien décidé à respecter la foi promise à nos créanciers, à diminuer plutôt que grossir la dette publique, à soustraire aux chances de la bourse les destinées de mon pays, je vote contre le projet de loi.

SÉANCE DU 4 MAI 1824.

Le général Foy présentait un amendement tendant à excepter de la réduction les rentiers de 1,000 f. et au-dessous.

Messieurs, ce qui caractérise essentiellement le projet, c'est la brusquerie et la dureté. On dirait que M. le ministre des finances n'a vu dans toute cette question que des chiffres, que du matériel, qu'une affaire financière et seulement un coup de bourse. Cependant ce sont des hommes, des citoyens qui y sont intéressés. Une classe de citoyens tout entière est, je ne dirai pas seulement réduite, mais elle est démoralisée, elle est ruinée par l'effet de la mesure ministérielle. Cette classe est celle des rentiers permanents, qu'il ne faut pas confondre avec les trafiquants de rentes. La classe des rentiers permanents existe en France depuis long-temps. Le préopinant nous a dit quels étaient en général les petits rentiers. Ce sont ceux qui, ayant fait des épargnes par leur travail, ont confié ces épargnes à la loyauté publique, croyant qu'il n'y avait pas de placement plus sûr, et qu'ils ne pourraient asseoir leur avenir sur une base plus respectable.

Cette classe de rentiers, la révolution les avait tourmentés et dispersés. Au rétablissement du gouvernement monarchique par Napoléon, elle s'est pour ainsi dire réorganisée; elle a repris ses habitudes paisibles; l'exactitude du paiement des semestres de la rente lui faisait croire que jamais il n'y aurait de changement dans son existence. A tort ou à raison, elle regardait ces mots de dette perpétuelle, de tiers consolidé, comme un lit de repos; c'était un oreiller sur lequel elle reposait sa tête; elle croyait n'avoir plus rien désormais à faire avec les chances de l'avenir; et voilà que la dixième année après la restauration de la maison de Bourbon, voilà que le ministre vient saisir les rentiers au corps, qu'il vient les traîner bon gré mal gré sur le terrain glissant des spéculations financières ; il faudra que ces rentiers paisibles apprennent ce que c'est que des 3 pour 100, ce qu'on peut gagner à les vendre ; il faudra qu'ils subissent tous la tentation que leur indique M. le ministre des finances ; il faudra qu'ils courent à la bourse. L'inscription de cinq pour cent était à leurs yeux un immeuble, une propriété, une ferme ; vos trois pour cent ne seront pour eux qu'un billet d'admission au tapis vert de la bourse. Ils iront à ce fatal tapis vert ; ils y joueront ; et comme l'a dit solennellement à cette tribune M. le ministre des finances, ils éprouveront le sort de tous ceux qui vont à la bourse sans y être appelés par état ou par devoir ; ils y laisseront leur fortune.

Je n'ai donc pas tort de dire que cette classe de rentiers est attaquée dans son existence ; je n'ai pas tort de dire qu'elle est frappée, qu'elle est effacée de la société. Elle est effacée de la société par la conséquence de la position où le projet de loi la place. Votre projet de loi est venu attaquer brusquement, brutalement des hommes qui ne l'attendaient pas, et qui n'ont pu se ménager d'autres moyens de placer leurs capitaux. Je n'attaque pas la légalité de la mesure. Ce n'est pas le moment ; vous avez déjà voté les premiers paragraphes du projet de loi, et je dois respecter votre décision ; mais je dis que le projet devait arriver avec des précautions, avec des délais ; je dis qu'il devait être annoncé de manière à ce que chacun eût le temps de pourvoir au placement de ses fonds. Or, il n'en a

pas été ainsi; vous aurez beau dire et répéter à
satiété aux rentiers qu'il n'y a pas banqueroute là
où l'on paie le capital à tous, et à quelques-uns
plus que le capital, ils vous répondront que votre
mesure arrive à eux inattendue, tranchante, poignante, comme une banqueroute. Et quand, par
suite de vos combinaisons, ils auront porté leurs
trois pour cent à la bourse, quand ils auront joué
leur avoir, alors ruinés dans le capital après avoir
été réduits dans les intérêts, n'éprouveront-ils pas
toute la détresse d'une banqueroute?

Messieurs, il est peut-être temps encore de réparer les inconvénients du projet de loi, en ce qu'ils
ont de plus désastreux. Il est dans le cœur de tous
les membres de cette chambre de venir au secours
des malheureux; c'est votre pitié qu'on invoque,
et il est impossible que cette voix n'aille pas aux
cœurs des députés de la France. On a tout-à-l'heure
appelé votre intérêt sur les rentiers *parisiens*, et
ce mot a excité un mouvement dans l'assemblée.
Eh! messieurs, les rentiers ne sont pas tous à Paris;
et, quand ils y seraient tous, est-ce qu'il y a des
intérêts de Paris séparés des intérêts des départements? Est-ce que Paris n'est pas le foyer le plus
actif de la consommation de la France? Est-ce que
Paris n'est pas le plus noble ornement comme la
plus grande richesse de la France? Il ne peut être
dans l'intention de la chambre de ruiner de malheureux rentiers, parce qu'ils demeurent à Paris;
la justice est de tous les pays; elle est dans vos
cœurs, et c'est à votre justice que je m'adresse.

J'en appelle aux entrailles de M. le ministre des finances pour prévenir, s'il est possible, les désastres que le projet de loi entraînerait pour tous les petits rentiers.

SUR LES PENSIONS MILITAIRES.

SÉANCE DU 6 MAI 1824.

Messieurs, le projet de loi qui vous est soumis présente, en trois articles, trois espèces d'allocations tout-à-fait distinctes.

L'article Ier pourvoit au paiement d'une dette contractée législativement. Une loi du 17 août 1822 accorde des pensions aux veuves des militaires retirés du service. Lorsque cette loi a été rendue, on n'a pas fait les fonds pour le paiement de la dette qui en résultait. Des pensions ont été données, et M. le ministre de la guerre vient vous demander les fonds nécessaires. Vous les lui accordez : rien n'est plus simple, plus régulier.

L'article 2 vous place dans une catégorie tout-à-fait différente. Ici il n'y a pas eu de loi antécédente. La loi, au contraire, avait limité à 600,000 francs le crédit destiné à acquitter les pensions militaires : le crédit a été excédé, et M. le ministre de la guerre vient vous demander les fonds nécessaires pour couvrir cet excédent de crédit. Les motifs du projet de loi vous expliquent comment le crédit a été dépassé pour acquitter des services

rendus à l'état : c'est une espèce de bill d'indemnité que le ministre vous demande, et vous le lui
accorderez, parce que les motifs sur lesquels il
l'appuie paraissent suffisants.

Le troisième article diffère des deux premiers,
en ce qu'il dispose pour l'avenir, tandis que ceux-
ci se rapportent au passé. Vous avez donc, à l'égard
de ce troisième article par lequel on vous demande
l'autorisation de faire une dépense, la plénitude de
vos attributions législatives. Il vous appartient de
juger si cette dépense est nécessaire.

Que vous demande-t-on?... Un crédit extraordinaire de 1,500,000 francs pour servir à l'inscription des pensions militaires à liquider en 1824 et
1825 au-delà du crédit annuel d'inscription. Comme
il y a déjà 600,000 francs par an accordés pour
cette dépense, c'est 2,700,000 francs pendant deux
années. De plus, il y a encore 300,000 francs alloués pour la même dépense dans l'article précédent, attendu qu'on y a compris les pensions liquidées jusqu'au 31 mars 1824.

C'est donc trois millions qu'on vous propose
d'affecter au crédit des pensions militaires, somme
qui, dans l'intention du ministre de la guerre, sera
appliquée, dans les années 1824 et 1825, au paiement de ces pensions. Sur ces trois millions, le
ministre vous prévient qu'il y aura 200,000 francs
pour les veuves des militaires : il restera donc deux
millions 800,000 francs appliqués aux pensions militaires proprement dites. Il arrivera donc que vous
emploierez par an 1,400,000 francs là où la pré-

vision de la loi n'avait voulu employer que trois cent mille francs : c'est une dépense plus que triplée. Il faut voir sur quoi s'appuie cette augmentation.

Je trouve dans l'exposé des motifs du projet de loi qu'il y a lieu à donner plus de retraites dans les années 1824 et 1825, parce qu'elles correspondent au plus grand développement des armées françaises, que plus d'hommes étant entrés au service en 1794 et 1795, plus d'hommes ont atteint leur retraite en 1824 et 1825. Il y a là, messieurs, une inexactitude de fait. Ce n'est pas dans ces années que les Français sont entrés au service en plus grand nombre; mais bien en 1793, époque à laquelle la France a développé une masse de forces colossales : les lois du 24 février de cette année pour la levée des trois cent mille hommes et du 23 août pour la grande réquisition ont porté pour ainsi dire toute la population aux armées. Mais depuis ces lois de 1793 jusqu'à la loi de la conscription, rendue en 1798, la France s'est reposée. Ce n'est donc pas pour les pensions de retraite qui doivent écheoir pendant 1824 et 1825, ainsi qu'on vous le dit, que le crédit vous est demandé; mais c'est pour les pensions à accorder à ceux qui, antérieurement à cette époque, ont des droits acquis à la retraite : ces militaires sont en grand nombre dans l'armée. Un de MM. les commissaires du roi m'a fait l'honneur de me dire qu'il faudrait plus de cinq millions par an pour faire face à ce qui est acquis. Ainsi, dans le droit rigoureux, le ministre de la guerre pourrait vous demander ces cinq millions, et donner la retraite à tous ceux qui, d'après les lois existantes, y ont droit.

Il se présente ici une grande question qui intéresse à la fois l'ordre financier de l'état, et l'ordre moral et politique de l'armée. Les lois qui fixent la retraite des gens de guerre ont été faites dans leur intérêt privé. Elles ont pour objet de déterminer l'époque précise où le militaire peut se présenter et dire : J'ai servi pendant tant d'années, j'ai sacrifié ma vie, mon avenir, ma fortune au bien de la patrie ; je dois recevoir aujourd'hui ma récompense : elle est fixée par la loi, je la demande. Mais il est arrivé, messieurs, par une succession d'événements, que cette loi, qui avait été faite en faveur des militaires, a été interprétée et invoquée contre eux. On leur a dit : Vous avez le temps de service qui vous acquiert la pension de retraite ; vous êtes jeunes encore et valides ; vous pouvez pendant vingt ans encore servir votre pays ; mais n'importe, vous avez achevé votre temps, vous prendrez votre retraite.

Vous prévoyez, messieurs, les conséquences fâcheuses de ce raisonnement : la dépense de l'armée peut être doublée ; car lorsqu'un homme, dans un grade élevé, atteint sa quarante-sixième ou sa quarante-septième année, et qu'on le force à quitter le service pour prendre sa retraite, l'état reste chargé d'une double solde. Il paie la solde d'activité de celui qui exerce la fonction, et la solde de retraite de celui qui ne l'exerce plus. Vous

sentez que, sous le rapport financier, il est nécessaire qu'il y ait une limite quelconque à l'exercice
du droit de donner des retraites. Je ne dirai pas
que cette limite doive être posée par le pouvoir
législatif, cela appartient essentiellement à la prérogative royale, mais la prérogative royale a horreur de l'arbitraire. Elle est intéressée à contenir
l'action du pouvoir exécutif dans des bornes tracées par la modération et la justice.

Cette considération est bien plus importante
encore sous le rapport moral. Nous vivons dans
un siècle où l'esprit d'amélioration, de perfectionnement, d'enrichissement, est généralement répandu ; il en résulte une augmentation rapide
de bien-être pour toutes les classes de la société.
Les militaires sont placés, au milieu de ce tourbillon, dans une position stationnaire : leurs
appointements, leur traitement d'activité, leur
solde de retraite, tout est pour eux comme il y
a cinquante ans ; ils ne participent point au mouvement général de l'accroissement de la richesse,
qui est le caractère distinctif de l'époque. Ce qu'ils
perdent de ce côté, il faut du moins le compen-
ser par la stabilité ; il faut qu'ils aient l'assurance
de conserver tout ce qui leur appartient, c'est-à-
dire la solde d'activité tant qu'ils peuvent exercer
leurs fonctions, et la solde de retraite, qnand ils ne
le peuvent plus.

Je lis dans l'exposé des motifs du projet de loi
que le gouvernement se propose de réduire plusieurs cadres d'officiers sans troupes. On appelle

ainsi les officiers du génie, une partie des officiers d'artillerie, les officiers d'état-major, les officiers-généraux, les intendants militaires. J'ai peine à m'expliquer comment on peut établir des rapports entre les soldes de retraite qu'on veut donner et les réductions qu'on veut faire. Les cadres d'officiers sans troupes, comme tous les cadres de l'armée, doivent être formés, agrandis, diminués suivant les besoins du service, qu'ils doivent accomplir, et non pas d'après la position personnelle des militaires qui les composent.

Il est de fait que, dans l'état actuel de l'armée, la grande majorité des grades supérieurs se trouve dans le cas de la retraite. Ce ne sont pas seulement les officiers-généraux de la vieille gloire française placés dans le cadre de disponibilité, ce sont encore ceux qui ont aujourd'hui les commandements militaires d'activité ; ce sont ceux ou presque tous ceux qui ont eu en dernier lieu de l'avancement à l'armée d'Espagne. Tous sont du même âge ; tous ont commencé leur service en même temps. Eh bien! messieurs, les 2 millions 800,000 fr. de retraites, que vous allez accorder pour les années 1824 et 1825, vont, comme l'épée de Damoclès, rester suspendus sur la tête de ces officiers-généraux, également vieux d'expérience et de capacité, mais également valides et également propres à rendre encore de longs et bons services. Ils vont être menacés à tous les moments d'être arrachés de leur position d'activité et de disponibilité pour se voir précipités dans des re-

traites prématurées. Eh! pourquoi, messieurs?
parce qu'aucune ordonnance ne dit à quel âge ils
seront forcés d'accepter leur retraite, tandis qu'il
y en a une qui fixe l'époque à laquelle on peut la
leur imposer.

Au reste, messieurs, en présentant ces réflexions
sur le projet de loi, je n'ai pas eu l'intention de
contester les allocations demandées. J'ai désiré
seulement que le gouvernement fût bien convaincu
que la latitude, qui lui est accordée, ne peut mener
à des résultats utiles, qu'autant qu'il n'y aura ni arbitraire ni violence dans la répartition des retraites qui seront données. L'exécution de la loi ne
peut avoir le caractère de la régularité et de la justice qu'autant qu'elle sera précédée d'ordonnances
qui détermineront, pour chaque grade et pour
chaque classe de militaires, l'âge auquel ils devront
recevoir leur retraite; car tout le monde comprend qu'un officier-général de l'armée, qu'un directeur de l'artillerie ou du génie, qu'un intendant
militaire peut, d'après la nature de ses fonctions,
prolonger utilement sa carrière d'activité beaucoup
au-delà de ce que fera un capitaine de cavalerie ou
un lieutenant de grenadiers.

La commission a fait des réflexions très-justes
sur la nécessité qu'il y a d'augmenter les soldes de
retraites, surtout dans les grades inférieurs; elle
n'a pas développé le vœu qu'elle a formé, je vais
le faire.

La législation sur les retraites reposait, à la restauration, sur les lois de fructidor an VII, et de flo-

réal an XI. La première de ces lois donne un tarif plus fort. Les soldes des retraites allouées, d'après ce tarif, depuis le colonel jusqu'au sous-lieutenant, sont plus considérables. Avant la restauration le chef du gouvernement réglait les retraites à sa volonté, suivant le tarif de l'an VII ou de l'an XI; et il avait pour le faire un motif fondé sur les circonstances du temps. Ceux qui, parmi ces militaires, jouissaient déjà des pensions de la Légion-d'Honneur, de dotations ou d'autres avantages, étaient soumis au plus petit tarif; on appliquait, au contraire, le tarif supérieur à ceux qui ne participaient pas à ces avantages. La restauration est arrivée. L'ordonnance du mois d'août 1814 a établi la législation des retraites; elle n'a pu se baser que sur une loi existante; elle s'est basée sur la dernière loi, d'après le principe que c'est la dernière loi rendue qui est exécutoire. Il est résulté de là que les militaires ont été fort maltraités. La dernière loi, celle de floréal an XI, avait été rendue dans l'hypothèse que les pensions de la Légion-d'Honneur, les dotations et autres avantages, pouvaient suppléer à l'insuffisance du tarif; mais aujourd'hui que cet ordre de choses est anéanti, les militaires ont l'inconvénient de la position sans en recueillir le profit. C'est une raison de plus pour réviser les pensions de retraite, surtout en ce qui concerne les grades inférieurs.

Je vote pour le projet de loi, mais sous la condition expresse que les 2,800,000 fr. à appliquer à des pensions de retraite pendant les années 1824 et 1825, seront distribués d'une manière équitable; que les officiers des grades élevés et autres, en activité comme en disponibilité et en demi-solde, ne pourront être forcés à prendre leur retraite, à moins qu'ils ne soient dans l'impossibilité absolue de continuer ou de reprendre le service; que la mise en retraite ne pourra plus être employée comme une punition, ainsi qu'il a été pratiqué depuis quelques années dans un métier où il y a déjà assez d'arbitraire nécessaire sans en introduire de superflu. Je vote pour le projet de loi, mais dans l'intérêt légal des militaires de l'ancienne et de la nouvelle armée, autant que pour le bien du service de l'état.

SUR LE PROJET DE LOI RELATIF AUX TABACS.

SÉANCE DU 14 MAI 1824.

Représentez-vous les agents de l'administration parcourant les campagnes, et disant au propriétaire cultivateur : « Ton champ est fertile ; il a produit en abondance entre les mains de tes pères, il peut encore produire entre les tiennes une plante qui procure une substance recherchée, une plante dont la culture fournit du travail aux plus jeunes comme aux plus vieux, une plante dont les tiges et les souches donnent après la récolte un excellent engrais pour les récoltes suivantes. Ce végétal précieux, tu ne le planteras pas, et si tu le plantes, nous l'arracherons. »

Représentez-vous les mêmes agents disant à un autre cultivateur.

« Toi, tu as trouvé grace devant nous; tu planteras du tabac, sous la condition d'en couvrir un certain espace de terrain, ni plus ni moins; sous la condition d'endurer le dommage des mauvaises saisons, sans jamais recueillir le profit d'une année abondante; sous la condition de livrer à nous, et non pas à d'autres, le produit de ta récolte, moyennant un prix que nous aurons fixé......, et malheur à toi, s'il pousse dans ton champ un pied de tabac au-delà du nombre des pieds que nous t'avons permis de planter! Malheur à toi, si une feuille, une seule feuille est soustraite pour l'usage de ta famille! Malheur à toi, si tu élèves des difficultés contraires à nos prétentions, car tu seras jugé, non par les juges ordinaires et inamovibles de ton pays, mais par les délégués révocables à volonté de ce même gouvernement, à l'approvisionnement duquel nous appliquons ta propriété et ton labeur! »

Les agents de l'administration une fois nantis des produits de la récolte, ce sont eux seuls qui fabriqueront le tabac, ce sont eux seuls qui le vendront.... Croyez-vous qu'ils mettent un vif intérêt à flatter le goût des consommateurs, soit en améliorant les espèces dans notre France méridionale, si favorisée par la nature, soit en confiant au sol de nos provinces du nord et de l'est des semences étrangères, soit en essayant dans la fabrication des mélanges avantageux ?.... Non, messieurs, ils sont assurés du débit, puisque la denrée n'est débitée que par eux ; et il leur suffit qu'il y ait toujours lieu à entretenir le même nombre d'employés, et à ne pas diminuer leurs salaires.

Voilà, messieurs, comment sont exploitées en France la culture et la fabrication du tabac.

Appliquez par la pensée ce monstrueux régime à une autre culture et à une autre fabrication, à la vigne et au vin, par exemple, et tous vous frémirez d'indignation.... Et cependant qu'importe que le produit sur lequel on l'exerce soit naturalisé dans notre pays depuis seize cents ans, ou qu'il y ait été transporté d'Amérique depuis moins de trois siècles.....

Qu'importe qu'on le cultive dans soixante-dix départements ou dans trente...... Qu'importe qu'il soit d'une nécessité plus ou moins grande, ou qu'il ait un attrait plus ou moins vif pour la multitude. C'est toujours le même attentat à la propriété, frappée de stérilité, ou admise à produire suivant une volonté arbitraire ; c'est toujours la même tyrannie envers les cultivateurs et les ouvriers, à qui la société n'a pas le droit d'accorder ou d'enlever la permission de travailler ; c'est toujours la même exaction envers les consommateurs, auxquels la régie fait payer six ce qui lui coûte deux, et qui serait loin de coûter un avec la culture et la fabrication libres.

En un mot, c'est un monopole, et le pire de tous les monopoles, puisqu'il est exercé par le gouvernement ; car vous le savez, messieurs, il n'y a pas d'industriel plus maladroit, plus dispendieux, et livrant des produits plus imparfaits qu'un gouvernement, quel qu'il soit; il n'y a pas non plus de monopoleur plus odieux, accoutumé comme il l'est à faire intervenir sans cesse, et souvent d'une manière vexatoire, la puissance publique dans des actes qui ont le caractère de l'intérêt privé.

Est-ce à dire pour cela que le monopole du tabac soit le seul existant dans le royaume?.... Non, assurément, messieurs...... Ici, comme ailleurs, le gouvernement exploite avec des avantages et des inconvénients pour le pays certains services spéciaux, comme la poste aux lettres, la poste aux chevaux, la fabrication des monnaies, la fabrication de la poudre. Ici, plus qu'ailleurs, le gouvernement s'attribue la direction et la construction de la grande masse des travaux publics, et persiste à en écarter les capitaux et l'industrie des particuliers.

Nous conservons aussi le privilége des salines, qui pèse exclusivement sur la classe la plus pauvre et sur l'agriculture. Nous avons encore la loterie et les jeux, qui ne sont autre chose que le vice et le crime mis en régie intéressée; ce sont bien là des monopoles, et le dernier est bien ignoble sans doute. Cependant, j'ose le dire, il n'y a rien là qui, comme dans le monopole des tabacs, attaque immédiatement et la propriété et les facultés individuelles; il n'y a rien là qui dépossède la terre de ses récoltes, et l'homme de son travail; il n'y a rien là qui soit en contradiction si manifeste avec l'ar-

ticle 9 de notre charte, et avec les principes conservateurs sur lesquels repose la société civile.

Où trouverez-vous, messieurs, sinon le motif,
au moins l'excuse d'un pareil désordre social?

La régie verse au trésor public environ 40 millions
qu'elle se procure avec 34 millions de frais; cette
régie date du 29 décembre 1810. C'est alors qu'un
décret impérial la substitua à la culture et à la fabrication libres dont on jouissait en France depuis
l'année 1790; elle fut introduite en conséquence
du système qu'on exagérait alors, bien plus comme
arme de guerre, que comme principe d'économie
publique, d'exclure de notre pays les produits
étrangers, et d'augmenter la culture indigène, en
la chargeant de subvenir seule à la consommation.

Et, de prime-abord, cet espoir fut étrangement
déçu; le régime libre n'avait subsisté que pendant
vingt ans, et ce temps a suffi pour que la culture
dn tabac se répandît dans cinquante-six départements, pour qu'elle couvrît quinze mille hectares,
pour qu'elle mît quinze cents fabriques en activité,
pour que la consommation, accrue d'année en année, s'élevât en 1810 à 13 millions et demi de kilogrammes...... Cependant les vingt années pendant
lesquelles dura le régime libre avaient été presque
toutes des années de guerre, de troubles intérieurs,
de langueur et d'anéantissement du commerce, et en
1810 il nous manquait nos six cent mille plus in-
trépides consommateurs de tabac à fumer, les six

cent mille soldats que nous entretenions alors sur le territoire étranger.

Aujourd'hui, en 1824, il n'y a plus que huit départements, et, dans ces huit départements, dix mille hectares appliqués à la culture du tabac; et M. le ministre des finances est réduit à nous présenter comme un résultat avantageux un fait qui me paraît problématique; savoir, que la consommation est par tête égale à ce qu'elle était en 1789. Mais, depuis 1789, la guerre et vingt ans du régime de la libre culture, ont considérablement étendu l'usage du tabac à fumer; et, ce qui s'emploie en plus de cette manière, retombe en moins sur l'usage du tabac à priser. Depuis 1789 notre population est plus désireuse du bien-être, et a plus de moyens de se le procurer; depuis 1789, et surtout depuis la paix, toutes les consommations de nécessité et de luxe vont croissant avec une prodigieuse rapidité.

Au milieu de ce mouvement si favorable aux progrès de la richesse nationale, reconnaître que la consommation du tabac a diminué, ou même, comme le prétend M. le ministre des finances, qu'elle est demeurée stationnaire, c'est fournir une accusation de plus, et une accusation puissante contre le monopole.

Et certes, les accusations ne manquent pas, quoique dans l'exposé des motifs on n'ait pas pris la peine de les réfuter.... Et, sous ce rapport, un rapprochement douloureux se présente entre ce

qui se passe aujourd'hui en matière de tabac, et
ce qui s'est passé dans les sessions de 1816 et 1819.
La commission de 1816 déclara que, *consacrer de
nouveau le monopole du tabac, ce serait dépasser la
ligne de ses devoirs*; elle ne s'y résigna, et n'y fit résigner la chambre que comme à une loi d'exception destinée à faire face aux obligations contractées
avec les étrangers qui avaient envahi notre territoire.

La commission de 1816 fit une véritable enquête
sur les effets du monopole. Elle pesa mûrement les
pétitions pour et contre; elle ouvrit des conférences
avec les envoyés spéciaux des départements où l'on
cultive le tabac, avec les députés des chambres de
commerce, avec tous ceux qui avaient des intérêts
ou qui portaient des lumières dans la question.
Cette commission se décida, à une grande majorité,
à proposer d'abolir la régie, et de lui substituer
un régime de taxes, qui devait donner les mêmes
produits, sans les mêmes vexations, sans les mêmes
attentats.

Une discussion solennelle et approfondie s'en-
suivit dans la Chambre. Le monopole fut honni,
fut flagellé, fut proscrit par l'opinion, et on ne l'a
maintenu jusqu'en 1816, que parce que l'état sortait alors de crises financières qui ne permettaient
pas de diminuer les recettes, et que, dans l'alternative de laisser subsister quelques années encore
un mauvais impôt, ou d'en improviser pour 40 millions de nouveaux, il fallait, entre deux maux, choisir le moindre.

Aujourd'hui, messieurs, la France n'a plus de

charges extraordinaires à supporter. Un dégrèvement considérable a été accordé dans les sessions
précédentes à la contribution foncière. Vous venez
d'adopter des diminutions sur les droits d'enregistrement. Il arrive chaque année que chaque branche
de revenu donne des produits inespérés. Chaque
année vous avez à reporter en actif sur le nouveau
budget les excédants de recette du budget précédent. Enfin, votre prospérité financière est arrivée
à ce point que vous offrez aux créanciers de l'état
leur remboursement.

Et c'est dans une position si favorable que M. le
ministre des finances vous représente l'état comme
accablé sous le poids de ses charges annuelles..... Et
il ne lui vient même pas dans la pensée de chercher à expliquer et motiver la continuation du régime exclusif autrement qu'en invoquant la loi de
la dure nécessité?.... Et il vous dit froidement que
cet exécrable régime est-indiqué par *la nature
même des choses, et par l'expérience de tous les temps,
notamment en ce qui concerne la culture!*..... Et il
vous demande la prolongation du monopole pendant dix ans..... Et pas un mot de son exposé ne
laisse espérer qu'après les dix ans on ne demandera pas la prolongation pendant un siècle. Ainsi
messieurs, c'est à toujours que vous violerez la
propriété; c'est à toujours que vous lancerez un
interdit sur le travail; c'est à toujours que vous
déshériterez d'un riche et productif capital l'agriculture et le commerce de la France!

Ne commencez-vous pas à vous étonner, messieurs, de la fiscale indifférence avec laquelle, depuis l'ouverture de la session, on vous propose des mesures et des systèmes qui coûtent tant de larmes à vos commettants? Les ministres ont-ils donc oublié que notre mission est de défendre les intérêts populaires ?.... Toujours des chiffres ! toujours les besoins du trésor! jamais un regard vers le pays! jamais un mot en faveur de la pauvre humanité !... Et, dans la question qui nous occupe, le gouvernement a-t-il pensé aux habitants de l'Artois, de la Flandre, de l'Alsace ?

Oui, il a pensé à eux. Il a pensé à eux.... pour les menacer indirectement de détruire tout-à-fait la culture, par une prétendue imitation de ce qui se passe en Angleterre..... Mais on n'a jamais cultivé le tabac en Angleterre que par courts intervalles, et toujours avec perte pour le commerce.... Mais si le gouvernement britannique a mis des taxes considérables sur les tabacs étrangers, au moins ne s'est-il pas fait lui-même fabricant et marchand de tabac.... Mais les Anglais peuvent supporter des impôts et même des abus énormes, saturés comme ils le sont d'énormes capitaux, et assurés de nombreux débouchés pour les produits de leur industrie.

Au reste, messieurs, ce n'est point la suppression ni même la diminution du revenu produit par le tabac qui vous est demandée. Tout le monde s'accorde à reconnaître que le tabac est une matière facilement imposable. Tout le monde consent à lui demander 40 millions. Mais ces 40 millions, nous désirons les obtenir par des procédés en harmonie avec notre charte et avec la civilisation du dix-neuvième siècle.

Nous ne voulons pas qu'on viole au nom de la loi les droits de la propriété et du travail. Nous repoussons le principe que les intérêts de quelques-uns peuvent être habituellement sacrifiés aux intérêts de tous; nous le repoussons comme antisocial, comme fécond en désastres, comme le point de départ de tous les systèmes fondés sur la spoliation et la confiscation.

Votre commission elle-même s'unit à nous pour repousser le principe du régime exclusif. Ainsi, la question est réduite à ce problème: trouver sur le tabac, sans le monopole, les 40 millions que donne le monopole. Des vues d'amélioration ont été énoncées et développées par les différents orateurs qui se sont succédés à cette tribune. Elles se rapportent, pour la plupart, à des taxes sur la fabrication et à des patentes spéciales de fabricants et de débitants. On pourrait y ajouter des droits de douane sur les tabacs exotiques, droits montant à plus de 10 millions pour une quantité égale à celle qu'introduit annuellement la régie. Toutes ces vues, plus ou moins utiles, et d'autres encore, seront présentées à votre délibération, sous la forme d'amendements. Mais, vous le savez, messieurs, en supposant même que M. le ministre des finances ne fasse pas main-basse sur ces amendements, et ne les écarte pas en masse, ainsi qu'il lui est arrivé dans la discussion de la loi des rentes, leur mort, pour être plus lente, n'en sera pas moins certaine; car il est impossible que des amendements qui renversent de fond en comble un système d'impôt, et qui ne mettent pas à la place un autre système reconnu pour être également complet, également productif pour le trésor, il est impossible que ces amendements soient adoptés d'emblée par une chambre législative.

Et cependant tout le monde aspire à voir cesser le monopole, et les départements où on cultive beaucoup de tabac, et ceux où on en cultive peu, et ceux où on en a abandonné la culture. Les consommateurs désirent qu'on leur procure une denrée mieux préparée, et qui flatte davantage leur goût. Le commerce réclame avec énergie l'exploitation d'une branche d'industrie qui peut, entre ses mains, augmenter beaucoup le capital de la richesse nationale. Pourquoi la France, si favorisée par son climat et par l'esprit inventif de ses habitants, pourquoi la France ne lutterait-elle pas avec l'Amérique, et ne vendrait-elle pas ses tabacs aux peuples des continents ?

Il y a donc du bien à faire.... Ce bien, comment pouvez-vous l'opérer ? c'est en renvoyant à la session prochaine, par la prolongation du monopole jusqu'en 1827, la solution du grand problème qui vous occupe. Pendant une année de délai, le gouvernement appellera à lui tous les intérêts et toutes les lumières. On examinera jusqu'à quel point sont mérités les reproches adressés à la régie, tant par la commission que par les orateurs ; comme, par exemple, de faire entrer en France trop de tabacs exotiques; comme de ne tenir aucun compte des faibles garanties offertes aux planteurs par l'accession d'un certain nombre d'entre eux aux actes administratifs qui décident de leur fortune; comme de faire des dépenses énormes en salaires et en sinécures; comme de négliger d'améliorer et d'étendre la culture des départements méridionaux; comme de dessécher et calciner les tabacs, à force de les faire fermenter; on pèsera la valeur de ces plaintes, et on jugera si les désordres qui les ont fait naître ne sont pas la conséquence naturelle et inévitable du monopole.

Alors, messieurs, la discussion arrivera à cette chambre préparée et lumineuse; alors vous ne serez pas réduits à admettre ce que vous réprouvez, à l'admettre comme de guerre lasse, et pour satisfaire à des exigences que vous n'avez pas le temps d'assouvir d'une autre manière. Le gouvernement vous demande le monopole pour dix ans. Votre commission y consent jusqu'au 1er janvier 1831. Mil huit cent trente-un, messieurs!..... C'est précisément l'époque à laquelle finit la chambre actuelle, si, comme l'a proposé tout-à-l'heure M. le ministre de l'intérieur, elle devient septennale. Voudrez-vous qu'un malheur public, un fléau, le monopole enfin recommence et finisse avec vous? Voudrez-vous léguer à vos successeurs la jouissance d'accomplir un acte de justice envers ce qu'il y a de plus sacré parmi les hommes, la propriété et le travail?

Sur cette importante question, messieurs, vous avez entendu tour-à-tour les députés des départements où l'on cultive le tabac. Prétendrait-on que leurs voix ne se sont élevées qu'en faveur d'intérêts locaux?..... Ces jours derniers, quand vous discutiez la réduction des rentes, on vous disait : le dommage n'est pas général; il ne touche que la ville de Paris. On vous dira peut-être aujourd'hui : le dommage n'est pas général; il ne touche que l'Artois, la Flandre et l'Alsace. Messieurs, je défendais les Parisiens il y a peu de jours; je défends les Alsaciens aujourd'hui; ou plutôt, aujourd'hui, comme il y a peu de jours, je défends la justice et la morale. Par devoir comme par sentiment, nos efforts appartiennent à tous ceux qu'on opprime, et c'est pour cela que je vote contre le projet de loi.

SUR LA VÉRIFICATION
DES POUVOIRS DE M. BENJAMIN CONSTANT[1].

SÉANCE DU 22 MAI 1824.

La commission nommée pour l'examen des pouvoirs de M. Benjamin Constant avait conclu à son admission, mais plusieurs membres s'y opposaient.

Messieurs, relisez le rapport de votre commission, ainsi nous parlait hier M. Piet, et j'ai trouvé que son conseil était bon à suivre; car ce rapport expose les faits avec exactitude; il déduit leurs conséquences dans un style lucide; il rapproche et éclaircit, l'une après l'autre, toutes les questions de droit; il possède surtout, et à un haut degré, le mérite particulier à ces sortes de travaux, celui de cadrer et diriger la discussion, en préparant d'avance, à chaque objection et à chaque argument, la case où ils doivent se placer.

La discussion est trop avancée pour parcourir de nouveau, pied à pied, le terrain exploré par M. le rapporteur et par nos autres collègues; il me suffira de reporter l'attention de la chambre vers les points sur lesquels son opinion n'est pas encore entièrement fixée.

[1] Voyez page 238.

L'orateur qui a monté le premier à cette tribune et celui qui en est descendu le dernier, se sont accordés à considérer la loi du 9 décembre 1790 comme ne pouvant porter aucun bénéfice à M. Benjamin Constant.

1° Ont-ils dit : C'est une loi de finance, une loi de domaine à la suite de laquelle arrive l'article 22 tout-à-fait excentrique par rapport au système de la loi.

2° L'article 22, et la loi tout entière, se rapportent exclusivement aux religionnaires proscrits en vertu de l'édit de Nantes.

3° Cette loi confère la qualité de naturel français, et non pas les droits de citoyen français.

Sur le premier point je qualifierai plus tard, comme elle doit l'être, la loi du 9 décembre 1790; mais ne fût-elle qu'une simple loi de finance et de domaine, encore ne faudrait-il pas s'étonner de voir intercaler parmi ses articles une disposition de l'ordre politique, ou de l'ordre civil. N'avons-nous pas nous-mêmes inséré plus d'une fois des dispositions de cette nature dans nos budgets!.... et toutefois, l'article 22 du décret de l'assemblée constituante n'est pas venu par amendement, il est une partie essentielle; et si vous voulez vous en convaincre, lisez, messieurs, dans le Moniteur de 1790, page 1424, les motifs de projet; vous y verrez un long paragraphe du rapport où est proclamé aussi *juste que politique* cet article 22 *qui assurera aux descendants des religionnaires fugitifs les droits de citoyen français*, et où on établit en

20.

principe *que les citoyens dispersés sur des terres étran-*
gères ne cessent pas un moment d'être dans leur pa-
trie aux yeux de la loi.

Je réponds sur le second point, que le décret est rédigé dans les termes les moins limités ;
il ne s'applique à la révocation de l'édit de Nantes
ni plus ni moins qu'à une autre époque de persé-
cutions religieuses ;.... même il ne parle pas de
religionnaires persécutés, bannis, proscrits, mais
seulement de religionnaires expatriés pour cause
de religion. Ce sont ceux-là, et tous ceux-là que le
décret a reconnus pour naturels français : l'application du législateur a été extrême à empêcher qu'un
seul descendant de ces expatriés pût échapper au
bienfait de la loi.

Je réponds sur le troisième point, que sous
l'empire de la législature qui régissait la France à
la fin de 1790, tout naturel français, qui n'avait
pas perdu la qualité de citoyen, par une des causes
spécifiées dans les décrets constitutionnels de cette
époque, était de plein droit citoyen français.

Un des préopinants (M. Piet) a témoigné une
grande horreur pour cette application à faire en
1824 des décrets de 1790 et 1791. Eh! messieurs,
nous ne vivons que sur d'anciennes lois. Venant
après la révolution, il a bien fallu accepter nécessairement une foule de lois de la révolution. D'ailleurs, la charte n'a-t-elle pas confirmé les lois existantes avant elles ?

Mais le même orateur, si terrible contre la constitution de 1790, s'est montré plus indulgent pour

la constitution de l'an III. Il en a accepté les conditions ; il a rappelé avec complaisance le rapport
fait au conseil des cinq-cents, le 21 frimaire an V,
par M. Pastoret, sur le mode d'exécution de l'article 22 de la loi de décembre 1790, et la courte
discussion qui a suivi le rapport et l'ajournement
qui a été prononcé par le conseil.... Mais ce qu'il
ne vous a pas dit, et ce qui est cependant le mobile et la cause déterminante de toute cette discussion de l'an V, c'est que ceux qui avaient alors
la majorité dans les conseils craignaient qu'à la
faveur des facilités offertes aux religionnaires fugitifs, des émigrés ne rentrassent en France.

M. Pastoret, qui appartenait à la minorité, qui
avait un penchant naturel pour le malheur, se dé-
battait pour rendre aussi général qu'il était possible
le décret qui ouvrait les portes de la France aux
religionnaires. Je le répète, il avait en vue de favoriser les émigrés, et c'est précisément ce qui porta
le parti dominant à ajourner la discussion.

Au reste, il n'a jamais été question d'abroger la
loi de 1790 : elle est restée dans toute sa plénitude.
Par le bénéfice de cette loi, M. Benjamin Constant
a été président de l'administration municipale de
Luzarches, électeur, tribun ; et le rôle qu'il a joué
dans le tribunat ne s'est pas effacé de votre mémoire.
Une opposition vive et chaleureuse s'éleva tout-à-
coup au sein de cette portion du corps législatif,
contre l'envahissement de tous les pouvoirs sociaux
par l'homme extraordinaire que le 18 brumaire
avait placé à la tête du gouvernement de la France.

M. Benjamin Constant fut un des athlètes les plus
vigoureux et les plus ardents de cette opposition.
Il fut éliminé nominativement du tribunat, au renouvellement du premier cinquième. Croyez-vous
que si on eût pu alors élever raisonnablement
quelques doutes sur sa qualité de Français, croyez-
vous que ces doutes n'eussent pas été saisis avec
empressement, et érigés en certitude, pour motiver
des mesures violentes, mais légales en apparence,
contre un homme dont la présence était désagréable au pouvoir.

Voilà, messieurs, les faits antérieurs à la restauration ; et je ne pense pas comme votre commission
que la possession d'état, *antérieure à la restauration,*
soit tout-à-fait sans influence sur la difficulté qu'il
s'agit de résoudre. Je ne le pense pas ; et je me fonde
sur la charte et sur l'ordonnance du 4 juin 1814.
Ceux qui n'étaient Français que par le fait de la
réunion momentanée de leur pays à la France,
l'ordonnance souveraine du 4 juin les sépare de la
France, alors que leur pays en est séparé. Ceux qui
étaient de leur personne, ou par leur propre droit,
naturels ou citoyens français, la charte les a trouvés
Français, elle les laisse Français, il n'y a pas lieu à
l'interpréter autrement ; car l'esprit de la charte,
encore plus que la lettre, est de reconnaître et
conserver tous les droits légalement acquis.

La question de la chose jugée a été traitée vic-
torieusement par les jurisconsultes qui honorent
cette chambre, et mes faibles paroles n'ajouteraient
aucune force aux doctes raisonnements des ora-

teurs qui m'ont précédé. Cependant je dois vous dire, que par autorité de la chose jugée je n'entends pas parler de la décision prise par cette chambre en l'année 1818; il est hors de doute que sur ce point, non plus que sur tout autre, où la chambre des députés a une délibération à prendre, elle ne saurait être dans le fait de cette délibération enchaînée par une délibération précédente... Mais ce qui a dû diriger des députés en 1818; ce qui doit dicter le vote des députés en 1824, c'est la chose jugée par le tribunal ou le corps administratif qui était compétent pour juger. C'est, dans la circonstance particulière à M. Benjamin Constant, la déclaration de son père admise en 1791 par la municipalité de Dôle, et additionnellement la déclaration du fils admise en 1797 par l'administration municipale de Luzarches. Ces deux déclarations, faites dans les formes et les délais voulus par la loi, contre lesquelles aucune réclamation ne s'est élevée en temps utile, consacrées, en ce qui concerne le père de M. Benjamin Constant, par les principes de droit, ne permettent pas de mettre en question l'état des défunts, cinq ans après leur mort : ces déclarations sont équivalentes à la chose jugée, et il n'est pas plus permis d'y revenir que si la chose avait été jugée par les tribunaux.

Au reste, revînt-on sur le jugement, soumît-on à une discussion nouvelle les faits qui ont motivé ce jugement, encore est-il vrai que les droits de M. Benjamin Constant n'en souffriraient aucun échec; il est démontré, non pas qu'Augustin Con -

stant, l'auteur des jours de M. Benjamin Constant, a été proscrit pour ses opinions religieuses, *mais qu'il s'est expatrié pour cause de religion*; et la loi n'en demande pas davantage. Il est démontré qu'Augustin Constant était d'Aire en Artois, et que lors de son expatriation, l'Artois appartenait à la couronne d'Espagne. Mais le décret du 17 juillet 1793 qui a échappé à votre commission, et dont on a lu l'article 1 et l'article 3 hier à votre tribune, ce décret étend et applique à l'Artois le bienfait de la loi du 9 décembre 1790.

Enfin, la loi du 9 décembre 1790 admet, appelle également les deux filiations maternelle et paternelle. Mais ici, messieurs, je dois m'arrêter un instant, car la chambre semble reculer devant cette qualité de Français, attribuée à ceux qui, depuis deux siècles, compteraient dans leurs races une seule femme française : c'est même dans un grand nombre d'esprits la seule cause d'hésitation; un cas si insolite, si exceptionnel de sa nature, les étonne et les fatigue. Ceux d'entre vous qui se regardent comme obligés d'obéir au texte de la loi, prennent leur revanche, comme à leur insu, en niant la validité du certificat de notoriété; les autres se roidissent contre l'article 22 de la loi de 1790, et ne veulent pas consentir à ce que jamais un fils puisse recevoir de sa mère un état et une patrie.

Quant à l'acte de notoriété, on vous a dit, messieurs, quelle valeur a ce genre de preuve dans notre législation civile; et cependant plusieurs membres de cette chambre, plus inclinés à suivre

la rectitude de leurs sens, qu'à se conformer aux
dispositions de la loi écrite, sont restés incertains
sur le degré de croyance que méritent les actes
de cette nature. Ils ont jugé par ce qu'ils voient
autour d'eux, et ils ont dit : Quelle est donc la ville
de France où on trouvera seize citoyens notables
qui puissent donner, consciencieusement et en
connaissance de cause, l'attestation de la vraie descendance et des alliances d'une famille pendant
cinq générations?

Messieurs, une révolution longue et pénétrante
a rompu violemment dans notre pays la chaîne
qui liait le présent au passé; elle a effacé les souvenirs, bien moins encore en détruisant les preuves
matérielles qui servaient à les constater, qu'en éteig-
nant le désir de conserver des actes dont la re-
production ne paraissait pas de nature à produire
une utilité actuelle... Il n'en est pas ainsi en Suisse;
j'ai habité ce pays, et plusieurs d'entre vous l'ont
habité aussi; tous vous diront que nulle part on
ne conserve avec tant de soin les documents qui
jettent de la lumière sur le passé. Chaque ville,
chaque bourgade, chaque famille a son histoire.
On trouve dans chaque maison des généalogies soi-
gnées et authentiques. Cela doit être ainsi dans un
pays d'aristocratie bourgeoise, où, depuis plusieurs
siècles, les mêmes noms figurent dans les mêmes
emplois.

Lisez, messieurs, l'acte de notoriété que produit
M. Benjamin Constant. Rien au monde n'est plus
authentique, ni plus respectable; il est signé par

seize magistrats notables de Lausanne, dont les
pères ont été presque tous membres du conseil dès
le dix-septième siècle. Pour émettre un témoignage
consciencieux, ces seize magistrats n'ont eu qu'à
consulter leurs vieux registres, où sont inscrits minutieusement, et jour par jour, les faits relatifs à
toutes les familles importantes de leur ville.

Je vous le dis, messieurs, je ne crains pas qu'un
honnête homme puisse fixer son opinion d'après
des données plus certaines; et si l'attestation de la
filiation de M. Benjamin Constant était rejetée par
la chambre, il faudrait déchirer nos codes et ne
plus admettre ni commune renommée, ni notoriété
publique.

Reste tout entière l'objection contre la qualité
de Français tirée de la descendance d'une Française.... Messieurs, la loi n'est pas à faire, elle est
faite. Cette loi est exorbitante; je suis d'accord sur
ce point avec votre commission; mais elle n'est
pas irréfléchie; elle tient, au contraire, à un vaste
système que nous ne sommes appelés en ce moment
ni à justifier, ni à condamner; c'est une loi toute
politique, et dans son ensemble et dans ses détails.

L'assemblée constituante a voulu rappeler en
France ces colonies de religionnaires fugitifs que
nous avons vus, qu'on voit encore en Allemagne,
conservant la langue et les souvenirs de la patrie.
Elle a voulu attirer en France leurs capitaux, leur
industrie, leurs habitudes laborieuses; elle a élargi
outre mesure le cercle de l'admission, afin de faire
rentrer non-seulement les Français d'origine, mais

ceux mêmes dont les ascendants s'étaient entés sur des races françaises.

Et il faut le dire, cette proposition, lorsqu'elle fut faite à l'assemblée constituante, n'étonna personne; elle ne provoqua pas une de ces discussions animées auxquelles donnait lieu la divergence extrême des opinions. Bien plus, un membre du côté droit, connu par la chaleur et l'effervescence de ses discours, M. le marquis de Foucault, insista sur l'utilité d'accorder des droits égaux aux descendants des deux sexes; il partit même de ce point pour demander en thèse générale que les femmes propriétaires pussent exercer, par procureur, les droits inhérents à l'exercice de la propriété. Cette proposition fut écartée comme étant hors de la question; mais le décret fut rendu sans opposition: son langage est clair, positif, et ne peut souffrir d'interprétation de la part d'un homme de bonne foi.

Et que vient-on nous parler, d'une famille africaine ou japonaise dans laquelle une femme française serait tombée par hasard, et dont un descendant, Japonais ou Africain, viendrait, la loi de 1790 à la main, réclamer la plénitude des droits de citoyen français? Messieurs, M. Benjamin Constant est Français par toutes les branches de sa famille; il l'est par son père, puisque les Constant de Rebecque formaient souche en Artois long-temps avant le quinzième siècle; il l'est par sa mère, et, de ce côté, le sang français est renouvelé, est ravivé pour ainsi dire à chaque génération; il est Français par sa mère, car Henriette de Chandieu,

sa mère, était fille de Marie de Montrand, appartenant à une famille réfugiée, originaire du Dauphiné,
qui a laissé des traces dans cette province. Benjamin de Chandieu, son aïeul, eut pour mère la pe-
tite-fille de ce Duplessis-Mornay, qui fut le conseiller le plus austère et le serviteur le plus dévoué
de Henri IV, roi de Navarre, comme Sully de
Henri IV roi de France : d'autres familles françaises
se rattachent à celle-là. De partout c'est du sang
français qui coule dans les veines de notre collègue,
qui coule sans mélange ; et ne vous étonnez pas,
après cela, si sa vie tout entière a été consacrée à
acquérir, réacquérir et conserver la précieuse qualité de naturel et citoyen français.

Messieurs, la loi a parlé. Si vous êtes des juges,
il ne vous reste qu'à l'appliquer ; si vous vous considérez comme des jurés, un devoir religieux vous
est imposé. Vous éloignerez de vous toute sugges-
tion, toute inspiration puisée hors des faits allé-
gués dans la cause. Vous ignorerez quel est en dehors de cette cause celui sur lequel vous avez à
prononcer. Vous ignorerez complètement ce qu'il
a dit ou pu dire, ce qu'il a écrit ou pu écrire, ce
qu'il a fait ou pu faire, avant ou après telle ou telle
époque. Cette prescription, ce n'est pas moi qui
vous la fais, c'est la loi elle-même ; et voici ses dernières paroles, ses paroles sacramentelles. Interro-
gez-vous vous-mêmes dans le silence et le recueille-
ment ; pesez, dans la sincérité de votre conscience,
quelle impression ont faite sur vous les preuves rap-
portées pour ou contre l'admission ; et prononcez...

SUR LE RECRUTEMENT DE L'ARMÉE.

SÉANCE DU 28 MAI 1824.

Messieurs, il est un impôt qui ne prend pas au contribuable une partie de son revenu ou tout son revenu; une partie de son capital ou tout son capital, mais qui lui enlève la liberté, et même la vie. Cet impôt terrible, inexorable, l'impôt du sang, est cependant le plus indispensable des impôts; il est la condition *sine quâ non* de l'existence des sociétés politiques. On ne saurait imaginer dans l'état présent de notre civilisation, je ne dirai pas de meilleure manière, mais d'autre manière de former et d'entretenir les armées; l'expérience et l'évidence des faits ont mis les bons esprits tous d'accord sur ce point. Ceux-là même qui, en l'année 1818, se sont élevés avec le plus d'éclat contre le recrutement forcé, sont les plus vifs aujourd'hui à célébrer ses précieux avantages et ses heureux résultats; et jamais hommage plus involontaire, et par-là même plus mérité, ne pouvait être rendu à l'ancien ministre qui a fait prévaloir dans les conseils du roi, et dans les chambres, le principe de vie par lequel une bonne armée a été donnée au roi et à la France. La loi du 10 mars 1818 a fixé à six années la durée du service des soldats appelés; à six autres années le temps pendant lequel ils restent assujétis à l'éventualité d'un service territorial ; à quarante mille hommes le montant de la levée annuelle par la voie des appels, à deux cent quarante mille le complet de paix de l'armée. Elle a voulu que ce complet ne pût pas être dépassé, que le contingent annuel ne pût être augmenté, que les vétérans ne pussent être mis en activité autrement que par le concours des trois branches de la puissance législative.

Le projet de loi qui vous est soumis porte à huit ans la durée du service actif, supprime les vétérans, élève à soixante mille hommes le contingent annuel, détruit la limite posée à l'accroissement de l'établissement militaire, enlève aux chambres leur coopération directe à la formation de l'armée. Ainsi, messieurs, il ne s'agit pas de modifier la loi du 10 mars 1818, comme le porte modestement l'intitulé du projet, mais bien de renverser de fond en comble ses principales dispositions, et même d'altérer en quelque chose la forme actuelle du gouvernement du pays.

Où est l'utilité, où est la nécessité de ce bouleversement? Quels ennemis menacent la France? Quelles entreprises continentales ou maritimes, rapprochées ou lointaines, occupent donc la pensée de notre gouvernement? Le président du conseil des ministres est-il venu, comme au commencement de l'année 1823, proclamer à cette tribune qu'il y a obligation de porter la guerre chez les autres, si nous ne voulons pas que les autres la portent chez nous?

Non, messieurs, il n'y a rien de semblable en ce moment; ou du moins je dois le croire, puisque le roi nous a dit à l'ouverture de la session que « ses relations amicales avec tous les états ga-« rantissaient une longue jouissance de la paix gé-« nérale. »

Ainsi rien ne nous presse; la question peut et doit être traitée avec calme, dans la prévision de l'avenir, sous les rapports politiques, non moins que sous les rapports militaires, et sans que l'inflexibilité des principes soit condamnée à plier sous le joug des événements. J'essaierai de remplir cette tâche avec l'ame d'un soldat, et aussi avec la dignité d'un député, me bornant, quant à présent, à la discussion de celles des dispositions de la loi de recrutement qu'attaque le projet ministériel, mais prêt à retourner sur la brèche toutes les fois qu'il y aura menace d'un nouvel assaut.

Je commence par la durée du service.

C'est peut-être le problème le plus difficile de la science sociale que de mettre les institutions, protectrices des libertés publiques, en harmonie avec le déploiement de force propre à assurer l'indépendance des nations. Les Anglais ont jugé que l'organisation militaire la plus propre à résoudre ce problème serait celle qui attacherait indissolublement le soldat au drapeau, tandis que l'officier tiendrait au pays par des liens serrés et nombreux; mais, en Angleterre, l'armée est peu considérable, elle coûte des sommes énormes à recruter et à entretenir; et, en raison de l'arrangement de la société civile, on ne s'étonne pas de voir les officiers et les soldats former dans le même corps militaire comme deux corps séparés par une barrière infranchissable.

En France, au contraire, l'armée est nombreuse; c'est l'élite de la jeunesse, et par fois la jeunesse tout entière; jeunesse ardente, belliqueuse, prompte à s'élancer au premier coup de canon dans la carrière de l'avancement, indéfiniment ouverte aux braves, mais volontaire, mobile, et ennemie de la contrainte. Gardez-vous de traiter une pareille jeunesse comme des soldats achetés, et comme des automates, à qui on imprime des mouvements mécaniques; laissez-la passer et repasser rapidement de la vie civile à la vie des casernes, et de la vie des casernes à la vie civile; ne pressez pas vos soldats, ne les tourmentez pas pour qu'ils se rengagent.

Le petit nombre des rengagements est la preuve de la prospérité croissante du pays, c'est la preuve qu'il y a beaucoup de travail offert aux laboureurs et aux ouvriers. Quarante mille jeunes soldats, arrivant tous les ans dans les régiments, n'ont pas le temps, pendant six ans qu'ils y passent, d'oublier tout-à-fait le clocher du village. Eh bien! tant mieux; après les six ans expirés, ils retourneront en foule au métier et à la charrue; ils diront à leurs amis plus jeunes le fait de la profession des armes, et la leur apprendront au besoin. Cependant d'autres les auront remplacés sous le drapeau, qui y porteront les habitudes du travail, si précieuses à entretenir chez les soldats; et, par cette rotation continuelle, les familles, l'agriculture et les arts souffriront le moins possible, et le respect pour l'autorité légale s'imprimera plus profondément dans les mœurs de l'armée, et la population vétérane sera plus nombreuse sur toutes les parties du territoire.

La société a donc tout à gagner à la courte durée du service militaire; mais c'est l'armée, avant tout, qu'une loi de recrutement a eu en vue; ce sont les convenances et les intérêts de l'armée qu'il faut consulter; et, pour cela, il importe d'écarter les illusions de tous les genres. Sachez donc, messieurs, que lorsqu'on vous propose de prolonger le temps du service, c'est moins pour conserver les mêmes soldats deux ans de plus sous les drapeaux, que pour les mieux désaccoutumer de la vie civile, et arriver par-là à en rengager un plus grand nombre au jour de la libération. Voyons donc en quoi profitera ou nuira à l'armée l'adoption de ce système.

Ici, messieurs, je procède avec une longue et méditative expérience; six ans me paraissent insuffisants pour la cavalerie et pour quelques hautes parties du service de l'artillerie, et j'applaudirai à une modification qui, ne s'écartant pas d'ailleurs dans le mode d'exécution du principe de la loi, porterait à huit ans la durée du service dans ces deux armes. Mais l'infanterie, dont le recrutement est au recrutement de la cavalerie et de l'artillerie en temps de paix comme 4, et en temps de guerre, comme 10 à 1, l'infanterie qui compose le fond de l'armée, l'infanterie que l'on appelle la nation des camps, je n'hésite pas de le dire : pour elle six ans suffisent et même par-delà; et cette opinion n'est pas nouvelle; la loi du 19 fructidor an VI avait fixé pour la paix la durée de l'engagement volontaire à quatre ans, et celle du service de la conscription à cinq;.... et qui fut, messieurs, l'auteur, le père de cette loi mémorable? ce fut le vainqueur de Fleurus, le maréchal Jourdan. Tous ceux qui ont mené long-temps les troupes à la guerre savent qu'aucune nation ne possède, au même degré que la nôtre, des hommes faciles à instruire et prompts à s'aguerrir. Ils savent que le fantassin de trente-quatre ans est déjà vieux; ils savent qu'une armée française n'est disciplinable, et propre à accomplir de grandes entreprises, qu'autant que la masse des soldats y est moins âgée que les officiers. Ils le savent, et ils en attestent non-seulement la victoire rajeunie dans les champs de Lutzen et Bautzen, mais encore les vingt-quatre campagnes tout entières de notre vieille armée de glorieuse mémoire.

Mais une grave objection se présente : si on n'a pas de rengagements, si on ne conserve pas des vieux soldats, où prendra-t-on des sous-officiers?

Je réponds que cette classe modeste des bas officiers de l'ancien régime, résignée à passer sa vie dans une sphère étroite, et pour qui la canne d'adjudant était le bâton de maréchal de France, je réponds que cette classe ne se retrouvera plus, parce qu'elle se rapporte à une direction d'idées et à un ordre de choses qui sont loin de nous. L'état de sous-officier n'est plus que le passage par lequel on arrive au grade d'officier..... Que faut-il donc faire pour allumer chez les soldats distingués et satisfaire, en temps utile, une honorable et raisonnable ambition? Il faut leur montrer en perspective dans la carrière des armes un avenir préférable aux chances de fortune les plus favorables qui les attendraient dans leurs foyers. Améliorez donc l'état militaire, puisque les autres conditions sociales s'améliorent tous les jours. Améliorez-le surtout dans le grade de capitaine, parce que c'est le grade auquel arrivera nécessairement un jour le jeune sergent qui se conduit bien...; et l'amélioration que je demande, je ne la fais pas consister seulement dans une solde plus forte et dans d'autres avantages, mais encore dans la certitude légale qu'on ne perdra pas ces avantages après les avoir acquis. Il faut qu'après un temps donné de service, un officier ne puisse plus être dépouillé de son état et de son traitement, autrement que par le jugement d'un tribunal. Il faut que dans les grades les plus élevés, chacun puisse dire, mon emploi est au roi, mais mon grade est à moi; il faut que la profession des armes soit mise à l'abri de l'arbitraire des chefs, des bureaux ministériels et même du gouvernement, arbitraire multiplié sur les appellations de mise en réforme, d'envoyés en congé limité, de retraites forcées; il faut surtout

qu'on ne puisse pas jeter dehors un officier de dix
ans, de vingt ans, de vingt-neuf ans de service sans
lui donner seulement le pain de l'aumône..... Oui,
messieurs, c'est ce qui est arrivé mainte et mainte
fois depuis l'année 1820. Vous le savez tous, car la
tribune en a retenti; mais ce que vous n'avez peut-
être pas remarqué, c'est que cette mesure acerbe,
qui ne s'était encore présentée que comme une
mesure d'exception non avouée, on va l'ériger
en disposition permanente. Elle a été écrite dans
une ordonnance royale du 5 février 1823, où il est
dit article 2 : « *Ne recevront aucun traitement de
réforme, les officiers qui auront été formellement*
privés de ce traitement par l'ordonnance qui aura
prononcé leur réforme. »

Je passe aux vétérans.

On vous présente la cessation de leur assujétis-
sement à un service territorial comme l'équivalent
de la prolongation à huit ans de la durée du service sous les drapeaux; cet équivalent, messieurs,
est de la même nature que celui des augmentations
du capital offert aux petits rentiers en compensation de la réduction de l'intérêt de leurs rentes,
et produira dans le pays précisément le même genre
d'émotion. L'augmentation du service actif fera
couler des larmes amères, et on n'accordera pas
la moindre attention à cette dispense des quatre années pendant lesquelles le soldat libéré pouvait se
marier et former un établissement; mais la question dépasse les impressions populaires et les intérêts privés : on veut supprimer une des institu-

tions fondamentales de notre force publique; voyons donc ce que sont les vétérans.

La France, inondée, rançonnée, occupée par les soldats de la coalition européenne, sentit, en 1818, le besoin de reconstituer sa force militaire, et de redevenir une nation. Le gouvernement reconnut que, même après que l'armée régulière aurait été levée, disciplinée et mise en ligne, sa tâche n'était pas encore remplie; il reconnut que pour arrêter le débordement des modernes invasions, il ne suffit plus des efforts isolés des troupes actives. C'est alors aux bons sentiments du pays qu'il faut en appeler; mais, toute dévouée, toute courageuse que sera la population, elle ne pourra, dans un moment de crise, être associée utilement à la défense qu'autant que ses masses seront aidées et dirigées par d'autres masses mieux ordonnées. De là, ressort la nécessité d'une milice intermédiaire qui deviendrait un jour la seconde ligne des soldats et la première ligne des citoyens. Les militaires libérés dans les six ans qui ont précédé la crise parurent propres à remplir cette belle destination : voilà en peu de mots l'esprit dans lequel a été conçue l'institution des vétérans.

Mais l'institution fut mutilée et paralysée en naissant par le refus qui fut fait au ministre de lui laisser organiser immédiatement les vétérans en compagnies territoriales. Et cependant le nom des vétérans retentissait en Europe, si richement doté de patriotisme et de gloire, que la même année où

ils furent indiqués, les souverains étrangers se dé-
cidèrent à retirer leurs troupes de la France.

En 1823, l'armée active est entrée en Espagne :
c'était une guerre offensive ; et, dans l'esprit de la
loi de recrutement, il y avait lieu, si une augmentation de forces était jugée nécessaire, il y avait
lieu, non pas à faire marcher les vétérans, mais à
demander une levée additionnelle, ainsi qu'il est
prévu par l'article 5 de la loi. Le gouvernement en
a jugé autrement ; il s'est attaché au texte littéral
de l'article 23 ; il a demandé, et les chambres ont
accordé la mise en activité des sous-officiers et soldats dont le service actif venait d'expirer. Ceux-là,
à coup sûr, ont rompu facilement les liens de famille qu'ils n'avaient pas eu le temps de renouer ;
mais c'étaient des hommes étonnés qu'on les fît
marcher les premiers entre tous, et sans qu'une
loi préliminaire eût réglé le tour de service ; c'é-
taient des jeunes gens humiliés de se voir dépouiller de leurs insignes de grade d'élite, et d'être
transportés, de la tête des compagnies, à la queue
des dépôts ; c'étaient des soldats mécontents, et
justement mécontents des efforts, plus ou moins
irréguliers, qu'on avait tentés, qu'on tentait encore
pour les forcer à se rengager, mécontents d'avoir
été privés de la faculté de se faire remplaçants dans
la levée de 1822, mécontents de la surveillance flé-
trissante dont les avait assaillis la police civile pendant leur courte apparition dans leurs foyers. Après
ce qui a été fait en 1823, si je m'étonne de quel-

que chose, ce n'est pas de ce que six mille vétérans
ont manqué, mais bien de ce que seize mille se sont
rendus à la destination qui leur était assignée.

Vous ne jugerez pas, messieurs, une si grande
et noble institution d'après un essai aussi informe
et désordonné; vous ne la détruirez pas, comme
on vous le propose, avec tant d'imprévoyance.

Les préventions que certaines personnes ont pu
concevoir en 1818 contre l'établissement des vétérans, en raison des circonstances d'alors, sont
passées avec ces circonstances; vous marchez aujourd'hui dans des voies nouvelles. Quel que soit
d'ailleurs le sort des autres articles du projet de
loi, je vous conjure de ne pas abolir sans contentement, sans bienfait pour le peuple, un corps de
cent à cent cinquante mille hommes qui ne coûte
rien au trésor. Loin de supprimer les vétérans, la
raison d'état vous commande d'achever leur organisation, et de leur donner une existence qui, sans
les inquiéter sur leur avenir, développe une ressource efficace pour la défense du territoire.

Toutefois, messieurs, en rendant à l'institution
des vétérans le tribut d'estime et d'honneur qui
lui appartient, et en insistant sur la nécessité de
les conserver, je ne crois pas pour cela qu'on doive
fonder sur elle des espérances étrangères à sa destination spéciale. Je suis d'accord avec les ministres
sur ce point, qu'il ne faut pas considérer les vétérans comme une réserve d'armée; car la première
qualité d'une réserve est de devenir plus prompt-
tement active et mobile que l'armée elle-même,

et de pouvoir toujours et en tout lieu serrer sur elle et grossir les rangs. Je ne contredirai pas non plus les assertions produites relativement à la situation réelle de notre armée active ; je sais que les contingents annuels ne donnent pas tout-à-fait le produit exprimé dans la loi ; je sais que le complet de deux cent quarante mille hommes, lorsqu'on a déduit la gendarmerie, les compagnies sédentaires, les états - majors, les hommes aux hôpitaux ; et d'autres non-valeurs, se réduit à un effectif d'environ cent cinquante mille combattants ; je sais que ce faible effectif paraît plus faible encore lorsqu'il est déployé dans des cadres dont le nombre a été augmenté outre mesure ; je sais enfin que la France ne doit pas rester désarmée au milieu de deux millions d'hommes armés qui couvrent le continent de l'Europe, et je suis loin de partager l'extrême confiance qu'inspirait l'an dernier à un ministre de sa majesté la philantropie des cabinets qui peuvent mettre huit cent mille soldats en mouvement.

Aussi, ce n'est pas moi qui m'opposerais à la formation d'une réserve régulière, appropriée à nos institutions et à la dignité de la France ; mais est-ce bien une réserve que cette augmentation de vingt mille hommes qu'on veut faire au contingent actuel ?

Le mot *réserve* ne se trouve pas même dans le projet de loi ; tout ce que j'y vois, c'est que le gouvernement prendra soixante mille hommes, et qu'il en disposera ensuite comme il l'entendra...... Est-ce donc à dire que soixante mille hommes soient si faciles à extraire chaque année de notre population?... Non, messieurs, car pour former le contingent de quarante mille hommes, il a fallu jusqu'à présent en appeler, devant les conseils de révision, cent à cent vingt mille; c'est-à-dire près de moitié de la classe entière; et, lorsque vous en demanderez soixante mille au lieu de quarante mille, vous verrez dans quelle rapide progression vont s'accroître les demandes d'exemption.... Vous verrez à quels prix énormes l'augmentation simultanée du nombre des appelés et de la durée du service fera monter les remplaçants! A-t-on mesuré la pression du fardeau dont vont être surchargées les classes moyennes et inférieures de la société?... A-t-on calculé que la résistance à la loi est plus grave et plus fréquente précisément en raison de la dureté de la loi?... A-t-on prévu qu'il y aura des rigueurs à déployer pour effectuer des levées?... Et ici les bons sentiments des personnes qui seront chargées d'exécuter la loi n'ont rien qui me rassure, parce que les bons sentiments ne peuvent rien contre la nature et la force des choses.... Certes, les hommes qui, sous le régime impérial, étaient chargés de diriger et administrer la conscription, étaient aussi des hommes de bien; et cependant il n'y eut jamais de code si rude, si prompt, si arbitraire que le code de la conscription.

Est-ce à dire que l'augmentation du contingent annuel est motivée par l'abondance des fonds affectés au département de la guerre, et que ces fonds resteraient sans emploi à cause du manque d'hommes destinés à les consommer?... Eh! messieurs, c'est précisément le contraire qui arriva jusqu'aux six derniers mois qui ont précédé cette courte expédition d'Espagne. On avait constamment laissé en arrière des portions de contingent, et même des contingents entiers; et il a fallu une circonstance extraordinaire pour les appeler tous aux armes ; aujourd'hui même, que nous entretenons en Espagne un corps d'armée d'occupation, le contingent de la classe de 1823, accordé depuis quinze mois par les chambres, n'a pas encore été mis en activité.... Et si, avec les deux cents millions, ou à peu près, qu'emporte annuellement le budget de la guerre, et avec le supplément accidentel que lui ont fourni les circonstances financières de l'an dernier, il n'a pas été possible au gouvernement de lever les derniers quarante mille hommes que la loi lui a accordés, qu'on nous dise donc combien il faudra de millions pour en mettre en activité soixante mille.

Mais les soixante mille hommes ne marcheront pas tous à la fois ; et, suivant l'exposé des motifs du projet de loi, les jeunes soldats, que les fonds votés par les chambres ne permettent pas d'entretenir sous les drapeaux, formeront une espèce de réserve.

Il existe dans plusieurs services de l'Europe des corps de milice soumis à des rassemblements et à des exercices temporaires, soit qu'on les destine à faire campagne au besoin, soit qu'en cas de guerre on verse leurs soldats dans les cadres de l'armée active. Voilà ce que jusqu'à présent on a appelé des réserves.

Il existe encore dans certains services un système propre à concilier l'économie des finances avec la permanence d'un vaste établissement militaire; il consiste à rendre, pendant huit ou dix mois de l'année, à l'agriculture et aux autres professions la moitié, les deux tiers des soldats, et par conséquent à ne payer en temps de paix que la moitié ou le tiers de l'armée. L'exécution de ce système n'est facile que là où chaque régiment a un département chargé de lui fournir des recrues, et reste en garnison habituelle à portée de ce département. Est-ce cela que l'on veut établir en France? Entendon au contraire que la plupart des jeunes soldats appelés ne paraîtront pas dans les corps, qu'ils n'y seront qu'enregistrés, qu'ils resteront dans leurs foyers, considérés comme des militaires en congé, qu'ils viendront passer les revues au régiment ou ailleurs?....... Mais pourquoi donc, messieurs, les ministres ne vous font-ils pas la confidence de leurs projets?..... Pourquoi, dans cette hypothèse, ne soumettent-ils pas à notre discussion la haute question politique de savoir s'il ne vaudrait pas mieux inscrire un plus grand nombre d'hommes sur les registres matricules, et les tenir enchaînés moins long-temps, que d'en prendre moins, et les garder pendant un espace de temps plus considérable? Pourquoi la loi ne déterminerait-t-elle pas suivant quelle forme, et avec quelle intervention s'opérera, soit en paix, soit en guerre, la mise en activité des jeunes soldats inscrits ?.....

Eh quoi! notre jeunesse la plus vigoureuse, la plus virile, va être mise hors du droit commun! Elle sera soustraite à l'autorité des magistrats civils pour tomber sous le commandement militaire; elle ne pourra, jusqu'à l'âge de vingt-neuf ans, ni se mouvoir hors du lieu natal, ni former des établissements, ni se marier!.. Et ce froissement continuel de tant d'existences sociales serait le sujet d'une simple régularisation ministérielle! Et la puissance législative appelée à voter chaque jour les minuties administratives ou financières, la puissance législative resterait oisive et impuissante devant l'atteinte portée à ses droits les plus sacrés!..... Non, messieurs, vous n'admettrez pas une pareille innovation; vous ne l'admettrez pas, car elle est en discordance absolue avec les institutions que la sagesse du roi nous a données.

Les mêmes observations s'appliquent avec autant de justesse et encore plus de force à cette autre innovation, en vertu de laquelle on enleverait à la loi la fixation du complet de paix. L'accroissement de l'armée active, vous dit M. le ministre de la guerre, n'aura plus désormais de limites que l'effectif déterminé par le budget.

Et d'abord, le budget détermine-t-il un effectif obligatoire? Qu'importe la quotité des fonds alloués à chaque nature de dépense, lorsque ces fonds peuvent être à volonté transportés non-seulement d'un chapitre à un autre, mais même d'un minis-

tère à l'autre?.... Et d'ailleurs n'existe-t-il pas des
valeurs en dépôt destinées à faire face à une énorme
dette flottante? Et le ministre des finances n'a-t-il
pas jusqu'à ce jour exercé la faculté presque indéfinie de faire de continuels emprunts à terme?....
Et ces monstrueuses opérations financières, où on
ne parle plus par millions, mais par milliards, qui
ne se terminent plus en une semaine, en un mois,
mais qui durent et qui se renouvellent pendant
des années, croyez-vous qu'elles ne fourniraient
pas, à des ministres qui voudraient échapper au
contrôle de la discussion publique, croyez-vous
qu'elles ne leur fourniraient pas d'abondants et
puissants expédients pour tenter de grandes aven-
tures sans que les chambres en fussent averties?

Je ne m'arrêterai pas, messieurs, à réfuter les
prétentions fondées sur le secret nécessaire pour
les opérations du gouvernement en ce qui concerne les préparatifs de guerre; je ne m'y arrêterai pas, attendu que, dans tous les pays, et
quelles que soient les formes de l'administration,
le secret est impossible là où il y a des soldats à
mettre en activité et des troupes à réunir; je ne
m'y arrêterai pas, attendu que cette considération,
fût-elle mieux motivée, devrait cependant passer
après les droits des chambres législatives, et je me
hâte de conclure.

Notre armée a été formée et s'est honorée sous
l'empire de la loi du 10 mars 1818; à la place de
cette loi salutaire, éprouvée, qui a porté ses fruits,
on vous en propose une autre dont les résultats,

sont au moins incertains. Je la repousse; je repousse la double charge imposée au peuple par
la combinaison de la prolongation du service avec
l'augmentation du contingent. Je m'oppose à la
suppression des vétérans parce que cette armée
des foyers domestiques, on sera heureux de
la retrouver au jour des calamités, et parce que
jusque-là elle ne coûte aucun sacrifice à l'état. Je
combats le contingent annuel de soixante mille
hommes et l'accroissement indéfini de l'effectif,
parce que rien ne me prouve qu'on formera une
réserve, et surtout parce que je ne veux pas abdiquer pour ma part le concours des chambres à la
formation de l'armée, concours qui, plus encore
que le vote de l'impôt, caractérise notre participa-
tion constitutionnelle à l'exercice de la souveraineté.

Et quel moment choisit-on, messieurs, pour
vous dépouiller d'un droit acquis?..., le moment
même où on veut que vous deveniez une chambre
septennale; où on vous promet en compensation
de la charte violée, une plus intime initiation à l'action du gouvernement. Où s'arrêtera donc cette ardeur des ministres à soustraire l'armée au régime
de la loi qui change rarement, pour la soumettre
au régime des ordonnances qui changent tous les
jours?..... Sans doute l'armée de la monarchie doit
être monarchique; sans doute le nom du prince doit
retentir dans les casernes et dans les camps; sans
doute le roi est pour les militaires, plus encore que
pour les citoyens, l'image vivante et vénérée de la

patrie ; mais croyez-vous que les ministres ne doivent pas quelque garantie de l'avenir à nos enfants, désignés par le sort pour acquitter une dette sacrée ? Craignez-vous qu'ils soient moins affectionnés à leurs devoirs, quand leurs droits de toute espèce seront reconnus et assurés ? Messieurs, notre jeune armée est bonne ; conservez-lui ses institutions, et souvenez-vous qu'ils professent le dogme de l'obéissance passive, ces soldats ameutés, à la tête desquels, dernièrement à Lisbonne, un rebelle a emprisonné et détrôné pendant quelques jours son père et son roi ?

~~~~~~

CONTRE LA SEPTENNALITE.

SÉANCE DU 4 JUIN 1824.

Messieurs, le gouvernement vous propose de donner une forme nouvelle à l'exercice de la puissance législative; et, pour arriver à cette fin, il faudra modifier la constitution écrite de notre pays, constitution qui fut destinée non pas seulement à régler l'avenir, mais encore à pacifier le présent, en régularisant et sanctionnant le passé.

Devant une entreprise, si audacieuse en apparence, sans doute la nation est en rumeur, et cette grande innovation absorbe toutes les pensées, domine toutes les conversations, tient en suspens tous les esprits. Sans doute elle agite et les villes, et les campagnes, et les hautes écoles de l'enseignement, et le barreau, et la place publique, tous les lieux en un mot où les citoyens se rencontrent pour des intérêts communs. Sans doute des écrits brûlants s'échappent par flots de la presse, sont lus avec avidité et accélèrent encore le mouvement de l'opinion. Sans doute, en si grave occurrence, le droit de pétition se déploie avec un éclat, une énergie inaccoutumés; peut-être même des groupes inoffensifs, mais nombreux et animés, attendent-ils avec anxiété, aux avenues de votre salle, le résultat de vos délibérations?

Il en fut ainsi, lorsque les propositions faites aux chambres législatives étaient empreintes de sincérité, lorsqu'elles s'adressaient à des droits réels et qu'on supposait pouvoir être librement exercés; lorsque les cœurs s'élançaient non sans inquiétude, mais non pas aussi sans espérance, vers la prospérité du pays.

Aujourd'hui, tout est immobile, tout se tait. Ce n'est pas, gardez-vous de le croire, que la nation abdique le soin de ses destinées; mais elle a vu comment on a opéré sur elle dans ces derniers temps. Un arrangement de convenance à l'usage du ministère, tout déguisé qu'il est par la solennité de la forme, n'en impose à personne. Pas une pétition, pour ou contre la septennalité, n'est parvenue à votre bureau; les journaux en parlent à peine; nous ne savons l'existence des rares écrits qui ont paru sur la matière que parce qu'on nous les distribue. Bien plus, la loi est à moitié faite, et la discussion de la chambre des pairs, qui parfois aussi a son éclat et son retentissement, vous le savez, cette discussion a passé pour la septennalité plus sourde et plus à huis-clos que jamais; et moi-même, membre de la chambre que notre charte voulut faire élective, j'éprouve cette fois, en abordant la tribune, une répugnance que j'aurais eu peine à vaincre, si ce n'eût été l'occasion qui m'est offerte d'un devoir rigoureux à remplir.

Si, parmi les conseillers de la couronne qui ont

entrepris l'œuvre de la septennalité, il en est un seul qui ait placé dans cette mesure, je ne dirai pas une conviction, mais seulement une idée d'ordre public, l'indifférence complète que rencontre le projet doit lui être un avertissement que nul en France ne se trompe sur la valeur des mots; que tout y est compris et apprécié, et que l'on tient peu de compte de l'élévation du langage, là ou les actes politiques ne vont pas à l'unisson. Jamais le silence d'une nation n'a dit plus énergiquement à ceux qui la gouvernent : Vous avez le pouvoir, et vous disposez de la force matérielle; mais l'action sur les esprits, la communication des sentiments et des idées, la sympathie des ames, vous ne l'avez pas; il n'y a rien de commun entre vous et nous.

J'entre, messieurs, dans une partie, dans une seule partie de la question, j'examinerai rapidement le renouvellement intégral et la durée septennale de la chambre des députés dans quelques-uns de leurs rapports, d'abord avec notre charte constitutionnelle, et ensuite avec le despotisme ministériel qui pèse sur notre pays.

En 1814, l'autorité royale apparut en France, riche de ses antiques droits et de son antique origine, en même temps qu'elle héritait de la toute-puissance moderne de la révolution et de l'empire. Elle apparut au milieu d'une nation où le premier instinct, comme le premier besoin des citoyens, était de rester parfaitement indépendants les uns des autres, dussent-ils payer ce bienfait par une dépendance plus étroite de la puissance publique.

C'est alors que la charte nous fut donnée. Ordres du clergé et de la noblesse, grands corps de judicature, priviléges des personnes et des propriétés, tout avait été détruit depuis vingt-cinq ans. La charte n'a rien rétabli; elle prend l'homme dans la plénitude de sa dignité morale; elle attribue à toutes les personnes et à toutes les choses exactement les mêmes droits et les mêmes avantages; et, pour garantir ces avantages et ces droits, deux chambres sont instituées, qui exerceront collectivement avec le roi la puissance législative. Mais combien de dispositions limitatives et prévoyantes accompagnent l'association des sujets à l'exercice de la souveraineté!

La chambre des pairs, sans publicité, sans dotation constitutionnelle, héréditaire ou non à la volonté du monarque, sans juridiction habituelle, sans droits extérieurs pour ses membres autres que ceux dont dépend le libre exercice de leurs fonctions, la chambre des pairs, loin d'être placée à la hauteur de la pairie anglaise, ne possède même pas le principe d'action de nos anciens parlements, qui vivaient et se perpétuaient au-dehors, et souvent en dépit de l'autorité royale.

La chambre des députés a été conçue dans un système encore plus précautionneux, elle sera le produit de l'élection; mais l'élection sera confiée aux plus forts imposés, c'est-à-dire à quatre-vingt mille électeurs au plus dans toute la France. L'éligibilité sera restreinte à huit mille; on ne pourra choisir les députés que parmi les hommes âgés de qua-

22.

rante ans ; leur faculté législative est morte ou est
muette tant qu'elle ne reçoit pas la vie et la parole de
l'initiative royale. Il sera défendu à leur assemblée
d'avoir aucune barre, de communiquer avec l'extérieur, même de se montrer en corps aux citoyens. Ne
voit-on pas clairement que la pensée de la charte
est pleine de souvenirs des excès populaires et des
assemblées turbulentes ?.... Mais ce n'est pas assez
encore ; une digue plus solide, même inexpugnable, va être opposée à l'irruption de la démocratie.

Cette digue inexpugnable, dans le système de
la charte, c'est le renouvellement partiel, puisque
l'autorité devait subir l'action de l'opinion publique. Le législateur a fait en sorte que cette action arrivât atténuée, adoucie, et séparée autant
que possible des passions exagérées et des influences absolues ; il a pensé que l'opinion ré-
gnante dans une assemblée, renouvelée par cinquième, serait non pas l'opinion tranchante et
exclusive enfantée par les accidents d'un mois,
d'une année, mais bien la moyenne des opinions en
circulation pendant cinq années, moyenne rapprochée de l'expression constante des intérêts in-
dividuels et généraux ; il a jugé qu'un nouveau
cinquième, s'incorporant chaque année dans les
quatre anciens cinquièmes, recevrait de cette
grande majorité l'initiation aux traditions et aux
règles, en même temps qu'il leur apporterait la
révélation des besoins nouveaux et urgents de la
population.

Ainsi, messieurs, lorsque les formes du gouvernement représentatif allaient imprimer aux esprits une énergie nouvelle, le renouvellement partiel est venu s'y mêler pour combiner, dans une juste proportion, le mouvement nécessaire au corps social avec le principe de fixité qui est aussi un besoin des sociétés, et un besoin plus impérieux après qu'elles ont subi de longues révolutions.

La fixité est le motif, le but, le système de la charte; disons mieux, c'est la charte tout entière. Et cette charte majestueusement descendue du trône de saint Louis, cette charte, accueillie naguère par les bénédictions du peuple, cette charte, si souvent proclamée le palladium de nos libertés, voilà qu'aujourd'hui on la traite comme on traiterait un expédient de finances ou un réglement de circonscription territoriale. Croyez-vous qu'il soit très-moral de choisir pour la ravaler à ce point le moment où l'on vient d'obtenir des avantages militaires? Croyez-vous que, dans ce siècle investigateur et désenchanté des croyances aveugles, croyez-vous qu'il soit bien monarchique qu'au nom du monarque on veuille faire, défaire, refaire, et défaire encore une autre fois ce qui, donné à toujours, paraissait appelé à traverser les siècles? Je sais qu'une charte, non plus qu'aucun autre ouvrage des hommes, ne peut être éternelle; je le sais, et je sais aussi que dix ans pour la durée de la loi fondamentale d'un empire, ce n'est pas six mois dans la vie d'un homme. Sans doute que tous les articles de la charte ne sont pas de la même valeur

et de la même immutabilité; mais à qui donc est
départi le droit de distinguer les articles fonda-
mentaux des articles réglementaires? Qui nous ga-
rantira que les dispositions qui affectent le plus
intimement l'existence du pays ne deviendront
pas, au gré des ministres qui se succéderont, des
articles de simple réglement?.... Et, par exemple,
ne voyons-nous pas que l'exposé des motifs du projet que nous discutons a relégué, dans cette humble catégorie d'articles réglementaires, la convocation annuelle des chambres, leur droit de recevoir
des pétitions, la publicité des débats de la chambre des députés et des tribunaux, la conservation
du jury, et, le croiriez-vous, messieurs, la confiscation que nous étions accoutumés à regarder
comme effacée pour toujours du code de nos
lois?

Et, en admettant la nécessité de modifier certains
articles de la charte, cette modification peut-elle
arriver à la tribune *ex abrupto*, et comme une fan-
taisie ministérielle?.... En 1815, au moins, une ordonnance préparatoire fit connaître à la nation les
articles de la charte que la chambre future pourrait changer : ceux-là et non pas d'autres. Avons-
nous vu rien de semblable en 1824? On a supposé,
dans l'autre chambre, que les colléges électoraux
savaient que leurs élus devaient siéger pendant sept
ans... Qui donc a pris soin de les en prévenir? où
est l'ordonnance, la proclamation, le discours auguste qui l'ait dit avant la convocation des colléges?.... à moins, par hasard, qu'on n'ait la pré-

tention de donner pour l'expression de la pensée
royale la brillante, mais mobile phraséologie du
Journal des Débats.

Je crois avoir démontré que le renouvellement
par cinquième est dans l'esprit plus encore que dans
la lettre de la charte; ce n'est pas cependant que
d'autres combinaisons, qui élargiraient les propositions de la charte, ne puissent renfermer aussi
des éléments de force et de liberté : le renouvellement intégral est de ce nombre. Cherchons à quel
ordre d'idées politiques il se rapporte; voyons quels
besoins sociaux il est appelé à satisfaire.

C'est la tendance du gouvernement représentatif,
appliqué avec sincérité à un grand état, de faire
surgir de partout les notabilités de tous les degrés. Quelques esprits malades ont imaginé, pour
combattre cette espèce de tendance, de refaire
dans la société les classifications factices que le
temps et la révolution ont défaites, et d'arrêter le
mouvement des esprits en immobilisant, dans certaines familles, la propriété et le privilége. Ceux-là,
messieurs, prennent le monde à rebours. Oh! que
mieux vaudrait laisser les classifications naturelles
et vivaces s'indiquer d'elles-mêmes! que mieux vaudrait les laisser se faire jour, et se développer sans
effort, dans des institutions locales qui revendique-
raient, pour le plus grand profit du pays, les différentes branches du service public que l'administration centrale a englouti jusqu'à ce jour! Eh!
pourquoi donc les affaires qui ne touchent pas immédiatement au gouvernement du royaume se-

raient-elles discutées et manipulées ailleurs que
dans nos départements et dans nos communes?
Pourquoi les différentes portions du territoire n'au-
raient-elles pas dans leurs conseils municipaux des
sphères d'activité publique en harmonie avec la
grande sphère législative, proportion gardée de
l'importance des attributions? Pourquoi le choix
des citoyens, combiné avec les droits de la propriété, ne désignerait-il pas les hommes propres à,
régir la commune et les départements? De là, messieurs, sortiraient, non plus des commis pour les
bureaux, mais des hommes politiques pour les sommités de l'édifice social; alors seulement vous auriez un gouvernement représentatif véritable; véritable, parce qu'il serait représentatif du premier
au dernier échelon de la délibération des intérêts
collectifs. On ne s'effraierait plus de l'indifférence
et de la torpeur prêtes à saisir une nation qui sera
privée pendant sept ans d'exercer ses grands droits
politiques, si d'autres élections secondaires y entre-
tenaient l'amour de la patrie au cœur des citoyens.
C'est dans cet ordre d'idées, et en leur assortissant
certaines modifications constitutionnelles, relatives
à l'âge des députés et au rehaussement des fonctions législatives dans les deux chambres, qu'on
pourrait concevoir la durée intégrale et septennale
de la chambre élective.

Mais j'en appelle à vous, messieurs, avons-nous
rien de semblable en France?.... Les prédécesseurs
des ministres actuels laissèrent échapper un jour
comme une velléité d'organisation municipale et

départementale. Mais ceux-ci, quelles institutions
nous ont-ils données? quelles institutions nous ont-
ils promises? où sont aujourd'hui, messieurs, où
sont, je vous le demande, où sont les traditions,
les convenances, les habitudes que le pouvoir ministériel soit tenu de respecter? que sont devenues
les résistances légales des parlements, des pays d'é-
tat, du clergé, des corporations indépendantes? et,
au défaut de ces corporations, qui ont disparu, quels
intérêts lésés se grouperont pour faire masse contre
les excès qui les atteignent un à un? Existe-t-il une
parcelle de la puissance publique ailleurs que dans
les soudoyés de l'administration? Ces soudoyés ne
forment-ils pas comme une nation dans la nation,
et une nation conquérante au milieu de la nation
conquise?.... Qu'ont à faire les promesses de la
charte devant cette multitude d'édits de l'ancien
régime, de lois de la révolution, de décrets de
l'empire, où l'autorité trouve tout à la fois des
armes pour exécuter, et des arguments pour justifier les plus intolérables usurpations? Éducation de
tous les âges, enseignements de toutes les sciences,
professions qui se rattachent à la surveillance de
la police et à la salubrité publique, offices en connexion plus ou moins intime avec l'exercice de
la justice; avocats, avoués, huissiers, notaires,
établissements industriels, même les procès en matière privée, même la dépouille des morts, tout est
envahi par la persistance d'une volonté qui n'est
pas la volonté royale; et cette volonté persistante,
c'est le glaive à mille tranchants qui menace les

opinions, toutes également, et qui frappera tour-à-
tour toutes les oppositions, toutes les indépendan-
ces. Je vous le demande, messieurs, qu'est-ce autre
chose que tout ceci sinon le pouvoir impérial tombé
de chute en chute aux mains des ministres que
voilà ?

Aujourd'hui, messieurs, ces ministres vous offrent la septennalité.

A qui persuadera-t-on que tout-à-coup s'est emparé de leur esprit un scrupule constitutionnel sur
la difficulté d'accorder ensemble les deux membres
de l'article 37 de la charte, comme si le sens de cet
article pouvait laisser la moindre incertitude dans
un esprit raisonnable ?

A qui persuadera-t-on qu'ils croient sérieusement
que le renouvellement partiel paralyse la prérogative royale de dissoudre la chambre des députés,
comme si nous n'avions pas vu exercer cette prérogative trois fois dans le court espace de neuf
ans ?

A qui persuadera-t-on que les ministres veuillent
mettre les chambres plus avant dans la pensée et
dans l'action du gouvernement, eux qui n'ont fait
autre chose, même depuis l'ouverture de la présente session, qu'agrandir leur propre puissance
et restreindre les droits des chambres ?

A qui enfin fera-t-on croire que le renouvellement
partiel nous empêche d'arriver au perfectionnement de la législation ?.... Eh! messieurs, les lois
seront embrassées, saisies et discutées avec profondeur, suivant que la pensée forte, les connaissances

positives, les supériorités intellectuelles abonde-
ront dans la chambre élective, et elles y abonde-
ront toutes les fois que le champ des élections libres sera ouvert à toutes les opinions. N'est-ce pas
sous l'empire du renouvellement partiel que cette
chambre a créé et développé notre magnifique système de crédit dont on a voulu si brutalement
abuser? n'est-ce pas sous l'empire du renouvellement partiel qu'ont eu lieu ces lumineuses discussions des lois de la presse, des lois d'élections,
de la loi de recrutement, qui ont rempli d'ad-
miration même les vétérans du parlement d'Angleterre? Et d'ailleurs les lois à faire nous arrivent
par l'initiative royale.... Et rapportez-vous-en aux
ministres, elles arriveront aussi rares et aussi brèves
que possible. Et qu'ont-ils besoin d'avoir recours à
la législation, eux qui, non contents de puiser à
discrétion dans l'inépuisable arsenal des lois de tous
les régimes, viennent de s'arroger récemment les
droits de les faire interpréter à leur guise par leur
conseil d'état?

Que veulent donc les ministres, quand ils vous
offrent le renouvellement intégral et septennal?...
Ce qu'ils veulent, messieurs? ils veulent échapper
à la loi de mortalité, qui, depuis la restauration
jusqu'à ce jour, réduit à deux ou trois ans au plus
la moyenne d'une vie ministérielle. Mais ont-ils habilement calculé? La chambre septennale leur sera-t-elle plus docile et plus traitable que la chambre partiellement renouvelée? Et si tout-à-coup
éclatait une minorité compacte, qui, marchant

avec les intérêts du trône et du peuple, réclamant des institutions en harmonie avec la monarchie et la charte, trouvant un appui certain dans l'opinion publique, indiquât au souverain des hommes plus dignes d'être appelés dans ses conseils;........ si cette minorité, chaque jour croissante, allait un jour devenir majorité,.... la veille de ce jour, messieurs, on dissoudrait la chambre;..... et vous, forts de vos nobles et pures intentions, vous vous présenteriez avec confiance au grand jury électoral appelé à fixer la pensée incertaine du monarque: mais quelle sécurité auriez-vous de la légalité et de la vérité des élections?

Les colléges électoraux appelés à prononcer entre les ministres et vous seront formés sur des listes dressées par les délégués des ministres, munis d'instructions spéciales. Et s'il arrivait qu'on y inscrivît en masse vos ennemis politiques, sans enquête sur la validité de leurs droits; s'il arrivait qu'on effaçât vos amis, celui-ci sous le prétexte que son nom aurait été mal orthographié par le percepteur, celui-là parce qu'une absence de quelques mois prêterait à lui faire une chicane sur son domicile, cet autre parce qu'ayant compliqué de difficultés sans fin la justification des titres, on ajournerait au dernier jour, à la dernière heure, la décision qui le concerne; et on lui dirait alors : Il n'est plus temps;... que feriez-vous alors, messieurs? où serait votre recours pour écarter les faux électeurs et rétablir les véritables!....•devant le conseil d'état?.... le conseil d'état, dont chaque année les membres paraissent et disparaissent par la vertu d'un souffle ministériel, le conseil d'état, qui vous jugera quand il lui conviendra, et peut-être six mois après qu'il ne sera plus question d'élections?

Et ces colléges électoraux, altérés et bouleversés, en attendez-vous l'expression du vœu national?....

La loi a réglé que le vote de chacun serait secret, et des agents prévaricateurs diront avec impudeur qu'ils ont des moyens certains pour savoir comment chaque électeur aura voté........ Ils commanderont la nomination du candidat officiel aux électeurs fonctionnaires publics et à ceux qui, ne l'étant pas, dépendent du gouvernement pour les emplois qu'ils voudraient obtenir, pour l'éducation et l'avenir de leurs enfants, pour des intérêts et des droits en instance devant l'administration... Ils le commanderont dans des lettres imprimées et publiques, où l'on dira aux employés salariés, et même à ceux qui ne le sont pas, qu'ils ont perdu le droit de disposer d'eux-mêmes; qu'ils ne s'appartiennent plus, qu'ils ont abjuré leur conscience précisément dans l'acte politique pour lequel la raison et la loi réclament la liberté la plus illimitée.

Et cet odieux commandement, qui avilit plus encore le puissant qui l'inflige que le malheureux qui le subit, cet odieux commandement sera commenté, mis à la portée de chacun dans des dépêches secrètes et dans des circulaires subalternes

plus ignobles les unes que les autres ; et l'on dira
aux citoyens moins dépendants : Si vous ne votez
pas avec nous, vous perdrez votre préfecture,
votre sous-préfecture, votre tribunal ;.... le cours
d'eau qui alimente vos usines sera détourné; on
fera passer ailleurs le canal qui devait vivifier vos
propriétés;... on chargera d'impôts telle matière ou
telle industrie qui nourrit la population de votre
arrondissement....... Tous les hommes du pouvoir
répéteront, à l'envi l'un de l'autre, les mêmes menaces, et d'autres encore; et tous, ou presque
tous, ajouteront au crime de violenter les consciences, le crime d'outrager la dignité de la couronne, en essayant de la rendre complice des misérables intrigues de ces ministères d'un jour.

Messieurs, la plus ou moins longue durée, et le
renouvellement fractionnel ou total de la chambre
des députés ne sont que des modes particuliers de
l'existence du gouvernement représentatif; mais les
élections lui apporteront la vie ou la mort, suivant
qu'elles seront libres ou asservies. Commencez donc,
si vous voulez servir votre pays de toute votre puissance constitutionnelle, commencez par rendre la liberté aux élections; enlevez à l'administration, et re-
mettez aux tribunaux la formation des listes et les
décisions qui s'ensuivent; faites que, suivant le vœu
du Code pénal, et malgré l'impunité promise à une
classe de coupables par l'article 75 de la constitution consulaire de l'an VIII, faites que les acheteurs de suffrages, quelle que soit la monnaie avec
laquelle ils les paient, soient mis au pilori de la

justice comme ils le sont déjà au pilori de l'opinion.

Alors il y aura profit pour la chose publique à
aborder dans son ensemble et dans ses conséquences le système de nos institutions, agrandi
par la septennalité. Mais jusque-là, et tant que
nous n'aurons pas obtenu la sécurité électorale,
que la chambre dure sept ans, dix ans, ou même
vingt ans; qu'on la renouvelle par cinquième, qu'on
la renouvelle intégralement, ou qu'on ne la renouvelle pas du tout, il me paraît que ce n'est pas le
point qui importe le plus aux libertés publiques.

Au reste, messieurs, cette tribune est debout.
Les formes constitutionnelles sont conservées;
la glorieuse résolution prise hier par la chambre
héréditaire prouve qu'il y a encore dans les cadres
de notre gouvernement représentatif de quoi faire
revivre la liberté et la patrie. Dans cet état de
choses, je m'en tiens au texte de la charte, et je
vote contre le projet de loi.

SUR LA MODIFICATION
DE QUELQUES ARTICLES DU CODE PÉNAL.

SÉANCE DU 15 JUIN 1824.

L'article 1ᵉʳ du projet était ainsi conçu :

« Les individus âgés de moins de seize ans, qui n'auront pas de complices au-dessus de cet âge, et qui seront prévenus de crimes autres que ceux auxquels la loi attache la peine de mort, celle des travaux forcés à perpétuité, ou celle de la déportation, seront jugés par les tribunaux correctionnels, qui se conformeront aux articles 66, 67, et 68 du Code pénal. »

Messieurs, nous sommes appelés à jouir du bienfait de la monarchie constitutionnelle, et les lois criminelles qui nous régissent ont été faites sous l'inspiration et au profit de la monarchie absolue. Nous sommes la nation sociable par excellence, et la législation nous traite comme une multitude en révolte permanente. Aussi la reconnaissance publique accourt-elle au-devant de toutes les propositions qui s'annoncent comme devant apporter quelques changements au Code pénal.

Et cependant, il ne faut pas qu'un sentiment juste en principe s'égare dans son application. Ce n'est pas assez que les modifications qu'on nous présente adoucissent, ou paraissent adoucir, la rigueur de la loi, il faut encore savoir si les remèdes employés contre le mal ne seront pas de pire effet que le mal lui-même. C'est ce que j'ai le droit de demander à plusieurs articles du projet de loi. Mais l'article 1er, le seul qui nous occupe en ce moment, mérite une discussion particulière.

Aujourd'hui lorsqu'un individu, âgé de moins de seize ans, est accusé d'un crime, il est, comme les autres accusés, amené devant la cour d'assises; mais la cour ne se borne pas à recevoir du jury la déclaration du fait incriminé; elle pose encore cette autre question : L'accusé a-t-il agi avec discernement? Si la seconde déclaration est affirmative comme la première, une peine est prononcée, peine qui ne peut être ni afflictive ni infamante. La loi a pris en commisération l'irréflexion de l'extrême jeunesse; elle se confie à la puissance du remords; elle espère qu'un jour, après avoir subi un emprisonnement plus ou moins long, le coupable, novice encore dans la carrière du crime, pourra s'amender et devenir un citoyen utile.

Suivant le projet de loi qui vous est soumis, les enfants de moins de seize ans qui seront prévenus de crimes auxquels la loi attache la peine de mort, celle des travaux forcés à perpétuité, celle de la déportation, continueront à être jugés par les cours d'assises; mais pour les individus de cet âge, prévenus d'autres crimes, il n'y aura plus de jury, la question de discernement ne retentira plus aux oreilles du public : ce sera le tribunal de police correctionnelle qui prononcera.

Quel est le motif de l'innovation introduite par le projet de loi ? à qui profitera-t-elle ? où veut-on arriver ?

On la motive sur la nature de la peine la plus forte qui puisse être infligée au coupable âgé de moins de seize ans. Puisque cette peine ne peut jamais excéder la limite des peines correctionnelles, pourquoi, disent les défenseurs du projet de loi, pourquoi porter devant le tribunal supérieur la connaissance de l'infraction à laquelle suffit la pénalité dont dispose le tribunal inférieur ?

Pourquoi, messieurs ?.... Parce que cette infraction, votre code la définit un crime ; parce que le caractère positif du fait lui imprime la qualité de crime ; parce que cette qualification légale est précisément ce qui détermine la compétence de la cour d'assises et l'incompétence du tribunal correctionnel ; parce que, si une circonstance purement personnelle à l'auteur du fait punissable a conduit le législateur à commuer la peine, cette commutation exceptionnelle ne saurait porter atteinte à la juridiction qui est d'ordre public et d'institution fixe ; et les auteurs du projet de loi le savent si bien, qu'ils conservent à la cour d'assises le jugement des crimes plus atroces que commettraient les enfants, quoique ces crimes aussi ne soient punis que de peines correctionnelles. L'article qu'on veut vous faire adopter ne serait donc qu'une dérogation à la qualification essentielle des délits et des crimes ; il ne servirait qu'à introduire dans le code une anomalie réprouvée par l'esprit d'analyse.

Toutefois, cette considération de simple théorie ne vous arrêterait pas, s'il devait en résulter dans la pratique quelque avantage, soit pour l'accusé, soit pour la société.

Pour l'accusé.... On fait valoir que la marche plus rapide de la procédure correctionnelle abrégera le temps qu'il passera dans la prison, exposé à la contagion du crime....

Messieurs, votre commission vous l'a dit, et toute la France le dit avec elle : c'est un devoir pour le gouvernement de disposer les prisons de manière que les enfants détenus y vivent séparés des autres prisonniers; et certes les travaux nécessaires pour obtenir cette importante amélioration seront plus faciles, moins coûteux et plus vite exécutés pour quatre-vingts ou cent maisons de détention à l'usage des cours d'assises, que pour quatre cents à l'usage des tribunaux correctionnels.

Quant à la sentence définitive, qu'elle soit prononcée par le tribunal correctionnel ou par la cour d'assises, peu importe... la peine est la même dans l'une et l'autre compétence. L'enfant accusé n'a rien à gagner ou à perdre à l'innovation qu'on vous propose.

Mais si vous portez vos regards vers une sphère plus élevée, si vous consultez la morale publique et l'intérêt social, voudrez-vous, messieurs, que le vol avec effraction, le guet-à-pens et d'autres crimes encore, soient jugés à la hâte et pêle-mêle avec les filouteries et les querelles de cabarets ? et parce

23.

que l'accusé n'a pas encore seize ans, la société
est-elle moins blessée dans ses droits? Demande-
t-elle moins de dignité au tribunal, moins de solennité au jugement? Cette dignité, cette solennité,
la croyez-vous moins efficace sur l'imagination
molle encore de l'enfant que sur le cœur endurci
du vieux criminel?.... Eh! messieurs, la justice est
une seconde religion; c'est aux enfants, c'est aux
jeunes gens que parle avec le plus de force son
imposant appareil; c'est dans le jeune âge que les
grands spectacles produisent les grandes impressions et décident souvent du destin de la vie.

Une dernière considération se présente; et, je
ne vous le dissimule pas, messieurs, c'est particulièrement celle-là qui m'a fait monter à la tribune.
Où veut-on arriver? Le projet de loi, on vous l'a
dit de toute part, n'est pas complet. Ce n'est qu'une
indication, qu'une ébauche.... Eh bien! messieurs,
dans cette indication, dans cette ébauche, j'aperçois
le symptôme et le germe de la destruction du jury.
La voie est ouverte; d'autres élargiront, d'autres
achèveront la démolition commencée d'une institution toujours bienfaisante, malgré les abus dont
on l'a surchargée; et l'attaque se dessine dans plusieurs articles du projet, d'autant plus à redouter
qu'elle marche silencieuse et protégée par l'adoucis-
sement des peines. C'est ainsi que différentes espèces
de vols vont descendre de la catégorie des crimes
dans celle des délits; c'est ainsi que va s'agrandir encore la réduction facultative des peines, abandonnée
aux juges avec tant de latitude par le code de 1810.

Le bien qui en viendra, on pourrait le faire avec et par le jury. On le pourrait; mais on ne le veut pas. Le jury aussi est un produit de la révolution, et les hommes rétrogrades ne lui pardonnent pas son origine.... Cette partie de la question, messieurs, provoque votre attention la plus sérieuse. Elle ne touche pas seulement à l'organisation judiciaire, elle embrasse l'ordre politique tout entier. Voyez les grands jurys de comté en Angleterre. Apprenez par leur exemple ce que produirait d'utilité, sous l'influence de bonnes institutions départementales, la réunion de propriétaires appelés périodiquement au chef-lieu du département pour y exercer de graves fonctions. J'estime qu'avec notre gouvernement représentatif, tout amoindrissement du jury est une atteinte portée à la fois à la sainteté des jugements et à l'exercice de nos droits politiques les plus précieux.

Revenant à la discussion particulière de l'article 1er, je lui reproche d'abaisser l'ordre des juridictions, sans que l'humanité en profite, puisque la compétence seule sera changée, et que la même peine continuera d'être appliquée à la même infraction. Je lui reproche surtout d'enlever un fait de plus à la connaissance du jury, et un fait qui lui appartient plus spécialement que tout autre, en raison de la question de discernement. D'après ces motifs, je vote contre l'article 1er.

SUR LES DÉPENSES EXTRAORDINAIRES
DE 1823.

SÉANCE DU 28 JUIN 1824.

Aussitôt après l'ouverture de la session dernière, le gouvernement du roi a demandé aux chambres un crédit éventuel de 100 millions pour subvenir aux frais de la guerre d'Espagne. Une de vos commissions fut chargée d'examiner cette demande. Elle prit « en considération le nombre d'hommes « appelés à faire la guerre ; l'importance du maté- « riel et des approvisionnements nécessaires, les « dépenses que peut entraîner la marche d'une ar- « mée disciplinée dans un pays étranger. » Elle reconnut « que la somme demandée était dans une « juste proportion avec les besoins présumables. » C'est en ces termes que s'exprimait, le 21 février 1823, à cette tribune, l'honorable M. de Martignac, rapporteur de la commission ; et la chambre, sans exiger des renseignements plus précis, sans même qu'on lui présentât, comme dans les budgets ordinaires, un aperçu des dépenses à faire par chaque département ministériel ; d'entière confiance, en un mot, la chambre accorda les 100 millions.

La guerre s'est faite : pas un soldat n'a été levé au-delà du nombre calculé pour la demande du crédit extraordinaire. Bien plus, le gouvernement a voulu qu'on mît à sa disposition la classe de 1823; et quand il l'eut obtenue, il la laissa tout entière dans ses foyers. On avait compté sur l'emploi de vingt-deux mille vétérans, et seize mille seulement ont répondu à l'appel, et ils sont à peine restés sept mois au service. La rapidité des opérations en Espagne et la plénitude du succès militaire ont trompé les prévisions de ceux qui ne voulaient pas la guerre, et ont surpassé les espérances de ceux qui l'avaient appelée de leurs vœux. L'armée, ayant passé la Bidassoa le 7 avril, est arrivée le 23 mai à Madrid. Le 24 juin, elle se présentait devant Cadix. Dès les premiers jours d'octobre, elle n'avait plus d'ennemis à combattre sur le territoire de la Péninsule.

Au récit d'une guerre si promptement terminée, vous avez pu, vous avez dû croire qu'une épargne considérable aurait été faite sur les 100 millions de l'extraordinaire. Vous vous êtes flattés que l'excédant des recettes supplémentaires de 1823 allait grossir les voies et moyens de 1825...... et voilà que les ministres du roi vous apprennent que les 100 millions n'ont pas suffi. Il leur faut encore 108 millions; il les leur faut pour compléter les dépenses autorisées successivement par des ordonnances royales, dépenses qu'ils prétendent avoir été nécessaires et urgentes; et la commission que vous chargez, en 1824, d'apprécier cette nouvelle

et incroyable demande, vient vous dire, par l'organe du rapporteur de la commission de 1823, que
les sacrifices sont énormes et inattendus, mais qu'ils
ont été commandés par des circonstances impérieuses.

Ces circonstances impérieuses, elles aboutis-
sent, messieurs, à créer un munitionnaire-général. Ces sacrifices énormes et inattendus, ils sont
le produit de la création d'un munitionnaire-général. Qu'est-ce donc qu'un munitionnaire-général?

On appelle ainsi, messieurs, l'entrepreneur de
la totalité des services administratifs de l'armée.
C'est un spéculateur qui, familiarisé à la fois avec
les opérations commerciales, les chances de la
guerre et les localités qui en sont le théâtre, prête
au gouvernement son activité, son expérience, ses
capitaux et son crédit, moyennant des profits plus
ou moins grands que lui procureront des obligations matériellement accomplies ; d'où il suit qu'il
y a lieu de recourir à des munitionnaires, lorsque
l'établissement militaire manque d'agents administratifs, lorsque la guerre doit se faire lentement
et progressivement dans un pays dénué de ressources, et surtout lorsque le trésor est épuisé et
que l'état manque de crédit.

C'est ainsi que deux traitants célèbres, Fargès
et Jaiquier, vinrent au secours de l'administration
défaillante de la vieillesse de Louis XIV, et furent
les munitionnaires des armées que dirigeaient Bar-
bezieux et Chamillart; c'est ainsi que les frères
Paris administrèrent les subsistances militaires dans

toutes les guerres qui se firent pendant le délabrement financier du long règne de Louis XV ; c'est
ainsi qu'au 18 brumaire le premier consul, trouvant le trésor vide et les besoins excessifs, confia
à un capitaliste hollandais, Wanderberg, l'entreprise des vivres dans l'intérieur de la France.

Mais, je vous le demande, messieurs, quelle si-
militude peut-on établir entre les époques que je
viens de rappeler et notre situation au commencement de 1825? N'avons-nous pas vu, lorsque l'emprunt a été ouvert, les capitalistes nationaux et
étrangers se disputer à qui remplirait le plus vîte
et à meilleur marché la caisse de notre armée? La
guerre n'arrivait pas inopinée; elle était indiquée
depuis deux ans; depuis deux ans nos troupes s'ag-
gloméraient aux pieds des Pyrénées, d'abord
comme cordon sanitaire, ensuite comme corps
d'observation. Les denrées abondaient, et la France
était couverte d'administrateurs militaires, débris
de nos vieilles armées, les uns au service, les autres prêts à y rentrer. Le pays qu'on allait envahir, on en savait les localités, les productions, les
ressources; on les savait mieux que les habitants
eux-mêmes.

Tout le monde disait : Ou la population espagnole sera contre nous, et alors il n'y aura d'autre moyen de subsister que par l'action directe et
immédiate des troupes sur les hommes et sur les
choses; ou la population sera avec nous, et alors,
comme l'Espagne est abondante en denrées et
pauvre en numéraire, on verra les fanègues de

grains, les troupeaux de bœufs, les cantaros de vin accourir de partout au devant de nos écus.

Eh bien! messieurs, c'est dans cette situation du présent, et avec ces données sur l'avenir, qu'un munitionnaire-général a été, non pas choisi pour notre armée d'Espagne, mais imposé à elle, et au prince généralissime par des combinaisons calculées ou fortuites, dont les causes et les effets seront un jour développés.

Monseigneur le duc d'Angoulême arrive le 30 mars à Bayonne, où son major-général l'avait précédé de quelques jours. L'Espagne est devant lui; mais c'est à l'opinion des peuples encore plus qu'aux bataillons et aux forteresses du gouvernement qu'il doit atteindre. Cette guerre est d'une nature qui commande à la fois la célérité des mouvements et la rigidité de la discipline. Il faut que les troupes françaises se présentent en tous lieux en même temps, et qu'en tous lieux elles se présentent fortes de leur organisation et de leur valeur, mais inoffensives pour la population, et amies des Espagnols, même des Espagnols armés qu'elles sont appelées à combattre. Si le généralissime hésite au passage de la Bidassoa; si, plus tard, il pensait à prendre position sur l'Èbre; si, après être entré à Madrid, il jugeait que la conquête de la capitale suffît pour assurer la soumission des provinces, je ne crains pas de le dire, l'Espagne lui échappait.

Pour entreprendre et mener à fin une expédition incertaine, voyons quels moyens d'action avaient été préparés sur notre frontière d'Espagne.

Les magasins des dixième et onzième divisions militaires étaient remplis de pain, de biscuit, de farine et de grains. Mais à quoi servira cet amas de provisions, si on ne peut pas les transporter au-delà des Pyrénées? Et il est reconnu qu'on manquait à Bayonne de moyens de transport. A quoi serviront les préparatifs matériels de la guerre, fussent-ils même complets dans toutes les parties, s'il n'y a pas à la tête de l'administration de l'armée une volonté forte et éclairée qui apprécie les obstacles, et garantisse au généralissime les moyens de les surmonter? Or, messieurs, cette volonté forte et éclairée a manqué. L'intendant en chef de l'armée, Sicard, ayant reçu dès le 9 février l'ordre de se rendre à Bayonne, n'y était arrivé que le 19 mars. Une partie de ses employés paraissait peu expérimentée; c'est lui-même qui l'a déclaré, et il a déclaré aussi qu'il ne pouvait répondre de la régularité du service.

A côté de cet administrateur retardataire et impuissant, qui ne répond pas du service, apparaît tout-à-coup un homme qui croit en lui-même, qui ne doute de rien, qui promet tout; un homme né avec le génie des affaires et l'instinct du succès. Le premier besoin de l'armée est d'obtenir des notions précises sur la réception qu'on lui prépare en Espagne, et déjà M. Ouvrard est en relation avec des Espagnols de tous les partis; l'assortiment en menus vivres de campagne est incomplet, et M. Ouvrard a ramassé quelques sacs de riz qu'il va verser

dans les sacs de nos soldats; la plus poignante inquiétude qu'on éprouve au quartier-général se rapporte à la difficulté de se procurer des moyens de
transport, et M. Ouvrard s'annonce comme ayant
conclu des marchés de prévoyance pour fournitures de voitures bouvières à l'entrée et dans l'intérieur de l'Espagne; et, en effet, il montre un
bon nombre de charrettes espagnoles attelées pour
échantillon du reste.

Avec l'intendant Sicard, l'armée risque de rester amoncelée aux pieds des Pyrénées quinze jours,
un mois peut-être; avec le munitionnaire-général
Ouvrard, on ne passera pas la Bidassoa dans
quinze jours, dans huit jours; on la passera demain,
aujourd'hui même s'il le faut. Voilà, messieurs,
l'histoire du marché du 5 avril. J'en appelle aux
hommes de guerre et aux hommes d'état de tous
les pays; le généralissime pouvait-il faire autre
chose qu'accepter le munitionnaire-général et approuver le marché?

Mais cette approbation auguste, qui n'est au
fond que le commandement militaire de mise à
exécution, quel ministre, quel agent ministériel
serait assez irrévérencieux pour l'invoquer comme
une égide derrière laquelle essaieraient de se cacher des actes administratifs exorbitants et contraires aux intérêts de l'état! Vous ne le souffririez
pas, messieurs. Et d'abord, pourquoi a-t-on été
amené à trancher *ex abrupto*, au bord de la Bidassoa et la veille même du passage, ce qui eût dû
être mûrement médité et longuement controversé

en conseil des ministres? Pourquoi, messieurs?.... C'est parce que la guerre d'Espagne n'était pas définitivement arrêtée dans la pensée du gouvernement.

A Dieu ne plaise que j'en fasse le reproche aux ministres du roi! Et, certes, mon reproche arriverait mal à propos, aujourd'hui que l'état affreux de l'Espagne dit assez combien il y avait de puissants motifs pour hésiter devant un avenir si nébuleux! Je raconte un fait, je le raconte en historien impartial, et je dis que le défaut d'un plan arrêté a été la cause première de ce qu'on n'a pas fait à Paris, et de ce qu'on a été obligé de faire à Bayonne.

Comment n'a-t-on pas vu, dans le conseil des ministres, que les moyens de transport étaient la plus pressante nécessité d'une armée en Espagne? Comment n'a-t-on pas calculé que des compagnies du train des équipages, et des brigades de mulets de bâts, qui s'organisaient dans le nord et dans l'est de la France, n'arriveraient pas à temps pour la campagne du midi, et qu'inutiles à l'armée d'invasion, on pourrait tout au plus en tirer parti pour le service de l'armée d'occupation?

Comment est-il arrivé que le ministre de la guerre, ayant à sa disposition le corps de l'intendance militaire, riche en lumières, en expérience, en traditions, et la direction générale des subsistances, confiée à des mains probes et habiles; comment est-il arrivé que le ministre ait choisi pour intendant en chef un homme dont je suis loin d'atta-

quer les qualités privées, mais qui, sorti de l'inspec-
tion aux revues, n'avait jamais administré ni en chef
ni en second? Pourquoi n'avait-on mis personne
auprès de lui, pour suppléer à son insuffisance et
pour diriger les services généraux des vivres, fourrages et convois, des hôpitaux, de l'habillement,
des fonds, soldes et revues? Pourquoi n'avait-on
mis que des sous-intendants de troisième classe,
et les moins anciens de leur classe, et par conséquent ceux qui avaient eu moins souvent l'occasion de faire leurs preuves?

Pourquoi, sur un cadre de cent soixante-quinze
sous-intendants employés ou disponibles dans l'intérieur, n'en avait-on pris d'abord que onze pour
le service de guerre, et n'avait-on attaché aux divisions actives que des adjoints ou des élèves qui
n'avaient pas tous atteints l'âge de majorité?

Pourquoi, au lieu d'emprunter à la direction générale des subsistances des employés expérimentés
et habiles, ainsi que cela est pratiqué dans le ministère des finances, qui a pourvu par les moyens
du service intérieur au service de l'armée, pourquoi a-t-on appelé des employés dont quelques-uns
étaient sans précédents, qui tous étaient sans carrière, des employés tels, que l'intendant en chef
n'a pas osé prendre l'engagement de faire le service avec eux?

Et quand cet intendant en chef mettait quarante
jours à faire la route de Paris à Bayonne, le ministre n'avait-il pas sur les lieux d'autres agents
d'autres fonctionnaires qui lui disaient le mal, qu

lui indiquaient le remède?... Et le major-général arrivé à Bayonne avant le généralissime a-t-il attendu que le marché du 5 avril fût conclu pour s'apercevoir de l'incapacité administrative (relativement au moins aux hautes fonctions qu'il occupait) de l'intendant en chef, et demander son remplacement?

Et ce marché ruineux pour la fortune publique, ce marché fait, non pas pour quinze jours, non pas pour un mois, comme il convenait à un marché d'urgence, mais pour toute la durée du séjour des troupes françaises en Espagne! il faut bien vous dire quelques-unes de ses étranges stipulations.

Vous supposez peut-être qu'à l'exemple des anciens munitionnaires-généraux, M. Ouvrard est arrivé à l'armée avec de l'argent et du crédit, qu'il fera des avances au gouvernement, et qu'on ne le soldera que de ce qu'il aura fourni, et après qu'il l'aura fourni?... Pas du tout. Il n'apporte rien et on lui donne tout. On lui remet d'emblée les approvisionnements amassés à grands frais dans les dixième et onzième divisions militaires. On lui paiera en outre le premier de chaque mois les onze douzièmes des fournitures qu'il fera ou ne fera pas pendant le mois; et comme on les lui paiera, non pas sur le pied de l'effectif des hommes et des chevaux, mais au grand complet de l'armée, il se trouvera en définitif que l'avance aura excédé de beaucoup la fourniture.

Mais puisqu'on livre à la merci du munitionnaire

de pareils approvisionnements et de si fortes avances, on se précautionnera sans doute contre lui
de garanties proportionnées pour le cas où il ne
tiendrait pas ses engagements envers le gouvernement, et subsidiairement envers ses préposés et ses
sous-traitants.... Pas du tout. Il n'est pas même fait
mention de cautionnement dans l'acte du 5 avril;
et d'ailleurs le munitionnaire réel, le munitionnaire aux 80 millions, n'est montré en titre ni dans
ce marché ni dans ceux qui suivront; tout se fait,
tout se fera au nom d'un autre, et M. Julien Ouvrard ne sera qu'un fondé de pouvoirs, gérant par
procuration.

Et si je vous disais à quel prix on achètera l'habileté du munitionnaire-général ! La ration de pain
coûte en France de 16 à 17 centimes; on la lui
paiera 30 centimes deux tiers. Il recevra par chaque ration de viande livrée en Espagne 6 centimes
d'augmentation sur le prix de la ration française,
et c'est de l'Espagne qu'il tirera les bestiaux, de
l'Espagne, où la viande est à meilleur marché qu'en
France. On lui allouera pour les transports une
somme double de celle que l'artillerie, dans les
mêmes lieux, dépensera pour le même service. Il
achètera et distribuera les fourrages, et on lui at-
tribuera pour commission d'achat et de distribution 9 centimes et demi par ration, sans que pour
cela le traitement des préposés et des distributeurs
soit à sa charge.

C'est lui qui pourvoira au chauffage de l'armée
pendant l'été, et dans un pays où , pour cuire les

aliments, on ne se sert presque partout que de la bruyère et du chaume. Il fera boire à nos soldats, à 1 franc le litre, du vin qu'il trouvera en abondance et excellent, au prix de 20 centimes. Et le riz, les légumes, le sel, l'eau-de-vie, le vinaigre, les chandelles, tout sera pour le munitionnaire matière à profit; car il fournit tout et partout. La Catalogne et le midi de la France font aussi partie du vaste domaine qu'on lui a inféodé. Avec la certitude de ses méthodes, la nature de ses déboursés et la facilité de ceux qui contractent avec lui, M. Ouvrard entreprendra, quand on le laissera faire, la fourniture de l'univers entier.

Il résulte de calculs exacts, appuyés d'énoncés statistiques et de pièces justificatives, que le munitionnaire, remplissant les conditions de son marché, fournissant fidèlement ce qu'il est tenu de fournir, ne faisant, en un mot, que des gains licites, il en résulte que le munitionnaire gagnera plus de 20,000,000 dans sa campagne. Mais si cet entrepreneur ne faisait pas réellement la totalité de son service; s'il n'approvisionnait que le quartier-général et les réserves qui marchent avec le quartier-général; s'il ne formait des magasins que sur une seule ligne d'opération; si, par des circonstances, dépendantes ou indépendantes de sa volonté, c'étaient les autorités locales, les corrégidors, les alcades qui, sur la réquisition des commandants et des intendants militaires, fissent au neuf dixième de l'armée les fournitures effectives; si le munitionnaire rachetait ensuite à bas

prix les bons délivrés en échange de ces fournitures; si le marché des vivres n'était, à proprement
parler, qu'un monopole à faire valoir sur toutes
les transactions qui pourraient écheoir en Espagne
pour la subsistance des troupes françaises; je vous
le demande, messieurs, à quelle somme colossale
ne monterait pas la cumulation des profits avoués
avec ceux qui ne le sont pas!

C'est là, messieurs, le véridique récit de ce qui
s'est passé pendant la campagne d'Espagne; et c'est,
à mon sens, le plus grave motif d'inculpation contre
les actes ministériels antérieurs ou postérieurs au
marché du 5 avril.

Par une coïncidence qui n'est pas l'effet du hasard, mais qui se rattache immédiatement à l'objet
de notre discussion, M. le maréchal duc de Bellune était de sa personne à Bayonne le jour même
où fut signé le marché. Il n'y a concouru ni comme
major-général de l'armée, ni comme ministre de
la guerre. Mais, de retour à Paris, il n'a pu manquer de dire dans le conseil quelles charges allaient
amasser sur le trésor les stipulations du traité du
5 avril; et les charges ont dû paraître d'autant plus
lourdes, que la marche rapide et facile des opérations semblait les rendre moins nécessaires.

Aux bords de la Bidassoa, la raison de guerre
et d'état a pu absorber les considérations secondaires de bonne administration et de sévère économie. Mais un mois, deux mois plus tard, la faible
défense de l'Espagne de 1823 s'était révélée. Nos
troupes avaient pu s'éparpiller sur la surface du

territoire, sans que les guérillas interceptassent leurs communications. Les possesseurs de denrées et les spéculateurs espagnols mettaient, à se rapprocher de notre administration, autant d'ardeur qu'ils en avaient mis dans les guerres précédentes à fuir tout rapport avec nous. En un mot, la subsistance de l'armée était invariablement assurée, quel que fût le mode de service qu'on adoptât.

Qu'avait à faire le gouvernement du roi? Je dis le gouvernement du roi, et non pas le ministre de la guerre; car, en si grave occurence, les déterminations ont dû être prises par le cabinet tout entier; qu'avait donc à faire le gouvernement du roi?... ce qu'il avait affaire, messieurs!.... une seule chose. Fermer les yeux sur le passé, sauf à distribuer l'éloge ou le blâme à qui de droit, mais se hâter d'embrasser un autre système pour l'avenir.

Qu'a fait, au contraire, le gouvernement? Il a reppelé l'intendant en chef Sicard; et un second intendant, M. regnault, a conclu le 2 mai, à Vittoria, avec M. Ouvrard, un nouveau marché qui corrobore le marché du 5 avril, et qui augmente les avantages du munitionnaire en plusieurs points, particulièrement en ce qui concerne les fourrages; et deux mois plus tard un troisième intendant, M. Joinville, envoyé à Madrid comme commissaire extraordinaire du roi, avec pouvoir de se mettre à la tête de l'administration de l'armée, a confirmé encore l'entreprise Ouvrard.

Ici, messieurs, il importe de relever une erreur de fait qui s'est glissée dans le rapport de la

24.

commission. On vous dit que « la convention sous-
« crite par M. Joinville, le 26 juillet, à Madrid, n'a
« pas été approuvée, que son annulation a été pro-
« noncée, et que les choses sont restées dans l'état
« où elles étaient avant cette époque. »

La convention du 26 juillet a été approuvée et
ratifiée, ni plus ni moins que les conventions du
5 avril et du 2 mai. On l'a tenue pour bonne, et
mise à exécution dans toute l'Espagne, depuis le
1er août jusqu'au 14 novembre. C'est ce jour-là
seulement qu'elle a été annulée par l'ordonnance
de Briviesca, rendue en vertu d'une décision prise
en conseil des ministres; et cette annulation a ceci
de remarquable, qu'elle est toute au profit de l'entreprise Ouvrard ; car la convention Joinville avait
diminué quelque peu l'énormité de ses gains, et
cette diminution, évaluée à environ 4 millions, a
fait l'objet d'une restitution sous le titre général
d'indemnité à M. Ouvrard. Le montant lui en a été
compté sur place. Toutefois, la même ordonnance
règle qu'il cessera son service au 1er janvier 1824.

Ainsi sont tombés tour-à-tour, sous le charme
du munitionnaire-général, tous ceux qui ont traité
avec lui. Ainsi, pendant neuf mois, le ministre des
finances, président du conseil, a admis au crédit
du ministre de la guerre des ordonnances applicables à l'acquittement de services faits ou supposés faits en exécution des marchés Ouvrard. Et
que vient-on nous dire, qu'aucune signature de
ministre ne se trouve au bas de ces marchés ? Qu'importe à la chambre; qu'importe à la France l'ob-

servance ou l'omission d'une vaine formalité? Les ministres ont laissé faire; donc ils ont fait. Ils ont payé; donc ils avaient ratifié. Ils ont jeté à la tête d'un entrepreneur les trésors de l'état; ils vous doivent compte et réparation, à vous, les organes constitutionnels des contribuables et les arbitres en premier ressort de la fortune publique.

Ici encore, messieurs, je ne partage pas l'opinion émise par votre commission; et ma dissidence porte non plus sur un fait facile à vérifier, mais sur un principe fondamental de notre constitution. La commission professe comme un axiome de droit que les chambres ne sont pas tenues *d'accorder les sommes dues par le gouvernement.* S'il en était ainsi, messieurs, quel crédit aurait notre gouvernement? Que deviendraient les producteurs dont il emploie l'industrie et les capitaux? A quel prix ceux qui travaillent pour lui ne vendraient-ils pas leurs services, incertains qu'ils seraient d'en être exactement et loyalement rétribués? Hâtons-nous, messieurs, de rassurer la confiance publique en désavouant une si dangereuse maxime. Hâtons-nous de reconnaître que toutes les fois qu'une dette a été contractée par les ministres du roi, ou par ceux qui les représentent dans la mesure des attributions de chacun, et suivant les formes consacrées par la loi, cette dette est sacrée et obligatoire pour la puissance législative.

Que nous restera-t-il donc, messieurs?..... La responsabilité des ministres; mais une responsabilité effective qui frappe les personnes et pèse sur

les biens; une responsabilité qui soit la terreur
des agents qui prévariquent et des puissants qui
s'associeraient à leurs rapines.... Dans la question
qui nous occupe, que les engagements pris avec le
munitionnaire-général s'accomplissent, puisque
les marchés ont été passés par des fonctionnaires
ayant pouvoir de les conclure, et ratifiés par les
ministres; mais qu'ils s'accomplissent seulement
pour les fournitures effectuées directement par le
munitionnaire ou par ses préposés. Quant aux prétentions fondées sur des fournitures faites d'office
et d'urgence, soit par des communes et des particuliers espagnols, soit par les soins exclusifs de l'autorité administrative et militaire française, qu'une
liquidation sévère les mette au néant; et dès aujourd'hui, que tout paiement qui resterait à faire
soit suspendu; et si les avances offertes avec tant
de prodigalité dépassent déjà, comme il y a lieu de
le craindre, toutes les allocations probables et possibles, que des mesures judiciaires soient prises
contre qui de droit pour opérer les restitutions qui
pourraient être ordonnées.

Le compte définitif des dépenses de la guerre
d'Espagne vous étant présenté à la session prochaine, la commission que vous nommerez pour
l'examiner deviendra, par la force des choses, une
véritable commission d'enquête. Il appartiendra à
votre dignité de faire comparaître devant elle, non-
seulement tous les documents écrits, propres à éclairer vos consciences, mais aussi tous les renseignements qui pourront être procurés de vive voix; et

ce n'est pas seulement sur les marchés Ouvrard que vous devrez vous enquérir. Vous demanderez encore à quel titre, suivant quelles formes, et avec quelles précautions, notre argent a été dépensé pour le service direct des Espagnols, ou prêté à leur gouvernement; vous exigerez qu'on vous explique comment il arrive que le service extraordinaire de 1823 soit resté chargé de consommations excessives, pendant que cent mille hommes et plus ont passé l'année hors de France, et sont supposés avoir consommé deux cent huit millions au compte des crédits extraordinaires; vous ferez éloigner les incapables, et vous ferez rendre gorge aux fripons.

Sévérité et justice, voilà ce qu'attend de vous l'administration militaire, atteinte dans sa considération par un désordre administratif dont il n'y a pas eu d'exemple pendant les vingt-cinq années de guerres de la révolution; voilà ce qu'attend de vous notre jeune armée, au nom de laquelle il n'est pas permis de piller le trésor français, pendant qu'elle-même a respecté, avec tant de religion, les personnes et les propriétés sur le territoire espagnol; voilà ce qu'attend de vous la France tout entière, qui ne veut pas que le gouvernement représentatif soit un blanc-seing de profusion, et un manteau d'impunité.

Quant à présent, comme ce qu'on nous présente, sous la forme des crédits supplémentaires à voter en raison de dépenses présumées, n'est ni appuyé de pièces probantes, ni rédigé dans les formes voulues par l'article 152 de la loi du 25 mars 1817, je vote contre le projet de loi.

SUR LES DÉPORTÉS DE LA MARTINIQUE.

SÉANCE DU 8 JANVIER 1825.

M. de Puymaurin vient d'exposer à la chambre
que des considérations partielles rendaient nécessaire aux colonies un régime distinct de la métropole. Ce qu'il a dit, la charte l'avait dit avant lui,
puisqu'elle a voulu, par son article 73, que les colonies fussent soumises à une législation particulière. Mais cette législation, que la France attend
vainement depuis dix ans, est toujours à faire; en
attendant, et par une conséquence qui semble naturelle, on applique aux colonies qui sont dans la
charte les lois de l'ancien régime. Mais c'est une
question de savoir si, d'après cette législation ancienne, le gouverneur, l'homme du roi dans les
colonies, est autorisé à bannir extra-judiciairement
les habitants des colonies; c'est encore une question de savoir si, lors même qu'il aurait ce pouvoir, il pourrait l'exercer lorsque la colonie possède
une cour royale; car vous concevez qu'il pourrait
y avoir dans les colonies une loi martiale, qui serait proclamée dans certaines circonstances; qui
suspendrait les tribunaux ordinaires pour porter toute l'autorité extra-judiciaire dans la per-

sonne de l'homme du roi. C'est ce qui se passe dans une ville en état de siége : la situation des colonies est à peu près la même.

Toutefois, j'admets pour un moment que ce droit de bannissement extra-judiciaire appartienne au gouverneur; j'admets qu'il ait été exercé dans un esprit de sagesse et pour le bien du service du roi; j'admets enfin tout ce qu'il est possible d'admettre dans l'intérêt de la conduite ministérielle; mais, je vous le demande, messieurs, ces Français qui, à la Martinique, sont soumis au pouvoir absolu, qu'il peut être nécessaire de maintenir dans l'intérêt de la colonie, ne cessent pas pour cela d'être Français, et, le jour où ils ont mis le pied sur le sol de France, ils rentrent dans tous leurs droits; ce sont des Français investis de toutes les garanties accordées par la charte.

Cela posé, deux cents citoyens ont été bannis de la Martinique et envoyés en France; cette grande déportation a été suivie d'une émigration de douze à quinze cents personnes, parce que la mesure contre laquelle tant de réclamations se sont élevées est tombée sur des hommes livrés à des professions industrielles et commerciales : c'est donc un grand événement; mais je ne m'occupe ici que des députés déportés qui sont arrivés à Brest avec deux destinations : les uns pour le Sénégal, les autres pour la France.

Je vous demanderai d'abord comment vous concevrez le pouvoir d'un gouverneur à la Martinique exercé ailleurs que dans la colonie. Un homme cause des inquiétudes à la Martinique; il paraît dangereux, on le chasse, cela se conçoit; mais comment expliquerez-vous que le gouverneur de cette colonie puisse exercer en France son autorité extra-légale, extra-judiciaire, extra-constitutionnelle, de manière à poursuivre un citoyen français sur le sol de la métropole, ou sur celui d'une autre colonie de la métropole?

Il résulte de cet exposé que ceux des déportés qui ont été envoyés au Sénégal ne l'ont pas été par le gouverneur de la Martinique, qui n'a rien à commander au Sénégal. En vertu de quelle loi y ont-ils été envoyés? Je le demande à M. le ministre actuel de la marine, à qui la longue expérience de l'administration civile ne peut laisser ignorer que des Français n'ont pas pu être envoyés au Sénégal en vertu de l'ordre arbitraire d'un gouverneur des colonies. Une déportation doit être prononcée par un tribunal.

Il y a quelque chose de plus remarquable pour ceux qui ont été envoyés en France. Si vous reconnaissez la validité du jugement qui les a déportés, vous devez les laisser vivre sur la terre de France; si vous les reconnaissez pour Français, vous devez les laisser vivre sur la terre de France, où tous les Français ont le droit de vivre. Je demande donc de quelle autorité on leur a interdit le territoire français?

Il importe de distinguer ici deux faits positifs. Vous voyez que des Français, qui avaient touché le sol de la France, et qui n'étaient pas sous le poids d'un jugement, ont été envoyés, par le fait du ministère français, au Sénégal; les autres, bannis du territoire. Cet acte est certainement contraire aux droits que nous accorde la charte : il est digne de toute la sollicitude du gouvernement. Cette sollicitude doit être d'autant plus grande qu'elle se lie aux considérations générales du régime définitif adopté pour nos colonies.

Je demande le renvoi de la pétition, non-seulement au ministre de la marine, mais au ministère en masse, c'est-à-dire à M. le président du conseil, qui représente le ministère.

L'ordre du jour fut adopté.

SUR LA LISTE CIVILE

A L'AVÈNEMENT DE S. M. CHARLES X.

SÉANCE DU 13 JANVIER 1825.

L'article 4 du projet de loi était ainsi conçu :

« Les biens restitués à la branche d'Orléans, en exécution des ordonnances royales des 18 et 20 mai, 17 septembre, et 7 octobre 1814, provenant de l'apanage constitué par les édits de 1661, 1672, et 1692, à Monsieur, frère du roi Louis XIV, par lui et sa descendance masculine, continueront à être possédés aux mêmes titres et conditions par le chef de la branche d'Orléans, jusqu'à extinction de sa descendance mâle, auquel cas ils feront retour au domaine de l'état. »

Il y aurait manque de probité politique, de la part des ministres du roi, à vouloir intercaler dans un projet de loi des articles qui, n'ayant pas de connexion avec les précédents, ne devraient passer qu'à la faveur de ceux qui ne sont pas sujets à discussion ; mais ce n'est pas le cas du projet actuel, qui a pour objet de fixer non-seulement la liste civile, mais encore la dotation des princes de la famille royale. Or, pour cette dotation, dans les idées de l'ancienne monarchie, c'est l'apanage qui est de droit, et la rente apanagère qui est d'exception. Ce principe, que l'apanage est de droit, se retrouve dans la loi du 5 novembre 1814, et il est reconnu par l'article 3 du projet de loi.

En effet, qu'est-ce que l'apanage ? Pour s'en former une idée nette, il faut remonter aux anciens temps de notre monarchie. Sous la première et la seconde race, non-seulement les domaines des rois, mais la couronne elle-même, se partageaient entre les enfants du roi. Sous la troisième race, l'introduction du droit féodal a détruit cette hérédité ; la couronne de France s'étant confondue sous Hugues Capet en un grand fief, il n'y a plus eu lieu à la division du royaume.

Plus tard, la monarchie féodale ayant fait place à la monarchie telle qu'elle était avant la révolution, il a été établi en principe, il a été reconnu en droit public par les parlements, que tous les domaines acquis par le roi retourneraient à la couronne après sa mort. Dès-lors les enfants des rois ont été mis hors du droit commun, ils n'ont point partagé l'héritage de leur père ; il a fallu que la puissance publique leur fît un autre sort. Ce sort est l'apanage ; ce n'est point un traitement, c'est la représentation pure et simple de la légitime des princes puînés de la couronne; c'est un droit qui a sa nature non-seulement dans le principe monarchique, mais encore dans le droit civil, dans les lois qui régissent la société tout entière.

D'après ce principe, depuis le commencement de la troisième race jusqu'à nos jours, des apanages nombreux ont été constitués; ils ont tous fait retour à la couronne par l'extinction des mâles de la branche à laquelle l'apanage était accordé. Ainsi, l'apanage de la branche d'Orléans a été recomposé sept ou huit fois : il y eut un duc d'Orléans frère de Charles VI, un duc d'Orléans fils de Henri II, et Gaston d'Orléans, fils de Henri IV. Tous ces princes ont été apanagés, et ces apanages ont fait retour à la couronne. Louis XIV, étant majeur, a refait l'apanage de la branche actuelle d'Orléans. Philippe d'Orléans, frère de Louis XIV, a représenté la légitime à laquelle, dans l'état actuel de la législation, aurait eu droit la branche d'Orléans dans la succession de Louis XIII; cet apanage a été grossi de biens propres ajoutés par ses divers possesseurs, et s'est tellement confondu dans les idées de l'époque avec les propres fiefs qu'il a fallu des lettres du roi, enregistrées au parlement, pour légitimer ce genre de réunion.

En cet état de choses, est arrivée la révolution, qui a supprimé non l'apanage entier, puisqu'elle a laissé subsister le Palais-Royal, mais seulement une partie qu'elle a remplacée par des rentes apanagères.

Le roi, en rentrant en France, a, par des ordonnances du mois de mai 1814, rendu à M. le duc d'Orléans le Palais-Royal et le parc de Mouceaux, et les autres propriétés qui avaient formé l'apanage ; mais, dans les ordonnances du roi, il n'a pas été dit que ces biens seraient possédés à titre d'apanage ; il a fallu une ordonnance postérieure du mois de septembre pour le dire. Il n'est pas inutile de vous demander aujourd'hui la sanction législative pour cette ordonnance ; et l'on ne porte pas atteinte aux droits du monarque, antérieurs à la charte, lorsqu'on vous fait cette proposition ; c'est au contraire en conformité des droits confiés à la chambre par la charte.

Quant à ce principe, s'il est plus utile que les princes aient des apanages en terre au lieu de les avoir en rentes, je crois que, dans notre état social, il est mieux que les apanages consistent en propriétés ; que par-là les princes sont associés aux charges de la propriété, et ils se trouvent dans un rapport plus intime avec la cité ; qu'ils procurent un grand avantage en donnant aux arts et à l'industrie l'occasion de se développer sur de grands domaines, d'élever des monuments qui concourent à la splendeur de l'état. Cela posé, considérant que le projet de loi n'établit pas un fait nouveau, mais un fait conforme aux principes de droit, et qui assurent seulement un intérêt national, savoir la réversibilité éventuelle du domaine qui forme actuellement l'apanage de la branche d'Orléans, j'appuie le projet de loi.

SUR UNE PÉTITION

RELATIVE A LA LÉGION-D'HONNEUR.

SÉANCE DU 26 JANVIER 1825.

Plusieurs pétitionnaires demandaient qu'on leur remît la moitié de leur traitement de légionnaires, retenue depuis 1814 jusqu'à 1821; la commission proposait l'ordre du jour.

Le rapport de la commission est bref cette fois, le style en est sec, la conclusion est tranchante, et cependant il s'agit d'une portion honorable de l'armée française, tant de celle qui n'existe plus aujourd'hui que de celle qui sert le roi et la patrie.

S'il n'était question ici que d'un simple acte de munificence, je m'adresserais à votre honneur et à votre délicatesse, et je vous dirais, au moment du splendide festin des indemnités, laissez tomber de la table, oui, laissez tomber de la table quelques miettes de pain pour de vieux soldats mutilés, pour de vieux soldats réduits à l'infortune, pour de vieux soldats qui ont porté si haut la gloire du nom français; mais, messieurs, ce n'est pas un acte de munificence qu'ils réclament, c'est l'acquittement d'une dette, de la dette la plus sacrée, la plus positive, la mieux écrite dans nos lois. En effet, l'article 72 de la charte a consacré cette dette, la loi du 15 mars 1815 l'a de nouveau rendue exécutoire. Depuis ce temps-là, des événements malheureux ont suspendu le paiement, mais n'ont pu altérer le principe. Depuis ce temps-là, l'état obéré, les finances épuisées, la charge de l'invasion, ont fait que les hommes qui s'étaient voués au bien de la patrie ont dû s'imposer des sacrifices, et les membres de la Légion-d'Honneur se les sont imposés les premiers, parce que leur vie a été un continuel sacrifice à la patrie.

Aujourd'hui (et c'est le gouvernement qui le dit) que les finances sont dans un état prospère, que l'avenir est meilleur, ils réclament le paiement d'une dette contractée, le paiement d'environ cinq à six cents francs par légionnaire, pour raison de la retenue de cent soixante-quinze francs qui a été faite depuis 1815, jusqu'à 1820. La somme n'est pas énorme, et d'ailleurs la dette est positive.

On objecte la loi du 16 janvier 1820. J'étais membre de la commission qui a préparé cette loi. Plusieurs de mes honorables collègues, qui siégent encore parmi nous, étaient aussi membres de cette commission. J'en appelle à eux, pour déclarer s'il n'est pas vrai qu'on a eu soin d'écarter de la loi la question de l'arriéré. On ne s'est occupé que de la dotation de l'avenir, et non du remboursement du passé, et d'ailleurs, sur ce point, ce ne sont pas les auteurs de la loi que je dois invoquer, mais le texte même de cette loi : elle pourvoit au paiement pendant 1820, et les années suivantes, et ne dit pas un mot du passé. Quant à l'article 7 qui porte abrogation des lois antérieures, relatives à la fixation de traitement, il a été entendu que c'était pour la fixation du traitement à l'avenir ; il n'est point au pouvoir d'une loi de détruire une autre loi par une disposition rétroactive: ainsi la question reste entière, la dette est positive.

En conséquence de la loi du 15 mars 1815, dans son action jusqu'en 1820; en conséquence de l'art. 72 de cette charte, que le roi a juré de maintenir, et dont il va renouveler le serment à la cérémonie de son sacre, je demande le renvoi à M. le président du conseil des ministres.

L'ordre du jour fut adopté.

SUR L'ÉLECTION DE M. LEBEAU PAR LE COLLÉGE ÉLECTORAL DE PONTOISE (SEINE-ET-OISE).

SÉANCE DU 14 FÉVRIER 1825.

Je viens, non pas seulement vous proposer l'ajournement de l'admission de M. Lebeau, mais m'opposer, quant à présent, à la validation des opérations du collége électoral de Pontoise.

Le candidat ministériel a été élu à Pontoise avec cent dix-sept suffrages; le candidat qui lui était opposé en a réuni cent quinze. Tel a été le résultat du ballotage; mais au premier scrutin, le candidat du ministère n'avait eu que quatre-vingt-quatre voix; cent quinze avaient été données à son concurrent. Pour que le vote électoral soit resté d'un côté stationnaire à cent quinze voix, et que de l'autre il soit monté de quatre-vingt-quatre à cent dix-sept voix, vous devez présumer qu'il y a eu du mouvement. Oui, messieurs, il y a eu plus que du mouvement, on a dépassé toutes les bornes des convenances et du devoir.

Il y a eu intrigue, il y a eu menaces, mauvaises actions, actions attaquables devant les lois, et condamnables par les tribunaux. C'est du moins ce que dit une pétition de Pontoise, remise au secrétariat de cette chambre. Cette pétition spécifie des infractions qui auraient dû être rappelées au procès-verbal. La chambre sera juge de cette accusation au moment où le rapport de la pétition sera fait devant elle ; elle apprendra par cette pétition que les calomnies les plus atroces ont été dirigées contre M. Alexandre de Lameth, contre un des hommes de France les plus honorables ; oui, messieurs, un des hommes les plus honorables par son attachement à la monarchie et à la liberté ; par son attachement à la monarchie qui, aux jours de la terreur, le força de se réfugier sur la terre étrangère, parce qu'il aurait péri sur la terre nationale ; par son attachement à la liberté qui ne lui fit trouver que des cachots dans l'étranger. Je lui rends hautement cet hommage, parce qu'il est connu par son désintéressement, par ses vertus publiques, et qu'il est digne de l'hommage de tous les hommes de bien.

Eh bien ! ce candidat, messieurs, a été l'objet de toutes les attaques formelles énoncées dans la pétition ; vous en jugerez quand le rapport en sera fait : mais n'est-il pas évident que si elle n'arrive qu'après l'admission proposée, elle sera alors sans objet ; je demande donc que la décision à prendre sur l'élection de l'arrondissement de Pontoise soit ajournée jusqu'à ce que la chambre puisse prononcer sur le rapport qui doit lui être fait de la pétition.

M. Bouthillier prit la parole, et dit que la nomination de certaines personnes affligerait la mémoire du roi ; M. le général Foy lui répliqua :

Le préopinant a prononcé un mot qui me rappelle un fait digne d'attention. En disant que la nomination de M. de Lameth affligerait la mémoire du roi, a-t-il oublié cette fameuse armoire de fer, découverte quelques années après le 10 août, et qui contenait des lettres confidentielles où le nom de M. de Lameth est répété avec les plus grands éloges par d'augustes personnages, par la reine elle-même, qui atteste tous ses efforts pour le maintien de l'autorité monarchique et constitutionnelle du roi, et son dévouement pour sauver la famille royale. On ne peut pas supposer d'après ces rapports, qui sont moins des pièces destinées au public que des papiers de famille, que la mémoire du roi soit affligée en entendant le nom de M. de Lameth.

M. de Bouthillier a dit que j'ai pu avoir des preuves de la régularité des opérations. Je n'ai pas lu le procès-verbal ; on m'a envoyé une copie de la pétition remise à la chambre ; cette pétition attaque l'élection en raison des efforts faits en dehors contre le candidat, et des fraudes qui ont pu être commises au-dedans par suite de la ressemblance de son nom et de celui de son frère, Charles Lameth. Je me borne

25.

à énoncer des faits, c'est-à-dire à les apprécier. Je ne puis en être jugé; c'est une pétition de la minorité qui peut arriver ici avec une sorte de défaveur, parce qu'elle se plaint de la majorité; toutefois je vous demande de la soumettre au deuxième bureau avant d'adopter les conclusions du rapporteur. Je vous demande la chose la plus simple; c'est-à-dire de ne pas juger avant d'avoir entendu.

La proposition fut rejetée; seulement l'élection de M. Lebeau, qui n'avait pas produit ses titres d'éligibilité, fut ajournée.

CONTRE L'INDEMNITÉ.

SÉANCE DU 21 FÉVRIER 1825.

Le droit et la force se disputent le monde ; le droit qui institue et conserve la société, la force qui subjugue et pressure les nations. On nous propose un projet de loi qui a pour objet de verser l'argent de la France dans les mains des émigrés. Les émigrés ont-ils vaincu ?.... Non. Combien sont-ils ?.... Deux contre un dans cette chambre ; un sur mille dans la nation. Ce n'est donc pas la force, c'est le droit qu'ils peuvent invoquer.

Aussi disent-ils, et les ministres avec eux, que le droit de propriété a été violé à leur égard......, Mais s'il en est ainsi, messieurs, ce n'est pas seulement leur propriété immobilière qui appelle l'indemnité ; ce sont aussi les effets mobiliers, les droits utiles, les rentes de toute espèce ; c'est enfin, pour me servir d'un mot qui serait encore fameux, si certains discours ne l'avaient effacé, c'est tout ce qui a été *volé*.... Et pour les biens-fonds, il importe peu de savoir à quel prix les spoliateurs les adjugèrent en 1793, ou les évaluèrent en 1795. C'est la valeur de 1825 qu'il faut rendre ; et sur ce point, les émigrés et les ministres n'ont pas tout dit. Ils n'ont pas poussé jusqu'au bout les conséquences du principe qu'ils ont posé.

En effet, messieurs, s'il y a eu spoliation, elle ne s'est pas faite à huis-clos; elle a été projetée, commencée, achevée à la face du ciel et de la terre. Pas un Français ne l'a ignorée. Le vendeur n'a pu transférer au premier acquéreur, ni celui-ci aux acquéreurs successifs, ce qu'il ne possédait pas lui-même à titre légitime. Le contrat est passé, de main en main, entaché de son impureté originelle. Le détenteur actuel, comme tous ceux qui l'ont précédé, n'est et ne fut jamais qu'un possesseur de mauvaise foi. Or, messieurs, la condition du possesseur de mauvaise foi est écrite dans votre législation. Quelque amélioration, quelque métamorphose qu'il ait fait subir au sol, il n'a pu asseoir sur ce sol un droit légal; il n'a pu rendre siens les fruits de la terre et de son travail; il est tenu de restituer les produits avec la chose au propriétaire qui la revendique; et justement dépossédé de biens injustement acquis et injustement retenus, il ne lui reste qu'à subir le châtiment réservé aux complices d'une spoliation criminelle.

Ainsi parlerait le droit dans l'hypothèse ministérielle; ainsi il jugerait, dût la société être bouleversée jusque dans ses fondements..... Mais que les amis de l'ordre se rassurent. Le droit a parlé, et son langage est autre que le langage des émigrés et des ministres; le droit est évident, il est palpable, il met au néant les prétentions que formeraient les anciens propriétaires dépossédés. Le vendeur a bien vendu; l'acquéreur a légalement acheté ; il a acheté à un prix qui sera jugé exorbitant, si on fait entrer en ligne de compte les chances d'avanies et de désastres qu'il a courues depuis trente-deux ans. Il est devenu non pas seulement possesseur de bonne foi, mais incontestable propriétaire.

Qu'est-ce en effet que le droit ?.... C'est pour les actes des gouvernements, comme pour ceux des particuliers, la conformité aux lois positives, et à ces principes d'éternelle raison qui sont la base des lois de tous les pays. Ces lois, et je n'entends parler que des anciennes lois du royaume, ces lois, on les a citées à la tribune ; et devant elles, il n'y a que deux questions à résoudre. L'émigration fut-elle volontaire ou forcée ?.... Qu'allèrent demander les émigrés aux étrangers ?

Sur la première question, ils diront que la grande émigration de 1790 et 1791, celle qui forme à elle seule les neuf dixièmes de l'émigration totale, a été volontaire. Ils le diront parce que c'est la vérité, et parce que déclarer que l'émigration aurait été forcée, ce serait enlever à leur cause le mérite du sacrifice.

A la seconde question : *Qu'allaient demander les émigrés aux étrangers ?* ils répondront : *La guerre.* La guerre à la suite des envahisseurs de la France, la guerre, sous des chefs et avec des soldats dont, après la victoire, ils n'eussent pu maîtriser l'ambition et la colère !

Messieurs, il est dans ma nature de chercher des motifs généreux à la plupart des mouvements qui

se font d'entraînement et d'enthousiasme.... Mais
les nations aussi ont l'instinct et le devoir de leur
conservation. Les nations veulent croire à leur
éternité. Toutes et toujours, et aujourd'hui comme
autrefois, elles ont combattu, elles combattent encore l'émigration ennemie des peines les plus terribles dont leurs codes soient armés. Ainsi le veut la
loi de nature, la loi de nécessité ; et si cette loi des
lois n'existait pas, il faudrait l'inventer au jour des
calamités de la patrie ; et la nation qui dérogerait
la première à ce principe de durée et de vie ne
serait plus une nation; elle abdiquerait l'indépendance, elle accepterait l'ignominie, elle consomme-
rait sur elle-même un détestable suicide.

Parmi les peines terribles dont sont armés les
codes des nations, se présente des premières la
confiscation des biens, peine atroce et parfaitement en harmonie avec les idées féodales qui,
ne voulant voir dans l'état que des familles, tantôt les agrandissent et les enrichissent outre mesure, en mémoire des services d'un individu, et
tantôt punissent l'innocence des enfants en réparation du crime de leur père. La confiscation
était de droit commun en France, non pas seulement, comme on l'a remarqué avec justesse, la
confiscation prononcée par les jugements des tribunaux, mais encore celle que fulminaient des
actes politiques contre des masses de Français. Les
premières familles du royaume, les Luynes, les
Beauvilliers, et tant d'autres; des noms vénérés
dans la magistrature, des Letellier, des Lamoignon;

même les dignitaires et les princes de l'Église, comme le cardinal de Polignac, n'ont pas tenu à déshonneur de réunir à leurs vastes domaines la dépouille des condamnés et des proscrits. C'était alors l'usage d'en faire des largesses aux courtisans et aux hommes du pouvoir. Il eût été plus régulier et plus moral de les vendre aux enchères publiques, et d'en employer le produit à réparer le dommage qu'avait supporté le corps social.

Ainsi ont fait les assemblées nationales. Mais on objecte que la confiscation fut supprimée en 1790. Oui, messieurs, elle fut supprimée alors, non par un édit du roi, comme vous l'a dit à la dernière séance M. le commissaire du gouvernement, mais par un décret de l'assemblée constituante. C'était une loi de la révolution; une autre loi de la révolution l'a renversée. L'assemblée législative a rétabli la confiscation en 1792; et sous le rapport de la légalité, l'autorité des deux assemblées était de même nature.

Que si cette autorité est attaquée; si on refuse aux assemblées le droit d'appliquer une ancienne et funeste loi du royaume aux cas que cette loi a prévus et définis, arrive la charte de 1814 redonnant vigueur à toutes les lois qui régissaient la France au jour où elle fut promulguée, aux lois qui avaient exproprié l'émigration comme à toutes les autres, si bien qu'il a fallu des ordonnances et des lois postérieures pour rétablir les émigrés dans le droit commun, et pour leur remettre les biens dont l'état n'avait pas disposé. La charte a aboli à toujours la confiscation, et graces éternelles en soient rendues à la mémoire de son auguste auteur. Mais en créant en ce point une législation nouvelle, elle n'est pas revenue sur les effets de l'ancienne, pas plus pour les émigrés de la révolution que pour les religionnaires de la révocation de l'édit de Nantes. La charte a rendu à la noblesse des titres, des rangs, des honneurs, mais elle ne lui a pas rendu ses droits utiles supprimés, ses priviléges effacés, ses biens confisqués. Bien plus, elle a, dans son article 9, frappé d'anathème toutes les prétentions possibles des anciens propriétaires à ce qui fut autrefois leur propriété; elle les a frappés, sans même leur permettre l'espoir d'une compensation éventuelle; en effet, et pour les empêcher de réclamer le bénéfice de l'article 10, qui assure des indemnités à ceux dont la propriété est prise pour cause d'utilité publique, elle a eu soin de déclarer que ces indemnités devront toujours être préalables. Et comment serait-elle préalable, et conforme à la charte, l'indemnité qu'on accorderait aujourd'hui pour un sacrifice consommé depuis trente ans?

De cet exposé de la législation et des faits, il résulte que l'émigration n'est pas créancière de la France; mais au défaut d'une créance directe sur le pays, tantôt elle somme la royauté d'acquitter une dette particulière, et elle lui demande avec persistance le prix de sa fidélité et de son dévouement, comme si c'était ce dévouement et cette fidélité qui eussent ramené le roi dans le palais de ses an-

cêtres. Tantôt elle compare ses droits aux droits
du trône; elle élève autel contre autel, légitimité
contre légitimité; et ne l'ai-je pas entendue à cette
même tribune, parlant au nom de je ne sais quelle
souveraineté des propriétaires fonciers, protester
contre la puissance royale et le vœu de la France?

Vous repousserez, messieurs, ces doctrines sub-
versives de la monarchie et de la charte; vous ne permettrez pas que des prétentions factieuses établis-
sent parité et solidarité entre la famille de nos rois et
d'autres familles. C'est le dogme fondamental de la
monarchie héréditaire, que le trône appartient à la
nation, qu'il est confondu, identifié avec elle; que,
pour elle et à son seul profit, il est occupé par une
race et non par une autre race, par un prince et
non par un autre prince. Les propriétés particulières courent de main en main, se vendent et
se morcellent pour les jouissances du plus grand
nombre; et, au milieu de cet heureux mouvement,
le trône demeure indivisible et immobile pour la
sûreté et la tranquillité de tous. S'il arriva un jour
qu'une tourmente extraordinaire sépara le monarque de la monarchie, la tourmente a passé; le
prince est rendu au pays. Ceux-là calomnieraient
la majesté royale, qui la feraient l'auxiliaire d'une
opinion ou d'un parti, et qui placeraient le roi de
France ailleurs qu'à la tête des affections et des
gloires de l'universalité du peuple français.

C'est donc aux intérêts généraux, à la paix publique, à la bienveillance nationale, que doivent
se recommander les mesures législatives de l'es-

pèce de celle qu'on nous propose; voilà le seul
terrain où elles puissent se présenter avec quelque avantage. Tous les bons esprits sont d'accord
sur ce point, qu'il n'est pas bon que de nombreuses familles, des classes entières de citoyens,
descendent rapidement de la richesse à la pauvreté.
Le mal serait plus grand encore, s'il donnait lieu
à accorder de préférence à ces classes déchues les
emplois de l'administration, ceux de la diplomatie, les salaires que l'on attribuerait à la pairie, les
grades militaires, les pensions, les traitements; si
le monopole de la puissance et de la fortune publique devenait pour certaines familles comme un
autre patrimoine destiné à remplacer le patrimoine
que la révolution a dévoré. Ce ne seraient pas alors
seulement les cœurs compatissants, ce seraient aussi
les esprits judicieux qui pourraient être amenés à
provoquer quelque réparation des maux passés, et
ils la provoqueraient moins encore pour l'avantage
de quelques-uns que dans l'intérêt de l'ordre public.

Mais la réparation, toute de munificence, toute
de patriotisme, devrait être demandée à la nation, et non pas imposée par ceux qui sont juges
et parties dans leur propre cause; elle devrait
être sagement mesurée sur les ressources du pays.
Elle s'adresserait à tous les malheurs, et dans
chaque ordre de malheurs elle irait chercher les
premiers, ceux qui ont été et qui sont encore les
plus malheureux; elle consolerait le dépossédé, ses
fils, ses petits-fils, peut-être ses frères, ses sœurs;
mais elle n'appellerait pas des collatéraux éloignés,

ou des légataires inconnus, à recueillir un héritage
sur lequel ils n'ont pas compté; elle se complai-
rait à reconstruire les fortunes modérées qui, en
même temps qu'elles procurent amplement l'aisance de la vie, confèrent la notabilité locale; mais
elle fixerait une limite à la qualité des allocations
individuelles, et elle se garderait de refaire de
l'opulence et de la grandeur. Elle se garderait
surtout d'exhumer les haines du passé. Elle ne
demanderait pas si les naufragés se sont précipités
de gaîté de cœur dans les écueils, s'ils ont appelé,
s'ils ont excité la tempête, ou si c'est la tempête
qui est venue les assaillir et les briser. Elle serait
en un mot la loi de l'union et de l'oubli.

J'interroge, messieurs, le projet qui vous est
soumis. Voyons jusqu'à quel point et dans quelle
mesure il satisfait aux conditions d'une loi de réparation.

Pour deux cents millions au plus qu'a retirés la
France républicaine de la vente des biens des émigrés, on demande de prime-abord à la France
royale un milliard..... un milliard, messieurs!....
C'est vingt fois le montant de ce déficit de 1789 qui
fit éclater la révolution; c'est le tiers en sus de la
rançon de guerre de 750 millions à laquelle nous
condamna, en 1815, la victoire de l'étranger; c'est
plus qu'il ne faudrait pour, à la fois, restaurer
nos routes royales et départementales, achever nos
canaux, reconstruire nos prisons, élever les forteresses qui manquent à la défense du territoire;...
et pendant cinq années que durera la distribution

du milliard, notre crédit sera enchaîné; nous ne pourrons ni parler ni agir au dehors; notre place en Europe restera vide, comme si la France venait d'être envahie et conquise une troisième fois.

Ce milliard, où ira-t-il?....

A un seul malheur, à une seule classe, à vingt ou trente mille familles;... et parmi ces trente mille familles de rechef privilégiées, pour combien croyez-vous que comptent les familles établies dans nos départements, celles qui possédaient en biens-fonds des fortunes de cinq à six cent mille francs de capital? Pour combien, messieurs?... Pas pour le quart, pas pour le cinquième, peut-être pas pour le sixième de l'allocation.... tout ira à la haute noblesse, à la cour, à Paris. C'est là que l'on compte les indemnités par millions, par dix millions, par quinze millions,... que sais-je? car la complaisance qui prodigue est inépuisable dans son débordement. C'est là que presque tout le milliard viendra s'engouffrer dans une consommation improductive..... et ceux qui le dévoreront sont déjà de beaucoup les plus riches et les plus rétribués... et ce ne sont pas seulement les nationaux et les regnicoles qui prendront part à cette large curée, ce seront encore les étrangers appelés dans certains cas à succéder à des familles françaises; ce seront des hommes jadis Français, que les hasards de l'émigration ont fixés et naturalisés sur la terre étrangère; ce seront des généraux de l'Autriche et de la Russie, qui ont déjà eu leur part du butin fait sur la France.

Le milliard suffira-t-il?

Eh! messieurs, nous ne faisons qu'entrer dans la carrière des indemnités, et déjà, au bruit du milliard, sont accourus les créanciers des émigrés, les rentiers auxquels l'état a fait banqueroute, la Légion-d'Honneur confisquée dans son arriéré au mépris de la charte et de la loi, les marchands ruinés par le maximum, les colons de Saint-Domingue, les fournisseurs mal liquidés, les propriétaires de charges, de patronages, de péages, de rentes seigneuriales, ceux dont les maisons ont été détruites dans la Vendée et au siége de Lyon. Viendront plus tard, mais avec des titres plus récents, nos habitants des départements du Nord et de l'Est, saccagés pendant les invasions de 1814 et de 1815, et dont un seul, mon propre département, présente la perte officiellement constatée d'une somme de 74,262,589 francs. Viendront des réclamations si nombreuses et si énormes, que ce ne serait pas assez de toutes les propriétés mobilières et immobilières de la France pour en acquitter le montant.

J'admets que vos ordres du jour repousseront sans cesse des pétitions sans cesse renouvelées; j'admets que le clergé ne vous demandera pas tout de suite son indemnité, ou la dotation qui doit en tenir lieu; j'admets que vous n'aurez à compter, quant à présent, qu'avec l'émigration : croyez-vous qu'un milliard lui suffira?

Ils comprendraient bien mal et le cœur humain et notre situation politique ceux qui oseraient répondre affirmativement. Pour établir l'opinion con-

traire, je ne me prévaudrai pas de ce qui a été dit
au-dehors et au-dedans de cette enceinte; je demande seulement au projet de loi comment et en
quelle monnaie il paiera le milliard?... C'est du papier qu'on donnera, et du papier qui doit aller à
la Bourse. Combien croyez-vous qu'il en restera
sur ce terrible tapis vert? Combien de parcelles,
successivement liquidées, ne feront que paraître
et disparaître?.... Et cependant vous aurez prononcé le mot funestement expressif d'*indemnité*;
vous l'aurez prononcé, et dès-lors votre loi n'est
qu'une loi provisoire. Chaque indemnisé, son bor-
dereau sous les yeux, regarde déjà ce qu'il recevra,
dans ces cinq années, comme n'étant qu'un à-compte
sur ce que vous déclarez lui être dû. A plus forte
raison se confirmera-t-il dans sa pensée alors que
cet à-compte sera évanoui. Le milliard de 1825
n'est que le précurseur des milliards qu'on demandera aux successeurs des ministres actuels.

Ce milliard et les autres milliards, où les pui-
sera-t-on?

Je vois que les premiers fonds de la caisse de
l'émigration sont faits au moyen de la solde qu'on
retranche à deux cents officiers-généraux qui furent l'honneur de la France, et qu'on a renvoyés
lorsqu'ils pouvaient rendre encore de longs et de
glorieux services. Je vois que les créanciers de l'é-
tat verseront malgré eux dans cette caisse une portion du capital dont on les dépouillera, en le faisant
passer aux porteurs des trois pour cent. Je vois
qu'en définitif la dépense sera prélevée sur les

biens-fonds, les capitaux et le travail, et qu'elle sera payée indistinctement par les amis et par les ennemis de la révolution, par ceux qu'elle a enrichis et par ceux qu'elle a ruinés.

Est-ce à dire qu'il y ait tant de richesses dans le pays, qu'un milliard de plus ou de moins passe inaperçu, et comme noyé dans la masse des sacrifices imposés à la population? Ici, à Paris, des rues, des quartiers, des villes, s'élèvent par enchantement, sans que personne s'enquière si au plus léger nuage qui apparaîtra à l'horison, cet échafaudage ne s'écroulera pas comme un château de cartes. L'imagination s'enivre de l'activité d'industrie et de luxe que produit l'accumulation et le tournoiement des capitaux aux environs du palais de la Bourse. Tout cela est pour Paris... Mais dans les départemens....; vous en arrivez récemment, messieurs..., dites si les habitants de nos côtes ne voient pas chaque année nos armemens maritimes diminuer, notre commerce extérieur se restreindre, et si nos ports de mer, à l'exception d'un seul, ne sont pas vides et déserts presque comme au temps du blocus des Anglais. Dites si notre industrie manufacturière, toute croissante qu'elle est sur quelques points du territoire, ne conçoit pas cependant de vives alarmes, lorsqu'elle compare l'activité de la production à l'exiguité du marché auquel elle est réduite, marché chaque jour plus rétréci par la politique subalterne de notre cabinet. Dites si l'agriculture, cette mère nourricière des peuples, n'est pas en souffrance; si ses produits, offerts à bas prix sur les marchés, sont toujours assurés d'y trouver des acheteurs; si les petits propriétaires vivent avec aisance du produit de leurs terres; si les fermiers de la grande culture trouvent assez d'argent pour payer les fermages!

Cependant, un autre milliard d'impôts ordinaires pèse de tout son poids sur la propriété, les revenus et les salaires. Après dix ans de paix, nous subissons des taxes qui ne furent inventées que pour la guerre, et qui en retiennent encore le nom. Plusieurs de nos départements sont victimes de monopoles anti-sociaux; et malgré la persévérante protestation de la religion et de la morale, nos budgets de chaque année continuent à endurer la souillure de la loterie et d'autres tributs plus chargés encore d'iniquité.

Au reste, messieurs, quelque limitées ou quelque vastes que fussent nos ressources, elles ne pourraient être mieux employées qu'à rétablir l'uniformité sur le sol de la France, et à ramener l'union parmi les Français. La dernière plaie des révolutions, comme aussi la première des contre-révolutions, c'est la discorde civile; mais cette plaie toujours ouverte, toujours saignante, vous ne ferez que l'enflammer davantage en adoptant la loi qu'on vous propose: loi de déception s'il en fut jamais, car elle annonce fastueusement une véritable indemnité, et elle ne donnera pas aux intéressés le tiers, pas le quart de ce qu'elle leur promet, et elle les paiera avec une monnaie mobile où 60 représentent 100, sauf à valoir, suivant les chances, un peu plus ou beaucoup moins que 75; loi d'agiotage, car elle transformera en joueurs à la hausse des hommes nés avec l'horreur des tribulations de la Bourse; et déjà elle fournit de la pâture à cet essaim d'agents d'affaires ardents à spéculer sur l'incrédulité et l'impatience : loi de servilité, car la distribution des fonds sera faite par des commissions administratives, dans l'ombre, sans recours aux tribunaux, et les hautes classes de la société se trouveront à la merci du ministère des élections de 1824, du ministère de l'amortissement de l'esprit public, du ministère qui professe le principe que la partialité et la corruption sont des moyens de gouvernement : loi d'abnégation politique, car au moment où les intérêts vitaux des nations se débattent sur la scène du monde, la France, désarmée de son crédit, va consumer, dans des luttes intestines, ses trésors et sa force : loi d'injure au peuple français, car en proclamant que les trente mille qui sont partis ont fait leur devoir, elle accuse et condamne les trente millions qui sont restés : loi d'irritation et de haine, car elle recommence la liste des émigrés; elle divisera les familles, elle inondera nos tribunaux de procès interminables; elle ne contentera pas ceux en faveur de qui elle est faite, et elle leur attirera les malédictions des rentiers qu'on dépouille, et de tant de malheureux qui, déboutés de leurs propres réclamations, non-seulement ne seront pas indemnisés, mais devront encore indemniser à leurs frais le malheur privilégié : loi de menace pour les ac-

26.

quéreurs des domaines nationaux..... Et c'est ici, messieurs, le vice capital de la mesure.

Les acquéreurs des domaines nationaux suivent, pas à pas, la marche du parti dominateur. Ils mesurent le chemin qu'il a parcouru depuis 1820, et le chemin qui lui reste à parcourir. Ils lisent les écrits qu'on vous distribue, les pétitions qu'on vous adresse. Ils écoutent avec anxiété votre discussion. Jusqu'à présent, messieurs, que leur a-t-elle révélé?.... Ceux d'entre vous qui, en s'inscrivant pour la défense du projet de loi, semblaient avoir pris l'engagement de ne pas dépasser les limites financières et morales que le projet a tracées, ceux-là même s'acharnent à outrager et à flétrir les acquéreurs. Ce sont eux qui attaquent leurs titres de propriété, qui refusent au feu roi le droit qu'il a exercé en donnant la charte. Ce sont eux qui veulent qu'on reprenne les biens en nature, ce sont eux qui demandent qu'on les charge de taxes extraordinaires.

Le président du conseil des ministres a repoussé cette dernière proposition. Mais comment l'a-t-il fait? a-t-il foudroyé de son éloquence les doctrines attentatoires à la charte? a-t-il abjuré le prétendu principe de droit que le ministère lui-même a posé, et dont les émigrés n'ont pas encore déduit toutes les conséquences rigoureuses? a-t-il réhabilité les acquéreurs dans leur honneur et dans leur position sociale?

Et quand même le ministère eût promis protection et bienveillance, que sont aujourd'hui les promesses du ministère? est-il en son pouvoir de les accomplir? quel homme en France ignore au prix de quelles concessions le ministère obtient la prolongation de sa chétive existence?

Je ne partage donc pas l'opinion de M. l'orateur du gouvernement, qui vous a dit que *peu de jours suffiront pour effacer les traces de notre discussion, et l'agitation qu'elle fait naître*. Je crois au contraire que l'agitation ira toujours croissant ; mais en admettant la supposition hasardée de M. de Martignac, après la discussion, la loi restera. Calculons froidement l'action immédiate qu'elle exercera sur la valeur des domaines nationaux.

Si l'allocation que la loi attribue aux émigrés n'était qu'un secours, comme ce secours est accordé sans condition imposée par celui qui donne, et sans obligation contractée par celui qui reçoit, la situation des acquéreurs resterait la même que par le passé, avec cette différence cependant qu'ils seraient exposés à des tracasseries plus fréquentes de la part des anciens propriétaires, qui, ayant à la fois l'argent et le pouvoir, feraient de nouveaux efforts pour rentrer dans leurs biens par voie de transaction, et que, dans certaines localités, les tracasseries ressembleraient fort à la contrainte ; avec cette différence encore, que les propriétés d'origine nationale participeraient dans une proportion moindre, ou même ne participeraient pas du tout à la hausse de valeur que donnera aux propriétés d'origine patrimoniale l'affluence, sur le marché, des portions de l'indemnité qui se placeront en biens-fonds. Quel émigré en effet achètera les manoirs et les champs qui ont appartenu à d'autres émigrés?

Mais l'allocation n'est pas un secours. Ce n'est pas grace qu'on veut faire, c'est justice qu'on veut rendre. Ainsi l'a dit l'orateur du gouvernement dans l'exposé des motifs; ainsi l'a répété et amplifié votre commission dans son rapport. La loi qui nous occupe va créer aux émigrés un droit; elle va les constituer créanciers du pays pour la valeur de leurs biens vendus. Or, il est évident que dans le compte ouvert en ce moment avec eux, cette valeur ne leur est pas remboursée intégralement. Tant s'en faut! Ils ne reçoivent qu'un à compte. Personne n'est donc autorisé à exiger d'eux quittance du tout, puisque ce serait leur demander le sacrifice d'un droit légalement consacré.... Et qu'on ne dise pas que l'exigence du droit s'arrête devant l'impossible!.... Qui donc assignera, et surtout en matière de finance, le point où commence l'impossible?.... Et ce qui est impossible aujourd'hui deviendra facile demain.... La créance des émigrés, en tant qu'elle représente la différence existant entre la quotité de leur indemnité et la valeur réelle de leurs biens vendus, cette créance demeurera, sinon toujours exigible, du moins toujours menaçante; et d'autant plus menaçante, que les créanciers sont fortifiés sur les sommités sociales, et dans les postes du pouvoir.... Or, messieurs, où est l'hypothèque naturelle de la créance? où est-elle ailleurs que sur les domaines

eux-mêmes qui en sont la cause permanente ? Je
vous le demande, quel propriétaire dormira en paix
sous le poids de pareilles hypothèques, et vis-à-vis
de pareils créanciers ? où trouvera-t-il qui veuille
lui acheter des servitudes et des tourments ?.....
Ainsi, en même temps qu'elle accablera l'état de
charges monstrueuses, cette grande mesure de l'indemnité ne procurera aucun des biens que l'esprit
de conciliation en attendait. Je n'y vois que désordre dans le présent, et trouble dans l'avenir :
ce n'est pas moi qui m'associerai à cette œuvre de
malheur. Je vote contre le projet de loi.

SÉANCE DU 23 FÉVRIER 1825.

Dans la séance du 22 février 1825, M. Dudon avait demandé qu'un passage du discours précédent du général Foy
fût inséré au procès-verbal.

J'étais absent hier lorsqu'un orateur a demandé,
et la chambre a adopté, dans le procès-verbal,
une rectification dont l'effet serait de faire croire
que je ne regarde pas les acquéreurs des domaines
nationaux comme devant consciencieusement garder les biens qu'ils ont acquis.

L'orateur a argué du langage que j'ai prêté au
droit. Messieurs, je parlais du droit dans l'hypothèse ministérielle, du droit tel que l'ont posé les
ministres et j'en déduisais les conséquences rigoureuses. Ces conséquences ont été retorquées contre
moi, comme si les opinions ministérielles que je
présentais eussent été mes propres opinions; je

ne m'arrêterai pas à réfuter sérieusement cette plaisanterie.

Le même orateur m'a fait dire encore que les acquéreurs de domaines nationaux ont éprouvé des avanies pendant trente - deux ans. Eh! comment aurais-je pu proférer une pareille absurdité! comment aurais - je pu dire que les acquéreurs ont éprouvé des avanies de la part des gouvernements de la république et de l'empire auxquels ils attachaient si fortement leurs intérêts les plus chers!

J'ai dit, et je dis encore, que les acquéreurs ont depuis trente-deux ans couru des chances d'avanies et de désordres. Ils les ont courues, ces chances, toutes les fois que les anciens propriétaires ont été sur le point d'arriver au pouvoir. Ils les ont courues à la fin de 1793, lorsque les Autrichiens, maîtres de Valenciennes, Condé et le Quesnoy, n'avaient plus que cinq marches à faire pour arriver à Paris. Ils les ont courues en 1795; lorsque la réaction, qui a naturellement suivi les crimes de la terreur, avait désarmé l'autorité, avait mis le pouvoir à la discrétion du premier occupant, et lorsque, sur plusieurs points de l'intérieur, les ennemis de la révolution combattaient armés contre les détachements des troupes de la république. Ils ont couru ces chances en 1799, lorsque nos armées étant battues en Italie et reculant sur le Rhin, la France fut sur le point d'être envahie par les Russes de Souwaroff. Ils les ont courues pendant les brillantes années de l'empire, lorsque Napoléon, ayant rempli ses admi-

nistrations et ses antichambres de la fidélité malheureuse, il allait chaque année tenter de nouvelles
conquêtes, et chaque année il jouait à quitte ou
double les destinées de la France. Ils ont couru ces
chances en 1814, lorsque l'Europe en armes a
inondé la France et détruit le gouvernement né de
la révolution. Ils les ont courues en 1815, lorsque
la puissance royale étant effacée devant l'occupation militaire ; il dépendait des souverains étrangers d'exproprier les acquéreurs ou d'ajouter
des contributions sur les domaines nationaux aux
contributions dont ils ont chargé la France. Ils
courent ces chances aujourd'hui plus que jamais,
aujourd'hui que, même à cette tribune, on les appelle des voleurs, aujourd'hui que......

M. le président. J'observe à M. le général Foy que, dans le
procès-verbal rectifié, on a mis les propres paroles que lui-
même dit avoir prononcées.

Si cela est ainsi, il était bien inutile de distraire
hier pendant une heure l'attention de la chambre.
Je veux être plus économe de ses moments. Je me
borne donc à déclarer qu'à mes yeux le droit des
propriétaires des domaines nationaux est inviolable et sacré, et qu'en toutes circonstances je le
défendrai par tous les moyens qu'avouent les lois,
la défense légitime et la raison.

Le général Foy proposait à l'article 2 du projet de loi un amendement ainsi conçu :

« Lorsque le résultat des liquidations aura été connu, les sommes restées libres sur les trente millions de rente, déterminés par l'article 1er, seront, suivant le mode qui sera réglé par une loi, employées; la moitié à réparer les inégalités qui auraient pu résulter des bases fixées par le présent article, l'autre moitié à réparer le dommage qu'ont éprouvé les créanciers des émigrés, en conformité aux lois révolutionnaires. »

Les créanciers des émigrés se divisent en deux catégories. Le projet de loi s'est occupé de l'une d'elles, celle qui comprend les créanciers non liquidés. Il les admet, par son article 18, à former opposition à la délivrance des indemnités; il leur conserve d'ailleurs leurs droits sur tous les biens mobiliers et immobiliers, présents et à venir, de leurs débiteurs : il les leur conserve en ce sens que, n'en faisant pas mention, les intéressés demeurent sous l'empire de la loi commune.

L'autre catégorie, de beaucoup la plus considérable, est celle des créanciers liquidés et non payés. Je dis *liquidés et non payés*, car appellera-t-on un paiement ces assignats dépréciés qu'on a donnés à quelques-uns au cours nominal; ces bons des deux tiers, reçus par d'autres en remboursement, bons qui perdaient 98 pour cent la veille du 18 brumaire; même ce tiers consolidé, qui n'est qu'un tiers pour ceux qui l'ont gardé jusqu'à ce jour, et qui ne fut qu'un dixième, qu'un vingtième pour le grand nombre de ceux qui se sont pressés de le vendre?..... En somme, messieurs, la créance de cette catégorie figure sur les états qui vous ont été distribués pour une somme de trois cent dix millions. Ces créanciers n'ont pas reçu réellement la valeur de cinquante millions.

Ces créanciers, quels étaient-ils?..... En première ligne, des domestiques qui réclamaient leurs gages, des ouvriers qui réclamaient leurs salaires, des marchands qui réclamaient le prix de leurs fournitures; en seconde ligne, des femmes et des enfants ayant des reprises à exercer sur la fortune de leurs maris et de leurs pères; en troisième ligne, des capitalistes qui n'avaient pas cru pouvoir placer leurs fonds avec plus de sûreté que là où de grandes terres répondaient, sinon de l'exactitude du paiement des intérêts, du moins de la conservation du capital. Ces créanciers, messieurs, forment une classe plus nombreuse que celle des émigrés, une classe plus mêlée dans toutes les autres classes, une classe qui a plus de besoins, et qui est loin de trouver dans sa position sociale les mêmes dédommagements et les mêmes consolations; et cependant je ne vous eusse pas entretenu de leurs droits et de leur infortune si le projet de loi n'eût été modifié par la commission.

Je ne vous en eusse pas entretenu, parce que le projet de loi, dans sa rédaction primitive, ne renfermait que des allocations individuelles, calculées d'après les évaluations de l'article 2, et seulement par le montant de ces évaluations. Mais la commission a renversé ce système ; elle a proposé et la chambre a adopté l'allocation totale et incommutable de trente millions de rentes au capital d'un milliard ; et, par une conséquence toute naturelle, on a cherché un emploi pour la portion du milliard qui restera libre après la liquidation.

La commission veut, de ce résidu, former un fonds commun. Je dis que les créanciers liquidés et non payés ont droit à leur part dans ce fonds commun, et qu'ils y ont droit précisément en conséquence de l'article 1er, qui semblerait, au premier coup d'œil, affecter exclusivement aux émigrés, aux déportés et aux héritiers des condamnés, le milliard d'indemnité.

Et d'abord les créanciers des émigrés ne peuvent être assimilés à ceux qui sont devenus, par leur volonté, les créanciers de l'état, soit pour lui avoir prêté de l'argent, soit pour lui avoir fait des fournitures.

Certes, le tort fait aux créanciers de l'état est immense ; c'est le comble de l'injustice, c'est une tache dans nos annales, c'est un crime dans nos lois, c'est, pour tout dire, la hideuse banqueroute ; mais enfin les banqueroutes des gouvernements ne sont pas chose nouvelle. Il s'en fait en Europe trente ou quarante par siècle ; et certes, avec la marche que suivent actuellement les ministres des finances, ce n'est pas pour la dernière fois que ce fléau a désolé la société. Mais, je vous le demande, la condition des créanciers de l'état n'a-t-elle pas été toute différente?..... Quelle prévision eût été assez puissante pour leur révéler qu'un jour viendrait où la masse de la noblesse de France serait confisquée, où un débiteur fictif, armé de la puissance, viendrait s'interposer entre le débiteur et le créancier, et dirait à ce dernier : « C'est avec moi que tu « auras à traiter ; » où ce terrible débiteur sommerait le créancier de lui apporter son titre dans un délai fixé, accuserait son hésitation de complicité avec les ennemis de l'état, le menacerait, le réduirait, et finirait par le payer en fausse monnaie.

Dès-lors, messieurs, quoi qu'il en soit, les créanciers des émigrés ne peuvent partager la défaveur dont vous avez frappé tant de pétitions qui vous sont venues de la part des créanciers de l'état, et tant de réclamations de justice et de miséricorde dont nous nous honorons, mes amis et moi, d'avoir fait retentir cette tribune. Leur situation est identique avec celle des émigrés. Ils ont droit, aux termes de l'article 1er, déjà adopté, à une part, quelque minime qu'elle soit, dans le milliard que vous avez attribué aux propriétaires des biens confisqués; car ils disent aux émigrés : « Et nous aussi, « comme vous, le même jour que vous, avec vous, « et à cause de vous, nous avons été confisqués dans « notre propriété. »

Qu'est-ce en effet que l'hypothèque?... N'est-ce pas un droit dans la chose, qui affecte la chose elle-même, qui la suit dans quelques mains qu'elle passe, qui périt lorsqu'elle périt, qui revit lorsqu'elle revit? Le créancier hypothécaire n'apparaît-il pas

comme un copropriétaire du fonds sur lequel l'hypothèque est assise? Ne doit-il pas recueillir sa part
des avantages assurés à la propriété?

Or, messieurs, on n'a cessé de nous dire que le
respect dû à la propriété foncière est le fondement
du projet de loi; que cette propriété a droit à une
protection toute spéciale; qu'il y va de la stabilité
des empires...; et ce principe conservateur, proclamé en faveur de l'émigré, on refuserait de l'appliquer au créancier, son copropriétaire!

L'injustice serait flagrante. Je vais plus loin, messieurs; elle accuserait votre délicatesse. Je sais fort
bien que les dettes de l'émigration étant défalquées
de l'indemnité, les indemnisés ne doivent judiciai-
rement rien à leurs créanciers liquidés, non payés;
je le sais; mais je sais aussi que l'honneur a ses
lois:.... Eh quoi! l'émigré sera rentré, par des remises de biens ou par les suites de l'indemnité, dans
la fortune de sa famille, et il verrait de sang froid
ses créanciers demander l'aumône à la porte de
l'hôtel ou du château qui a été élevé avec l'argent
emprunté à eux ou à leurs pères! Je le répète, messieurs, je n'eusse pas fait ma proposition si votre
commission n'eût pas créé un fonds commun; mais
ce fonds appartient indistinctement à tous ceux
dont l'avoir a été aliéné par les lois de la confiscation, et dès-lors les porteurs des créances confis-
quées y ont des droits égaux, et même supérieurs
à ceux des émigrés; oui, des droits supérieurs,
parce qu'en dernier résultat, ils demeureront plus
maltraités que ceux des indemnisés qui auront le

plus à se plaindre; et cependant je me borne à demander qu'on leur alloue la moitié du fonds commun, suivant le mode que déterminera une loi postérieure, loi que ne manqueront pas d'exclure de l'allocation ceux des créanciers qui auraient acquis des biens nationaux en échange de leurs créances.

Messieurs, l'infortune pour laquelle je réclame trouvera à peine quelques organes dans cette chambre. Les ayant-part à l'indemnité y sont au contraire en majorité. Vous avez entendu mon amendement. Il a pour avantage, non pas de faire justice, mais d'offrir une espèce de réparation à trois ou quatre cent mille créanciers des émigrés. Il a pour inconvénient de ne pas donner quelques milliers de francs de plus à un certain nombre des parties prenantes au milliard. C'est à vous de choisir et de prononcer.

L'amendement fut rejeté.

SÉANCE DU 10 MARS 1825.

L'article 4 du projet était ainsi conçu :

« Les ayant-droit pourront se pourvoir contre la liquidation « devant le roi en son conseil d'état, dans les formes et dé- « lais fixés pour les affaires contentieuses; la même faculté est « réservée au ministre des finances. »

Le général Foy proposait après cet article une disposition ainsi conçue :

« Des extraits des bordereaux de liquidation portant indica- « tion, 1° des noms du dépossédé et de l'indemnité; 2° des

« biens confisqués ; 3° de la quotité de chaque indemnité, se-
« ront affichés, avant l'inscription des rentes, dans le départe-
« ment et la commune de l'indemnisé, ainsi que dans le dépar-
« tement et la commune où sont situés les biens dont l'aliénation
« donne lieu à l'indemnité. »

Messieurs, après que, par l'article 1er de la loi,
le sacrifice d'un milliard a été imposé à la France
au profit de l'émigration, tout le monde reste
frappé de la minutieuse et persévérante attention
que cette chambre a donnée à toutes les dispositions relatives, soit à la répartition du milliard
entre les intéressés, soit aux moyens les plus propres à le faire arriver promptement et sûrement à
sa destination. Je viens, messieurs, vous proposer
un amendement qui se rattache d'une part aux intérêts privés dont vous êtes occupés depuis quinze
jours, mais qui, d'une autre part, touche aux intérêts généraux du pays.

Je demande que la plus grande publicité possible soit donnée aux résultats de la loi que nous
discutons. Cette publicité est désirable pour ceux-
là surtout dont les regrets anticipés protestent
contre l'inégalité des évaluations réglées par l'article 2. Quand chaque émigré aura sous les yeux
le tableau de toutes les indemnités, mis en regard
du tableau de toutes les pertes, il pourra juger,
en connaissance de cause, de la réalité de son droit
et de la validité des prétentions de son voisin. Ce
sera pour la masse l'occasion d'une espèce de contrôle sur les opérations des commissions de liquidation ; ce sera pour ceux qui se croiront maltraités

un moyen de comparaison propre à motiver leur recours au conseil d'état; ce sera l'acheminement à une bonne répartition de ce fonds commun, l'espérance et le refuge de tous ceux qui craignent de ne pas recevoir une assez forte part du milliard.

Et cependant, messieurs, des considérations de cette nature sont les moindres de celles qui militent en faveur de mon amendement. Je m'occupe peu des intérêts de la classe dominatrice; elle y pourvoit suffisamment par ses propres organes. Je prends plus à cœur, je l'avoue, la position spéciale des classes moins favorisées, et surtout les droits des citoyens et le bien-être de la société.

Votre article 18 admet les créanciers non liquidés à former opposition à la délivrance des indemnités; comment pourront-ils former cette opposition s'ils ne sont pas prévenus à temps de chaque liquidation qui devra s'opérer? Comment, après tant de déplacements causés par la révolution, comment, après tant de migrations de la France à l'étranger et de l'étranger à la France, de Paris en province, et surtout de la province à Paris, retrouveront-ils leurs débiteurs primitifs, ou ceux qui se trouvent substitués à ces débiteurs? Comment les retrouveront-ils lorsque l'adoption de l'amendement de la commission a transporté les droits et les charges, non plus seulement à des parents indiqués par la commune renommée, mais à des légataires étrangers aux localités? Quel moyen leur sera donné d'apprécier le gage qui doit supporter leur opposition? un seul moyen, messieurs, celui d'afficher les listes de l'indemnité au domicile des anciens propriétaires ou ayant-droit, et dans toutes les communes où sont situés les biens confisqués.

Mais il ne s'agit pas ici seulement des créanciers de l'émigration ; de plus hauts devoirs sont imposés à nos consciences. Lorsque le ministre s'est fait adjuger la création et la dispensation de 6 millions de rente chaque année jusqu'en 1830, il faut bien espérer que les chambres ne permettront pas que ces 6 millions soient annuellement inscrits sur le grand-livre, sans qu'elles sachent pourquoi et au nom de qui. La publicité des listes de l'indemnité est donc l'élément naturel et nécessaire des comptes à rendre à la législature. C'est un prodige de voir comme le simulacre du gouvernement représentatif se prête à de monstrueuses allocations de fonds en faveur de ceux qui tiennent le pouvoir ; mais c'est aussi la condition inhérente aux formes particulières à ce gouvernement, que la plus large publicité accompagne ses actes, alors même qu'elle ne les justifie pas.

Cette publicité est si fort incrustée dans le droit ; elle appartient tant aux convenances, elle est la sauve-garde de tant d'intérêts, que j'ai hésité à vous proposer mon amendement, parce qu'il me paraissait devoir sortir tout simplement de la nature des choses. Il est vrai que rien de semblable ne se trouve dans la loi que nous discutons. Mais cette loi, me disais-je, ne viendra pas seule ; elle traînera à sa suite un lourd bagage d'ordonnances interprétatives et explicatives. Ce que la loi a oublié de mentionner, l'ordonnance le dira, et le droit sera satisfait.

Ainsi me disais-je à moi-même; mais ma trop grande confiance a été repoussée par des souvenirs encore récents, par des souvenirs qui me reportent à un antécédent de la vie ministérielle de M. le comte de Villèle. C'était en 1822; il y avait peu de mois qu'il avait saisi le timon des finances; il y avait peu de jours qu'avec une candeur et d'un ton qui va à l'ame, il nous avait promis à cette tribune de *jouer carte sur table*: survint la discussion de l'emprunt à faire pour fermer le gouffre de l'arriéré; il s'agissait de solder une liquidation d'environ 500 millions; mes amis et moi nous avons demandé avec instance, avec chaleur, que la liste des liquidés fût imprimée avec l'énoncé de la qualité et de l'origine de chaque créance. M. de Villèle a refusé, sous le prétexte que l'impression serait trop volumineuse. Nous avons alors borné notre demande aux articles de liquidation qui excédaient la somme de 3,000 francs; M. de Villèle a été inflexible, et la manifestation de son bon plaisir a fait qu'une dépense de 500 millions a été consommée et est restée ensevelie dans les ténèbres.

Qu'en est-il arrivé, messieurs?.... C'est qu'on a dit et répété qu'à côté des dettes de la république et de l'empire, on payait d'autres dettes qui n'étaient celles ni de l'empire ni de la république; c'est qu'il est passé en fait que de coupables profusions ont enrichi les puissants du jour, aux dépens d'officiers et de soldats isolés dont les droits étaient repoussés pour déchéance ou sous d'autres prétextes ; c'est que personne n'a mis en doute que cette liquidation n'ait été l'occasion de désordres sans nombre dont on ne voulait pas faire des scandales....... Et pourquoi ces rumeurs se sont-elles si vite répandues et si facilement accréditées ?.... Pourquoi, messieurs ? parce qu'il y a eu déni de justice, parce qu'il y a eu refus de publicité.

Voudriez-vous que les mêmes accusations se renouvelassent dans une circonstance analogue ? Voudriez-vous que le milliard aussi fût exploité et consommé dans les ténèbres ?... Et déjà, ne dit-on pas que les prenant-part à l'indemnité seront plus ou moins rétribués suivant leur plus ou moins de dévotion ministérielle ? Déjà ne dit-on pas que des pensions perpétuelles seront faites sur le fonds d'indemnité à des hommes dont les biens n'ont pas été confisqués ?... Et que ne dit-on pas, messieurs, que n'aura-t-on pas le droit de dire, si vous ne vous hâtez de mettre l'accomplissement de cette grande mesure sous la protection de la publicité ? Cette publicité est dans votre intérêt, dans votre devoir ; elle est dans les droits de la France.

M. le ministre des finances présenta différentes observations, et en tira la conséquence que la publication des listes demandées serait un scandale.

M. le général Foy répliqua en ces termes :

M. le ministre a établi une distinction très-judi-

cieuse entre la calomnie et l'accusation constitutionnelle. Celle-ci est de droit, elle est la sauve-
garde de la France; la calomnie est odieuse, soit
qu'elle parte d'un seul ou de plusieurs.

Mais où est le moyen pour l'autorité d'échapper
à la calomnie? c'est de donner, en toute circonstance, des documents propres à asseoir l'accusation
constitutionnelle, si jamais cette accusation devenait nécessaire, en ne laissant rien dans le vague,
en prévenant des inculpations qui ne seraient fondées sur rien de positif, comme en se ménageant
une justification dans la conscience bien éclairée
de chacun.

Dans l'état actuel des choses, quel moyen est
offert aux parties intéressées de prouver qu'il y a
eu inégalité, faveur, dans le partage de l'indemnité? et surtout quel moyen est donné au député
qui voudrait remplir le devoir sacré de surveiller
les grandes affaires du pays et l'exécution des lois,
de manière qu'on fasse aimer le monarque, et
qu'on rende les sujets plus attachés à la monarchie?

Le ministre appelle un scandale la publicité qui
aurait été faite des noms des créanciers de l'arriéré,
et celle que l'on ferait aujourd'hui des listes des
indemnisés : mais, messieurs, scandale, dans le
langage ministériel, c'est la liberté de la presse,
ce sont les commissions d'enquête, bref, tout ce
qui conduit à la connaissance de la vérité. Ce mot,
il faut le séparer du langage représentatif. Il n'y a
point de scandale lorsqu'un député, dans l'exercice

de son mandat, demande tout ce qu'il croit nécessaire pour l'exécution des lois. C'est là, l'objet de mon amendement; je l'ai présenté dans l'intérêt des émigrés eux-mêmes, et certes il ne leur est pas indifférent de connaître la masse des évaluations et la masse des répartitions. Je dis que cela ne leur est pas indifférent, parce que leur sort définitif n'est pas arrêté, et qu'il reste un fonds commun sur lequel ils peuvent réclamer, et ce fonds commun ne peut être réparti d'une manière équitable que par la comparaison des indemnités entre elles.

Quant aux créanciers des émigrés, M. le ministre a dit qu'il leur importait peu de connnaître la quotité des sommes allouées en indemnité : cela se peut; mais ce qui leur importe beaucoup c'est de connaître leurs débiteurs. Eh bien! je soutiens qu'après les révolutions qui ont bouleversé ce pays depuis trente ans; après tous les mouvements et tous les déplacements qui ont eu lieu, il est une foule de créanciers qui ont perdu la trace de leurs débiteurs. La disposition de votre projet, qui appelle à recueillir l'indemnité des légataires inconnus, augmente encore pour les créanciers la difficulté de retrouver leurs débiteurs. Il n'y a qu'un moyen d'assurer leurs droits, c'est la publicité.

Maintenant cette publicité se fera-t-elle par des affiches ou par un autre procédé? Je ne tiens pas à la forme, je ne tiens qu'au fond; je veux que chacun en France puisse savoir où il trouvera son débiteur, s'il a une créance à faire valoir; je veux

que chaque député sache sur quel principe il di-
rigera sa conduite, dans le cas où le ministre lui
paraîtrait blâmable dans l'exécution de la loi. Ce
que je demande, messieurs, c'est un droit absolu :
ma demande me semblait inutile. Le dirai-je, j'ai
cru un instant qu'en vous le présentant je ferais
une injure à M. le ministre des finances ; la chose
m'a paru si simple, elle sort si naturellement de
la matière, que j'ai cru que la condition de publicité
se trouverait dans les ordonnances ministérielles
qui accompagneront la loi. La question maintenant
est différente ; M. le ministre vient de dire à la
France, vous paierez un milliard, et vous ne saurez où ira ce milliard......

L'amendement fut rejeté.

SÉANCE DU 15 MARS 1825.

Messieurs, vous avez voté l'article premier de
la loi ; vous avez dit dans cet article : « L'indem-
« nité d'un milliard est définitive ; et, dans aucun
« cas, il ne pourra y être affecté aucune somme
« excédant celle qui est portée au présent arti-
« cle. » La France a dû croire que tout était soldé,
que tout était consommé avec l'émigration.

Et voilà qu'au milliard alloué à l'émigration, on
vous propose d'ajouter 187,500,000 fr.

Plusieurs voix : Comment, 187 millions !

Oui, messieurs, pas moins que 187,500,000 fr.

Je le répète, on vous propose d'ajouter au milliard 187,500,000 fr. C'est pour cette somme que vous accordez un privilége aux anciens propriétaires des biens confisqués. En effet, les droits de vente et d'enregistrement montent à six un quart pour cent. Il a été vendu pour quatorze cent millions, valeur de 1790. La majorité de la chambre s'est élevée contre cette évaluation, elle l'a trouvée insuffisante. Vous déclarez que l'on a vendu davantage : il est de fait que les propriétés ont une valeur beaucoup plus grande qu'en 1790 ; ce ne sera donc pas trop de dire que ces propriétés, mal évaluées selon vous, et évaluées à la valeur de 1790, valent aujourd'hui trois milliards ; je suis sûr, messieurs, que M. le ministre des finances vous dira que ce n'est pas trop fort.

Eh bien ! les six un quart pour cent de trois milliards forment une somme de 187 millions. C'est donc 187 millions que l'on demande en sus de l'indemnité d'un milliard, privilége que l'émigration exploitera à son profit, soit qu'elle acquière ses anciennes propriétés, soit qu'elle se porte comme intermédiaire entre les propriétaires actuels et les nouveaux acquéreurs. Mais au reste, messieurs, la perte d'argent est ici l'objet secondaire, et bien secondaire. Ce n'est pas seulement 187 millions que la France perdra, elle en perdra bien d'autres, à une époque où le trésor public est la proie du premier occupant.

Cette loi qui, d'après la volonté du roi, et discutée d'une autre manière, eût pu être une loi d'union et de paix, cette loi est devenue une déclaration de guerre.

Oui, messieurs, oui, vous avez fait de votre loi une déclaration de guerre, vous en avez fait un instrument de haine, un instrument de vengeance. Le mal est fait maintenant sans que nous ayons pu l'empêcher.

Ce n'est plus l'indemnité seulement que veut l'émigration; elle veut ravoir ses biens; elle veut les ravoir par l'influence ou par la force. Et ne voit-on pas que partout le pouvoir est dans ses mains; et si les moyens clandestins ne lui suffisent pas, qui peut douter qu'elle n'ait recours à des moyens plus énergiques? Dans cette circonstance, il nous reste un devoir à remplir; le but de l'émigration est clairement indiqué, personne ne peut en douter après cette discussion.

Messieurs, les propriétaires des domaines nationaux sont presque tous les fils de ceux qui les ont achetés; qu'ils se souviennent que, dans cette discussion, leurs pères ont été appelés *voleurs* et *scélérats* sans que les ministres aient pris leur défense, et qu'ils sachent que transiger avec les anciens propriétaires, ce serait outrager la mémoire de leurs pères et commettre une lâcheté.....

Ce serait, messieurs, je le déclare, ce serait de la part des fils des nouveaux propriétaires une véritable lâcheté; ce serait convenir eux-mêmes que leurs pères furent des *voleurs* et des *scélérats*.

Que si on essayait de leur arracher par la force les biens qu'ils possédent légalement, qu'ils se souviennent qu'ils ont pour eux le roi et la charte, et qu'ils sont vingt contre un.

SUR LES MINES DE SEL GEMME

DÉCOUVERTES A VIC.

SÉANCE DU 28 MARS 1825.

Peu de temps après la paix dernière, on a cherché du sel gemme dans la partie de la Lorraine qui abonde en sources salées; on en a cherché, et dès le commencement de l'année 1819 a été trouvée et reconnue la mine de Vic, facile à exploiter, d'une riche apparence; quant à la qualité des produits, immense, au point de pouvoir approvisionner l'Europe entière pendant des milliers d'années.

Aussitôt clameurs et conspiration contre la découverte. Les uns s'écrient qu'il faut se hâter d'étouffer la mine, parce qu'il y a déjà assez de sel en France, et que peu importe l'économie des frais de production là où l'impôt absorbe trente fois le prix de la denrée. D'autres, qui n'ont pas vu le sel gemme de Vic, proclament avec assurance qu'il est malsain, qu'il causera des épidémies, que c'est un véritable poison. Quelques-uns s'effraient du danger d'avoir un si vaste grenier à sel à dix ou quinze lieues de la frontière.

Il en est même dont la prévoyance va jusqu'à

s'alarmer pour la sûreté du royaume. Ils craignent
que la mine de Vic venant à engloutir les eaux de
la Seille, il n'en reste pas assez dans cette rivière
pour remplir les fossés de la place de Metz, et que
par-là soit compromise la défense d'un des principaux boulevards de la France ; et cette ridicule
assertion ne se trouve pas seulement produite dans
des mémoires imprimés, elle a été accréditée au
point que le comité de fortifications n'a pas cru
pouvoir se dispenser de s'en occuper et d'en faire
justice.

Cependant, tandis que d'actives contrariétés re-
tardent en France l'exploitation de la mine qu'on
vient de découvrir, d'un côté les Anglais inon-
dent les Pays-Bas de leur sel fossile de Norwich,
près Liverpool; et, d'un autre côté, nos voisins
d'outre-Rhin, mis par nos recherches sur la voie
de recherches semblables, ont trouvé aussi dans
leur pays des filons de sel gemme qu'ils n'ont
pu exploiter à la manière des mines, mais qu'ils
ont laissé s'inonder d'eau saturée de sel à 26 ou 27
degrés.

C'était notre compagnie des salines de l'est qui
avait pourvu jusqu'à ce jour à l'approvisionnement des Pays-Bas et de l'Allemagne limitrophe;
elle en retirait un profit considérable; mais ce profit a cessé, parce que la compagnie n'a pu soutenir ni la rencontre en Belgique du sel gemme d'Angleterre, ni la concurrence des eaux salées de
Wurtemberg et de Baden, qui étant chargée au
double de nos sources de Lorraine, cause une dé-

pense moitié moindre pour en extraire le sel. Avec
les profits de la compagnie ont diminué les recettes
du trésor, et la diminution progressive de cette
branche de revenus, bien plus que le mérite de la
découverte, a enfin forcé le gouvernement à
prendre un parti.

Qu'a-t-il fait? que devait-il faire? c'est le droit
commun en France (article 552 du Code), que la propriété de dessus emporte celle de dessous, sauf les
modifications commandées dans l'intérêt de tous
par le régime exceptionnel des mines. Je n'entre-
rai pas dans le détail des dispositions diverses de
ce régime exceptionnel; je me contenterai de vous
dire que la loi du 21 avril 1810, de notre Code
des mines, est fondée sur ce principe que les richesses renfermées dans le sein de la terre n'appartiennent pas au propriétaire du sol, et encore
moins au gouvernement; et que la jouissance et
la propriété perpétuelle de ces richesses doivent
être concédées aux personnes qui offrent les garanties les plus fortes pour leur exploitation utile.

Cela posé, ou le sel fossile est compris dans la
législation des mines, ou il n'y est pas compris;
s'il n'y est pas compris, la question reste sous l'empire du droit commun; il est loisible au propriétaire du terrain d'y faire toutes les fouilles et d'en
tirer tous les produits qu'il juge convenables; et
au fond, pourquoi ne serait-il pas permis de récol-
ter du sel dans l'est de la France, aux mêmes conditions que dans l'ouest et dans le sud? pourquoi
le cultivateur n'aurait-il pas la faculté de gratter

le sol ou de l'excaver à ciel ouvert, pour en tirer une substance de première nécessité?

Mais il est rare que le sel se trouve à la surface du sol comme à Cardonne en Catalogne; le plus souvent il faut l'arracher aux entrailles de la terre ainsi qu'il arrive dans les célèbres mines de Wieliscka en Pologne, où les galeries descendent à 900 pieds. La mine de Vic est placée sous des conditions beaucoup plus favorables; cependant il faut s'y enfoncer à 2 ou 300 pieds, pour l'exploiter avec avantage. On conçoit dès-lors que le vaste appareil des travaux souterrains, nécessaires pour la mettre en valeur, a pu la faire ranger parmi les mines ordinaires, bien que le sel gemme ne soit pas énoncé dans la nomenclature des substances minérales que comprend la loi du 21 avril 1810.

C'est dans ce sens que le gouvernement a interprété la législation existante; mais alors, messieurs, son action sagement limitée dans les termes de la loi se bornait à concéder la mine; les concessionnaires sont tenus de payer à l'état une redevance fixe, calculée sur la surface de l'exploitation et une redevance variable proportionnée au produit de l'extraction. Au moyen de ces redevances et d'autres conditions, qui eussent pu être légalement imposées aux concessionnaires, on eut pu retrouver l'équivalent de ce revenu des salines de l'est, qui ne figure plus que pour deux millions dans le budget de 1826, et dont la canalisation de la France devrait hâter encore le dépérissement; telle était la marche simple et facile indiquée par l'intérêt public; et voilà qu'au mépris de la loi de 1810 solennellement invoquée, au moment même où on la viole, voilà que le gouvernement s'adjuge en propre la concession de la mine de Vic ; voilà que dans un pays où tout reste à faire, en ce qui concerne l'exploitation de la richesse minérale, on enlève à l'esprit d'entreprise son plus puissant stimulant ; voilà que, sous le règne de Charles X et de la charte, on essaie un envahissement qu'a repoussé le conseil d'état de la monarchie impériale !.... et quand les ministres entraient avec tant de confiance dans le domaine de la propriété privée, ils ne vous demandaient pas même votre autorisation législative. Il a fallu que votre commission leur apprît qu'ils en avaient besoin, non pas seulement pour mettre le sel gemme en régie intéressée, pendant quatre-vingt-dix neuf années, mais avant tout pour faire que l'état en devînt le propriétaire légal.

La donnerez-vous, messieurs, cette autorisation qu'on réclame au nom de l'intérêt de l'état ?... L'intérêt de l'état est que les lois soient exécutées et que chacun recueille en paix les fruits de son travail et de son industrie. Et quoi ! parce que la mine de Vic est une source de richesses, il sera permis au gouvernement de s'en emparer. Que n'en fait-il autant avec les fosses de charbon de la terre d'Azin, avec les manufactures de nos fabricants célèbres, avec les portions de notre sol qui donnent des produits rares et précieux ?..... Et qu'entend-on par la mise en possession en vertu de la loi ? Est-ce une confiscation qu'on voudrait faire ?

Je ne le crois pas.... Mais voyez, messieurs, dans quelles vastes conséquences va vous entraîner le système extra-légal adopté par le gouvernement.

Et d'abord, si la mine ne reste pas ou ne devient pas la propriété de ses inventeurs, une indemnité leur est due aux termes de l'article 10 de la loi de 1810, et assurément personne ne la leur conteste. Mais cette indemnité, quelle en sera la quotité, qui la paiera ?... On ne vous en dit rien ; et cependant, soit qu'on la porte en dépense directe au budget, soit qu'on la mette à la charge des fermiers du bail, il faudra bien en définitif la faire sortir de la bourse des contribuables.

Cette circonstance, indépendamment de tout autre motif, suffit pour donner à la loi qu'on vous propose le caractère d'une loi de finances ; elle laisse sans excuse le procédé inconvenant et illégal qui a porté à la chambre des pairs la première proposition de cette loi. Il est du devoir de M. le ministre des finances de nous faire connaître la quotité de l'indemnité que recevront les inventeurs, et quand et comment il entend la leur payer. Il n'est pas de son droit, il n'est du droit de personne d'extraire du trésor, sans discussion, et par des voies détournées, trois ou quatre millions pour les appliquer à une dépense dont vous n'auriez ni mesuré l'étendue ni apprécié l'utilité.

A côté de l'indemnité à allouer aux inventeurs, apparaît l'annonce de la résiliation du bail des salines de l'Est. Quelle est la teneur de ce bail ? dans quel cas pouvait-il être résilié ? L'exploitation de la mine de sel gemme était-elle un motif suffisant? Le gouvernement avait-il l'obligation de venir au secours des fermiers, et dans quelle mesure?... Ce sont toutes questions sur lesquelles il ne nous est pas donné d'avoir une opinion; car, dès long-temps, et plus encore depuis que la chambre est septennale, le gouvernement fournit avec une parcimonie calculée les renseignements et les pièces propres à éclairer nos discussions. Mais je sais que la compagnie des salines de l'est était surchargée d'un personnel administratif excessivement dispendieux : je sais que, malgré cette surcharge, les actions gagnaient soixante-dix à quatre-vingts pour cent, et qu'aujourd'hui encore, après les désappointements qu'elle a éprouvés, il reste un fonds de réserve considérable à partager entre les actionnaires. Je sais que si le bail est résilié, c'est pour eux et à leur profit. N'ai-je pas lieu de croire que, sans léser aucun droit acquis, on pourrait obliger la compagnie des salines, alors qu'elle reçoit la faveur de la résiliation d'un bail devenu onéreux pour elle, à payer au gouvernement, sous forme d'indemnité, une somme d'argent qui entrerait dans la composition de l'autre indemnité due aux inventeurs de la mine de sel gemme?

Au reste, messieurs, le débat qui pourrait s'élever entre l'état et les inventeurs de la mine nouvelle, et entre l'état et les fermiers des salines anciennes, ce débat est d'un intérêt bien secondaire à côté de l'intérêt capital que soulève le projet de

F. II.   28

loi ; il ne s'agit de rien moins ici que du droit de
propriété attaqué à sa base et dans ce qu'il a de
plus sacré.

C'est le principe de la législation des mines, que
l'étendue des concessions doit être déterminée par
les actes qui les confèrent, et limitée par des points
fixes pris à la surface du sol, et par lesquels on
fait passer fictivement des plans verticaux menés
de cette surface dans l'intérieur de la terre à une
profondeur indéfinie. La loi de 1791 avait réglé
que la même concession ne pourrait excéder six
lieues carrées. La loi de 1810 ne mentionne plus
cette limitation ; mais elle a pour objet, et cet objet est suffisamment développé dans l'exposé des
motifs, de multiplier les concessions, en ne les ac-
cordant pas trop vastes, et en les mettant en harmonie avec l'exploitation réelle.

Ici, messieurs, l'exploitation réelle c'est la mine
de Vic, et la mine de Vic seulement, puisqu'elle
peut fournir du sel infiniment plus qu'on ne lui
en demandera jamais ; et quand les inventeurs ont
formé leur demande en concession pour un espace
de soixante-quatre mille quatre cent quatre-vingt-
onze hectares, compris entre des vignes tracées à
travers les arrondissements de Château - Salins,
Nancy, Lunéville et Sarrebourg, assurément leur
demande a dû paraître exorbitante.

Eh bien! ce n'est pas soixante-quatre mille quatre cent quatre - vingt - onze hectares que s'adjuge
aujourd'hui le gouvernement ; il s'empare, d'un

trait de plume, non pas seulement de la mine de Vic, mais encore de toutes les mines à découvrir à cinquante lieues à la ronde. Il se fait à lui-même la concession de dix départements; et certes il ne veut pas, il ne peut pas exploiter ces dix départements, mais il empêchera que d'autres les exploitent. C'est le monopole de la France souterraine qu'il va envahir; c'est une vaste interdiction lancée dans la huitième partie du royaume sur l'industrie et sur la propriété; car, il faut que vous le sachiez, messieurs, l'article 12 de la loi de 1810 dit expressément que dans aucun cas les recherches, à l'effet de découvrir des mines, ne pourraient être autorisées dans un terrain déjà concédé, et l'article s'applique à toute espèce de mines. Ainsi, dans l'exécution rigoureuse de la loi, il sera défendu aux mines de fer et d'autres métaux, situées dans les dix départements dont on demande la concession, de s'étendre et de se multiplier.

Ainsi ces beaux travaux que j'ai vu commencer et poursuivre dans les Vosges, pour trouver des charbons de terre que réclament les fabriques du pays, ces beaux travaux seront interrompus; et, en supposant qu'on permette de les continuer, ce ne sera qu'avec les limitations et les gênes que prescrira l'intérêt du monopole. Le jour où un propriétaire, dans le département de la Meuse ou du Haut-Rhin, à quarante lieues de la mine de Vic, s'avisera de regarder dans son champ, accourront aussitôt les agents du fermier du fisc qui lui diront : *Tu cherches du sel*, et qui lui feront mille avanies ; et cependant les mêmes fermiers, appuyés sur l'article 43 de la loi de 1810, pourront, à toute heure, bouleverser son champ, sauf à lui payer une indemnité égale au double du produit annuel.

Ce n'est pas le seul dommage qu'éprouvent les habitants de l'est. Lorsqu'une mine abondante de sel est découverte sur leur territoire, on suppose qu'ils vont avoir le sel à peu près pour rien. Pas du tout, messieurs, la compagnie des salines vendait aux sources mêmes, à Dieuse, par exemple, 17 et 18 fr. le quintal métrique, qui lui coûtait 3 francs de frais de fabrication. Dans le système qu'on vous propose, le même abus aura lieu de la part des fermiers de la mine de Vic ; seulement M. le ministre des finances nous promet que cet abus sera moins criant à l'avenir, et que le prix du sel ne pourra être élevé pour les provinces de l'est au-delà d'un *maximum* qui sera stipulé dans le bail. Quel sera ce *maximum* ?..... Il devrait être la base de la discussion ; il devrait faire partie de la loi, et cependant on ne vous le fait pas connaître. Il reste donc avéré qu'une portion considérable de la France supportera un impôt exceptionnel et excessif, pour le profit d'une spéculation particulière... Et, quand sont violés à la fois, les lois existantes, les droits de la propriété, ceux de l'égalité constitutionnelle, de la contribution aux charges publiques, sont-ce les habitants des dix départements atteints par cette violation qui font entendre leurs plaintes ?.... Non, messieurs, ce sont au contraire les habitants du midi et de l'ouest.

Leurs réclamations font l'objet de l'amendement proposé par la commission. Cet amendement a pour but avoué d'augmenter les frais de production des sels de l'est, pour augmenter d'autant le débit des sels de l'ouest. Cet amendement me paraît si contraire à la justice, à la raison et à la charte, qu'il est difficile qu'il obtienne les honneurs d'une discussion sérieuse. Je me bornerai, quant à présent, à vous faire observer que c'est le gouvernement lui-même qui a donné l'éveil aux réclamations, en sortant du régime légal. Et, en effet, messieurs, si la mine était restée propriété particulière, soit d'après le droit commun, soit en conséquence de la loi de 1810, serait-il venu dans la pensée d'un seul Français de l'ouest de trouver étrange que le Français de l'est récolte, à la surface de son champ ou en y creusant la terre, la substance que lui, habitant de la côte, obtient au moyen de l'introduction et de la dessication de l'eau de mer dans son marais? Autant vaudrait que le vigneron de Surène ou d'Argenteuil nous demandât sérieusement de faire arracher les vignes du Languedoc et de la Provence, et encore sa prétention aurait-elle une apparence plus raisonnable, car, enfin, les vins de Provence et de Languedoc viennent prendre chaque jour, dans la consommation des vins de Paris, la place des vins d'Argenteuil et de Surène, tandis qu'à coup sûr on ne consomme jamais de sel gemme dans les pays situés à proximité des marais salants.

Au reste, messieurs, le gouvernement a à sa dis-

position un moyen infaillible pour faire cesser les
divisions d'intérêts entre l'est et l'ouest, pour empêcher les dommages partiels, pour contenter à la
fois les producteurs et les consommateurs de tous
nos départements; c'est d'alléger l'impôt du sel,
qui monte à cinquante-cinq millions, y compris le
prix du bail des salines.

Après l'abolition de la gabelle, au commencement de la révolution, la vente du sel a été libre
en France. Rappelez-vous, messieurs, quelle consommation en fesaient alors tous les bestiaux, dans
nos provinces du centre et du midi; rappelez-vous
avec quelle prodigalité l'économie domestique l'employait pour conserver les aliments; rappelez-vous
comment, dans plusieurs pays, et particulièrement
sur les côtes de Normandie, l'agriculture en avait
fait un engrais précieux. N'est-il pas permis de
croire que la somme que le fisc recevrait en moins
sur la taxe, il la retrouverait par l'extension donnée
à la consommation de la denrée?.... Et, quand
même il y aurait diminution de revenu, l'humanité ne nous commande-t-elle pas de prendre en
considération l'énormité d'une charge qui pèse,
presque en entier, sur la classe la plus malheureuse? Cet impôt du sel est, comme ailleurs l'impôt de la mouture, le fléau du pauvre, parce que
le pauvre consomme beaucoup plus de pain et
consomme beaucoup plus de sel que le riche. Les
Anglais, dit-on, viennent de l'abolir en partie; et
nous, ne donnerons-nous pas aussi cette popularité au nouveau règne? Puisqu'on nous dit chaque

jour que l'état de nos finances est si prospère, faites, faites donc que le peuple ait aussi son in-demnité.

Je résume mon opinion, et je conclus :

Le projet de loi affecte le trésor public d'une dé-pense qu'il ne doit pas supporter; il attente à la fois à la propriété et à l'industrie, et, sous ce point de vue, il établit un précédent effrayant dans l'ordre constitutionnel; à côté de ces vices capitaux se présentent deux avantages; le premier, de rendre à l'état le revenu de deux millions que l'état était sur le point de perdre; le second, de confier pour un siècle l'exploitation de la mine nouvelle à l'es-prit d'association qui, seule, peut en tirer le parti convenable. Ces deux avantages, et surtout le der-nier, on les retrouvera beaucoup plus complets dans l'exécution de la loi du 21 avril 1810. La mine de Vic n'est pas la seule mine de sel gemme qui existe, soit dans les dix départements de l'est, soit dans le reste de la France; les conditions que mettra le gouvernement aux concessions partielles et successives qu'il sera dans le cas d'accorder, fe-ront rentrer dans le trésor, par plusieurs voies, le faible revenu qui allait nous échapper; et, quant aux services que pourrait rendre au pays une com-pagnie puissante qui creusera des canaux, con-struira des chemins de fer, établira des fabriques accessoires, contractera avec des étrangers, on peut avancer, sans crainte d'être démenti, qu'il y a plus de certitude de l'accomplissement de ses ser-vices et d'un grand développement à donner à l'entreprise de la part des propriétaires perpétuels et incommutables, que des fermiers d'un bail de quatre-vingt-dix-neuf ans, dont les clauses et l'exécution sont toujours plus ou moins soumises à l'arbitraire de l'autorité.

La seule objection qu'on pourrait faire résulterait de l'omission du sel gemme dans la nomenclature légale des substances minérales; c'est une lacune dans la loi. Cette lacune, il appartient à la puissance législative de la faire disparaître. Je vous propose en conséquence, par forme d'amendement, de rectifier, en ces termes, l'article unique du projet de loi.

« Le gouvernement est autorisé à joindre à la
« concession de la mine de sel gemme existant à
« Vic, département de la Meurthe, l'exploitation ou
« la propriété des salines de Dieuse, Moyenvic et
« Château - Salins, département de la Meurthe;
« Soulz, département du Bas-Rhin; Saulnot, dé-
« partement de la Haute-Saône; Arc, département
« du Doubs; Salins et Montmorrot, département
« du Jura. »

Cette proposition fut rejetée.

SUR LE RÉGLEMENT DU BUDGET

DE 1825.

SÉANCE DU 25 AVRIL 1825.

Lorsque fut révélé dans cette enceinte le scandale des marchés passés et accomplis, pour la subsistance de nos troupes en Espagne, une voix puissante, celle-là même que vous venez d'entendre (M. le ministre des finances), s'éleva, qui essaya de vous expliquer comment et pourquoi le crédit de cent millions, voté par les chambres dans la prévoyance d'une guerre lentement progressive, se trouvait excédé de cent sept millions, lorsque la promptitude du succès avait trompé tous les calculs et dépassé toutes les espérances. M. le président du conseil entreprit de justifier les marchés par la nécessité, et non pas, disait-il, une nécessité de circonstance tenant au manque d'approvisionnements ou à d'autres considérations passagères, mais une nécessité constitutive et permanente, provenant de ce que la magistrature militaire ne suffisait pas à ses difficiles fonctions. Dans cet état des choses, il ne s'était trouvé en France, suivant le ministre, qu'une seule tête capable de faire marcher l'administration de l'armée.... Eh bien! messieurs, cet homme unique, cette providence administrative, ce sauveur de nos soldats, le sieur Ouvrard est à la conciergerie!

Le munitionnaire de l'armée d'Espagne, et avec lui quelques fonctionnaires de l'administration militaire, ont été livrés à la justice par suite d'un rapport fait au roi le 9 février de cette année. Ce rapport, bref et fulminant dans sa forme, est-il sérieux au fond? Ceux qu'il a atteints jusqu'à ce jour sont-ils les seuls coupables? sont-ils les vrais coupables, sont-ils les coupables importants?

On parle de corrupteurs et d'hommes qui se sont laissés corrompre. Est-ce là chose bien étrange par le temps qui court, et avec la direction de cupidité et d'agiotage imprimée aux affaires de notre pays? Est-il d'ailleurs de la nature de la corruption de laisser derrière elle des fils que puisse saisir l'instruction judiciaire?

Eh! que parlé-je d'instruction judiciaire! Ne s'arrêtera-t-elle pas, ne s'est-elle pas déjà arrêtée paralysée, impuissante, devant des accusations et des accusés qui sortent de la compétence des tribunaux ordinaires? A-t-elle mandat pour s'élever aux considérations législatives et morales de l'ordre constitutionnel! A-t-elle pouvoir pour accuser et poursuivre, s'il y a lieu, ceux-là mêmes qui ont demandé au roi des accusations et des poursuites? Cette soif de la justice, dont on dirait que furent dévorés pendant quelques jours les conseillers de la couronne, ne serait-elle pas une ruse imaginée par eux à l'effet d'éloigner de leurs têtes la responsabilité qui les presse et les

obsède? Et tout cet éclat d'enquêtes administratives, de rapports ministériels et de procédures
judiciaires, ne serait-il pas un vain leurre momentanément offert aux exigences de la publicité, et
prompt à s'évanouir en fumée dès que la sanction
législative aurait été accordée aux comptes de l'armée d'Espagne?

Voilà quelques-unes des questions qu'il importe
d'éclaircir.

Toutes celles qui se rattachent à l'opportunité
et aux stipulations des marchés ont été pleinement
résolues par la commission d'enquête créée en exécution de l'ordonnance du 3o juin 1824; et, à ce
sujet, je me joins à votre rapporteur et à l'honorable député qui a ouvert cette discussion, pour
rendre hommage au laborieux dévouement avec
lequel a été accompli, en six mois, l'œuvre de conscience et de probité que des bureaux salariés
n'eussent pas achevée en six ans. Si, de ce grand
et utile travail, n'ont pas été déduites immédiatement toutes les conséquences certaines ou probables qui en dérivent, rappelons-nous, messieurs,
que la commission n'était que d'institution ministérielle, et que dès-lors son action a dû se circonscrire dans le cercle tracé par l'autorité; c'était
beaucoup pour elle et pour nous que de recueillir, coordonner et analyser les éléments de l'enquête, de manière que la vérité pût en ressortir
dans tout son éclat. A vous, messieurs, il appartient de faire le reste; à vous, il appartient de conclure comme eût conclu la commission d'enquête

elle-même, si elle eût été d'institution législative,
ainsi que le voulaient l'esprit de la charte et la dignité des chambres.

Quelle que fût, en l'année 1823, la divergence
des opinions sur la justice ou la convenance d'une
expédition militaire en Espagne, encore étaient-
elles unanimes en ce point, que l'invasion n'ayant
pas la conquête pour objet, il fallait se départir
du principe de la conquête, qui veut que la guerre
nourrisse la guerre, et qu'il y avait lieu à pourvoir
à la subsistance des troupes par un système régulier d'administration. Cette idée, féconde en résultats d'ordre et de discipline, un spéculateur, qui
n'avait rien à perdre et tout à gagner, a conçu
l'audacieux projet de l'exploiter à son profit. A-t-il
marché dans l'ombre? a-t-il soustrait ses préparatifs au regards de l'autorité publique? a-t-il pris au
dépourvu le gouvernement et l'armée?..... C'est ce
dont, messieurs, vous allez juger.

Six mois avant que le roi fît la guerre, le sieur
Ouvrard l'avait commencée pour son compte, en
se constituant le défenseur, l'emprunteur, le banquier de l'armée de la foi.

Le 28 janvier 1823, le roi fait connaître à la nation et aux chambres sa haute détermination. Aussitôt l'incertitude et le soupçon planent sur les
services de la guerre; de vives inquiétudes se répandent à Paris et à la frontière, relativement aux
approvisionnements de l'armée; des bruits d'acca-
parement parcourent les campagnes, comme aux
premiers temps de notre révolution; les magasins

sont pleins ou se remplissent, et personne ne veut croire à l'exactitude des états de situations. Les employés de la direction générale des subsistances se disent les uns aux autres qu'un nouveau régime d'administration se prépare, dans lequel ils ne seront plus les employés directs du gouvernement. Le corps de l'intendance militaire, bien qu'affaibli par les mutilations qu'il a subies depuis dix ans, possède encore des sujets dont l'habileté pratique a été constatée par des succès. Et l'on va chercher, pour administrer l'armée, un ancien sous-inspecteur aux revues qui n'a jamais administré de troupes à la guerre, et on lui donne pour coopérateurs trente jeunes gens, zélés sans doute, mais dépourvus d'expérience; et les rangs subalternes de l'administration se peuplent de suppôts de la police, d'hommes tarés, dont plusieurs, pour me servir de l'expression technique d'un administrateur qui les a eus à sa disposition, *avaient oublié de se faire pendre;* et la première parole du nouvel intendant en chef est pour réclamer l'intervention d'un entrepreneur-général actif et intelligent; et le nom de cet entrepreneur-général actif et intelligent est déjà dans toutes les bouches, c'est le sieur Ouvrard !

Qui n'a pas entendu le sieur Ouvrard développer lui-même ses projets sur l'Espagne ? Qui peut douter qu'il ne les ait concertés d'avance avec ceux qui exercèrent plus tard de l'influence sur la conduite de la guerre ? Il les a racontés aux hommes du gouvernement, et même, dit-on, au président du conseil.

Un marché est passé au ministère de la guerre pour la fourniture de la viande, et ce marché est donné à un de ses prête-noms; le besoin de transports provoque un autre marché, et il entre en négociation avec l'adjudicataire du marché des transports. Mais, à Paris, on entame tout, et l'on n'achèvera rien. Il suffit à M. Ouvrard d'avoir aperçu l'embarras de la position de celui-ci, l'influence prédominante de celui-là, et surtout le manque d'ensemble et de direction dans les conseils; c'est assez pour lui d'être assuré que les uns le protègent, et que les autres ne songent pas à le troubler dans l'exécution de ses vastes desseins. Il court à Bayonne, parce que c'est à Bayonne que tout se consommera.

A Bayonne, en effet, avait apparu, dans le mois de mars une espèce de conseil d'administration de l'armée, si tant est qu'on puisse donner ce nom à une convocation fortuite en apparence, et peu en harmonie avec nos réglements sur les attributions et la responsabilité des différents ordres de fonctionnaires publics. Qui avait formé ce conseil? Était-ce le ministre de la guerre? Non, il en ignorait même l'existence.... Était-ce le prince généralissime? Non, S. A. R. n'était pas encore arrivée à son quartier-général..... Quels en étaient les membres? Quelques personnes chargées de services administratifs, et d'autres qui n'avaient aucun titre pour s'ingérer dans l'administration..... Qui tenait la plume? Où étaient consignées les opinions et les délibérations? Quelle trace restera-t-il d'opérations qui vont devenir si essentielles et si décisives? Pas un registre, pas un procès-verbal, pas une signature.

De là, messieurs, de cette institution informe et éphémère, sont sortis complets et sans travail, comme Minerve du cerveau de Jupiter, les marchés du 5 avril. Mais ces marchés n'étaient point la sagesse; ils étaient la ruine du trésor; et votre commission les a stigmatisés à toujours, en proclamant que le seul fait de les avoir proposés est *un crime dont le souvenir poursuivra la mémoire de ceux qui l'ont enfanté, quand ils n'existeront plus pour en porter la honte.*

Cependant il y a des lois en France; il y a, dans chaque armée, sous le titre d'intendant en chef, un fonctionnaire chargé de l'exécution de ces lois, et auquel est confié le soin de rédiger, discuter et conclure les marchés; il y a auprès du trône, et à la tête de la hiérarchie militaire, un haut délégué de l'autorité royale, qui, sous le titre de *ministre secrétaire-d'état,* préside à l'administration et à la direction des choses de la guerre. L'intendant en chef, le ministre de la guerre..... où étaient-ils? que faisaient-ils?

L'intendant en chef Sicard avait été amené, c'est à la justice à dire par qui et comment, à abdiquer ses fonctions devant le conseil de Bayonne. Appelé par le choix du roi à l'honneur de conférer des besoins des soldats avec leur auguste généralissime, on ne lui avait même pas permis d'approcher de la personne du prince. C'est lui qui vous le dit, messieurs, dans un mémoire qu'il vous a distribué; et il vous dit aussi qu'on l'a contraint de renoncer à quelques modifications qu'il eut la velléité d'introduire dans les marchés, tant sous le rapport des formes que sous celui du fond; et que des injonctions, faites avec vivacité par des officiers-généraux qu'il nomme et qu'il qualifie, lui ont fait croire que sa responsabilité était dégagée. Il se présente à vous, non pas comme un chef d'administration, mais comme un subalterne. Ce n'est plus l'homme du roi, l'organe de la loi; c'est tout simplement une machine à signer des marchés et des mandats.

Le ministre de la guerre aussi était à Bayonne; mais, à Bayonne, on a fait comme s'il n'y était pas; ses subordonnés, soit officiers-généraux, soit administrateurs, ne se sont pas aperçus de sa présence. Il est probable que tout avait été élaboré de longue main par d'autres que par lui; il est certain que tout s'est accompli sans qu'on ait demandé ses ordres, sans même qu'on ait pris ses avis; et cette irrévérence a été commise, parce que, dès avant le voyage de Bayonne, M. le maréchal duc de Bellune n'était déjà plus ministre que de nom. M. de la Bourdonnaye, messieurs, a déjà fixé votre attention sur cette circonstance; elle est capitale dans la question qui nous occupe.

Oui, messieurs, il est arrivé au milieu des préparatifs et du mouvement d'une guerre si active, que le département ministériel, chargé de pourvoir aux besoins de l'armée, a été comme absorbé dans l'omnipotence du ministre des finances, président du conseil. C'est M. le président du conseil qui a eu la correspondance directe avec le quartier-général ; c'est à M. le président du conseil qu'ont été envoyés immédiatement les marchés de Bayonne. M. le maréchal duc de Bellune, dont la stupeur, causée par l'apparition subite de ces marchés, avait donné sur les lieux une approbation restrictive et conditionnelle, aussitôt après son retour à Paris, s'est prononcé contre ce qui avait été précipité à Bayonne ; il a fait voir que les fonds du trésor et les magasins de l'état étaient mis à la merci d'un spéculateur sans argent et sans crédit ; il a déclaré que le munitionnaire-général gagnerait plus de cent dix mille francs par jour, non compris les bénéfices énormes provenant du rachat des bons, et d'autres opérations illicites ; et les assertions de M. le maréchal recevaient leur démonstration de ce qu'on apprenait de l'armée d'Espagne depuis le passage de la Bidassoa.

On a pris alors en conseil des ministres la résolution de rappeler l'intendant en chef Sicard. On a ordonné de rectifier les marchés du 5 avril ; on l'a ordonné en temps utile, puisqu'il n'y avait pas encore eu d'approbation explicite du gouvernement ; mais les mêmes personnes qui avaient fait ces marchés à Bayonne devaient les réviser à Vittoria. Les articles additionnels du 2 mai confirment et aggravent encore les conditions onéreuses du marché du 5 avril ; et peu de temps après, le nouvel intendant en chef Regnault écrivait au ministre de la guerre qu'il s'était attendu que le marché Ouvrard serait résilié à Paris.

Au fait, messieurs, c'est à Paris, c'est par le conseil des ministres que devait avoir lieu le rejet pur et simple des marchés, et en même temps l'ordre à l'intendance militaire de reprendre immédiatement sa dignité et ses fonctions. Devait-on s'attendre à voir partir de l'armée les plaintes et les accusations contre un système administratif très-vicieux sans doute, mais qui n'empêchait pas les colonnes principales et les détachements de traverser l'Espagne sans frottement, sans désordre, et sans éprouver ni causer aucun des inconvénients qu'amène le manque de subsistances? Et après tout, de quoi autre chose était chargé le prince généralissime, que d'honorer le nom français, de commander le respect des Espagnols, de gagner les cœurs de notre jeune armée, de la préserver d'un contact trop intime avec des alliés peu dignes d'elle, et, avant tout, de vaincre ceux que le roi l'avait envoyé combattre? Cette tâche, confiée à l'héritier du trône, la France et l'Europe savent si elle a été fidèlement remplie.

Quant aux dépenses de la guerre, c'était le trésor public de France qui devait en supporter la charge; c'était donc au ministre chargé de la garde de ce trésor à faire qu'elles ne fussent pas irrégulières et excessives; et ce devoir ne lui était-il pas plus expressément imposé, lorsque ce ministre était en même temps le président du conseil, et lorsqu'en cette qualité il avait effacé le ministre de la guerre, et concentré en ses propres mains la direction du gouvernement tout entier?

M. le comte de Villèle a paru apprécier ce que commandait la supériorité de sa position; et de là est sortie la mission de M. le baron Joinville à Madrid. C'est le moment où achève de s'éclipser l'autorité du ministre de la guerre. Jusque-là elle n'avait été méconnue qu'à huis-clos; la voilà solennellement déclarée absente. Le baron Joinville, dit M. le président du conseil, n'a pas été envoyé en Espagne comme intendant militaire, mais en qualité de commissaire du roi. Sans doute il était commissaire du roi; mais pour quel service? pour le service de la guerre. Aussi le commissaire baron Joinville est-il parti avec une instruction écrite de M. le duc de Bellune; mais il a reconnu que cette instruction était pour la forme, et que, s'il venait à recevoir d'autres ordres de ce ministre, son chef direct, il ne pourrait s'y conformer, attendu que sa mission venait de plus haut.

Et qu'a-t-elle produit cette mission venue de si haut, c'est-à-dire du cabinet de M. le président du conseil? Qu'a-t-elle produit?.... Rien, absolument rien, que des rectifications minimes sur certains points, et la sanction donnée, par ordre positif de M. le comte de Villèle, à tous les désordres antérieurs. Alors plus que jamais le triomphe du munitionnaire-général a été complet; et il se fût prolongé autant que le séjour de nos troupes dans la Péninsule, si lui-même, par des considérations

personnelles qu'il est facile d'expliquer, n'avait dai-
gné répondre aux ouvertures sémi-diplomatiques
qu'on lui faisait de Paris, et permettre qu'on mît
un terme à ce marché provisoire, fait à Bayonne
pour tout le temps que nos troupes occuperaient
l'Espagne. Tel fut le principe de la négociation
qui s'engagea entre le sieur Ouvrard et le président du conseil, négociation dont a résulté la décision ministérielle promulguée le 14 novembre
1823, à Briviesca, sous la forme d'ordonnance du
prince généralissime. En conséquence de cette décision, consentie par le munitionnaire-général, il
a remis son marché le 1ᵉʳ janvier 1824. Le gouvernement l'a remercié pour le zèle et le mérite
avec lesquels le service avait été exécuté, et a renouvelé envers lui l'engagement formel de liquider et solder ses fournitures d'après les prix et les
conditions des traités du 5 avril, et des articles
supplémentaires du 2 mai.

Ici s'ouvre à la discussion une carrière nouvelle. La campagne est finie ; les marchés sont rési-
liés : il faut compter. Le successeur de M. Sicard,
le signataire des articles de Vittoria, l'intendant
Regnault, est nommé liquidateur. Vous vous souvenez, messieurs, du débat auquel donna lieu,
l'année dernière, le fait de cette nomination, nié
par un ministre, affirmé par un autre. Le ministre
de la guerre vous dit cette année que *la mesure
était à la fois de convenance et de raison.* Je suis
loin assurément de partager son opinion ; et je
crois qu'il y aurait motif de déclarer la mesure

peu convenante et peu raisonnable, si elle eût été facultative : mais le choix de M. Regnault était forcé. L'article 11 du marché du 5 avril attribue la liquidation exclusivement à l'intendant en chef ou à son délégué, et autorise le liquidateur *à donner au munitionnaire un quitus définitif.* M. le comte de Villèle nous expliquera sans doute comment le ministre qui cumule dans sa main le département des finances et la présidence du conseil a pu consentir et consacrer, par neuf mois de pleine exécution, une violation si manifeste de toutes les règles de sa comptabilité ; car, vous le savez, messieurs, nos lois ne reconnaissent pour valide que le *quitus* donné à la suite d'un examen fait par la cour des comptes.

Cependant l'indignation publique éclatait de toutes parts au sujet des marchés passés et accomplis pour la subsistance de nos troupes en Espagne. Survint alors la discussion des chambres sur les crédits supplémentaires. Le munitionnaire-général était en instance pour obtenir trois millions sur les onze douzièmes provisoires qui devaient lui être comptés au commencement de chaque mois. Il estimait que le prix de la totalité de ses fournitures montait à la somme de 67,135,995 francs 70 centimes. C'est alors qu'on a suspendu le paiement des sommes déjà ordonnancées en sa faveur. On a soumis la liquidation à deux bureaux ; le premier, dirigé par l'intendant Ballyet ; le second, par le liquidateur en chef Regnault. Les comptes du munitionnaire ont été établis d'office.

Le bureau de l'intendant Ballyet, liquidateur en première instance, a proposé une masse de rejets montant à . . . . 15,702,837^f 90^c;

restait donc. 51,433,157 90;

mais le liquidateur en chef Regnault, prononçant en seconde instance, a présenté, comme susceptible d'être rétablie au crédit du munitionnaire général, une somme de 4,504,359 75.

Il a été payé sur cette somme (y compris 6,326,981 fr. 31 cent. pour valeur de denrées remises des magasins de l'état) 52, 239,639 73;

reste à solder. 3,697,877 82,

et le chiffre de ce solde est incertain; car on ne voit pas, dans le compte rendu par le ministre, ce qui déterminerait à adopter la liquidation Regnault de préférence à la liquidation Ballyet, ou la liquidation Ballyet de préférence à la liquidation Regnault. On se demande quelles peuvent être ces *considérations indépendantes de la validité des pièces*, *qui*, dans le langage ministériel, *justifieraient le rétablissement des créances rejetées*; et d'ailleurs tout demeure dans le provisoire et dans le vague, puisque le ministre fait la réserve expresse d'une dernière révision à opérer dans ses bureaux, révision qui seule aurait le caractère de liquidation définitive.

Messieurs, le premier à cette tribune j'ai provoqué la vindicte publique contre les marchés

Ouvrard; et sur ce point, le travail de la commission d'enquête s'est trouvé n'être que le lumineux développement des faits que j'avais énoncés. Le premier à cette tribune j'appellerai l'attention de la chambre sur un autre système d'injustices où le ministère nous entraîne, et dont les conséquences doivent être funestes, non moins à la morale publique qu'au crédit du gouvernement.

Lorsque, en 1823, il n'était bruit que des gains énormes qui se faisaient en Espagne au détriment du trésor de France : « Ce qu'Ouvrard gagne d'un « côté, disait M. le président du conseil, il le perd « de l'autre en jouant sur la rente. » Ce genre de compensation n'a plus suffi en 1824. Une liquidation rigoureuse, et que je crois équitable, celle qui a été faite en première instance, a tenté de réparer autant que possible le dommage fait à la fortune publique par les marchés de Bayonne et de Vittoria ; elle a refusé l'allocation des dépenses qui ont paru n'avoir pas été faites ou être mal justifiées. Rien de plus louable sans doute : mais à chaque prétention repoussée s'élève un débat entre le liquidateur et le liquidé. Dans ce débat sans cesse renouvelé, qui sera le juge ? qui prononcera ?

Le gouvernement dit : « Ce sera le conseil d'é-« tat ; ainsi le veulent nos coutumes et nos traditions « administratives. » Le munitionnaire répond aux ministres : « Ce seront des arbitres ; ainsi le veut « l'article 15 de mon traité ; et ce traité vous l'avez « approuvé, vous l'avez exécuté, et même vous

« avez solennellement confirmé l'arbitrage dans
« l'ordonnance de Briviesca. Si vous jugiez cette
« clause contraire aux lois et aux intérêts du pays,
« c'est à Bayonne, c'est à Vittoria qu'il fallait le
« dire. Je vous ai proposé et non imposé mes con-
« ditions. Je n'ai pas caché mon nom; vous saviez
« mes précédents. J'avais des motifs pour décliner
« la juridiction de votre conseil d'état, et ces mo-
« tifs je les ai fait connaître. L'état a contracté avec
« moi, simple particulier, comme un particulier.
« La convention qui nous lie fut libre et synallag-
« matique. Vous la violez et vous exercez un acte
« de tyrannie, lorsque, vous constituant juges
« dans votre propre cause, vous invoquez contre
« moi d'autres lois que la loi du contrat. »

Je ne sais, en vérité, ce qu'on peut raisonnablement objecter à l'argumentation du munitionnaire;
et c'est bien là un exemple du dédale d'erreurs et
d'iniquités dans lequel un premier méfait entraîne
les gouvernements. J'ai pour mon compte la ferme
croyance qu'on ne fait qu'empêcher le sieur Ouvrard de prendre le bien d'autrui : mais jusqu'à ce
que l'autorité judiciaire ait prononcé entre les prétentions ministérielles et ses réclamations, il aura
le droit de vous demander si c'est sa réputation
ou son marché qui est à liquider; et les amis de
la justice élèveront aussi la voix pour vous dire
que vous devez éloigner le soupçon d'avoir cherché à récupérer, en 1824, par des rigueurs spo-
liatrices, quelques parcelles des trésors qu'ont dé-
vorées les prodigalités criminelles de 1823, et que,

parce qu'on a mis alors un traitant en position de rançonner régulièrement et légalement le trésor, ce serait descendre à son niveau que de vouloir aujourd'hui, sans règle et sans jugement, le rançonner à son tour.

Et si le personnage, principal intéressé dans cette discussion, éloigne, repousse, rend impossible notre bienveillance, n'en devons-nous pas à ces négociants espagnols qui ont sous-traité avec lui et qui ont nourri effectivement nos troupes sur la terre étrangère? Atteints d'un côté par les fraudes du sieur Ouvrard, de l'autre par la répercussion d'une liquidation arbitraire, ils vous disent: « Comment n'aurions-nous pas traité avec celui que « le gouvernement français nous présentait investi « de toute sa confiance? Comment n'aurions-nous « pas traité, lorsque la proclamation du prince « généralissime nous promettait que tout ce que « nous fournirions à l'armée serait payé avec une « religieuse exactitude? » Ils vous supplient de les reconnaître créanciers directs de l'état; et c'est leur droit garanti, et par le décret de Posen du 6 décembre 1806, qui fait législation dans la matière, et par les engagements particuliers que l'autorité française en Espagne a pris récemment avec eux. Ce décret et ces engagements, il n'en est rien dit dans l'exposé des comptes qui vous sont présentés. Dès-lors les sous-traitants sont menacés d'une ruine complète; et ne vous étonnez pas s'ils accourent à vous en criant: *Justice et miséricorde!*

Comment se fait-il, messieurs, que le rapport

de votre commission ne fasse mention ni des épisodes extraordinaires de la liquidation, ni des indemnités demandées par plusieurs compagnies, ni surtout des justes et pressantes réclamations des sous-traitants? Comment se fait-il que votre commission ait craint d'aborder la responsabilité ministérielle, qui cependant domine et embrasse tout entière la question qui nous occupe? Comment se fait-il, lorsque la justice est saisie, lorsque les accusés sont devant les tribunaux, lorsque l'instruction peut atteindre d'autres accusés, réparer des erreurs et dévoiler des crimes, comment se fait-il qu'on vous propose de prendre une résolution absolue et définitive sur des chiffres qui vous sont présentés comme provisoires, et sur des faits qui restent incertains jusqu'à jugement?

Et quand même le défaut de preuves matérielles étoufferait l'action judiciaire, quand même tout cet éclat n'aboutirait, comme il est très-probable, qu'à la punition administrative de tel agent qui n'eût été qu'incapable et absurde, tandis que l'impuissance de la justice accorderait l'impunité à des coupables d'une autre catégorie, n'était-ce pas la charge de votre commission, qui a signalé ces coupables avec tant d'énergie, de motiver davantage sa patriotique indignation, en vous rappelant tant de scandales articulés et prouvés, soit dans les pièces justificatives rassemblées par la commission d'enquête, soit dans les autres documents fournis par les parties intéressées? Ne devait-elle pas mettre en évidence comme quoi des militaires, envoyés pour combattre, se sont transformés en conseillers administratifs et en commissaires aux marchés; comme quoi l'autorité, qui s'est mise aux lieux et place de l'intendance, n'a cependant pas dressé les actes conservatoires, ni suivi les formes régulatrices auxquelles l'intendance est assujétie; comme quoi une protection de tous les moments a pour ainsi dire pris le sieur Ouvrard par la main, et se flattait de conduire au port sa lucrative entreprise, exempte de toute avarie?... Et votre délicatesse serait péniblement affectée en pensant que des abus de pouvoir ont été commis, et que la corruption aurait pu germer là où une confiance auguste et un illustre exemple n'eussent dû faire éclore que des sentiments généreux!

Remontant ensuite des instruments secondaires du désordre à ceux qui, par action ou par omission, en sont les principaux auteurs, et que la charte oblige à vous en donner réparation, la commission n'eût-elle pas dû demander compte du choix bizarre de l'intendant en chef, et s'enquérir qui a suggéré ce choix et dicté à M. Sicard ses indications prévues sur la nécessité d'une entreprise générale, et si ce ne sont pas ceux-là mêmes qui voulaient bâtir sur son incapacité l'édifice de leurs rapines?

Et comment a-t-on pu ignorer que le sieur Dubrac, qui avait traité à Paris pour le service de la viande, n'était que le prête-nom du sieur Ouvrard? Et pourquoi n'a-t-on pas éloigné les traitants de l'armée par des ordres précis, si tant est qu'on eût fermement résolu de faire le service par les moyens directs du gouvernement? Et lorsque plus tard le ministre de la guerre a protesté avec force et persistance contre le pillage de la fortune publique, s'il a fait assez pour constater la pureté de ses intentions et la loyauté de son zèle, a-t-il pour cela rempli tous ses devoirs envers le roi et le pays? Devait-il rester ministre de la guerre, lorsque son autorité était impunément méconnue par ses subordonnés de toutes les hiérarchies; lorsque son nom et sa responsabilité allaient se trouver engagés par des actes d'un intendant militaire, commissaire royal, son agent en apparence, et en réalité l'agent du président du conseil; lorsqu'il était dépouillé par son collègue, tacitement d'abord et ensuite publiquement, des attributions dont le libre exercice pouvait seul garantir le bien du service et l'exécution des lois?

Et vous, messieurs, il vous appartient, dans l'ordre de votre juridiction constitutionnelle, de déterminer si un ministre du roi, revêtu des signes extérieurs de la confiance de sa majesté, peut être révoqué de fait sans l'avoir été de droit; si la responsabilité ministérielle, qui est votre apanage et le patrimoine de la France, peut devenir errante au gré de je ne sais quel pouvoir occulte; et si, au défaut du ministre secrétaire d'état du département, elle ne doit pas peser tout entière sur la tête du ministre accapareur de toutes les influences et de tous les pouvoirs.

Votre commission vous dit, dans son rapport, qu'arrêter les comptes ce n'est pas les approuver.

Cette distinction subtile dépasse, je vous l'avoue, la portée de mon intelligence. Je relis le projet de loi qui vous est soumis, et je vois à l'article 4 : *Les crédits du budget de 1823 sont définitivement fixés à la somme de* 1,118,025,162 *francs.* Or, messieurs, qui dit *définitif* entend qu'il n'y a plus à y revenir. Ainsi, en adoptant la proposition de votre commission, vous mettriez au néant les droits des tiers ; vous vous priveriez de la faculté de réparer les désordres que la justice est appelée à constater ; vous sanctionneriez irrévocablement des dispositions qui, par la volonté des ministres, par la force des choses, et malgré votre arrêté, resteraient révocables.

De plus hautes obligations, messieurs, vous sont imposées ; et pour les remplir, c'est votre devoir d'attendre la décision de la cour royale de Paris ; et quel que soit le prononcé de cette cour, ce sera encore votre devoir de reporter sur les ministres l'enquête qu'ils ont cru ne diriger que contre leurs agents. Le roi et la France ne veulent pas que la vengeance des lois s'exhale en vaines paroles. Vous devez la justice à tous ; vous la devez complète et sans ménagements : d'une part, afin que les hommes de bonne foi ne craignent pas de se commettre dans des transactions avec l'état ; et, d'une autre part, afin qu'une terreur salutaire pénètre jusqu'au fond de l'ame de ceux qui seraient tentés, à l'avenir, de se faire les associés ou les patrons de la friponnerie et du brigandage.

Je demande que l'arrêté des comptes de la guerre soit ajourné à l'année prochaine.

SUR LES CRÉDITS SUPPLÉMENTAIRES
DU BUDGET DE 1824.

SÉANCE DU 2 MAI 1825.

M. Casimir Perrier demandait la parole; mais plusieurs membres réclamaient la clôture de la discussion.

On veut empêcher l'orateur de parler, lorsqu'on demande un crédit supplémentaire de trente-quatre millions. Comment! vous ne vous apercevez pas qu'après avoir voté près d'un milliard pour les dépenses de 1824, on vient aujourd'hui, sans motif aucun, vous demander trente-quatre millions de plus? Je dis sans motif aucun, parce que la commission n'en a pas donné. Et vous, vous voulez empêcher l'orateur de parler!

Le gouvernement nous demande trente-quatre millions de crédit supplémentaire. Dans ces trente-quatre millions, le ministère de la guerre figure pour vingt-neuf millions. Le service intérieur de la guerre est compris dans cette somme pour une augmentation de huit millions, et le service extérieur en Espagne pour vingt-un millions.

On vous demande huit millions de plus pour le service intérieur. Quel motif vous en donne-t-on? On vous dit que l'effectif de l'armée a été plus con-

sidérable en 1824 qu'on ne l'avait prévu : mais on
ne se rappelle donc pas que le budget de 1824 a
été fait au milieu de l'année 1823 ; et que, dans
une juste prévoyance de l'avenir, on avait basé la
dépense sur un effectif plus fort que celui de 1823,
savoir sur dix-huit mille hommes et deux mille chevaux de plus ? On nous dit qu'il y a eu trop de soldats et trop de chevaux ; et cependant on a conti-
nué l'enrôlement volontaire pendant l'année 1824,
et l'on a acheté pour 275,000 francs de chevaux
en Espagne. Je sais qu'on me répondra que ce n'é-
tait pas en Espagne, mais en France, que nous
avions trop de chevaux. Mais alors pourquoi, lorsque la plus grande partie de la cavalerie est ren-
trée en France, n'avoir pas laissé les chevaux dans
les régiments qui restaient en Espagne ?

Enfin, pour raison principale de cette augmentation de dépenses, on nous donne le service des
hôpitaux. Mais qui ignore, messieurs, que la dépense des hôpitaux est moindre dans une armée
qui est en campagne, qui vit bien et qui n'a pas de
grandes fatigues, que dans une armée qui se repose dans les casernes : il y a certainement moins
de malades dans le régime de campagne modéré
que dans le régime monastique des casernes ; et
c'est pour cela qu'on recommande si fort, dans
l'intérêt de la santé des troupes, les marches militaires, les grandes manœuvres et les camps d'exercices.

J'ai donc lieu de m'étonner de ce supplément
de dépenses dont je n'aperçois pas la cause.

Mais il y a plus : le service intérieur militaire de la France, en 1824, offrait, non pas une cause de dépenses, mais une cause de recettes. Vous aviez acheté en 1823 un matériel énorme ; vous aviez rempli vos arsenaux et vos magasins. L'exposé des comptes dit qu'il vous reste pour dix-huit millions en effets d'équipement, en vivres, en objets d'artillerie et de toute espèce. Ainsi, au lieu d'un supplément de crédit de huit millions, nous devions croire qu'on nous proposerait, pour 1824, une annulation de crédit de dix-huit millions. Il me semble que cela est clairement indiqué.

On vous demande en outre vingt-un millions pour le service extérieur. Ce service est celui de l'occupation de l'Espagne : ainsi vingt-un millions représentent la différence entre ce que coûteraient vos troupes en France et ce qu'elles coûtent réellement en Espagne. Or, l'armée d'occupation est de quarante-trois mille hommes ; de sorte que ces quarante-trois mille hommes, par le fait qu'ils sont en Espagne, coûtent vingt-un millions de plus par an. J'avoue que cela me paraît d'une telle énormité, d'une telle absurdité, que je ne puis le concevoir. Par exemple, je trouve une dépense de près de deux millions pour l'état-major général : cependant il n'y a pas de maréchaux, il n'y a pas de grand commandement, de grand quartier-général ; je ne vois dans la Péninsule que des garnisons de quelques mille hommes disséminées sur divers points.

On cherche à motiver l'augmentation par le haut

prix des vivres. Mais, en général, les vivres sont à meilleur marché en Espagne qu'en France : le vin est pour rien ; la viande coûte peu ; le pain n'est pas plus cher qu'en France. Je ne puis donc concevoir sur quoi repose cette augmentation de vingt-un millions.

On nous dit qu'en vertu d'une convention, faite avec l'Espagne, ces vingt-un millions nous reviendront. Il me semble que, d'après cette convention, on devait nous rembourser, par mois, au fur et à mesure des dépenses. Je n'ai pas sous les yeux la convention ; mais, ce que je vois, c'est que nous faisons la dépense, et qu'on ne nous la rembourse pas. Ainsi cela va grossir la dette des trente-quatre millions. Elle ne tardera pas à être portée à soixante-douze millions : car, outre l'entretien des troupes, nous faisons encore en Espagne des dépenses spéciales, et qui ne sont produites que pour l'Espagne elle-même ; ainsi nous réparons des casernes, nous élevons des fortifications, nous formons des approvisionnements, toutes choses qui resteront dans le pays, et dont la dépense devra nous être remboursée.

Messieurs, tout cela nous ramènerait à une question politique que je ne veux pas traiter. A quoi bon occuper l'Espagne ? De quelle utilité cette occupation est-elle pour la France ou pour l'Espagne ? Pour la France, je vois qu'elle nous coûte beaucoup d'argent. Pour l'Espagne, je lis dans les gazettes d'aujourd'hui qu'au départ des troupes françaises de Vittoria, le peuple, par un mouvement *patriotique*, s'est porté aux casernes, les a brûlées, et a pillé la maison d'un limonadier chez lequel se réunissaient les officiers français.

Ainsi, sous quelque rapport que ce soit, l'excédant de crédit demandé ne peut être justifié. La dépense extraordinaire du service extérieur ne devrait pas s'élever à vingt-un millions; j'ai fait voir, par quelques rapprochements, qu'elle devait être bien moindre. Quant au service intérieur, ce n'est pas un supplément de crédit auquel on devrait avoir recours en 1825, mais une annulation de crédit de dix-huit millions qu'on devrait nous proposer en 1826.

Je vote contre l'allocation demandée.

MINISTÈRE DES AFFAIRES ÉTRANGÈRES.

SÉANCE DU 10 MAI 1825.

Le budget du ministère des affaires étrangères vous est présenté cette année avec une augmentation de 585,000 francs sur les budgets des années précédentes. Cet accroissement de dépense répond-il à l'extension qui aurait été donnée à nos relations avec les étrangers? Est-il l'effet ou le symptôme de l'agrandissement de notre influence au-dehors? Ce sont là des questions qu'il importerait de creuser à fond; mais le temps manque seulement pour les explorer, et je me bornerai, messieurs, à appeler votre attention sur deux faits politiques qui tiennent les esprits en suspens, et compromettent gravement les intérêts de notre pays.

Dès la session de 1819, le gouvernement a demandé et les chambres ont accordé des fonds pour l'établissement de consulats dans l'Amérique méridionale. Alors il y avait encore une Espagne sur le continent de l'Europe; alors la cour de Madrid pouvait faire et faisait en effet des sacrifices d'hommes et d'argent pour reconquérir une domination usée; alors son vaste empire colonial ne lui avait pas échappé tout entier, et il restait par-delà les mers des points de ralliement et de résistance pour les partisans de la métropole. Cependant notre gouvernement ne craignait pas d'encourager et de légitimer les rapports que le commerce français pourrait ouvrir avec des peuples qui n'avaient pas achevé le grand œuvre de leur émancipation. Le ministre de la marine donnait l'assurance que là, comme ailleurs, nos vaisseaux marchands trouveraient, de la part des escadres du roi, appui constant et défense au besoin. Fallait-il davantage pour diriger l'ardeur des Français vers une carrière nouvelle, si utile dès à présent, et si riche d'avenir? Les peuples d'ailleurs nous appelaient à eux; ils nous appelaient à cause de la conformité de religion et de quelque sympathie dans les habitudes; ils nous appelaient par une prédilection marquée pour notre langue, notre littérature et nos arts; ils nous appelaient par l'instinct d'une civilisation moulée sur notre propre civilisation.

L'appel a été entendu; quelques expéditions sont

30.

sorties de nos ports, et particulièrement de Bordeaux et du Hâvre. On assure que, pendant l'année 1824, nous avons exporté, pour les différentes parties de l'Amérique méridionale, en produits de notre agriculture et de notre industrie, le triple des quantités de même nature que consomment annuellement nos possessions coloniales.

Ces rapports, si rapidement saisis, eussent été plus multipliés, et surtout, eussent donné des profits plus considérables, si notre commerce, rencontrant partout une faveur égale à celle dont jouissent les autres étrangers, eût été assuré de la promptitude du débit et de la facilité des retours. Mais il en est arrivé autrement; la protection royale a manqué dans les contrées lointaines aux sujets du roi de France. C'est tout au plus si de loin en loin on aperçoit une frégate française sur les mers de l'Amérique. Les consulats, pour lesquels les fonds étaient votés depuis si long-temps, n'ont pas été établis. Les relations que notre cabinet avait paru empressé de former avec des états naissants et combattants, il a dédaigné de les entretenir avec les mêmes états affermis par la victoire. Si des agents français y ont fait une courte apparition, on ignore avec quel caractère, on ignore avec quelles instructions ils ont été envoyés. Tout ce qu'on a su de leur mission, c'est par un des gouvernements américains qu'on l'a appris, ce gouvernement ayant déclaré en dernier lieu, dans un document public, que la conduite de nos agents avait été *suspecte et perfide*.

Et cependant l'Angleterre s'est hâtée de reconnaître l'indépendance de la Colombie, du Mexique et des provinces de Rio de la Plata; l'Angleterre s'est unie avec ces républiques par des liens réciproquement utiles et réciproquement honorables; l'Angleterre a acclimaté au milieu d'elles son industrie, ses arts, sa civilisation; l'Angleterre, en un mot, y a pris notre place; et dans ce mouvement social qui rapproche tous les peuples, multiplie leurs rapports, élève leur puisssance et accroît leur bonheur, la France, hors d'état de lutter à la fois contre les erreurs de son propre gouvernement et contre une concurrence extérieure si redoutable par elle-même, la France court le risque d'être mise hors du marché des nations.

Ce récit affligeant, ce n'est pas moi qui en suis l'auteur : ce sont les négociants de Paris dont je ne fais que redire les doléances consignées dans une adresse respectueuse mise sous les yeux de S. M.; ce sont eux, ce sont toutes les chambres de commerce de France qui réclament à haute voix la protection royale; ce sont tous ceux qui travaillent et qui produisent...... Et lorsqu'un vœu si unanime, si national, est émis par ses organes naturels, où est donc la volonté plus active et plus puissante qui nous impose une absurde et ruineuse politique?

Serait-elle dans nos rapports actuels avec l'Espagne? Eh! bon Dieu! n'est-ce donc pas asssez de prêter nos soldats à ce triste gouvernement, et de

lui prodiguer nos trésors, sans encore lui sacrifier les
intérêts de notre agriculture et de notre industrie ?
Serait-elle dans l'influence de ces puissances continentales dont on dit que nous sommes les alliés ?
Eh ! n'est-ce pas chose déplorable, lorsque pendant un an nous avons tenu une grande armée en
campagne, et lorsqu'aujourd'hui encore nous sup-
portons la charge de la police à faire hors de notre
territoire ; n'est-ce pas chose déplorable que nous
en soyons plus mal rétribués que ceux qui n'ont
ni armé, ni combattu ?

Car, je vous le demande, messieurs, où sont,
pour la France, les profits qui la dédommagent
des frais de la guerre et de l'occupation ? Qu'a-t-on
fait de l'ascendant réparateur que la victoire avait
acquis à notre diplomatie ? L'expédition de la Péninsule a été entreprise dans l'intérêt commun des
souverains de l'Europe. Nos ministres ont-ils fait
valoir convenablement le service rendu à tous ?
Ont-ils seulement songé à réclamer, en compensation de ce service, la restitution de nos forteresses de Sarrelouis et de Landau, que Louis XIV a
bâties, qui faisaient partie du royaume de Louis XVI,
et qui s'étonnent d'être possédées par d'autres que
par un Bourbon.

Vainqueurs en Espagne, sommes-nous parvenus
à atteindre le Portugal par notre influence, le Portugal qui, séparé de ses colonies, n'est qu'un appendice de l'Espagne ; le Portugal, dont la politique
roulait, pour ainsi dire, dans le cercle de nos opérations militaires ? On parle de drapeaux qui flot-

tent en Europe, et sous la protection desquels se réfugient, soit les prétentions des oppresseurs, soit les espérances des opprimés : entendons-nous dire que l'un de ces drapeaux soit le drapeau de la France ?

Hier encore, le ministre principal d'une puissance étrangère (M. de Metternich) était à Paris. Que de mouvement sa présence a excité dans les esprits ! comme ses démarches ont été observées ! avec quelle avidité ses moindres paroles ont été recueillies !........ Ce fut d'abord le bruit courant qu'il venait, non pas demander, mais commander notre neutralité lors de l'exécution des projets hostiles de sa cour contre la Grèce ; et la France en a frémi, parce que les victoires des Grecs sont nos victoires ; parce que leur désastre serait notre désastre ; parce que tous les cœurs français palpitent pour la cause sacrée de la religion, de la liberté et des beaux souvenirs.

On a dit ensuite que le voyage du ministre autrichien avait un objet moins spécial, moins diplomatique, et qui attaquait d'une manière plus directe nos droits et nos libertés. Suivant cette version, les rois de la sainte-alliance ne pourraient supporter plus long-temps chez un de leurs confédérés l'existence d'un gouvernement discordant avec les principes qui les unissent. Ardents, comme ils le sont, à étouffer dans leurs états tout ce qui ressemble à la publicité, se résigneraient-ils à endurer l'éclat de ces tribunes législatives qui retentissent jusqu'aux extrémités du monde ? C'était

donc contre notre tribune que le ministre serait
venu protester! et comme un pareil bouleversement n'est pas de nature à être opéré en un jour,
il se serait contenté, en attendant mieux, d'empor-
ter la promesse que la liberté de la presse sera
bientôt suspendue, et plus tard anéantie.

Ce sont là, dira-t-on, de vaines et calomnieuses
rumeurs. Je veux bien le croire, messieurs, et en
vérité elles sont par trop injurieuses à la dignité
de la France, et d'ailleurs elles portent en elles-
mêmes une empreinte de ridicule, propre à frapper vivement ceux qui ont eu l'occasion d'apprécier l'incontestable supériorité de la puissance
française sur celle du pays auquel appartient le
haut personnage diplomatique. Mais enfin les bruits
que je rapporte ont circulé dans Paris; ils ont gagné les provinces; ils sont écrits dans les gazettes
étrangères; ils reçoivent même une certaine con-
sistance des opinions émises par les organes du
gouvernement, et hier encore par M. le garde-des-
sceaux, sur la prétendue insuffisance de notre législation dans la matière. Je ne doute donc pas que
M. le président du conseil ne juge convenable de
les démentir d'une manière formelle, en déclarant
que la liberté de la presse sera conservée à la
France; à la France qui la chérit, et comme une
de ses plus précieuses institutions, et comme le
premier bienfait du règne de son auguste monarque.

Je crois, messieurs, que cette garantie est nécessaire, ne fût-ce que pour abattre l'insolence

des étrangers qui affecteraient la domination dans nos conseils. Je crois aussi qu'il importe à la prospérité de notre pays que de promptes et efficaces mesures soient prises par le gouvernement du roi pour que le commerce français trouve sur le continent d'Amérique, et partout ailleurs, les avantages auxquels il a droit de prétendre. Ce n'est qu'autant que satisfaction complète sera donnée aux intérêts nationaux sur ces deux points, que je me déciderai à voter l'allocation supplémentaire de 585,000 francs, demandée cette année pour le ministère des affaires étrangères.

MINISTÈRE DE LA GUERRE.

SÉANCE DU 16 MAI 1825.

Une mesure acerbe, injuste, impolitique, je dirais même subversive de l'honneur des armes, a été prise en dernier lieu dans le département de la guerre. On a annoncé à cent cinquante officiers-généraux de notre vieille armée, le 2 décembre, jour anniversaire de la bataille d'Austerlitz, qu'ils avaient cessé de faire partie de l'armée française.

La mesure est acerbe. Et en effet, quoi de plus déchirant pour des hommes honorables que d'être frappés du même coup dans leur considération sociale et dans leurs moyens d'existence? J'ai été le témoin de leur douleur et de leur désespoir. Je

les ai vus, je les vois tous les jours retirant leurs
enfants des maisons d'éducation où ils ne peuvent
plus les entretenir, cherchant pour eux-mêmes des
lieux écartés où ils cachent leur changement de
fortune et la misère de leurs familles, rompant leurs
anciennes liaisons, défaisant leur vie, forcés de
descendre brusquement dans les habitudes d'une
position inférieure. Et cette détresse n'est pas venue les assaillir le jour ou le lendemain du désastre
de nos armées; elle ne leur a pas été immédiatement apportée par la vengeance d'un vainqueur
impitoyable. C'est un coup de canon échappé de
Waterloo; mais un coup de canon qui arrive au
but dix ans après la bataille, dix ans après la proclamation auguste de l'union et de l'oubli.

La mesure est injuste. Et qu'on ne dise pas que
les officiers-généraux frappés l'ont été par la loi.
La loi des retraites a été faite en faveur des militaires fatigués, auxquels elle accorde le prix de
leurs services, et non pas au détriment des militaires valides, qu'elle condamnerait à un repos
prématuré. La loi n'a pu vouloir, la loi n'a pas
voulu qu'on renversât un homme de guerre du
plus haut échelon de la hiérarchie militaire, lorsqu'à peine il a eu le temps d'y monter en passant
dans chaque grade le temps fixé par cette même
loi. La loi française n'a pas dit à l'Europe qu'un
lieutenant-général des armées du roi de France est
inhabile au commandement parce qu'il a trente
ans de service. Et cette limite des trente ans de
service, les officiers-généraux qu'on renvoie et ceux

qu'on conserve l'ont presque tous également dé-
passée. Est-ce les moins capables qu'on a voulu
exclure? Eh! messieurs, cinq cents champs de bataille dans les quatre parties du monde diraient ce
qu'ils ont fait, s'il était un Français qui pût l'ignorer.
Est-ce les plus vieux? J'ouvre la liste et j'y vois
inscrit le premier dans l'ordre alphabétique un
lieutenant-général qui n'a pas quarante-sept ans et
qui est dans la vigueur de la jeunesse, et d'autres
après lui qui ont cinquante, cinquante-deux, cin-
quante-quatre ans; et parmi les conservés, je vois
des infirmes, des hommes peu accoutumés à la vie
des camps, et beaucoup de sexagénaires.

Pour épargner ceux-ci et pour atteindre les autres, quel mode a-t-on donc suivi? Dans quelle
balance a-t-on pesé les mérites et les droits de
chacun? *Je renverrai*, a dit le ministre, *d'abord
ceux qui n'ont pas été employés depuis la paix, ensuite ceux qui ont été employés rarement.* Et pourquoi ne les avez-vous pas employés? Tous n'étaient-
ils pas également disponibles? Tous n'attendaient-ils
pas également les ordres du roi? Tous ne possé-
daient-ils pas, et la plupart d'entre eux au suprême
degré, les hautes facultés nécessaires pour les exécuter avec profit pour le service, avec éclat pour
le nom français?

La mesure est impolitique. Votre délicatesse, messieurs, vous le dira avec plus d'énergie que ne feraient mes discours. Charles X venait de monter sur
le trône; il était entré dans Paris entouré de ses officiers-généraux; il les avait enivrés de ses bienveil-

lantes paroles. Le cri de *vive le roi!* était dans toutes les bouches ; les ministres ont voulu l'étouffer.

Ceux que le souverain honorait, les ministres les ont ruinés et dégradés ; ils ont porté une mort anticipée aux hommes que la charte avait placés sur les marches du trône, et dont la bonté royale paraissait vouloir embellir et relever l'existence.

La mesure est subversive de la carrière militaire, et même attentatoire à l'honneur des guerriers. Ici, messieurs, ce n'est pas un acte isolé qu'il faut prendre en considération. Le chemin de l'arbitraire est tracé ; ce qui se fait aujourd'hui contre les uns recommencera demain contre les autres. Tous les officiers-généraux de l'ancienne armée sont du même âge, et leurs anciens services sont classés dans la même catégorie. Et si l'on est condamné dans les grades de lieutenant-général et de maréchal-de-camp à perdre son état à quarante-six ans, que fera-t-on des colonels de quarante ? que deviendront les grades inférieurs, encore plus menacés ? Qu'est-ce donc qu'un métier dans lequel on entre forcément, où l'on n'arrive aux premiers grades qu'à force de travaux, de fatigues, de blessures, en perçant la foule à travers les cadavres, et où, lorsqu'on y est parvenu, on n'est pas assuré de conserver quarante-huit heures son existence ?

Voyez autour de vous, messieurs, ce mouvement d'enrichissement et d'amélioration qui transporte toutes les classes actives de la société ; voyez comme chacun dans sa sphère augmente rapidement son avoir et ses jouissances. Au milieu de ce tourbillon, la position de l'armée est stationnaire ; les appointements, les traitements d'activité, les pensions de retraite, tout reste pour les militaires comme il y a cinquante ans. Puisqu'ils ne participent pas à l'accroissement de la richesse sociale, qu'ils en soient au moins dédommagés par la sécurité, par la stabilité, par la considération publique; qu'on leur permette de recueillir dans la maturité le prix des sacrifices imposés à leur jeunesse; qu'on leur conserve les droits de leur grade aussi long-temps qu'ils peuvent en exercer les fonctions. Ce grade est leur propriété consacrée par les lois : faites donc qu'on la respecte à l'égal des autres propriétés. Il y va, messieurs, de l'honneur des armes, et du destin des empires.

Quels motifs si puissants ont pu déterminer le gouvernement du roi à entrer dans cette voie nouvelle de désordres? Le vœu des chambres, dira-t-on? Mais n'avez-vous pas entendu, messieurs, à la session dernière, les députés qui insistaient le plus vivement sur un supplément de secours à accorder aux Vendéens demander en même temps et avec la même insistance qu'on se gardât bien de prendre ce supplément sur la solde des officiers-généraux, et s'indigner d'avance d'un revirement d'allocation qui aurait paru transférer aux uns la dépouille des autres? L'économie, dira-t-on encore? En vérité, messieurs, l'année est bien choisie pour parler d'économie ! Pensez donc que la deux millième partie, oui, messieurs, la deux millième partie du fonds consacré à l'indemnité eût suffi et au-delà pour couvrir la dépense que le ministre dit avoir supprimée.

Et cette dépense, qui était de justice étroite, croyez-vous qu'il ne se soit pas présenté aussitôt quelques abus pour la remplacer? Les économies sont-elles possibles dans le budget envahisseur qui consomme à lui seul la moitié du revenu disponible de l'état, qui ne vous tient aucun compte des profits que devrait procurer la disparition successive des surcharges imposées au trésor par les entreprises colossales du gouvernement précédent, et qui, lorsqu'il augmente le service d'un, ne manque jamais d'augmenter la dépense de quatre? Demandez à votre commission quelles réductions vous devez attendre d'une branche de l'administration qui, depuis 1821, a grossi sa dotation annuelle de 29 millions, non compris l'extraordinaire et les suppléments de crédits; voyez, non pas seulement les sommes énormes qu'elle a dépensées, mais la manière dont elle les a dépensées; voyez combien a été affecté au matériel, combien au personnel, et dans le personnel, combien au personnel administratif, combien au personnel combattant, et dans le personnel combattant, combien aux officiers, combien aux soldats: et il vous sera facile de reconnaître jusqu'à quel point les fonds ont été absorbés par un service réel, et si la consommation a été productive de force et de puissance.

L'effectif de l'armée que la France entretiendra en 1826 ne diffère de celui qui a servi de base aux évaluations de 1825, que par une augmentation de trente-trois hommes et une réduction de vingt-un chevaux : c'est donc le même service pour les deux années. Hé bien ! messieurs, après que l'économie a servi de prétexte à l'odieuse mesure du renvoi des généraux, voulez-vous savoir ce que vous demande encore le ministre ? Ouvrez le budget; lisez le chapitre de la solde, celui auquel se rapporte le sujet que je traite en ce moment, et vous y verrez que ce chapitre ne présente de diminution que pour une somme de 300,000 fr. Or, cette somme de 300,000 fr. est plus que doublée par l'excédant des charges que supportera la caisse des pensions pour payer les retraites aux officiers-généraux renvoyés. Le trésor se trouve donc réellement en avance, sur ce seul objet, de plus de 300,000 fr. Voilà, messieurs, des économies comme en fait l'administration de la guerre.

Ce n'est pas tout. La totalité de son budget de 1826 dépasse d'une somme beaucoup plus considérable le budget de 1825. En effet, la différence des chiffres est en plus, pour le budget en discussion, de. . . . . 5,000,000 f.

Retirez-en les suppléments coloniaux, montant à. 3,154,000

il restera. 1,846,000

Ajoutant à ce reste le résultat présumé des extinctions dans les demi-soldes et les réformes. 306,000

vous aurez pour l'augmentation définitive. 2,152,000

Et croyez-vous, messieurs, que les contribuables en seront quittes pour deux millions de plus tous les ans? Gardez-vous de l'espérer. Qu'ils sachent bien que, plus que jamais, la résignation leur est nécessaire; car ils ne font qu'entrer dans la carrière des sacrifices. Une ère nouvelle commence dans l'administration de la guerre. Son budget coûte aujourd'hui 195 millions, il coûtera bientôt 250 millions, si l'on donne au ministre le temps et la facilité de mettre à exécution ses projets, tels qu'il les a exposés dans le rapport au roi qui vous a été communiqué. Je ne sais, messieurs, si les autres ministres, si vous-mêmes avez étudié ce rapport, si extraordinaire, si menaçant pour la fortune publique : il doit fixer votre plus sérieuse attention.

Le système du ministre, en ce qui concerne le personnel, est fondé sur le principe qu'il convient d'entretenir au sein de la paix la plus profonde les cadres des corps de troupes qu'on pourrait être obligé de mettre sur pied pendant la guerre la plus active; et non pas seulement les cadres des régiments, mais encore les cadres des bataillons et des escadrons, voire même les cadres des compagnies : de sorte que, la gêne des finances nous obligeât-elle à restreindre l'état militaire de France à cent vingt mille hommes, il n'en faudrait pas moins payer le même nombre d'officiers, de sous-officiers, d'intendants, d'employés, et les mêmes frais généraux de commandements et d'administration, ni plus ni moins que si nous avions quatre à cinq cent mille soldats sous les armes.

Aujourd'hui, par exemple, on vient de terminer la guerre d'Espagne. Pour faire cette guerre
avec succès, on avait cru devoir augmenter le
nombre des régiments, des bataillons, des escadrons. La paix est faite; l'effectif de l'armée se
trouve diminué de vingt-deux mille hommes dans
l'espace de temps écoulé de 1823 à 1825. Vous
supposez qu'on va réduire les cadres dans la même
proportion, et que les bataillons et les escadrons
seront ramenés, sinon en un jour, du moins successivement, au nombre et aux dimensions qu'ils
avaient avant la guerre. Ce procédé semble indiqué par l'économie et par la raison. Mais l'administration se propose de suivre une marche diamé-
tralement opposée. Notre infanterie se compose en
ce moment de deux cent soixante-onze bataillons,
ce qui, dans la supposition de l'effectif proposé
pour 1826, ne donne pas à beaucoup près quatre
cents soldats, bien portants ou malades, présents
ou absents, par bataillon, ni par conséquent cinquante par compagnie; et le ministre vous annonce
qu'on formera vingt bataillons de plus. La cavalerie se compose de deux cent quatre-vingt-seize
escadrons, ce qui ne donne pas quatre-vingts cavaliers dans les rangs par escadron; et le ministre
nous annonce qu'on formera quarante escadrons
de plus.

L'ordonnance du roi qui règle ces formations
dit, il est vrai, que les augmentations s'effectue-
ront successivement, selon les prévisions du budget. Cette promesse, messieurs, est-elle bien rassu-

F. II.   31

rante? N'entend-on pas dire qu'on s'occupe dès à présent de la dispendieuse transformation d'une certaine partie de la cavalerie légère en cavalerie pesante? Ne savons-nous pas qu'il y a pour une administration, imbue de la manie d'organiser et de dépenser, mille et mille moyens de forcer le vote des chambres, fussent-elles les plus récalcitrantes, à des contributions nouvelles en hommes et en argent?

Et quand même on s'en tiendrait à l'état présent, est-il donc si parfait qu'il doive vous satisfaire? Accepteriez-vous comme disposition permanente la disproportion actuelle entre les cadres et l'effectif de l'armée? Le tableau qui est en tête du budget présente parallèlement vingt-un mille quatre cent quarante-huit officiers d'état-major et de troupe, quarante-neuf mille huit cent soixante-quatre sous-officiers et cent soixante-un mille quarante-quatre soldats. Calculez, messieurs, et vous verrez qu'on vous fait payer un officier et deux sous-officiers pour sept soldats.

L'excès de la dépense n'est pas le seul inconvénient de ces cadres vides et boursouflés. Quelle place tiendront-ils dans les lignes de bataille? Quelle instruction pourront-ils acquérir? Quel goût prendront à leur métier des soldats tracassés par le trop grand nombre des officiers, et des sous-officiers qui n'ont pas assez de soldats à commander? Comment parviendra-t-on jamais à augmenter les appointements de nos officiers, qu'on reconnaît généralement pour être trop faiblement rétribués? Avec

un pareil système, il y a presque nécessité de faire
sans cesse la chasse aux uns pour procurer de l'avancement aux autres; et l'exemple donné en dernier
lieu constitue un funeste précédent qui acquerra
bientôt l'autorité de l'habitude et presque de la
règle.

Ce n'est pas là, messieurs, l'organisation militaire que recommandent la raison d'état et les traditions de notre gloire. Et à quoi bon s'évertuer
à établir doctrinalement un pied de paix et un pied
de guerre? Le pied de paix, c'est le plus souvent
l'état des finances qui le détermine; le pied de
guerre, c'est la nécessité qui le commande. Vous
possédez une loi de recrutement qui rend les levées de soldats promptes, faciles et abondantes.
Mettez-en sur pied chaque année le plus que vous
pourrez, sans imposer à la population des charges
inutiles. Faites en sorte, par un bon système de
congés, d'obtenir un effectif qui soit plus nombreux sans coûter davantage. Établissez avant tout
une proportion raisonnable entre le nombre des
cadres et le nombre des soldats qui doivent les
remplir. La guerre survenant, vous dédoublerez
vos bataillons et vos escadrons; vous procurerez
de l'avancement à vos officiers et à vos sous-officiers; vous imprimerez un mouvement moral à
votre armée. Vous l'imprimerez plus efficacement
encore ce mouvement moral, principal élément
des succès, si vous vous hâtez de rendre l'existence
à vos officiers-généraux, abreuvés de dégoûts et
d'humiliations. C'est le bon traitement fait aux

braves qui entretient l'ardeur guerrière chez les soldats, et l'esprit de nationalité chez les citoyens. Faites que le feu sacré de l'honneur se conserve toujours vivace et toujours brûlant; et, au jour du danger, les enfants de la France ne manqueront pas à l'appel. Ils n'y ont manqué jamais.

Mais ce n'est pas tout que de solder une armée valeureuse, de la nourrir et de la pourvoir de vêtements, de logements, d'armes et d'artillerie : il faut encore préparer pendant la paix les provisions de toute espèce dont on a besoin pour la guerre et qu'on ne pourrait pas former ou rassembler dans un court espace de temps; il faut en outre entretenir dans un état propre à la défense les forteresses qui protégent le territoire.

Ici encore, messieurs, va éclater la prodigalité du système nouveau. On a dépensé depuis dix ans environ 3,500,000 francs par année pour accroître les amas d'armes et de munitions qui composent le matériel de l'artillerie, et autant pour conserver et entretenir les bâtiments militaires et les fortifications qui composent le matériel du génie. C'est M. le ministre de la guerre qui nous le dit, et il se presse d'ajouter qu'il aura besoin dorénavant de 32 millions pour accomplir les deux services; il appelle ces 32 millions la dépense réglementaire.

Sur quelles évaluations seraient donc basés de si monstrueux suppléments d'allocation?... C'est ce qu'on nous laisse ignorer quant à présent; et même on nous annonce, pour ce qui concerne l'artillerie, que la vérification du matériel n'est pas encore achevée. En attendant que le résultat de cette vérification ait été mis sous les yeux des chambres, j'ai lieu de croire qu'il y a abondance plutôt que pénurie, puisque les approvisionnements extraordinaires, faits pour la guerre d'Espagne, sont restés presque intacts dans les parcs et dans les arsenaux.

Je ne sache pas non plus que le service du génie soit dans un si grand délabrement qu'on voudrait le faire croire. On nous dit bien qu'il faudrait un capital de 60 millions pour compléter l'assiette du casernement de l'armée; et cependant je ne crois pas qu'il existe en France un bâtiment qui, destiné sous l'ancien régime à loger des troupes, n'ait encore cette destination aujourd'hui. Je vois que, dans plusieurs villes de l'intérieur et des frontières, la révolution a transformé en casernes un grand nombre de couvents et d'autres édifices acquis par l'état. Il ne s'est pas écoulé une année depuis la restauration, sans que le gouvernement ait fait quelque acquisition pour ce service; et vous-mêmes, messieurs, dans la présente session, le 22 du mois dernier, vous avez voté la construction à Paris de casernes nouvelles, et d'autres établissements militaires, qui coûteront ensemble plus de six millions.

Quant aux forteresses, nous en avons perdu quelques-unes; mais il nous en reste beaucoup. S'il fallait en élever de nouvelles, ce ne serait pas au budget annuel qu'on devrait demander les allocations nécessaires pour faire face à une si énorme dépense. Il y aurait nécessité de recourir aux emprunts; et malheur à vous, malheur au pays, si vous vous jetiez volontairement dans le gouffre des emprunts, autrement que pour créer des revenus qui devraient plus tard reconstituer l'état dans la possession des capitaux empruntés!

Au reste, messieurs, le ministre de la guerre nous accorde quelque répit sur les augmentations que recevront les chapitres du matériel de l'artillerie et du génie. Il n'en est pas de même des chapitres des équipages militaires, de l'habillement et des hôpitaux, qui, dès cette année, éprouvent un accroissement plus ou moins considérable, et que rien ne justifie.

Le train des équipages militaires coûte, en personnel et en matériel, plus de 600,000 francs. Cette branche de service était inconnue en temps de paix avant la révolution, et je ne suis pas convaincu de l'utilité qu'elle présente dans un pays comme le nôtre, où abondent les villes, les ateliers et les ouvriers de tout genre, et où il est toujours facile de former, sur chaque frontière, aux approches de la guerre, les parcs de voiture nécessaires pour les opérations qu'on veut entreprendre. La campagne de 1823 nous a d'ailleurs appris ce qu'on peut en attendre. La guerre était prévue; elle était annoncée; elle était préparée : et, au moment de passer la Bidassoa, le prince généralissime n'a eu à sa disposition ni un soldat, ni une voiture du train des équipages. Vous savez tous, messieurs, ce qui en est advenu.

On vous demande pour l'habillement 1,466,000 f. de plus que l'année dernière. Le ministre en indique deux causes principales. La première est *la variation qui, d'un exercice à l'autre, a lieu dans le nombre et l'espèce des effets à remplacer;* la seconde est *l'emploi qui doit être fait en* 1825 *de la moitié de la réserve de deux cents habits dans chaque régiment d'infanterie.* Votre commission s'est contentée de ces excuses puériles ; et moi je demande à l'administration de la guerre ce qu'elle a fait des effets achetés sur le crédit extraordinaire de 1823, existant en bon état dans les magasins au 1er janvier 1824, et estimés par les experts à une valeur de 4,018,505 francs 74 centimes.

Enfin, la journée d'hôpital est portée cette année à un franc 22 c., tandis qu'elle ne coûtera que 91 c. dans les hôpitaux de la marine. C'est un point établi par des preuves incontestables que la guérison des marins doit coûter plus cher que celle des soldats de l'armée de terre, attendu que leurs maladies sont en général plus graves, et que le service se fait avec plus de frais dans les hôpitaux maritimes. Multipliant cette différence de 31 centimes par le nombre d'environ 5 millions de journées de malade qu'il faudra payer à la fin de l'année, on verra qu'il en résulte pour le trésor une perte de plus de 1,600,000 francs.

Vous êtes pressés, messieurs, de terminer votre session ; je n'entreprendrai donc pas de relever par le menu les calculs inexacts et les frais hasardés sur lesquels repose l'édifice ministériel. Mon objet principal en ce moment est d'appeler l'attention des futures commissions du budget sur les projets ruineux dont on vous a présenté le programme. S'il arrivait qu'on fût tenté de les reproduire dans les sessions prochaines, je regarderais comme un devoir de combattre pied à pied, et article par article, cette administration qui fait verser aux guerriers des larmes si amères, et qui a pris au trésor 348,874,000 francs, pour faire, dans un pays presque ami, une campagne de huit mois.

Je me borne, quant à présent, à demander le retranchement de l'excédant de 1,466,000 francs sur le chapitre de l'habillement.

FIN DES DISCOURS PRONONCÉS A LA CHAMBRE
DES DÉPUTÉS.

LISTE DES SOUSCRIPTEURS.

Avis. — Messieurs les souscripteurs dont les noms ne sont point inscrits dans la liste de Paris, les trouveront dans la liste des départements.

SOUSCRIPTIONS FAITES A PARIS.

Auguste.
André Damour.
Auffray (Auguste).
Andrivot.
Audouin.
Amédée D**.
Auguste.
Andriveau.
Alivon.
Agirony (Ant.-Barth.). négociant.
Albert (Charles).
Adam.
Allard, étud. en droit.
Anrès (Hippolyte). nég
Alothivet, épicier.
Aschermann.
Astier, libraire.
Allix (Jules).
Augereau.
Avenu (Benoist).
Ardaillon.
Alain.
Aubert.
Alisse (Adolphe).
Amiot.
Augereau.
Amielh (Antoine).
Audibert.
Arnoud (Auguste).
A. C. B.
Anquetil jeune.
Andorre (Joseph).
Adam.
Albert (Aimé).

Alleaume.
Amilien Rey de Foresta.
Anthoine.
Auger.
Allort.
Allart, not. à Ham.
Anisselle Trollé.
Anceaux à Compiègne.
Aubert (anc. dép.).
Anco.
Arnaud.
Amoudru.
Abufart Woestyne.
Auduc.
Arnault.
Aigremont (le gén. d').
Auguste.
Auteur (philosophiq. l').
Alexandre Albin.
Aufere de Labarre.
Aubré, à Vitré.
Adanson, à Bélesme.
André.
Artivaux.
Andignoux, d'Avignon.
Arnaudet.
Asselineau.
Auzon.
Andrade, grand rabbin.
Aulnier.
Arcelin, cap. d'infanterie.
Albert (Auguste), de Toulouse.
Arnaut, en retraite.

A***.
Audin.
Arbeltier, à Clichy.
Auguste, meunier, à Montoire.
Aran (Marc).
Aucun.
Alléon aîné et fils.
Annonay (la société de lecture d').
Aviat, à Langres.
Aninat, de Clermont.
Aristide, à Muret.
Audiffret.
Aumont (Prc.).
Aumont (François).
Aumont (Armand).
Arloing.
Arnaut Rocheleau de Niort
A. D. B.
Allary.
A. D. A.
Allary.
Aubé, droguiste.
Aumont (la duch. d').
Baillard.
Brunet.
Brucy.
Bertrand (Simon).
Basse.
Berthon.
Basse.
Betancourt, étudiant.
Bouché (neveu.)

F. II.

32

Boudin, Simon.
Bazin (le capit. chev.).
Billot, fabric.
Beuvart (père).
Bary.
Bavoux et Havard.
Bocquet (Pierre-Arm.).
Bourgeois, avoc.
Beck.
Bethmon.
Bezier-Lafosse, arch.
Brocheton.
Boucher.
Brocard (Léon).
Bonfils (J.-Léon), étud.
Borniche, limonadier.
Boucher, nég.
Borda (Edmond).
Beauharnais (le m. de).
Bosio, sculpteur du roi.
Bitterlin.
Bourgeois.
Bouchenel (Jacob).
Boulet (Lacroix), étud.
Biffaut.
Barberon, md. de vins.
Bonnelot (E.).
Briand (Frédéric) nég.
Bourgeois.
Basti.
Burrette.
Bernier.
Baillargeau.
Berger.
Barrois (le colonel).
Boischut.
Bourdignon.
Boursier.
Balias ainé, nég.
Béné.
Béziade.
Boutard (Mlle Pauline).
Bruel, major en retraite.
Bazoche, avocat.
Bohm, née Girardin (la comtesse).
Bouvier.
Bernheim jeune, nég.
Bonnefons de la Vialle, commissaire-priseur.
Baudry.
Barlot, étudiant.
Briand-Durocher.

Boileau.
Benoist R. nég.
Berthier.
Blandin, étudiant.
Bellanger.
Brunot (Léopold).
Bontemps.
Brenot, avocat.
Berthé
Bouchez.
Berthier, chez Mlle Hutard.
Boulanger (Ange).
Berruyer le cap.
Baillet jeune.
Boullanger.
Bazeriau.
Bernard, étudiant.
Beury, architecte.
Bapaume, (Augte) négociant.
Blanche.
Béglé.
Blanxpain.
Bage P. P.
Bénard J.
Boudier.
Broval (le chevalier).
Baumann.
Bernel Bay...
Bourlon.
Bonorain.
Buigny.
Boquet, charpentier.
Bainot, menuisier.
Bosc (Alexis), nég.
Boursy.
Bart.
Bardon (E.)
Butraud (le général).
Berthelin.
Buron.
Berville, avocat.
Bordier.
Benoit, hor. à Versailles.
Bodin, prof. de piano.
Bonichon
Baron.
Bascon.
Boutron, Chatard phar.
Babaille.
Bénard.
Boutté, quincaillier.

Bonnevie, architecte.
Beaucé.
Bourdon.
Barbé.
Bourla.
Bouland.
Béasse frères.
Bargeais.
Bouquet, étudiant.
Bellot.
Baudoin (Jules).
Baret.
Bruyer (Durand).
Boulay, de la Meurthe.
Brunin
Baudeuf.
Benoist.
Bloquet.
Bouché.
Baudrand (le général).
Bauer (Frédéric).
Bauer G., étudiant.
Bauchard.
Bugnon père.
Bourdier.
Bouillard fils ainé.
Bondoins.
Brayer-Willerme.
Boizard.
Belhomme père.
Bastien.
Baugrand, à Versailles
Benard (Armand).
Boyer Peyrelau.
Beauve, homme de loi
Bourin (Isid.), à Meaux
Brouard.
Bedfort (le duc de).
Binbeni (Eugène).
Biémais.
Bourgeois.
Bourgeois.
Beauprin, à Boulogne
Barras (de).
Bulla.
Bastien.
Bierre (Alphonse).
Bocque (A.).
Bruneau.
Bellamy, père.
Bongrand (madame).
Boula.
Boula (Colombié).

Bridoux.
Bidault.
Bodin.
Bodin fils.
Bouland (Remy).
Bouvier.
Boulay fils.
Booh (H.).
Bureau.
Boucher, musicien.
Bouvin.
Barthelemy.
Berdinas, colonel.
Baquesne (oncle).
Boussart.
Baizeau.
Bouteron fils, à Bercy.
Bessart.
Brunet (J.).
Bricard.
Boillot (madame).
Bonnaire (Félix).
Bagard.
Bourdet.
Bonnard.
Bertin.
Benier.
Br. ***.
Bourdillat.
Balguerie aîné, de Bordeaux.
Bertucal.
Bemauda.
Balabray.
Boisselier.
Bagaud.
Bertin, docteur.
Bessand, notaire au Châtelet.
Bonner, capitaine au 6e de ligne.
Baron Bodelin (mlle).
Boloin.
Beaulieu, à Caen.
Bouvier, à Tarare.
Braze (Jean-Franç. de).
Bourard, huissier.
Boutefol, géomètre.
Bertrand-Chavany.
Bazin (Auguste).
Barbey, de Chambroy.
Boileau (mlle.)
Baux.

Brussch-Samy, le ch.
Boulard.
Bouccard, à Tours.
Brosset, de Lyon.
Bernier (H.).
Belliot, le docteur.
Boutibonne, de Brest.
Benoche (A.).
Briand.
Briard.
Bertin, à Arras.
Boyer, à Saint-Denis.
Bezançon.
Burné.
Blondel.
Briand aîné.
Beaussier, de Corcy.
Bascand, fabricant.
Brezin.
Benier (Marc).
Balla.
Belin.
Brenot, le colonel.
Bailly, de Merlieux.
Briant.
Baget.
Boffinet.
Barre-Galois, de Klingentalh.
Bonnet, à Alençon.
Bernard (Marie mlle).
Bertier, offic. du génie.
Bouteille.
Bousquet.
Breban.
Beugnot, médecin.
Belnet, avoué.
Belnet, chirurgien.
Brocot.
Besson, de St.-Quentin.
Boulant, à Lepoisse.
Backlin, le baron.
Bamelet.
Bluc, de Dommartin.
Brunel, et fils.
Banès.
Bayard.
Brissaud.
Bonhomme.
Bacon, de Fontainebleau.
Basly, de Rouen.
Barthelemy.

Bouttel.
Buron, de Charenton.
Barsac (D'Anty).
Boudet.
Babut.
Bresillier (D.).
Blanchart-Martinet.
Bourgeois, le fils.
B**.
Berthoud.
Bousset.
Butor.
Bernard.
Bertrand, au Puy.
Berthier Picard, de Chaumont.
Barbier.
Blanc (Auguste).
Brunier, avocat.
Bartuet.
Blaize.
Broye.
Berthoud, chevalier.
Berthoud (Auguste.)
Busse uil, de Nantes.
Berthommier Despots.
Bouchet, à Château-Gontier.
Boumier Lambert (de).
Benoist, (mad.) à Versailles.
Bournel, de Carignan.
Boutry.
Blanc.
Boistel, à Montreuil.
Brichard.
Bonjour (Auguste).
Blancheroye, avocat.
Bechetoile.
Boignères.
Boisgaultier.
Behaghel.
Bougarel.
Bernhard (madame).
Broubet Dennequin.
Bourville Paulin.
Babeur.
Bonnel, lib., à Alençon.
Bridne.
Bernhard.
Beauvert.
Balguerie Jules, au Hâvre.

32.

Bezene (Alexandre).
Bonnes, à Nérac.
Borcies (Jean-Jacq.).
Boullay.
Boisson, d'Avranche.
Baile, (Lucien).
Ballot.
Bayard (Quantin).
Bujon, à Mézière.
Bocage.
Bayard.
Barrie, le baron.
Berthier.
Bayen.
Belz.
Boyé.
Baudouin frères.
Belze.
Boyé.
Bargcas, de Limoges.
Bonat.
Bigorgne.
Boudon.
Brulion.
Brière.
Bourget.
Bony.
Coquart.
Colomb.
Chabanne (Pierre).
Cheville.
Cobianchi (le chev.).
Colomb D. (mad.).
Cronier-Chollet.
Carbonnet (Félix).
Chardin.
Cottin, pharmacien.
Chevallier (L. F.).
Chaudru.
Clerget (Camille), étud.
Chicaut.
Carette.
Couture (le baron, ma-
réchal de camp).
Chabrand (Joseph).
Chaulin.
Chebœuf.
Courtaux.
Caron (François).
Clerambault (J.-J.).
Chocarne.
Collart.
Charme (de).

Chérollier.
Chapelle (le colonel),
à Toulon.
Couverchel aîné.
Cabassol (Justin).
Couvreur.
Cappronier.
Chuquet.
Chavanay (Bertrand).
Carez (Bastien), lib.,
à Toul.
Carez, imp. lib., à Toul.
Chambroty, élèv. en m.
Cayeux.
Champeaux.
Casadavaut (J.)
Chopin, avocat.
Chaulin, notaire (toute
l'étude de).
Cadet (mad.).
Cavadia, Grec.
Crivelli, avocat.
Cerfberr.
Cailletaux.
Chambeau (Laurent).
Catel, memb. de l'inst.
Chabrillant (comte de).
Cattant.
Ch. B**.
Caubet.
Caroline (E. madem.).
Chastelain.
Coupan.
Couscher (Caille), à
Saumur.
Coiffier.
Chopin, ancien avocat.
Cabanne.
Coquereau, commis.
Chouillou (A.).
Cordellier (le lieut. gé-
néral retraité).
Cantel.
Caille Desmares, avoué.
Coiny.
Colonel (la v. d'un).
Cagnon.
Cortot (veuve).
Corcelles.
Chauvenet (André).
Chasse-Loup (le mar-
quis de).
Chastel (de).

Cazenave.
Chareyre (Antoine).
Coteau.
Carré (Achille).
Castille.
Charenton.
Charvin.
Cassard.
Corneaux.
Chapuis.
Collier.
Cocquereau.
Chierbrant.
Chassiron-D'Agueau.
Caleme.
Cuvillier (Feury).
Cordet (Paul).
Cattier (J.-B.).
Chapelain, médecin.
Chenailler.
Caignet.
Cavantou.
Courcier.
Caffin.
Cuny.
Coupansis.
Colombeau (A.).
Charrier (D.-H.).
Chapillon.
Cucollin (le lieut. gén.).
Cocheux.
Choiselet, à Meaux.
Comte (Amédée).
Carpentier.
Chamblain.
Campagne.
Costrejean.
Cordier (veuve).
Chevallier, avocat.
Chartier.
Chartier.
Cuny.
Cerf.
Cyvot.
Chrismann aîné (J.J.).
Chollet (mlle.).
Croserio.
Coudray (Du).
Cheron.
Cortes.
Clémençon.
Chapolin.
Chupiet.

Chardin.
Choiseul (le duc de).
Chanpuy.
Cacheleux.
Crousse, avocat.
Costes, avocat.
Cottereaux.
Colar (Auguste).
Canuet.
Chadrin.
Chalopin.
Curtel.
Cure, avocat.
Carron, lib. à Versailles.
Chaumet.
Couturier.
Coliker.
Chapon.
Cordier-D'Aurival, à St. Germain.
Chapusot, à Révieuse.
Chotry de la Fosse.
Choillon (le colonel).
Charreyron à Bellac.
Cheguillaume.
Chevillier, à Coulommier.
Clauss.
Courcelle Perille.
Cauche.
Chasserot.
Camus, à Soissons.
Constant (Henri).
Creste (colonel), à St. Arnoud.
Chrestien.
Charpentier.
Caron Langlois.
Colache, neveu du général Foy.
Chappotinex.
Constant.
Cocquereau, étudiant.
Charron, à Marenne.
Chatelain.
Coyaud, avocat à Fontenay.
Cresp.
Couleaux aîné.
Cheneau, à St. Germain
Chauvot (F.).
Chauvot (E.).
Chalerie, à Niort.

Chevalot, not. à Triel.
Chevalot, maire de Chambly.
Copigneau.
Canard, notaire.
Cristin, à Matha.
Chouet, à Matha.
Chauvelin (le marquis), ex-député.
Calaux, au Hâvre.
Carbonnier, avoué.
Chaulet, ag. de change.
Chevrel (madame v.).
Chaulard.
Choque, étudiant.
Cousin Beaumenil, à Mondidier.
Colase, à Valencienne.
Chauvin, à Versailles.
Coquet.
Corfemat, lib. à Lorient.
Carault, méd., à Rouen.
Cercle littéraire (le).
Chéron, avoué.
Chantrier, officier ret.
Chauvet, jeune.
Conseil.
Cormon, meunier d'Abbeville.
Croisy.
Chapui.
Chevé aîné.
Cesbron Lavau Chollet.
Cesbron.
Chapon.
Chauvin (le docteur).
Cuthbert, à Avallon.
Chaleton.
Corsin (le lieut. gé.), à Marseille.
Chartier (Lami).
Courtois F. de Joigny.
Corsihles, à Villeneuve
Chavanne.
Claye (chez F. Didot).
Champereux, élect. du Jura.
Cassegrain.
Chauvenet (A.)
Carette, à Ham.
Cretto.
Cuissart, à Nantes.
Camus (Ponce).

Crémieux.
Cosson, à Laval.
Cordier.
Chaix père, à Marseille.
Colas.
Carosve, à Francfort-sur-le-Mein.
Castelain.
Cler.
Canson (John).
Canson (James).
Cavalier.
Chéradame.
Chardeuil, à Limoges.
Chevreux.
Carré.
Café Feuille, à Mondidier.
Calavet, négociant.
Courtois, capit. de drag.
Clément, av. à Evreux.
Courtaux.
Cretté, libraire.
Cuperon (L.-C.).
Chéron.
Cordier, à Saint-Germain.
Chaillot Payelle.
Cornu.
Cabin.
Cabour.
Compayré, avocat à Alby.
Clément (L. A.).
Charlemaine Lys.
Capitaine de la garde (un ancien).
Carrier, doct. méd.
Chagot, à Creusot.
Cambon.
Cabour.
Clos (Auguste-Sorèse).
Chambly (Auguste).
Cosson.
Chaudron (mlle.).
Couvreux.
Charles.
Carrer.
Caravello.
Chérié (mlle.).
Drot (L. A.).
Daunet.
Darras.

Doazan (le baron).
Delaremanichère.
Dupont (vᵉ. et fils).
Duvergier (mad.).
Demont-Joyeux.
Delahaye.
Dumoustier (J. Aubin).
Dupont-Blondel, comᵉ.
Debrie.
Deshayes.
Dabrin.
Devaureix, avoué.
Duchesne, propriét.
Denis.
Dumontel.
Desfossés (Auguste).
Druet(Méd.-Al.-Fort.).
Durand (L.) ch. d. l. d.
    l. l. d.
De Lignerolles (T.).
Delon (P.).
Delon de Lacombe.
Delorme (E. V.).
Delafraye.
Delbouve.
Durand.
Desplaces frères.
Duprée.
Depanis, chef de bat. à
    Toulouse.
De Bay
De la Villenié.
Dequevauvilliers avoc.
D'Auvergne.
Deleus.
Doistau.
Ducloz.
Dupont (A.).
Dalloz.
Duval.
De Raney (J. B.).
Dufour.
Dortho (Louis).
Devaux.
Delafontaine (chev.).
Dépérel (mad.).
Deviller, relieur.
Desforges.
Désévaux.
Dejean (le comte).
Darumanjou.
Desornaud (mad.).
Debary.

Deguyenne fils.
Dutrieux (A.).
Dumont.
Defrance (T.).
Dubief.
Delatasse, épicier.
Discèze.
Dutour.
Delarouzée, mde. de n.
Dupont (T.).
Doni, directeur.
D'Esprit (Paul).
Dazy (Bernard).
Dumont Ste. Croix, élè.
Delon.
Duval (Henry).
De Rosne (Bern.), phar.
Doyen (Léopold).
Decan (Adolphe), nég.
Dupont, serrurier.
D. Z.***
Desneufbourgs.
Doux.
Desforges (F. H.) fils.
Delestre.
Delort de Gléon.
Dufour (mad.).
Douault (Wiëlan).
Dupont D'Acqueville.
Dutartre, à Versailles.
Dumont.
Dezeimerie Villecourt,
    avocat.
D'Andrieux.
Despaux (Auguste).
David (Julien).
Ducamp.
D'Aler (chevalier).
Doménil (le général).
D'Autencourt(le gén.).
Duverneuil.
Dupalais (A.).
Doyen (Alexandre).
Des Lauriers, pharm.
Desportes.
Dupont (H.).
Delanchy.
De Lasnerie.
D'Aireaux.
Dubois.
Doistau.
Dorville.
Des Marets.

Davis.
Duval.
Dumont.
Dolet.
Desfamis.
Demengeot.
Deschamps.
Denoyer.
D'Alican (Th.).
Demongeay.
Dissey et Pivert, parf.
Dupré, (N.) de Turin.
Duplan, fils.
De Cotte.
Duclos.
Deladreuc (Félix).
Denevers.
Destors.
Dumont (A. Joséphine).
Duriltz.
Debaye cadet.
Damas Hinon.
Desfossés.
Delafontaine.
Deblignière.
Duboscq (Victor).
Détruissard.
Dechauvenet, cap. de g.
Dezarnaud.
Decourtive.
Donon.
Doby de la Chapelle, à
    Provins.
Dabrin (Adolphe).
Duval (Ch. Victor).
De Chateau Villard.
Dupont.
Detham fils.
D'Hébrais.
Dardenne.
Dollfus-Gautard.
Dandeville, à Vernon.
Dieusy-Amand.
Dortus, artiste.
Dotez fils.
Dalebec.
Dumont.
D'Heilly fils.
Delavigne, libraire.
Delondre (Ambroise).
Descamps.
Ducuing.
Dallec, Alex.

Dartigues.
Detourbet.
Danel.
Delormel.
Durand.
Debeauvais père.
Debeauvais fils.
Delavie-Sauvage.
Duvoisin.
Dubois fils.
Delevaque, à Péronne.
Denoyer.
Devaut, peint., à Laon.
Desgeranol.
Desmarquet
Descot.
Douglas.
Desvaux, des Forêts.
Dominique (A.).
Dupuis.
Desvaux.
Delignerolles.
Déjean
Desainville.
D'Herblot.
D'Outrepont (ch.).
D'Heilly père.
Ducorran.
Decalonne.
Dandey Maillard. (R.).
Delauney.
Dupuy, le capitaine.
Ducorps.
Dubois.
Debray.
Didiot.
Delorme.
Dulac Tenaile.
Dequilbé, à St.-Quent.
Dercheu, arch. à Nelle.
Drapeyron, à Limoges.
Disrollet, à Lhomont.
David (mad.)
Deschamps. J. B.
Ducaruge aîné.
Delamarre (madame),
  à Grandvilliers.
Duquenoy, à Lille.
Davin, artiste, à Eu.
Desbordes d.
D. D.***
Danse (Léopold).
Debbaut-Ternaux.

Debreville.
Deboiset.
Delauney, mad. Ve.
Duprat.
Daligault,
Devilleneuve.
Droling.
Delanone J.
Demailly.
Dufruit (F. N.).
Dumont.
Dusalon, lib., à Bayeux.
Dubois.
Desneux.
Dupuy, (le chev. de.)
Davgnier.
Delegorgne.
Dubois.
Delappareaut, maître
  de forges.
Dellappareaut, avocat.
Doré, de Pontoise.
Droz.
Decaix fils.
Delpire.
Duvivier - Guemet, à
  Clermont Oise.
Didier (le baron de St.).
Delamarre, de Rouen.
Dupuis, ve. à Alençon.
Dresch, brasseur.
Deis, lib., à Besançon.
Deshayes.
Deshayes Darbec.
Demarquet.
Delaye, à Anvers.
Delonchamp (Frédéric).
Demoulin.
Devilliers, à Puireaux.
Dufreney (Jules), élèv.
  en médecine.
Delanot, à Rouen.
Desvignes, à Lyon.
Dabrin.
Datinel.
Doublet.
Duvert.
Delmas (Edouard)
Duprat.
Duval, à Amiens.
Duval.
Deconchy (mad.).
Deconchy.

Duffour.
Denis Roye, nég.
Darlex, avocat à Neuvy
  Santom.
Delaporte Laurent.
Ducayla.
Doulcet (M. et mad.).
Desoize.
Desauche.
Desaux.
Delavigne.
Delponte.
Duffosse.
Davesne.
Demat, lib. à Bruxelles.
Delort (le baron).
Dortu, à Châlons. M.
Desabes, à Rosoy.
Dupuy, à Fresnay - le-
  vicomte
Dumont, veuve.
Dande, chef de bat. à
  Montigny.
Duchier.
Danot du Lac.
Dabin.
Dedolod Kowier (la
  comtesse).
Dubried.
Durcau.
Devillez-Bodson.
Duflot.
Durand.
Dufresne
Dufour Lanine.
Delolme.
Desgrand.
Debarle.
Delero.
D'André.
Ducrocq.
Dumas.
Duvarnet, à Evreux.
Dalong, avocat do.
Debeaume fils.
Dupuy.
D'Etayée, nég.
Dugenet et Niveau.
Denbois Milou.
Drigny.
Derbigny.
Duplan (la baronne).
Dandun (Gust.), à Pry.

Debonne.

Dumont.

Duvivier (Alp.), à Laval.

Duval.

Dumoutier.

Dulanchy, de Blois.

Duval fils.

Dumoutier.

Dejean.

Devay.

Daligny.

Decaux.

Deviquet.

Dupont, libraire.

Delanoye.

Danicourt.

Drago N.

Dubois, clerc de not.

Erhard, capitaine d'ar-
tilerie.

Espagne Achille).

Ewig (jeune).

Escoffier, négociant.

Etrice, le baron, maré-
chal de camp.

Edmond.

Eudelin, le chevalier.

Eusebe-Salverte.

Euchi André, de la
Guadeloupe.

Edouard.

Evezard.

Evette ainé.

Eymery, libraire.

Eudes, à Saint-Omer.

Etienne, à Versailles.

E D***.

Esmein, à Mon-Lieu.

Engelhard.

Escudier.

Erckmann.

Excelmans, le général.

Egasse, libr. à Brest.

Egot-Favest.

Eprigny, à Vervins.

Eyquem.

Forlenz, le docteur.

Feuvecultct (Maur.de).

Figuyère.

Fresnoy.

Frogé.

Fiévet (François).

Foucher (Guillaume).

Fousset (Adolphe).

Favard de Langlade, le
baron, député.

Fouquier-Long, déput.

Festau (Louis), négoc.

Fromant.

Fouquet.

Fremont.

Féline (Adolphe).

Fleury, clerc d'avoué.

Fossé.

Frassy, mademoiselle.

Fontaine (de la Ch.).

Froment.

Fangelot.

Fournier.

Fournel.

Filliart, avocat.

Février, notaire.

Fournier.

Fournier (L. M.).

Fenoir fils,

Fonblanche.

Fabre.

Fiton.

Fouquet.

Frère, le général.

Froberville (de), à Or-
léans.

Fallet (Ch.) ainé.

Fallet Alphonse fils.

Fau, ancien avocat.

Félix.

Forestier.

Fabvier.

Froment, le maréchal
de camp.

Fririon, le baron lieu-
tenant-général.

Fontaine...

Farrill (O).

Feburier.

Fournier.

Fabre.

Fasquet.

Fleury.

Froment.

Franconi.

Fleury (Ch.).

Fournier, de Landrecy.

Fontaine.

Fénélon.

Fontenilliat.

Ferrotte.

Flouquet.

Franchy.

Foucault.

Francastel.

Fabre ainé.

Fosfior.

Faivret, veuve.

Fournier (P.)

Favel.

Fouré.

Ferman (G.), avocat.

Ferre.

Froste.

Ferton.

Fouquet fils.

Fortis.

Freydier.

Fririon, (Jh.) le général.

Frotté, pharmacien.

Fabrony (Hyppolite).

Français, le comte.

Flavigny (F. Michel).

Filleuil-Peligny, à No-
gent-le-Rotrou.

Foucault.

Faucheux, av. à Tours.

Forest, id.

Frondat.

Fouqué.

Fontemilliat, du Var.

Ferrand.

Favier, de Nancy.

Félix, artiste.

Février, libraire à Strasbourg.

Feuillet (Victor).

Fillon.

François, milit. retraité.

Flameur, notaire.

Février, à Strasbourg.

Fenwich, propriétaire.

Fery, le comte.

Fayard.

Frémont (le colonel)
d'Haïti.

François.

Frerson.

Feuillet.

Farré Légaré.

Feydean.

Fourmas.

Fautin.

Félix, le général.
Forès, libraire à Nantes.
Ferra, libraire.
Frossart (Armand).
Fabre.
Fauve fils, à Vienne.
François, veuve.
Fabre
Fremont.
Fontaine.
Fallad Wan Zeller.
Freville.
Fouquet (Ch.) fils aîné.
Flon, pharmacien.
Gay (F.).
Gay, le docteur.
Guyot (Jean-Baptiste).
Guibout (Théodore).
Guillier (Francisque).
Goyer.
Guilemard.
Grincourt (A.).
Guérineau.
Godard.
Grimprelle.
Grand-Maisons, (mad.)
Godard, le baron maréchal de camp.
Gontier, employé.
Galitzin, le prince.
Guyon, négociant.
Gesvrolles (Edmont de).
Gavaudan.
Guyot.
Gilbert-des-Voisins, ex-député.
Grossier.
Garnier.
Gariot.
Guérin-Roze.
Gaudon.
Gil (Barthélemy).
Guedon.
Guérin, négociant.
Gothrau, jeune.
Grenet, étudiant.
Garnaud.
Gambard, libraire.
Guillaume.
Guy.
Gauthier (A.).
Ganilh (C.).
Germeuil-Manant.

Galliani.
Gudin, perruquier.
Garrigon jeune.
Glatard.
Greset.
Gaëte, le duc de.
Georges, madame.
Gistard, avocat.
Gondouin.
Girard, memb. de l'Ac.
Girard.
Grand (Victor).
Gasnault, avoué.
Gatine.
Guérin.
Guyot (Charles).
Goubaux (P.)
Granier, bonnetier.
Guillaume.
Giot, médecin.
Gonot, march. tailleur.
Galant.
Gérard (Pierre).
Gaillard (Jean-J.), à Rouen.
Godard.
Guiblin.
Gueniot.
Giot.
Gérard, propriétaire.
Gérard.
Galtin.
Guillebert.
Girard.
Girardin, architecte.
Genret.
Grégel.
Grimaldi.
Grand-Maison.
Godel (J.).
Gouges.
Guérin.
Guy.
Gervais.
Guimard.
Gloppe.
Gilou jeune.
Gillon, libraire.
Guyot.
Gobert.
Guillerien.
Gidot-Fleuriot (Geor.).
Gengoult, dir. des mines.

Garait jeune.
Gallotte.
Gompollin (Alphonse).
Guy, étudiant.
Ginoris.
Guillon.
Groussit.
Godard.
Grimprele.
Genu.
Guillery.
Gassicourt Cadet.
Gothreau aîné.
Gallemard.
Giroust.
Gressier.
Gossein, ancien administrateur des forêts.
Gavet.
Grand-Maison Van Esbecq.
Godefroy (Félicité mademoiselle.).
Gaillard, marc. de vin.
Grandidier.
Guymon.
Godard.
Grégoire.
Garot, pharmacien.
Grillon.
Gérard.
Gireaud, médecin.
Gressely, docteur.
Guilbau.
Gilbert.
Gaudessart.
Godefroy, médecin à Tours.
Girard, lib. à Cambray.
Gratigrolle, notaire à Bellac.
Grosjean (Jean).
Guitel.
Gravier (Jules).
Geneviève, à Carpentras.
Guesnet Danse, à Clermont Oisc.
Guesnet Félix, do.
Gisors (de).
Gaspard Got.
Got (A.), de Relenne.
Garnot, à Ormessin.

Gros-de-Manche.
Gourdin.
Gourré (Polycarpe), négociant.
Gussard, pharmacien.
Grabit.
Guibert.
Garnier, à Montargis.
Grenier, à Gray.
Gastinel, à Bourges.
Guillaume (Napoléon)
Grimadias.
Graweuche.
Guibal.
Garnier
Guillaim (Pauline).
Guilet fils.
Guilleminet.
Girard (le baron Noël).
Grusse-La-Rivière.
Gillier (chez Abb.) Me.
Giot.
Guyan (Ferd.) à Laval.
Gruan Cendras.
Graumand.
Gaillard.
Gérard.
Godard.
Gadré-
Gallemard, notaire.
Gallimard (Pierre).
Gallois.
Guignaut.
Gerardy, avocat.
Genirert.
Girardin, propriétaire à Rebais.
Genizet.
Guizard.
Gardin, voyageur.
Gravier.
Guillot.
Guerin, ancien président à Vance.
Gérôme, de St.-Quentin.
Guenecourt, avocat id.
Grand Mongèni fils.
Grassemann de.
Guedon, du coustitut.
Germain, cultivateur.
Godefroy.
Grenier Alph.

Goberdelet.
Grulet, anc. capitaine.
Godquin.
Grerel.
G***.
Haubersart (le vic. Al.).
Hullin (le général).
Hubert.
Hesse.
Huré.
Hamel (mad.).
Henin de Cuvilliers (le baron).
Halligon (E.).
Hebert.
Halphin (Emond).
Huot.
Henry.
Huard.
Houët.
Harteneau fils.
Harion.
Hocquel.
Hamet.
Haguermann (Mme.).
Hunziker.
Hollard (Jules).
Husson.
Hugonis père.
Hugonis fils.
Hauquet.
Hamoche.
Henelle.
Houdeger.
Huet.
Henry (le docteur).
Heron (Pierre).
Hersault.
Hennequin.
Haumont.
Houppin.
Heullen (E.)
Huillard.
Hersault (mlle.).
Huet, maire de Jourre.
Henriot.
Humbert, ex-com. des guerres.
Harley (le marchal de camp), à Bruges.
Humbelct (M. Stoigne).
Humblot (Laurent).
Heuzey (L. L.).

Haillot, à Strasbourg.
Hillot (lieut. général).
Halphin (Élie).
H. P.
Huillard.
Husson, de Coulommiers.
Hayer.
Hoffmeyer, colonel ret.
Hue (le comt. Stanislas).
Hardy (Adrien), nég.
Hode, étudiant.
Hébre (Louis).
Hubert, (au P. Royal).
Hurez, à Cambray.
Huguette, médecin, à St. Denis.
Humbert, médecin, à Morley.
Harviet de Quessy.
Huguet.
Huard Quentin.
Hardel, à St. Ger.-en-L.
Hulbary, Anglais.
Hellot.
Hugnoneau.
Halmanu (Fréderic).
Havard (Maurice), pha.
Humbert.
Huguenbach.
Hussly-Nel.
Hennecart.
Hallouin, cap. à Ham.
Henry de Bailleul, à Chantilly.
Hullot.
Hartemann.
Hibon Henry.
Heurtebise (Alexand.).
Jacanne (D. L.).
J. A N.
Jaconnet.
Julien aîné.
Isabey, peintre.
Julien.
Jubin (Joseph).
Jacquet (P. J. Q.).
Jago, à Toul.
Joveneau, père.
Jacquet (le baron maréchal de camp retraité).
Jaladon, avocat.
Jonhson (Thomas).

Juge.
Jalasson.
Joyaut.
Joze Gallo Acayaba.
Josserand, à Montmartre.
Jenfremineau.
Jouffart (Chᵉˡ.).
Janicad.
Jouty (Ad.).
Jacquemart.
Jarland.
Juglard.
Jugier.
Jullien, rentier.
Jourdin.
Journault
Jacquet.
Jaquet, de Toulouse.
Jerocitre (Maxime).
Jeandon.
Jacquet.
Juduis.
Josselin, capitaine ret.
Juniac (Aveline de).
Jelarge.
Julien, receveur.
Jeneval (le général).
Inge.
Jourdan.
Jouty.
Jourdain, lieut. colon.
Isouard Nicolo, à Eu.
Julien, avocat, à Tours.
Joly le général.
Jacqueminot, le colonel à Bar-le-duc.
Julienne à Dreux.
Jourdan le maréchal.
Jacquesson.
Jourdan Léonor.
Joly Victor.
Jacquillat Despeaux.
Jourey Reine Mᵉˡˡᵉ.
Jaubert, à Moulin et Gilbert.
Jarg, limonadier.
Juchaut, notaire à Chatenay.
I**., clerc de notaire.
Jobez.
Jose Joaquim da Rocha
Jumeau Victor.

Jaume (le lieut. col.).
Jourdin.
Jouette.
Jamet, rentier.
Jugel, à Francfort.
Jolliot.
Jogenval.
Jacquet.
Jenty.
Jomard, à Libourne.
Jacquault, Marcellin.
Joste.
Jacquinot.
Kénens, mad.
Kreibig.
Kératry, ex-député.
Kleinhaus.
Le Tenneur.
Legendre, de l'institut.
Legentil (Pierre).
Laba, à Mirande.
Labat, propriétaire.
Legouas (le docteur).
Levillain Dufriche (H.).
Lomont Morillon.
Laeut.
Legrain, employé.
Lecornué (H. Armand)
Lebas frères.
Larcher.
Léon (J.).
Langlois (Réné).
Legris, avocat.
Lallemant.
Lefevre.
Lacoste, graveur.
Legros (Athanase).
Lenoble.
Langlois.
Lambert.
Levilloux.
Lecourt.
Lavenant (le baron de).
Lapointe.
Lavie.
Legrand.
Lelong, jeune.
Laforge.
Ledreux.
Leroy.
Lacapelle, à Toul.
Legry et compagnie.
Lalourcey.

Landois.
Lory, horloger.
Lemoinne père, ancien avocat.
Lemoinne (Lucien).
Lemoinne (John).
Lesigne, peintre.
Lavollée, fils.
Lemit (Alp.), nég.
Lepelletier-St.-Fargeau (Félix).
Lambert (le baron).
Lucy (Adrien).
Legrand (S.).
Legrand.
Latterade.
Laparte (frère de).
L'Huillier.
Leclerc (J.-B.).
Lehoux.
Louis.
Lemaître (A.).
Lamy fils (X.).
Larabit (Eugène).
Liénard.
Legras.
Lecaudey, libraire.
Lasserre.
Lemaire, dentiste.
Lefebure.
Lefevre.
Lagrange (le lieut. général comte).
Laurent.
Lebrun.
Lourion.
Lecocq père.
Levesque (le chev.).
Leblon, négociant.
Laurent, pharmacien.
Ligneau (Adolp.), grav.
Locard, avocat.
Lefevre (A.)
Liesse.
Lefevre, élève en droit.
Le Corney (Alexand.).
Leseigneur (Alp.).
Lambert (mad.).
Libert.
Laumaillier.
Liard (Alp.).
Lacroix.
Limmer (le colonel).

Lavé.
Lacderich.
Lefranc.
Lasonière, à St.-Germain-en-Laye.
Lemaître.
Laloge (A.-G.)
Leduc.
Lacroix.
Lommé.
Lerond.
L'Archevêque.
Labouderie (l'abbé).
Launois.
Longuemar.
Lemaire (Louis).
Leblanc, chef de battaillon retraité.
Lugo (le chev. de), à Banien de Bigors.
Lemme (Charles).
Ledreuil.
Liottier.
Lerendu, à Versailles.
Luc.
Lab.
Ledoux.
Ledevaup .
Lemaire. ré
Lemire.
Langlois.
Lechard, libraire.
Lorne (Théodore).
Ledreux.
Landon, av., à Meaux.
Lambucy (veuve).
Louet de Toulouse.
Legendre.
Lejeune.
Laurent, de Mézière.
Levé Bonfils.
Lemaire(mad.).
L'Huillier.
Leclerc.
Lascase (le comte de).
Lecomte.
Larquier St. Martin.
Le Dru des Essarts (le général).
Leprince, étudiant.
Lafayette (le général).
Lubert, étud. en médecine.

Le Brer-Berard.
Lefèvre.
Lange.
Leclere (Jacinthe).
Lecerf.
Laize (Eug.) cap. de grc.
Lemaître fils.
Lozet.
Lunois (Eugène).
Lindin (Pierre).
Labouré.
Le Baron (Aug.), avoc.
Lagneau.
Legentil.
Legal Thiébault.
Lefranc.
Lefèvre.
L. M.
Lanquelin.
Leduc.
Leligoin.
Lonypré.
Laverdet.
Lefèvre.
Lemaire.
Lebel (mad.).
Laurencot (M.).
Leroy.
Laseau.
Leroy.
Leclerc (A.).
Laurent.
Liennet (Am.).
Lelong (Ad.), à Rouen.
Lafont.
Lallier.
Labrousse (Fabrie).
Lameth (Théodore).
Lameth (Ch.).
Lameth (Alexandre).
Leloir.
Lefevre (Nicolas).
Lemaire (Paul), à Dunkerque.
Lagorce (la comtesse).
Leguinet.
Lombard.
Lefevre (J.).
Laban.
Lefevre, cour des Fon.
Layasse Charpentier.
Lemeries Barraque.
La Haye, à Caux.

Libort, à Rouen.
Levasseur, à Rouen.
Lebley (le maréchal de camp).
Lainé.
Leclerq.
Landier (Ed.).
Lecleck aîné, nég.
Lesquilbeu de Guise.
L....
Lefebure.
Legrand (le colonel).
Lainé (C.-J.).
Legendre.
Larsille Beaudré.
Leblond.
Liez.
Leberton
Louveau (C.)
Languille.
Lemonier.
Laure (Jules).
Leroy (Secr.)
Levol.
Laurent.
Lebeau, à Provins.
Ledru.
Levillain , conducteur de diligence.
Legris, à Soissons.
Louvan, a Epernon.
Lemit.
Le Roy Hennequièrer.
Lucche sé.
Levert.
Lefevre de Rouen.
Loth.
Labarre de St. Quentin.
Lemire.
Lebé de Gigan.
Lejard.
Lefebvre, Hocquet.
Landel.
Lesage.
Lievreville.
Lauzaux.
Lefrançois (J.-L.).
Lehnert.
Lefloc Codard.
Ledoux fils.
Lefranc, médecin.
Lefranc, à St. Julien.
Lelme.

Lautour, notaire, à Argentan.
Leclerc (Jules), méd.
Locquin.
Lenoir.
Laquier, à Dijon.
Lemercier.
Lepescheur.
Lefèvre fils.
Leblon (Auguste).
Le Roy, avocat, à Cambray.
Lecomte, épicier.
Lecomte, épicier.
Lacroix Lefevre (v.).
Laguerre.
Leleu, à Tarbes.
Lippemann.
Le Mahon, à Guimgam.
Lebron, md. de vins.
Legentil.
Leture, à Laval.
Lagnette.
La Préné (Toussaint).
Lepecq, étudiant.
L'Hermilier.
Lesage, à Bayeux.
Leble.
Le Pley, médecin.
Lecoq, pharmacien.
Le Piquois, épurateur.
Lalande (Paul).
Longueville (Aimé).
Legionnaire.
Lavric.
Lesueur, à Angers.
Lahausse (C.-A.).
Leautier.
Laubancé.
Lalande fils, pharm.
Laguerivière.
Lemarchand.
L. A., à Nismes.
Le Comte.
Lecocq (Auguste).
Lemercier, doct. méd.
Legrand, pharmacien.
Lair.
Luemi Bayle.
Lobmance Susséli.
Lemoult, officier retr. et décoré.
Léonard, négociant.

Le Cercle littéraire.
Lullel de Riès, (J.-B.).
Ladrange, libraire.
Lefebvre (Edouard).
Lesteurgie.
Lehout, de St. Quentin.
Lahure (le lieut. gén.), à Wanvrechain.
Leforestier, à Choisi-le-roi.
Lanier.
Letellier, à La Houssaye.
Lecamus (le général).
Lauberdière (le gén. ct.).
Ludot L'Arnier.
Lafond, nég.
Loignon.
Lelasseur.
Lepape.
Lhéritier, le baron.
Lefevre Edouard.
Lasiourgie (Alfred).
Lebrun (Isidore).
Leblanc (mlle.).
Leroux, not. à Liesse.
Locquin.
Lhuillier, md. de vin.
Lugan.
Lanzellier
Lamort.
Lefebure.
Lecharlier, à Bruxelle.
Lebrun, com. épicier.
Lelasseur.
Lacheurie.
Martinet.
Marreau.
Ménager.
Mondoville, nég.
Moullin.
Moral (F.).
Marguerite, négociant.
Morin-Chaniol.
Mazade.
Milliot.
Malteste (Félix).
Munier, veuve née D.
Merlin (le général Eugène).
Masse.
Menu aîné.
Merlin.

Mauguin, avocat.
Marquet.
Martineau (Eugène-Simon), étudiant.
Montezuma (F.-J.-A.).
Moussette.
Martin (J).
Marchand.
Michel (Nicolas).
Maingot.
Maire.
Maxvormser.
Maurice.
Moriceau.
Maire, le duc.
Musnier, principal clerc d'avoué.
Magnin Besson.
Millot.
Marilon (Benoist).
Morillon (Edmond).
Merlhes fils aîné.
Marchand (J.), dessin.
Monginot.
Marimpocy.
Maurin (le général).
Mielle (H.).
Moullet.
Maigret.
Macon (Joseph), clerc de notaire.
Mazurier.
Machault.
Maucler, pharmacien.
Mandrou, négociant.
Minot.
Mordini (Vict.), élève.
Magnier.
Movialle, à Chantilly.
Mardre Lemaître.
Melchior-Bourbon.
Morel (mad.).
Marchaud.
Mangin.
Morisset.
Meuris.
Montariol.
Mimey.
Mantel, médecin.
Mauguin.
Mauguin, veuve.
Mevil (Charles de).
Mongin, veuve.

Mongin, maréchal de logis d'artillerie.
Mercier.
Matelet (Paul).
Michel.
Mollière de la Boullaye.
Menageot.
Marcel.
Mignot, limonadier.
Montezuma (le comte).
Mugnin (Alexandre).
Martin (J.).
Magniant.
Mausse.
Monestier (Alexis), étudiant.
Moreau.
Maillard.
Marolle Laclef.
Magnin.
Maurice, négociant.
Mercey (J.).
Mehu.
Marchaux, mad.
Martin.
Minaus de Marquet.
Ménage.
Menard.
Marin.
Moreau.
Maurin.
Mélito (la comtesse de).
Manéglier.
Maret, veuve.
Milsen (le capitaine).
Mouillon.
Mellerio.
Maria.
Maxin.
Morin.
Maximilien.
Mercadier.
Maraine.
Mulert (Adrien).
Marit-Lebrun.
Mausion (Laurent).
Moreau fils.
Montalivet.
Moret.
Martin.
Monvoisin.
Milliroux.
Maret, m

Mathieu.
Millecor. (le vic.).
Muras.
Marckvick
Mandar et Bridault.
Marsilly.
Martiné.
Moulton (C. F.)
Marin, pharmacien.
Moskowa (la princesse de la).
Marguery de Lusigny.
Moulle.
Moreau., lieut. colon.
Marret.
Mouthier.
Martin (Al.).
Moullet.
Milon Munisse.
Monier.
Maupassan.
Mercier (Paul), chef de bataillon.
Menisier, chef de bat.
Morel.
Maloin.
Maransin (le lieutenant général baron).
Moutler.
Millen, notaire.
Morel (Théophile).
Mouthot.
Murville aîné.
Marius.
Mallye (Arthus), élève en droit.
Marcellen, chef de bataillon du génie
Miroitier, l'abbé.
Maurot Renaud.
Michel.
Marnat.
Myon père.
Myon fils.
Mallevaut.
Mesleau, avocat à Arenus.
Minguet.
Maureau.
Mongin.
Morin.
Martel, de Pontorise.
Muret, à Chateauroux.

Mussat.
Mercier.
Mayeux.
Michel.
May.
Munier.
Momne, madame.
Morel, à Anvers.
Montemon.
Mazusier, au Hâvre.
Moreau jeune.
Montaudon.
Merisot.
Mary.
Monod, pasteur.
Morel.
Marthiou.
Montesquieu (Alexis).
Marin (de Courbe).
Marin (de Briconnet).
Martin (Paul).
Mollé (le lieut. colon.).
Maurissot.
Mauger.
Moisy.
Mussot.
Mariton (P.-L.).
Masson.
Monronet (C.).
Martini, née Martel.
Maillot, à Lyon.
Malmenaide de Thiers.
Mette, avocat.
Mayer.
Martin.
Marteau.
Moret.
Massie.
Mautin, commis.
Mavillier, à Belloy.
Mauclair, lib.
Montivert.
Morio, de Lille.
Menard.
Moisy, à Tours.
Macaine.
Mirande.
Marquis Arnu.
Montreuil (le chevalier capitaine.)
Maillefert Pérusot.
Merkent.
Morière.

Morcau.
Milheurat.
Mandel.
Missa à Soissons.
Monpeau (mlle) à Sainte Radegonde.
Mautelier, avocat.
Mendel.
Moreau.
Mausbendel.
Mutel, fermier.
Maugin.
Montozon (Édouard).
Meunier (mlle.), à St.-Germain.
Momet.
Martinet, com.-épicier.
Mallard (Victor).
Nicolas (F.), épicier.
Neigre (le baron).
Narcisse (Vieillard).
Nivard.
Nicolaï (Gabriel de).
Nepple, nég.
Noël, ancien notaire.
Noël, h. de lettres.
Niel.
Nicolay (mad. de).
Noël.
Nivert, épicier.
Nay.
Nitot.
Nouillet.
Narjot.
Noixt.
Noel, à Cherbourg.
Normand (P. E.).
Navet.
Noël.
Nuilly (de).
Niay, notaire.
Noaillier, à Limoges.
Ouin (Frédéric).
Oudard.
Ourry.
Olivier, médecin.
Otrante (le duc d').
Ogre.
Orrelli-Marat.
Ourselle.
Oury.
Ouvrard fils.
Olivier.

Poulin Désormaux.
Préville (mad. veuve).
Pelissot (le duc).
Pailliotté, lib.
Pigelet (S. A.).
Pacros-Vicinal.
Paroissien.
Poriquet (Achille).
Poidevin.
Pinteville (de), à Toul.
Polack.
Poulain.
Pouchet Maugendre.
Paulot.
Pichard (N.).
Picard.
Poirriet.
Potain, peintre.
Payen (Abel).
Peschclochi (veuve).
Petitot, aîné (Auguste).
Paravey.
Poisson, électeur.
Poupart D'Orfeuille.
Pilon (Ernest).
Preugne (le comte au frère de la).
Page.
Petignau (mad.).
Pardon, à Bercy.
Petit (Alexis), méd.
Poisson, l'ainé.
Pariset.
Puech (Alp.).
Proust, à Bercy.
Panard.
Pernot, chevalier.
Pagès, médecin.
Pille.
Paris.
Pillier.
Pitot.
Potard.
Petelpas.
Ponet (L.), h. de let.
Petit Dexmier.
Pochonnet.
Poquet.
Prevost-Rousseau.
Pairou.
Phanton (le gén.).
Poirier (Athanase).
Pereyre, avocat.

Plantin.
Puzos.
Pannetier, pharmacien.
Paris (Aimé).
Pélinot Dubos, de Limog.
Perrot (L. Sébast.) fils.
Popelin (P.-J.), anc. not.
Plasson veuve.
Parrain.
Potier.
Petit fils.
Porquier.
Pancire.
Pinepaud.
Pavée de Vandœuvre, député.
Poris, lib.
Pugol, expert.
Poinsotte.
Prin.
Piot.
Petit, à Conseille.
Perez.
Passy.
Patte.
Pichonnière.
Puchu.
Petit (Jules).
Piron.
Potier.
Pignat.
Prodhome, et comp
Petit, dessinateur.
Palnot.
Passy (Alexis).
Pichon (Bruche).
Petit, ch.
Philippeaux.
Perducet.
Patino.
Plantin (le baron).
Pilet (A.).
Philibert.
Perille (mlle Sophie).
Poiret.
Pelée, de St.-Maurice.
Prudhomme.
Papigny.
Puiségur.
Poupard.
Pralon.
Pralon (Alexandre).
Pigeot, de Cony.

Pourvier ainé.
Paris E.
Peigné Blanchard.
Paris.
Paussier.
Paschal (Toulegris), à Muret.
Prumier.
Passé, à Chauny.
Panis, mᵈ. de bois.
Poulet.
Porissot.
Pensin.
Peicam.
Plumerey.
Petitot.
Porquier, à Beauvais.
P. A. à Bautet.
Poilleu.
Poirson.
Patureau-Devaux (mˡᵉ).
Pousson.
Passaire, à Apt.
Perrin (Nicolas).
Peyrend (comte).
Périmé Juam, à Montélimart.
Pachot.
Pin-Jean.
Pointeau-Vaninville.
Prieur (Jules), étud.
Provins (Emile).
Parfait-Maille fils.
Plissier, avoué à Mantes.
Pradeaux St.-Claire.
Pichare, lib.
Petit (J.), cit. de Genève.
Poulleton (de Lepée).
Peytieux.
Pichon, à Laval.
Parent-Réal.
Pouyat.
Paravey.
Piquot.
Petitot, à Fontenay.
Puval, de Courteval.
Perrot, de St.-Maur.
Pillet P.
Poulet (Auguste).
Pagès, avocat.
Payen-Leclerc.
Pleau-Chantet.
Pallotte.

Paste-Verdier.
Picquot (Louis).
Pichat.
Piquet.
Prou.
Poupillier.
Peyramont.
Père, à Mirande.
Pelvey (René).
Parseval (Jules).
Palle, de St.-Quentin.
Parentau, à S.-Hermine.
Peugest, à Herimancourt.
Picard (Louis).
Peyramond.
Pelvey (René).
Parseval, académicien.
Perez, notaire.
Pran-Peur.
Poulton.
Perrachon.
Pannel.
Planche, pharmacien.
Paillard-Duclérét, ex-député.
Payssée.
Pillot.
Quinton.
Quaglin.
Quentenier (A.).
Quenu.
Quenu.
Quincerot (Remy), à Chesley.
Quiettier.
Rigal (le comte).
Roux.
Roche (J.-J.), (le doct.)
Robert.
Richerand, prof.
Raisme (J. F. J. de).
Raffard ainé.
Ripaut-Lecourt.
Rœderer, le lieut. col.
Roland, aux grandes messageries.
Romey.
Ranselant (Alphonse).
Ramain.
Raban (L. T.)
Ravenau.
Ripault, avocat.

Racoirt.
Rauy (Joachim).
Rondeau.
Raymond-de-Bérenger, pair de France.
Ratic, colonel en retr.
Renard, nég. à Rouen.
Rosales.
Rochefoucault, (la comtesse de la).
Reaucour, le colonel.
Renault (Ernest).
Rével.
Renard (Henri), avocat.
Reverard.
Robler.
Rousseau.
Riban.
Riquidat.
Romau (Bigot).
Rivet, à Passy.
Rouxelin, du Constitut.
Riouffe, (la baronne).
Rejou.
Roland.
Richard, à Bercy.
Rousseau (mlle.)
Rouillon, courtier.
Railly (Georges).
Rameaux.
Rouget.
Ringard.
Rey (Théodore).
Raymond (Louis).
Rostollant (le maréchal de camp.)
Rosse.
Robiquet.
Rommetin.
Renduel.
Renaudin (Jules).
Randoin (Louis).
Richard.
Roquet, docteur.
Regnault, notaire.
Ruaut (Nicolas).
Refuvielle (d'Elbœuf).
Ricublanc (Émile).
Réal (Félix), avocat à Grenoble.
Réal (Adolphe).
Richomme.
Ralhier.

Renouard.
Romanet, (le général).
Rochefoucault, (le com.
	Alexandre de la).
Raffard.
Roux.
Royez.
Riffaut.
Renault aîné.
Renault jeune.
Royer.
Robin.
Raifé (Adolphe).
Rubineau (Fontaine).
Raymoud.
Rousseau, docteur.
Roucher (L.).
Roucher (Baptiste).
Royer (veuve).
Ronni.
Rosier.
Romi(Barthélemy), fils.
Renkin.
Roy (P.), étudiant.
Roux, à Fontainebleau.
Rompant.
Renault, avocat.
Renard, de Rouen.
Robinet.
Remquet.
Royer.
Richard.
Rebect fils.
Richard.
Reynier.
Roland.
Ravenel, à Caen.
Rolland.
Richebé.
Radel.
René (Henri).
Riquet.
Risler.
Rambaud.
Robin-Scévole, ex-dép.
Renault.
Ronné, à Laval.
Rigault, à Origny.
Rousseau.
Rouannez, d'Haïti.
Regnault.
Reposeur.
Raffard.

Rosier, libraire.
Rigaux.
Rouyer.
Rostain ainé.
Renaud père, à Ivry.
Renaud jeune, idem.
Richemont.
Rosier.
Rançon.
Rollet.
Resmond.
Ricard.
Rosier.
Raffard, lieut. ret.
Rétif.
Roze (Alfred).
Roze (Isidore).
Rosier.
Roche (Théodore).
Roze.
Rigaut, not. à Soissons.
Richardot.
Rozier.
Rivière.
Savin (le docteur).
Salmont, étudiant.
Samson.
Saudeur (A.).
Sezy.
Saulnier, ex-député.
Siscley.
Selves.
Sandoz.
Sallenave.
Sannegon.
Serre
Sarette.
Siméon.
Saviot (le ch. colonel).
Souchières (E.).
Second et compagnie.
Spencer (mad.).
Sallin (Gabriel).
Sueur (Théophile).
Simonet, étud.
Sevelinges fils ainé.
Saint-Claire ainé.
Sussy (le comte de), pair
	de France.
Sainton
Schillemans.
Servant-d'Amourette.
Schmitz, mar.-de-camp.

Saglio (Charles).
Saint(Maurice.)
Sédilot (Ch.).
Sainton Aubin.
Saint-Didier (le comte
	de).
Serveux, élève en droit.
Saint-Fal.
Seurat et Artaud, nég.
Simonet, graveur.
Sebire (Auguste), avoc.
Sabouraud.
Sabanki (le comte).
Simon (N. S.)
Saintoin (de).
Sillan (F.)
Sandoz.
Servoin
Stampfly (Alexandre).
Smith.
Sermet (veuve).
Savouret.
Simon.
Storil de Gartel.
Saigrier.
Saistel.
Stanilas (Luc).
Sentilère (mlle.).
Sciard.
Sintilhac.
Saint-Sulpice(comt.de).
Schmidt, distillateur.
Seaugeon, étud. en dr.
Salin.
Servier, libraire.
Seusset, ancien officier.
Signoret.
Schvartz (Ch.).
Saintomer.
Scneider(Georges).
Surmey.
Subille.
Sarpe (le colonel.)
Salmont.
Souchon (Hippolyte),
	de Cette.
Savelle, épicier.
Sauve, à Épinal.
Soudry, à Vendôme.
Sanneret.
Simonet.
Saucède.
Siégler.

Sailleufest, de Guise.
Sirot.
Sarrut (Germain).
Sarrut (Augus-Lebon).
Soyer (J.-B.), de Nancy.
Scheppers (Abb.).
Servier (Henry), lib.
Souhait, à Kligentalh.
Saincère Rouyer, de Bar-le-duc.
Schvart, commis.
Simonin.
Sevalle, à Montpellier.
Stanam, à la Haye.
Suchart.
Serrurot.
Solignac (le lieut. gén.).
Schonen, conseiller à la Cour royale.
Saint-Maur.
Sganzin.
Salbat.
Siret-Lenoir.
Sirey, avocat à la Cour de cassation.
Saillard (Théodore).
Sobiesky (le comte).
Simon (H. G.).
Savardan.
Simon de Lalonde.
Saunière.
Selys-Longchamp.
Scipierre.
Savoye (Edme-Prosp.).
Simon, j. à Provins.
Soisson, à St.-Germain-en-Laye.
Schleicher (Mat.-Léonard) à Stalberg.
Sivey.
Segault.
Saint-Ange Moulin.
Thierry, épicier.
Tresse-Guerinot.
Tournouer.
Tinan (le baron de).
Trauchell (J. J.).
Tixier (J.), fils.
Tardieu.
Trelat.
Thibaut.
Taillet.
Tenezas (Félix).

Thiery.
Toustain, à Toul.
Troupenas, éditeur de musique.
Treuttel et Würtz.
Talpomba.
Thiars.
Trappe (le ch.).
Tournont (Alexandre).
Turreau.
Trappier de Malcolm, maréchal-de-camp.
Tassart.
Thimal (Georges).
Tortoni.
Tardif.
Thomasson.
Thibeault, courtier de vin.
Thorin (Edmond).
Trompête, adjdant-major.
Thierry (veuve).
Tallet (Ferdinand).
Taboulet.
Turenne.
Tueux.
Thoré (Victor), nég.
Tarin Verollot.
Tourangin.
Toussainves.
Tournemine (J.-F.).
Turpin.
Tonaillon.
Taveau (Louis).
Tonnelier.
Thierry.
Thèbés.
Tenard.
Tourneux.
Tavet.
Thevenin père, à Limoges.
Thevenin (D.).
Thevenin (D.).
Thirion.
Theologue, Grec.
Tardif., député.
Tardif (Ch).
Tardif (Louis).
Tardif (Lami).
Thierry,
Teulon, ex-député.

Tanrade fils.
Tenré.
Taveau (Alexandre).
Thiesselin.
Taissel (L.-A.).
Thiessellin, caissier.
Thevenin, avocat.
Torquet, à Bolbec.
Tribert.
Truplin aîné, à Rouen.
Truplin (Henri); idem.
Timon.
Thevenin, pharmac., à Issoudun.
Tremeau.
Tuvache.
Tissot (Mélanie).
Tissot (Hyacinthe).
Théou.
Thiesson.
Thery.
Thiarts (le comte.).
Tour-Maubourg (le comte de la).
Thuillier, à Esdin.
Triboulet.
Thuillier, à St.-Omer.
Tardif Vazin.
Tirgener (la baronne).
Tallavigne (Victor).
Tallavigne (Charles).
Touzeau.
Tonnegin-Becquet.
Tallet (Charles).
Tallet (Alphonse).
Tallet (Ferdinand).
Thuillier-Audiffoct.
Truet, à Laval.
Tubœuf, notaire, à Louviers.
Thomas.
Tanc, de la Martinique.
Thorin.
Taveau.
Thiars (le général), député.
Torchu.
Tranchard, médecin.
Tetuz (Jean).
Tissot.
Tarroux, avocat, à Alby.

Thirriat (veuve).	Voloskovic (la comtesse de).	Vivière (F.) et compagnie , à Lyon.
Tortel (le baron), à Choisy-le-Roi).	Viélle et Dejardin , architectes.	Villars,chez M. Laffitte.
Thiriat (veuve.).	Voland.	Violet (Joseph).
Turenne (le comte de).	Véfour.	Vional , à Provins.
Trauchell (E.).	Veuve (V.).	Vasselin fils , à Saint-Quentin.
Thomas.	Vente.	Velly , ph.
Tranchant.	Vernet (Horace).	Vincent.
Thuillier.	Villermé (le docteur).	Villain.
Tourney (Edme.).	Viel (J. B.).	Vivario.
Warennes (de).	Vingens (J. J.).	Verollot fils , à Brinon.
Vaulabelle (MM.).	Vivien (Arsenne).	Wolf.
Verninac père.	Vernier.	Vifville (de).
Verninac fils.	Varzeilhes.	Vercoustre , de Boulogne.
Voitrin.	Vautrot.	Voland.
Vincent père.	Valois.	Victor.
Vauchelet.	Vincent , architecte.	Vigneux.
Viefville.	Vilechair.	Vaudichon.
Villemain.	Vibert aîné.	Vallat (Pierre).
Vigneron.	Vallin (le général).	Vauquelin.
Vicat.	Vincent.	Vilmorin.
Veron.	Vayron	Wateau.
Wrange (François).	Villaud.	Vincent.
Vanbal.	Villard (Henri).	Varin.
Vignon.	Velay, avocat.	Vergnes (le général) , à Tonnins.
Vouve (J. G.), élève en médecine.	Vervoort , avocat à la cour royale de Paris.	Vuignervielle (Émile).
Vandamme.	Voisin , de St.-Quentin.	Vallet (D. A.).
Voirau.	Viallanes (le général).	Verdière , libraire.
Villeaune.	Vernet.	Van de Kerekhove, à Gand.
Villequin , marchand d'estampes.	Wilhem.	Videl-Fayolle (mlle).
Varnet (A.).	Violet.	Walte /Joseph).
Volant.	Vilder.	Villain.
Varangues.	Wibaille (A.)	Vrillier.
Victorin.	Vernay.	Villeroy.
Veyrassat (Germinal).	Villeneuve.	Williaume, ag. d'aff.
Veyrassat (Henri).	Winter	Yvrier.
Wilder et compagnie.	Wibaille.	Yenvroux.
Wertembert (D. Y.).	Vanpulten.	Yver jeune.
Vautier.	Vincent.	
Vigier.	Vincent fils.	

33.

SOUSCRIPTIONS DES DÉPARTEMENTS.

AIN.

Armand, à Bourg.
Debenay.
Dubuisson.
Dufour.
D***
Gautier.
Jacquenier, notaire.
Peloux.
Rostaux.
Tornier, avocat.

AISNE.

Delaby, à La Fère.
Delavigne.
Huet-Bertrand.
Leflot-Blot.
Savarin.
Tœdeux fils.

ARDÈCHE.

Ferrand, à Tournon.
Roussel, (Jules) id.
Demedecène, à Privas.
Linden, à Vernoux.

ARDENNES.

Letat, à Aubigny.
Noirepondre, id.
Piette, notaire, id.
Zedel-Besanien, id.
Chapuis, à Givet.
Les professeurs, id.
Villem, (veu.) à Sedan.

AUBE.

Troyes.

Bergerat-Perricourt.
Blavoyer Defootz.
Brelet, à Vielaines.
Bois jeune.
Brenage.
Charlot (Horlo).

Coutuvat (J.).
Couturat, notaire.
Cordon , libraire.
Cheisson , à Nogent-
    sur-Saône.
Dret-Lesieur.
Dufoulon.
Goussier (Ch.).
Guignon (Jacques).
Guichardet , à Saint-
    Martin à Vignes.
Lemaire , à Nogent-sur-
    Saône.
Lemoigne , négociant.
Manceaux.
Myon , à Saint-Martin.
Millard.
Mansigny.
Perrot , pharmacien.
Remy fils.
Ray Dronet.
Simplot jeune.
Sénégal, avocat.
Tatin-Guerin à Saint-
    Martin.
Vignereux , à Saint-
    Martin.
Vernier , cap. cheva.
Vandœuvre (le baron),
    député.
Viehhaeuser (Fritz), de
    Louisbourg (Wur-
    temberg.)

AUDE.

Arnoud, à Carcassonne.
Beres (Joseph) à Castel-
    naudary.
Beres Charles, id.

AVEYRON.

Lilleret, à St.-Geniés.
Poché.
Testot.
Bouvelet, à Milhaud.
Pons - de - Poulages, à
    Rhodez.

BOUCHES-DU-RHÔNE.

Aubin, à Aix.
Duchros Aubert, à Mar-
    seille.
Marvert.
Roumieu.

CALVADOS.

Bernard, à Honfleur.
Cassy, à Caen.
Hubert, id.
Declosaire fils, à Bayeux
Legrand Edmond, à St.
    Pierre S. Dèvas.
Pelvey - Desmarets , à
    Mont-Pinçon.

CANTAL.

Passenaud, notaire à St.
    Flour.

CHARENTE.

Marot, à Angoulême.
Quesnel,   id.

CHARENTE INFÉRIEURE.

Branden, à St. Martin,
    ile de Rhé.
Marquel, à Cognac.
Lefaucheur, à Marenne.
Rumples, à Rochefort.
Croiset, à La Rochelle.

CHER.

Debrie, à Bourges.
Lionnet , à Château-
    neuf.
Reinet, id.

CORRÈZE.

Bourget, juge.

Bedoch, ex-député.
Berthelemy, avocat.
Charrain, id.
Chime, id.
Chaumone, substitut.
Duval, bijoutier.
Favart.
Grège.
Lacombe (J.-B.), not.
Laval père, avocat.
Maison.
Meynard, avocat.
Pasquet, id.
Sage fils aîné.
Lasquet, avoué.
Villeneuve, id.

CÔTE-D'OR.

André, à Dijon.
Echalier Jumain.
Gauldard, marin.
Quantin.
Lirodat.
Morniel, à   sur Tille.
Paulet, à Beaune.
Collard, avo., à Sémur.
Desronzières, avoué.
Gentard, capitaine.
Ménassier jeune, négociant.
Lestre (Gaspard).
Louet, avoué.
Sebillotte, avocat.
Moreau, id.
Mainet, avocat.
Philippot, négociant.

CÔTES DU NORD.

Billiard, à Launion.
André, à Guingamp.
Hello, avocat.
Leyer, notaire.
Lepoullen.
Lemaoult, pharm.
Le Baouette.

CREUSE.

Thevenot, à la Souteraine.

DORDOGNE.

Rouziès, à Sarlat.

DOUBS.

Brost, négociant.
Bintot, libraire.
Brotillet.
Favien de Magnoncour.
Grosjean, négociant.
Guerra, imp.-lib.
Hausser, fils.
Lugardon.
Montront (la com. de).
Prondhon, aîné.
Thièbaud, capitaine.
Wainhouse, Anglais.
Massy, à Huningue.
Massy Oscar.

DRÔME.

Granier, à Montélimart
Jourdan aîné, à Tain.

EURE.

Ancelle, à Évreux.
Nervieux, id.
Chauvet.
Berard, à Louviers.
Despierre, id.
Brioche aîné, à Othon.
Brioche Amand, à Goupilliers.
Aubert du Boulay, à Verneuil.
Chevalier, à St. Germain.
Lefebvre du Rufflé.
Delabruyère, à Beaumont.
Cauchois, id.
Honet, id.
Martin. id.
Reynal, id.

EURE ET LOIR.

Doublet de Bois Tribault, à Chartres.
Hessard, à Dreux

Béard, à Chateaudun.
Bongeret, id.
Delaforge, id.
Imbaut (Alexis), id.

FINISTÈRE.

Lepontois, à Brest.

GARD.

Bousquet, à St. André de Valborgne.
Laroche Dubouscat, à Vié-Fezenac.
Vigniel, au Pont St. Es.

GARONNE (Haute.)

Toulouse.

Azimon aîné.
Archidet, avocat.
Authier.
Ardenne cadet.
Bataillon (un chef de).
Barnabé jeune.
Bru (César), agent de ch.
Bimasse fils.
Bories.
Currère-Dupin.
Costes (Fabr).
Cassagne (le lieut. général baron de).
Cassaing.
Carrère.
Cleizon.
Cupin.
Cabeslain, à Megnac.
Cheverry, m. à Prunet.
Deleveau.
Dufour, à Villefrance.
Duffé.
Duffé agent de change.
Delerne.
Durand, négociant.
Devile jeune.
Darieux.
Desalambine, la comt.
Duclos, à Orthez.
Estrade.
Fauvet, dir. d. p., à Montrejean.

Fajen.
Flollan.
Fable.
Gèze.
Gorgues, à Mirepoix.
Guillot.
Guichou, à Montes-
quieu.
Gullhem, à Roquette.
Hernandets, Espagnol.
Horte, à Prades
Julien (de St.-Pascal).
Leygues.
Lafiteau, avocat.
Laors (Phil.-François).
Lepage.
Lefevre.
Lavigne, à Perpignan.
Malpel, professeur.
Moisset, cap.
Mancejoutes' à Ville-
france.
Martinair.
Martin fils.
Martegoute.
Maratel.
Mamant, à Gardone.
Metgé, à Montesquieu.
Maury, idem.
Ollier, notaire.
Pegot (Ogier).
Purpan (Léon).
Pratriel.
Roaldès.
Romignières.
Resseguier, à Sèveze.
Rouch.
Rouch (Antoine).
Sieurac frères.
Sabatier, pasteur.
Solomias.
Sabatier.
Solomiac, cons. aud.
Teulière, à Mazemet.
Vivent.
Vaysse (V.), à Cara-
mon.

GERS.

Pere, à Mirande.

GIRONDE.

BORDEAUX.

Allaret.
Audry.
Athanasi (mlle.)
Apiau Florentin, négo.
Andrieu (Marc.)
Augu.
Audibert Ardouin.
Ailloud.
Alquier.
Ami fils, (de Langen).
Andrieu fils aîné.
Auduber (J.).
Anthoine.
Amouroux.
Aly, pharmacien.
Astruc-Thélèphe.
A. D., étudiant.
Auberny, m. de cuirs.
Andrau.
Astruc-Élisée.
Arago, homme de lett.
Apiau aîné.
abeillé fils.
Alause, courtier.
Audebert (Felix.)
A. C.
Avril.
Biosse, courtier.
Boyer, avocat.
Bonnet (D. M.)
Beaulieu.
Berndt.
Brannens, notaire.
Balguérie Junior, nég.
Benassit.
Balguérie (P.)
Barthelemy, négociant.
Boutin, id.
Boudin, id.
Bourdil, id.
Bernard et fils, négoc.
Bazergue, id.
Bergès, avocat.
Brunel aîné.
Bourrel (E.)
Battard de Libourne.
Barthe (F.), négociant.
Brémont.

Beyssac.
Bouché (Julien).
Biscaye, pharmacien.
Bisson et Cabouc.
Belloc (Edouard).
Bordes, avocat.
Bucher (J.)
Bouscasse aîné, négoc.
Bertrand (Henri), id.
Brun (J.), id.
Billaudel, id.
Barreau (Victor) Pêche
et compagnie.
Bruneau, pharmacien.
Burette.
Boué.
Baronie fils.
Boissel, avocat.
Bouchaud (John).
Beyermans père.
Bousquet.
Biche-Latour.
Bosc fils aîné.
Bosc (Félix).
Bosc (Alexandre).
Bosc (Édouard).
Bosc (Alexis).
Bidaubigue.
Broquère.
Bourgouin (Th.).
Beyt frères.
Brousse jeune.
Bernardet (Préclos) et
compagnie.
Bruils.
Bouire-Beauvalon, av.
Barenno (Marianno de)
Bernard, che.
Belly fils.
Brandeburg (Georges).
Belloncle (L.).
Brulo (Philippe).
Burosse.
Bach., courtier.
Bibliothèque de la Ville
(La).
Bujac (Del.).
Burguet (D. M.).
Billioque aîné.
Bayle, avoué, à Bazas.
Buhan, avocat.
Bellœuvre, à Libourne.
Biot, à Custillon.

Blondeau.
Borduzat.
Bénas (V.).
Billiot (J.).
Bigourdan (B.).
Baron (L.).
Bigourdan jeune.
Bleynie (Maximilien).
B. R. B. B.
Bordères.
Bergeon.
Bayle, notaire, à Bazas.
Brumont (Guillaume), notaire.
Baptiste aîné.
Blanchy.
Bichon de Lormond.
Balguerie, le baron.
Bertin.
Bernard.
Boyer-Fonfrède, avoc.
Bard (M. R.).
Beylot, à Libourne.
Boutin (Jean).
Bernard (Constant) de Libourne.
Blondeau.
Beret, le chevalier.
Bouché (Alexandre).
Bouché (Henri).
Boisseauneau.
Borie, adjoint, à Saint-Avit.
Benoist, maire, à Lamotte.
Boinard (Édouard), à Saint-Macaire.
Brannens fils aîné.
Bahr (J.).
Bizat.
Bonneton, lieutenant.
Barton (Nath.).
Boucherie.
Bertin.
Basile, notaire, à Mirambeau.
Bordenave, à id.
Berger, avocat.
Bay.
Benoist (J.).
Brian (J.).
Blaquière.
Baguenard.

Baurot, (le baron).
Baulys (de Mestre).
Bresque, à Blaye.
Binaud (André), id.
Bignon.
Boucherie.
Beaulieu.
Barbé fils.
Bonnaud (P. J. F.).
Bernard.
Bechade.
Boisseauneau (P. M. A.)
Bedaine, à Maye.
Bret (E.).
Beyermann (J. H.).
Bown (Willy).
Berfond.
Bernard.
Baron.
Belly.
Couderc (E.).
Carondelet, (le baron de).
Condou, chirurgien.
Cabarus (Adolphe).
Compans (P. F.).
Candau, notaire.
Cuvelier, horloger.
Campeigne (et neveu).
Cantegril J.
Crouzat.
Caze (P.).
Corval.
Cuson (Hypp.), avoc.
Cayol, cafetier.
Curtius (F. W.).
Chaperon fils aîné.
Chery-Fabreguette.
Cadilhon (Ch.).
Cabos (veuve.)
Curciet jeune, négoc.
Chassaing, avoué.
Chauby (A.).
Capelle (D. M.).
Camiade.
Cazaubon.
Cornu (J. B.).
Champion.
Camin (A.) et Saint-Coloma.
Cabaignac.
Charrier jeune.
Cadilhon, pharmacien.

Cortis.
Conseil (J.)
Callen fils.
Catelan (L. J.).
Cabiran.
Couture.
Charron (J.) fils.
Charroppin.
Cailheton.
Chavès.
Cazenave.
Castro (Ferdinand) de la Trinité.
Castagnet (D. M.), à Bazas.
Cailhavas.
Cazade (Guillaume).
Coudert, agent de cha.
Curandeau.
Conte (Jacques).
Charles.
Chappas (P. F.).
Chedez.
Castaing (F.) fils.
Capbern.
Canot aîné.
Charlot, relieur.
Constant jeune.
Collard de Cherres, capitaine.
Collard de Cherres.
Cuzol.
Camino de Medoc.
Charrier.
Cotard (H. E.)
Chatelanat.
Carrère (J.B.).
Camou d'Oloron.
Changeur.
Clouzet.
Constantin (A.-Aug.).
Corilhon (Ovide), de Libourne.
Castaing aîné.
Chobelet (P.-A.).
Chiché aîné, de Blaye.
Chiché (Germain), id.
Coriveaud, idem.
Coué, idem.
Costes, à Libourne.
Cailleux (A.).
C. R. D., instituteur.
Camercas.

Cercle du commerce de Bordeaux.
Cournier.
Clouet.
Canne.
Cabrol (Adolphe).
Chastellier.
Charron.
Cerf Cohen.
Caseaux.
Chateaux fils.
Caillaret.
Coutanceau.
Corp Gras.
Cursier fils aîné.
Campsan.
Cabrol fils aîné.
Dufaure, avocat.
Dupuch-Lapointe (D.-M.).
Dubourg (Gaspard).
Ducastaing (D.-M.).
Dandurand et compagn.
Dalbusset.
Devès (H.), avocat.
Deyres, à Castel.
Dauriol.
Dupeyrat (Jules).
Doumeing (D.-M.).
Demptos père et fils.
Darrieux fils, notaire.
Delprat Édward.
Duffour Dubergier.
Daussel.
Ducos père.
Darrignan (F.) fils.
Dive, à Mont-de-Marsan.
Dupuy (D.-M.).
Dallias et Gibert.
Danflou et fils.
Doidy (Gabriel).
Doumeing, à Castillon.
Dupuy (J.) fils, à Tonneins.
Denucé (Victor).
Dandin.
Daviaud.
Dubourg (mad.), à Mirambeau.
Delort.
Delas.
Dubedat.
Danet.

Ducru.
Dubroco, à Lipostey.
D'Anglade.
Damas (J.).
Dupuy, pharm.
Durand (Auguste).
Dumas (Ch.), distillat.
David, à Blaye,
Devanceaux, idem.
Dezage, idem.
Depiot Bachon (Aug.).
Deyme, fils.
Dadevant.
Dumoulin.
Dujardin.
Dumas.
Duboscq.
Desgreaux.
Dufour.
Dusage.
Durand (J.-J.-A.).
Dabadie-Courtier.
Ducasse (J.-F.).
Desaïgues, aîné.
Dussault (Alexandre).
Ducaul, nég.
Dupeyron l'aîné.
Dias (B.-Lopès), agent de-change.
Domecq et compagnie.
David (H.).
Daval (Junior).
Dufils.
Dutaillis. D. M.
Delbos (Sylvestre).
Denis, md. tailleur.
Desonet.
Devès (J.).
Dubec (Felix-Lopès).
Dupuy Théodore.
Duclos (J.).
Dumas.
Dublaix Jeune.
Daguzan (J.-B).
Darisle (G.).
Dufourg (V.).
Duret (P. H.) fils.
Deschamps-C., inspect. général.
Déchamps, not.
Delfieux.
Dutemple.
Dussaud jeune.

Despiet, notaire.
Ducose (E.)
Degrange (D.-M.)
Dias (E.-Lopès.)
Demande (mad.).
Dubourg.
Dubouai.
Daubry.
Dupouy (J.), américain.
Dumonteil (D.-M.).
Durand (D.) fils.
Dasquemy.
D'A. de Créon.
Datin.
Dupeyrat, architecte.
Delbrack fils.
Dubourg, not. à Castel.
Duboscq (Adolphe).
Devannes (Fréd.), ingénieur.
Dariste père (D.-M.).
Danglande.
Espinasse (X.).
Espitalié.
Elia (mlle.).
Engel (G.-W.)
Eugène.
Estingoy (Guillaume).
Emile.
Eyriniac (E.).
Ferrière.
Ferras.
Favereau
Fouché.
Faudel (P.-J.).
Faucher
Fauchey (L.).
Fernandez, nég.
Fabre, not.
Finke, de Brême.
Friddel.
Fusery.
Fanty. avocat.
Ferrière (Patrik).
Ferrière (Patrice).
Faget et Soubiran.
Fieffé.
Fusiez et Creissels.
Fortané fils.
Feuilhade, de Chauvin.
Fauré, pharm.
Foussat (M.-.-Ch.).
Fourestier.

Faget.
Fernandez (Sebast.).
Ferreot (P.).
Foussat (J.-W.).
Foussal (J.).
Fourgassie.
Feylit (J.-B.).
Fontanet.
Faucher(Louis).
Faux (A).
Faucher (Auguste).
Fedon.
Fonscia (J.-L.).
Faure (J.-Joseph).
Frion (F.).
Froidefon et fils.
Folliet (J.) aîné,
Faucher (mlle Anaïs).
Faucher (Casimir), de la Réole.
Fialdès (J.-J.).
Faye.
Ferrand.
Ferrand (J.-Ignace).
Filhon.
Famille (une mère de).
Ferreaud (F.).
Guilhem (Gl. du Cléon).
Galos (Jacques).
Geoffroy.
Ganseford.
Godefroy.
Guedet,
Guerin père, de M.
Granpré Molière (L.-A.).
Garin (A.), avocat.
Guichon. (H.)
Guignot (mad.).
Grégoire (J.-D.-M.).
Grangeneuve, avocat.
Goudable.
Guestier (P.-F.).
Gros.
Goudal.
Ganet.
Gaudin (Ed.).
Gavarret, pharma.
Gautier (J.-E.), déput.
Guimard, pharm.
Gayzard.
Gayral.
Grellière.

G aubric.
Gautier fils.
Gourdon et Rivière.
Giordan (F.).
Galos (Jacques).
Gasquet, notaire.
Guestier (P.-F.).
Guiraud (Aug.), ex-cap.
Gaubrie.
Guilloud (N. mad.).
Giard (veuve).
Graidy.
Gasqueton, avoué.
Guitet.
Grech (Felix).
Gaussen (Germain).
Gautier.
Gouteyron.
Guinet.
Gries.
Guetier.
Grenier.
Gouzon.
Godenet, not.
Guéreau, avocat.
G. T.
Galos, not.
Godefroy.
Gelibort, av., à Blaye.
Gaillard (Franç.)
Gautier.
Goudal, monp.
Gagnard fils, à Castillon.
Gautier aîné.
Gervais.
Gaubert.
Gerbaud père.
Houcleyre.
Hervé.
Henry (J.-F.)
Humbert fils.
Hollier Griffilhs.
Hallié.
Haug.
Hezard.
Hiver.
Hourquebie.
Jourjon.
Johnslon (D.)
Jchery.
Jules (Rodolphe).
Jauge (Léo).

Jauge (Étienne).
Jouannet (F.)
Jouannet, chef-d'escad.
Jory (J.-B.)
Justin (D. A.)
Jude (H.)
Janquel.
Jouannet (P.)
Janon.
Janeau, not. (de).
Jay, propriét.
Jchery aîné.
Jemuseux.
Jannesse.
Jayer(E.-J.).
Jones.
Justin.
J. D. F.
Israël (E. H.)
Kirstein.
Kienckler.
Keberlé.
Kulmann.
Kleipsch.
Lamarque (J.-J).
Lambert, limonadier.
Lhoste fils aîné.
Laval.
Lacrosse (l'Amiral).
Leiders, de Hambourg.
Laclotte, architecte.
Leblanc.
Laborde (E.).
Lasserve
Legarda (le marq. de).
Lafite, notaire.
Laborde (François).
Lugo (Stanislas de).
Limoges (E.), avocat.
Lebe neveu.
Lestapis et comp.
Laharpe.
Langlumé.
Leborgne (P.)
Laclaverie (H.).
Lehoult.
Lambert.
Lagravère (Ed.).
Lercaro (H.)
Lucien.
Lambergot.
Lothès.
Lesclide (F.)

Lindes (F.)
Lezongard (J. G.)
Lacoste.
Latus (J. A.), ingén.
Laurent-Faucher, billioque.
Laveau, court.
Lubert (Alex.)
Labefaude.
Lecocq.
Locoul.
Luco, cap. de nav.
Larroque.
Laffontas (L. J.)
Lanot.
Laffittard (Emile).
Lhéritier.
Loste (J.), avocat.
Lagarrigue.
Lonnoux.
L. madem.
Lacoste, not.
Lecorre.
Lafargue.
Lartigue (J. F.)
Lassime.
Lejouteux.
Lafond (D.)
Labrie.
Losada.
Lafourcade.
Lafourcade (L. A.)
Lesueur.
Lassegue.
Lawton.
Littéraire (une société de jeunes gens).
Laval aîné, à St-Loubes.
Labat (P. J.)
Larivière.
Larougezy (Ch.)
Lacaze (Joseph).
Legrand.
Laval (J. B.)
Lavigne, à Tonneins.
Laloubère.
Lafitte (J.) aîné.
Lamarque,
Luce.
Loze, pharm.
Lafiteau, not.
Lacroix, à Aiguillon.
Liaubon.

Lemonnier, de Libourne.
Largeteau (Michel.)
L. J.
Lammeus.
Lacaze (Grégoire).
Laoste jeune.
Lalanne, offic. ret.
Labourdate (Cazan.)
Levascher de Boisville, doct.-méd.
Laporte (J.)
Lefranc.
Lefaye fils.
Lartigue.
Lespinasse (J.)
Leraste.
Lirra.
Lorrain.
Leblanc.
Lubbert.
Laharpe.
Marchand (Léon) d. m.
Mendes (J.)
Mirel.
Mutel, not.
Mathieu.
Mayer (J.)
Mauras.
Monsarrat.
Maulde, chef de bat.
Minvielle.
Miquel (P.)
Martinet.
Martin (Past.), protest.
Maignan. (J—J.)
Martin fils, pasteur.
Mérilhon.
Maillières, not.
M. D. P. C.
Mispoulet, avocat.
Marturé, doct.
Monbrun, past.
Muscat.
Montaubric.
Marchant (Eug. aîné).
Maïz (J. F.)
Mialhe (A. F.)
Marian (J. F.)
Montheuil fils (J. J.)
Muzard fils.
Mauléon.
Montolo (F. de B.)

Merigot.
Mendes (Aug.)
Maurel (J. J.)
Mitraud. Terrier et c.
Martier (St.)
Magonty, pharm.
Marie aîné.
Muphty, prop.
Morange (M. E.)
Meingot (Amédée).
Moulin (P.)
Menesson.
Mesnier frère.
Miailhe.
Milon, avocat.
Miguel (Santos).
Mouvert, lib., à Bazas.
Melville. (N. C.)
Muratel.
Maillard, pasteur.
Maisoneuve fils.
Morindière (le bar. m. de camp de la)
M. D. L.
Menard (Guil.).
Maguire, mat.
Majesté fils.
Moulon (le cercle de)
Magnan (D.)
Monbrun (le gén. de).
Merlet, à Blaye.
Monsarrat.
Massiou.
Marc (St.)
Morin.
Miailhes (Parens).
Meimier.
Marot.
Montet aîné.
Macaire.
Marsand.
Mayé fils.
Niquet.
Nourry (M.) de Saintes.
Nouvel, doct. méd.
Noguey (P.)
Nones Lopes (A. D.)
Noguères, l'aîné.
Nazabal (A. J.)
Nègre Lagrave, h.
Nadreaux.
Narbonne (Pelet), ex-officier.

Noer.
Nagel (H. L.)
Noyers (de).
Niquet.
Norman (G.)
Ollier (J.)
Olombel (Maurice).
Officier de l'ex-garde, (un sous).
Oulés (J.), pharm.
Oltramare (J. L.)
Ollière, à Blayes.
Oxéda fils aîné.
Ollières père, à Blayes.
Pesel (G.)
Philippon et comp.
Portefaix.
Percy aîné.
Peyrolle jeune.
Provençal.
Peyrotte (M.)
P. (M.)
Ph. (L. D.)
Parisot (Félix) jeune.
Petit de la Riguinie de Ste-Foy.
P. M.
Patricia negreta de Espana.
Peraire (E. D. M.)
Pitrel.
Petit et Lassime.
Paillère.
Perrin (A.), d. m.
Partarieu.
Pelet.
Pierre.
Pasquet.
Pallard.
Poul.
Pinault, fils de Castillon.
Polhe, avocat, à Bajas.
Parizot (Alexis).
Perry (Amédée).
Philomatique (la soc.)
Pazengas.
Poirier.
Poucante.
Paynoud.
Piaget.
Plantié.
Poyetvin (Desmartis).

Pomiers (Th.)
Peyraud.
Pourmen.
Peyronnet.
Pierlot.
Pelletingeas.
Pitres.
Pilboreau.
Pautrizel.
Quesnel.
Quin (P. O.)
Raba.
Richard.
Rousseau, courtier.
Rousset (Gaston).
Rival et Casenav.
Ravot.
Renaud (Chobelet).
Richard (D. M.)
Reclus.
Revolat (D. M.)
Robert.
Roul.
Réné (J. E.).
Roux, architecte.
Roques (J.).
Rodes.
Rouzaud.
Raba fils aîné.
Reyher (Jwan), avo.
Rodrigues (Aristée).
Rey (L.) et comp.
Robin frères, de l'Ile-Bourbon.
Rodrigues, de Abalos.
Roget (J.).
Rateau, avocat.
Rousson neveu.
Roudier frères.
Reimoning.
Roussel (P.), jeune.
Rignoux (le baron).
Roullet. av.
Rivière, not.
Ramus (P. A.), fils aîné.
Roquefort.
Rousseau fils jeune.
Rivière aîné.
Rexier.
Rozel.
Rousseau. (P.)
Rivaux (J. B.)
Rousseille.

Rey (Anthony).
Rideau, not.
Roumagou.
Roulle (V. J.)
Rabotte aîné.
Rabotte jeune.
Ricaud.
Rignoux (le baron).
Roman (Strolz).
Rodrigues.
Rivière.
Robin frères.
Rubio.
Salles (Frédéric).
Schleiter (F.)
Sauvage (P.)
Sanchez (J. M.)
Seiglerie (de la).
Soulie (Joncas), nié Vignolle.
Schroeder (J.)
Salvan (P.)
Simon (Thom. J. A.)
Stewart (madame).
Schroeder et Schyler.
Salisse fils.
Schmidt (Georges).
Satgé (Abel).
Souillard, à Newyork.
Serres.
Sancet.
Sabès (officier gén.)
Sigismond (Vivé).
Schefer.
Soulé (D. M.)
Sicart, not.
Sous-officier (un).
Strobel, consul.
Sandrier et Pouydebat.
Sorbé et fils.
Senac (Félix).
Sarousse (J.)
Seguineau, chef de bat.
Servan.
Sazy (J.), caissier.
Soulier, chirurg.
Seignan aîné.
Saulieyre.
Sthelin.
Sarui.
Sudreau.
Tugghe.
Talague.

Tilhac.
Tissot.
Tesdorps (J. H.)
Tauzin.
Tasker, offic. angl.
Troubat.
Tugage.
Tessier fils.
Trenty (E.)
Thulié.
Texier (madame).
Taillefer, pharm.
Tesnier (Adolphe).
Thomas (J. B.)
Thevenard.
Tandonnet (Hyppol.).
Toulouse, ex-lieut.
Taillefer, ph., à Créon.
Terren ainé
Touchain.
Tessier.
Tastet.
Toole.
Toulon.
Vimes, cafetier.
Wesphal (Alexand.)
V. (madame).
Vignes, commis.
Villeneuve.
Veyrier (J.)
Vermeil (A.)
Veron.
Vidal (E.)
Vergez (H.)
Vignoles, de Toulouse.
Villeneuve jeune.
Verdelet (P. J.)
Vielleuse (E. de la).
Vidau fils.
Vent (C. H.), past.
Vandais.
Vasquez (J.)
Viel.
Vallée (J. de).
Verneuil père, chirurg.
Villeneuve.
Vignoles, nég.
Vasse (Junior).
Viel (Castel).
Verdeau ainé.
Veill fils ainé.

HERAULT.

Montpellier.

Allié (Jules).
Astruc.
Albaret.
Alicot.
Alicot (Eugène), avoc.
Alicotés, à Vias.
Azema, à Beziers.
Beraud.
Berthin (Jules).
Barrau, le docteur.
Bouscaren.
Bros de Puechredon.
Boyer, avoué.
Besset, avoué.
Buges, avocat.
Bourguet, à Béziers.
Caus, avoc. à Béziers.
Cust Azël, à Béziers.
Chrestien (D. M.).
Charamol.
Cailtet, à Lodève.
Cussan, à Béziers.
Cambon, libraire id.
Delasalle.
Dumas.
Dunal (Félix D. M.)
Dunal (Lucie), melle.
Deminuisier, espagnol.
Durand (Ch.), avocat.
Damecoin (Jules D·M.).
Duc (Jean), à Béziers.
Eginet
Frats.
Fabre (Georges), avocat.
Floret (Fave), à Agde.
Fayet (P.), à Beziers.
Fontès de Milhau.
Gomer, de Santos.
Guillaume.
Gabon et compagnie.
James, avoué.
Labitte.
Livada.
Lelarge.
Lalonde.
Levat.
Moquin Tandon.
Moulinier.
Maret ainé.

Mirepoix, à Bèziers.
Pigalle.
Pagery (H.).
Parlier.
Petit Tregent, anglais.
Pomathio-Durville, lib.
Pastre, à Béziers.
Petrel de Bellevue.
Ricard.
Roqueplane.
Rebuffat.
Ricard (Eug.), négoc.
Rigaut, avoué.
Sabatier.
Scarron.
Salvador, à Béziers.
Toutain.
Teuthès, de Milhau.
Tarel (Paulin).
Teulle.
Thomas Ferrand d'A-
reau.
Vialars aîné, négoc.
Vialars (Frédéric).
Verret, négociant.
Vernazobres, à Saint-
Chimean.
Wiemar, à Pézénas.

ISLE-ET-VILAINE.

Bernard, av., à Rennes.
Bidard,   id.
Bonaumont,   id.
Briquet,   id.
Burnel,   id.
Clergerou,   id.
Kerpennel,   id.
Lamartinas,   id.
La société anon. id.
Marie,   id.
Purnel,   id.
Pùst,   id.
Fouillée, à Laguerche.
Rothier, à St. Malo.

INDRE.

Carré, à Château roux.
Dorin, à Argenton.
De Marivaux au Bizon.
Maron, à Balabre.
Navarre, à Tartas.

INDRE ET LOIRE.

Bellouin Jérôme, à Amboise.
Bongard, libraire, id.
Lacouture, id.
Leclerc Perrault. id.
Moreau Jérôme, id.
Société anonyme, id.
Barrois fils, de Pocé.

ISÈRE.

Ducruy de Tain, à Grenoble.
Guillot aîné, à Vienne.

JURA.

Macé, avocat, à Dôle.

LANDES.

Cameutron, à Dax.
Manquant, à Pontoux.
Rachon, à St. Sever.

LOIR-ET-CHER.

Bastard, à Montoire.
Huron, id.

LOIRRE.

Arrivier, à St.-Étienne
Heddot, id.
Docade, à Fernie.

LOIRE-INFÉRIEURE.

Tho Dobrée, à Nantes.
Bernard, à Foissac.
Affille, à Paimbœuf.
Barion, id.
Rein, id.

LOIRET.

Lecocq, à Laas près Pithivier.
Patraud, à Montargis.

LOZÈRE.

Don, à Mende.
Bois Bertrand, id.

MAINE-ET-LOIRE.

Mordret, à Angers.
Voisin, id.
Bernon, à Saumur.
Dupuis, id.
Gourvelle, id.
Maugras, id.

MANCHE.

Voisin, à Coutance.
Boisson, à Avranches.
Frein id.
Guerin id.
Laverge id.
Avril Hyacinte, à Valogne.
Boistaud, docteur médecin, id.
Clamongerie (Pl.-Émi.)
Delalande, id.
Gislis, id.
Hérault fils, id.
Heuland Gabriel, id.
Leloidier, id.
Lebourgeois, id.

MARNE.

Prudent L., de Fère-Champenoise.
Desaussay bez., à Châlons.
Godard père, id.
Vauzuf, id.
Blondel, à Reims.
Époigny, id.
Fremaux, id.
Vogt Perrin, id.
Tissard, id.
Clément, adjoint, à Fismes.
Farochon, à Vitry-le-Français.
Viliames, à Haute-Fontaine.

MARNE (HAUTE.)

Boucoy, à Saint-Dizier.
Legrand fils aîné, id.
Michegaud, id.
Varnier Legrand, id.
Dardenne, à Chaumont.
Tisserand (Henri), à Charamaude
Tisserand (Alexandre), id.
Le colonel Chaumonot, à Chaumont.
Cornet, id.
Lamarche, id.
Roche, id.
Trannoi, id.

MAYENNE,

Duvivier (Adolphe), à Luval.
Grandpré, id.

MEURTHE.

Arnaud (le chevalier), à Nancy.
Gloxin et Thiriet, id.
Obry la Ruelle, id.

MEUSE.

Jussy, à Verdun.
(NOTA. Les souscriptions de Bar-le-Duc se trouvent à la liste de celles de Paris.)

MORBIHAN.

Bellanger, chef de bataillon, à Faoucotte.

MOSELLE.

D'Hollosy mlle, à Metz.
D'Hollosy, id.
Husson, libraire, id.
Juge, id.
Viard fils, id.
Barthe, à Sarguemine.

NIÈVRE.

Bonnot, à Nevers.

NORD.

Bragairat, à Lille.
De Brigode, à Annapes.
Combres, à Bourbon.
Dagneau, à Dunkerq.
Verquelle, id.
Lemaître, à Valencien.
Petremant, capitaine, à Maubeuge.
Repecoud, à Dunkerq.

OISE.

Charrier, clerc de not., à Pont-Saint-Maxence.
Sallerier, id.
Canard, avoué, à Beauvais.
Colson, id.
La Neve fils, à Nauteuil le H.
Francklein, à Senlis.
Anceaux, avoc., à Compiègne.
Lamreville, à St.-Just en Chaume.
Wolf, à Chambly.

ORNE.

Godard, à Alençon.
Menvoyer, id.
Desrieux, à Belesme.
Debray, à Réaux.
Mercier, clerc, àLaigle.
Castaing, à Archainvill.
Leroux, not., à Gresse.
Camus, son clerc.
Mourùt (Duflot), à Guy.
Guyot, à Marchais.
Marrau, à Longny.

PAS-DE-CALAIS.

Chanlaire, à Boulogne sur mer.

Flécher, professeur de langue et de musique.
Griset, id.
Siret, id.
Godard (Dés.), à Arras.

PYRÉNÉES-BASSES.

Vignancourt, à Pau.
Riveraine, à Bayonne.
Léon, (Alfred), id.
Léon, (Benjamin), id.
Léon, (Chevalier), id.
Léon, (Émile), id.
Léon, (Isaac.)

PYRÉNÉES - ORIENTALES.

Ceret.

Serven, à Perpignan.
Albitre-Audral, négoc.
Argiot (Jean), avoué.
Barrera, avoué.
Claret, docteur.
Julia, juge.
Noguère, avocat.

RHIN (haut).

Colmar.

Antonin, avocat.
Abbier.
Baslar.
Bennelin.
Blétry.
Bernier.
Doyen.
Ehrlen.
Flugg.
Fleurot.
Gastard.
Heilmann, à Ribauville.
Hoffer (Josué).
Jourdain.
Jobart.
Kiéner.
Keslner père.
Lido.
Méquillet.

Mayer.
Menangoy.
Mossy, a Huningue.
Neucker.
Nicod (C.)
Palocki.
Pannetier, libraire.
Petit, idem.
Rossée.
Rissenach.
Sanderr.
Schouck.
Vatentin (Meyer), à Thunn.

Mulhausen.

Ackmann.
Bleck fils.
Bumat.
Baron.
Belin.
Baumgartener, de Bâle.
Grosjean, chef de bat.
Grojean (Jean).
Gheilmann.
Ghofa.
Gerber (Guillaume).
Hundel.
Jardin-Pepin fils.
Koeklin, ex-député.
Masson, pharmacien.
Nelles (Jean).
Orthies (H.), pharmac.
Parisot.
Risler.
Schlumberger (Hoffer).
Schlumberger (S.) jeu.
Schlumberger.
Schlumberger (Ch.).
Schwartz (Léon).
Suchard-Schwartz.
Suchard (Auguste).
Vincent, à Genève.

RHIN (bas).

Strasbourg.

Blochel.
Beutz.
Burner.

Egly.
Haffner.
Kratz.
Kichm.
Lehuler.
Nestler.
Roedérer.
Sterzog.
Stimly.
Schoettel.
Teutsch.
Trawitz.

RHÔNE.

Lyon.

Alexandre.
Ancenay.
Baron, libraire.
Bidremon.
Bouyer.
Bouyer (Fote).
Bonnaud.
Bremond.
Bresseau.
Benière.
Bavarot.
Barillon.
Beyou.
Baulé fils.
Broche.
Baron (Auguste).
Buchy.
Balme, médecin.
Bergron (J.).
Brunel et compagnie,
  lithographes.
Coufland.
Chamerat.
Chazette.
Clerc.
Chataigner (Claude).
Charrière (le général).
Combres, graveur.
Canteluppi (Victor).
Cogordant.
Dubix.
Dumas.
Denesvaux.
Dubost.
Denesvaux.
Devilleneuve.

Delacouture.
Deschemins (David).
Desrussies jeune.
Devillas (Adrien).
Dupaquet.
Edaat.
Frossard.
François.
Gastini.
Guillot.
Girard.
Gamot.
Gardilou fils
Gonin (André).
Georges.
Guichard (Gaspard).
Gros.
Godine.
G.and.
Guillermé, marchande.
Jouart.
Jandin fils aîné.
Jouve (M.).
Jouve (P.).
Jance (Daniel).
Lebeuf.
Ladevèse.
Lombois (H.)
Labouroir.
Labblatenière et comp.
Marmillion (Charles).
Maissiat.
Micoud.
Mestre (Jean-Baptiste).
Massot.
Margène père.
Michelin, italien.
Macors (Pierre).
Martinet.
Nepple, notaire.
Olivier.
Olivier.
Ollat aîné.
Omelle.
Peillod.
Pelletier.
Page.
Philippe.
Penoton, médecin.
Pinet (Antoine).
Premillieux aîné.
Rousset.
Reyre fils.

Ruffier (Bruno).
Reveroni.
Riva, de Como.
Ricard.
Rambaud.
Rocofort.
Rerotte.
Revechon.
Sausse.
Tissot (Thomas).
Tenlie.
Tallard
Tourel.
Victor, traiteur.
Wuillermot.
Veron.
Vulliel.
Velay.

SAÔNE (haute).

Gray.

Bouvet.
Barthélemi.
Chobaud.
Clavel.
Desqueux.
Desgranges, à Luxeuil.
Finaton.
Gerard.
Guenot, à Vesoul.
Grand - Mongin , à
  Lièvre.
Heauffer.
Huet.
Leclerc, à Luxeuil.
Maupin.
Malechard.
Merle, á Luxeuil.
Poutot.
Quatrauvau.
Reduct, notaire, à d'A-
  vrigny.
Versigny.
Verpi.

SAÔNE-ET-LOIRE.

Tesmar (veuve), à Châ-
  lons sur Saône.
Laurent (Louis) , à
  Uxeau.
Laurent, id.

SARTHE.

Toutain, au Mans.
Dupuy, à Fresnay.
Boullay, id.
Perrotin, id.
Sensay, id.

SEINE-ET-OISE.

Versailles.

Bataille.
Belin, pharmacien.
Couverchet, avoué.
Dorée, avoué.
Dupoty, étudiant.
Jumel, officier.
Luzerna, employé.
Landrin, avocat.
Leroy, médecin.
Lefuel.
Magnier, architecte.
Noble, médecin.
Pleiffer.
Vitry.
Prevost, à Étampes.

SEINE-ET-MARNE.

Duclos, avoué, à Melun.
Gachet, à Meaux.
Cournerie, à Brie-Comte-Robert.
Berthier, à Provins.
Bossat, à Nangis.

SEINE-INFÉRIEURE.

Rouen.

Aunf (Henri), à Elbeuf.
Augras, à Darnetal.
Angot (Philippe).
Alexandre, de Beauvais.
Bluet.
Bocquet.
Bellot (Séraphin).
Baudry (Em.-Jacq.)
Brière (C.-Q.).
Blanc (Bapt.-Marie).
Bouquet (N.).

Berthelot (Mich.), à Elbeuf.
Briffaut (L.-Ch.).
Boissière.
Blanchemin.
Bonnevie.
Bouland.
Boucher, à Dieppe.
B. G. J. L., idem.
Carrault.
Chapelle, au Hâvre.
Clomesnil, à Elbeuf.
Clomesnil, à Darnetal.
Cabanon.
Caillot (Séverin).
Camus.
Choisy.
Cabau (Rémy).
Canonnier de la garde, (un) à Dieppe.
Cautilton, à Dieppe.
Desquine, maréchal.
D'Autremes fils, à Elb.
Dupont (Victoire), id.
Dodelin, à Ivetot.
Damilaville, à Sottevil.
Dujardin.
Dugarol fils, à Elbeuf.
Delamare.
Dezille.
Durent (L.).
Duviel.
Dumont, au Hâvre.
Duval fils, à Dieppe.
Deslandes, id.
Estanceleu, à Eu.
Frigard, à Elbeuf.
Fleury (Félix), avocat.
Floreat.
Fréret.
Félix (Saint), à Dieppe.
Falles (Alexandre).
Guiffard.
Gotterreau.
Goelin, avoué.
Giraud, man. à Déville.
Guerin, à Dieppe.
Hocquet, à Eu.
Heudron, agréé.
Hebert (Charl.), à Eu.
Jaffroy (L.), à Elbeuf.
Jacquelin.
Jullien.

Lonvet fils, à Elbeuf.
Lefèbvre (N.-S.), id.
Legrand.
Lemasson (mad. veuv.).
Leroy, à Ivetot.
Letellier.
Lemaître.
Lettré.
Lepecy.
Lelong.
Lequesne.
Le Barou, à Dieppe.
Langlow, anglais, id.
Legrand fils, id.
Leger, id.
Lefrançois, id.
Lichleinstein.
Leselier, à St.-Roman.
Montfrais.
Martin fils.
Masson (Jules-Alexan.).
Massif (Fontaine.)
Moret jeune (Félix).
Matcouronne aîné.
Malfeson.
Morel, à Dieppe.
Mercier, id.
Née, à Dieppe.
Petit, à Saint-James.
Piurle-Gosselin.
Pennetor.
Pillon, à Neufbourg.
Palière, à Dieppe.
Quimblel, au Vol-de-la-Haye.
Renaut (Const.), à Elb.
Ruffin, chevalier.
Richarol (Armand).
Rosey.
Renau.
Sébé (mad.), à Elbeuf.
Siebert.
Sauvan.
Tonzé.
Tranchand, à Dieppe.
Tabouret, id.
Vattinel (Hyacinthe).
Vincent, à Dieppe.
Vincent, id.
Valker, anglais.

SÈVRES-DEUX.

in, à Niort.

SOMME.

cayeux, à Amiens.
ier (Auguste), id.
ontois, à Peronne.
plet (Abraham), id.

TARN.

mpayre, avocat, à
lby.
ons, id.
sté, électeur du dé-
partement.

Montauban.

nale.
udet.
rgis.
zice, étudiant.
ray.
rthe.
é-Lalevie.
uniquet (Eugène).
oyne.
ombe-Brassard, colo-
nel retraité.
oyne, étudiant.
ailhasson fils.
alvet, négoc.
aze (Claude).
yprien (Vincent).
ayrou.
ubois (Léon).
u Phenicis.
umas.
elmas.
evolvé-Peyronnet.
spinasse père.
rannié cadet, négoc.
abeyre.
ournier.
oissac-Delmas.
Giraud.
Gay.

F. II.

Garrigues.
Grenouilleau.
Guillaguet.
Graves jeune (J.-L.).
Gardes, avocat.
Grezel fils aîné.
Graves, (Louis) jeune.
Jaubert, négoc.
Lacoste (Emile), négoc.
Lacaze (Ant.).
Lacaze-Aché, avocat.
Lacoste-Rigail.
Lavondès, étudiant.
Lugol, avoué.
Lugol-Glay.
Lavesné et comp.
Lobro.
Luprade (Olivier).
Moncamp (Hyppolite).
Millenet-Gaubil.
Mariette d'Auriol.
Magneville, négoc.
Magneville (F.), id.
Malfré, id.
Maigre, pasteur.
Malleville, propriét.
Miquel, avoc.
Noalhac.
Oher, négoc.
Portal, avoc.
Pellet, avoué.
Prevost, avocat.
Paris frères.
Puh, commiss.
Pavenne fils, négoc.
Rommaguac.
Rouffiac aîné.
Regauhiac (de).
Roux, présid.
Sauveton.
Solon.
Soulié.
Senilh, père.
Thierry.
Vigouroux.

VAR.

Toulon.

Aubé.
Anne.
Albert.

Auban.
Aurel.
Aubert.
Billet.
Brun.
Bellanger.
Barnecoud.
Broquier.
Burgevin.
Bretignière, à Hyères.
Courtis.
Corlien.
Didier.
Espagne.
Estournel.
Ferrand-Paulin.
Fisquet.
Ferry.
Ferrat (D. M.)
Gas.
Gallon.
Gollini.
Giron.
Guillobert.
Granet.
Geoffroy (Félix.)
Honnorat.
Jacquinau.
Julien et Dubouck.
Infernet.
Jordamy, phar.
Lachaise.
Le Tallio.
Laurent, libraire.
Leclair, chirurg.
Maurice.
Martin.
Maire.
Marquezy.
Messageoi.
Negrin.
Nya.
Olivier.
Petit.
Pardon.
Peyre.
Perrin, capitaine d'artillerie.
Roux.
Requin.
Reboul.
Rey, de Ron.
Sardon.

Blanc, à Draguignan.
Laugier Verneuil , à Grasse.
Bayen Tailland , id.
Guérin, à Vance.

VAUCLUSE.

Letellier , à Avignon.
Barne, id.

VENDÉE.

Loyau, à Pultant.
Dupont , aux Sables-d'Olonne.
Regnier , à la Chataigneraye.

VIENNE.

Catineau , libraire , à Poitiers.

Jacquinaul (Marcelin) , id.
Flaboullet, à Chatellerault.

VOSGES.

Gaugier , à Neufchât.
May (B. L.) , id.
Borgnier, à Remiremo.
Noël, notaire, id.

YONNE.

Chauveau, à Joigny.
Barry aîné, id.
Carreau, à Tonnerre.

COLONIES.

Havanne.

Amanieu.

Brun frères.
Bermond.
Boisson.
Berquey.
Blois.
Beyes.
Baudeuf.
Daramat.
Desaybats.
Delvaille.
Dorinal, à Cayenne.
Faucher.
Gruet.
Gautherin.
Merlet.
Marrot.
Paulsen et Halbran.
Picard.
Pujos.
Rivière , à Cayenne.
Resyne.
Teulade.

NOTA. Plusieurs listes de souscripteurs qui sont arrivées trop tard seront insérées dans la seconde édition.

TABLE DES MATIÈRES

CONTENUES DANS CE VOLUME.

Essai sur l'éloquence politique en France depuis 1789, par M. A. Jay. Page 1

SESSION DE 1821.

Sur le projet d'adresse au roi. (Comité secret.)	1
— La liberté de la presse.	5
— La police des journaux et des feuilles périodiques.	35
— La police sanitaire.	61
— Les comptes de 1820, ministère des affaires-étrangères.	65
— La dotation affectée à la chambre des pairs.	76
— Le traitement des ministres et du conseil-d'état.	81
— Le ministère des affaires étrangères.	86
— Le ministère de l'intérieur. (Académie.)	101
— Le ministère de la guerre.	106
— La gendarmerie.	111
— La chambre des Pairs.	118
— Le secret des lettres.	123
— La loi de finances.	125

SESSION DE 1822.

Sur l'élection des députés de la Seine.	130
— La loi des douanes. (Tarif des sucres.)	138
— Les pensions à accorder aux veuves et orphelins des militaires.	159
— Les cours et tribunaux.	169
— Le ministère des affaires étrangères.	174
— Le ministère de la guerre.	187
— La prise à partie de M. Mangin, procureur - général à la Cour royale de Poitiers.	193
Réflexions soumises à la Cour de cassation.	196
Arrêt de la Cour de cassation.	201

SESSION DE 1823.

Sur l'élection de M. Méaudre, député de la Loire.   202
— L'adresse au roi. (Comité secret.)   207
— L'emprunt des cent millions.   214
— La proposition d'exclusion de M. Manuel.   224
— La protestation contre l'exclusion de M. Manuel.   232

SESSION DE 1824.

Sur la vérification de ses pouvoirs.   234
— Celle de M. Benjamin Constant.   238
— La réduction des rentes.   249
— Les pensions militaires.   285
— Le projet de loi relatif aux tabacs.   293
— L'éligibilité de M. Benjamin Constant.   306
— Le recrutement de l'armée.   317
— La septennalité.   336
— Le Code pénal.   352
— Les crédits supplémentaires de 1823.   358

SESSION DE 1825.

Sur les hommes de couleur déportés de la Martinique.   376
— La liste civile.   379
— La pétition du sieur Poëles.   383
— L'élection de M. Lebeau.   385
— Le projet de loi d'indemnités.   389
— Le projet de loi concernant la mine de sel gemme à Vic.   427
— Le budget de 1825.   441
— Les crédits supplémentaires de 1824.   462
— Le ministère des affaires étrangères.   466
— Le ministère de la guerre.   472

Liste des souscripteurs.   489

FIN DE LA TABLE.

ERRATUM.

Dans la notice sur la vie du général Foy, page xlv, ligne 25, au lieu de *qu'on aurait pu*, etc., lisez: *qu'on aurait pu lui appliquer ce passage de la vie de l'empereur Sévère.*